焦氏類林

〔明〕焦竑 輯
李敦慶 點校

齊魯書社
· 濟南 ·

圖書在版編目（CIP）數據

焦氏類林 /（明）焦竑輯；李敦慶點校 . -- 濟南：齊魯書社，2023.8
ISBN 978-7-5333-4755-0

Ⅰ . ①焦… Ⅱ . ①焦… ②李… Ⅲ . ①百科全書 - 中國 - 明代 Ⅳ . ① Z224

中國國家版本館 CIP 數據核字（2023）第 145561 號

責任編輯：張　巧
裝幀設計：趙萌萌
　　　　　亓旭欣

焦氏類林
JIAOSHI LEILIN
〔明〕焦竑　輯
李敦慶　點校

主管單位	山東出版傳媒股份有限公司
出版發行	齊魯書社
社　　址	濟南市市中區舜耕路 517 號
郵　　編	250003
網　　址	www.qlss.com.cn
電子郵箱	qilupress@126.com
營銷中心	（0531）82098521　82098519　82098517
印　　刷	山東臨沂新華印刷物流集團有限責任公司
開　　本	880mm×1230mm　1/32
印　　張	12.5
插　　頁	2
字　　數	221 千
版　　次	2023 年 8 月第 1 版
印　　次	2023 年 8 月第 1 次印刷
標準書號	ISBN 978-7-5333-4755-0
定　　價	78.00 圓

全國高校古籍整理研究委員會直接資助項目（批準號 1829）成果

南陽師範學院漢文化學科群建設項目經費資助出版

整理説明

《焦氏類林》八卷，明焦竑輯。焦竑，字弱侯，號澹園、漪園等，江寧（今江蘇省南京市）人。據《明史·焦竑傳》載，焦竑卒於萬曆庚申（1620），享年八十歲，則其出生應在嘉靖辛丑（1541）。焦竑爲諸生時，師從耿定向、羅汝芳等，嘉靖甲子（1564）舉鄉試，時年二十四歲，此後多次參加會試，不第。萬曆己丑（1589）舉進士，殿試第一，時年四十九歲，除翰林修撰，選任東宫講官。因同僚排擠，被貶福寧州同知，後弃官歸鄉，不再出仕，“屏居里中，專事著述”（錢謙益《列朝詩集小傳》語），年八十卒，熹宗時贈諭德，福王時追謚“文端”。

焦竑學識淵博，文辭典雅，《列朝詩集小傳》稱其“淵博演迤，爲東南儒者之宗”。《明史·焦竑傳》稱其“博極群書，自經史至稗官、雜説，無不淹貫。善爲古文，典正馴雅，卓然名家”。焦竑著述宏富，據《明史·藝文志》，其主要著作如下：屬於經部的有《易筌》六卷、《禹貢解》一卷、《考工記解》二卷、《俗書刊誤》十二卷；屬於史部的有《養正圖解》二卷、《詞林歷官表》三卷、《京學志》八卷、《國史獻徵録》一百二十卷、《遜國忠節録》八卷；屬於子部的有《焦氏筆乘》二十卷、《玉堂叢語》八卷、《明世説》八卷、《焦氏類林》八卷、

《老子翼》二卷并《考異》一卷、《莊子翼》八卷、《南華經餘事雜録》二卷、《拾遺》一卷；屬於集部的有《澹園集》四十九卷、《澹園集續集》三十五卷。另有不見於《明史・藝文志》著録的《國史經籍志》六卷、《中原文獻》二十四卷、《二十九子品彙釋評》二十卷等。

《焦氏類林》成書於焦竑舉進士之前。據《焦氏類林・自序》，此書是焦竑讀書仕進過程中“遇會心處，輒以片紙記之”的産物，始作於萬曆庚辰（1580），兩年左右初稿完成，由友人李登進行整理，“取《世説》篇目括之”，編輯成書後刊行，後又由王元貞於萬曆丁亥（1587）重新刊刻。該書共八卷，分五十九個門類，收録兩千四百餘則資料，徵引文獻七百餘種。

《焦氏類林》是一部什麽樣的書？《明史・藝文志》《傳是樓書目》《千頃堂書目》等將其歸入“子部・類書”，《四庫全書存目叢書》《續修四庫全書》將之歸入“子部・雜家”，《澹生堂藏書目》將之歸入“子部・小説家”。姚汝循《〈焦氏類林〉序》、魯迅《中國小説史略》等均認爲《焦氏類林》是仿《世説新語》之作。《焦氏類林》“取《世説》標目”（李登《刻〈焦氏類林〉引》），即在門類劃分上借鑒了《世説新語》，這是二者最大的相同之處。在歷代官私書目中，《世説新語》基本被歸入“子部・小説家”，那麽此書是否與《世説新語》一樣是小説呢？我們認爲，不能因爲此書的門類劃分與《世説新語》有相同之處就確定其爲小説。實際上，其門類與《世説新語》之門類也有較大出入，相同者僅二十三門，新增或改變題名者三十六門，新增者有“君臣”“父子”“兄弟”“夫婦”“師友”等三十二門，改變者有“儉約”“警悟”“任達”“詆毀”等四門。最重要的一點是，《世説新語》中所載故事，大多是原創的，而《焦氏類林》所録資料大多摘自前代文獻，并非原創。另外，其内容比較駁雜，既有記載人物事迹的，也有記載山川地理、生活日用的，有的有比較完整的故事情節，有的則完全是對自然景物與地方風俗的記録，這一點和《世説新語》也有很大差别。綜上所述，我們認爲此書的性質更主要的應屬類書，姚汝循在《〈焦氏類林〉序》中就指出，其創作是“取《新語》篇目，稍爲增損更正，類以入焉。既成，題曰《類林》”。需要説明的是，此書在門類的設置、順序的安排等方面都體現出以儒家思想爲宗、廣收博引的編纂思想，其主要功用是“資文字之引用，備遺忘之萬一”“博雅之訾”（焦竑《焦氏類林·自序》），“第輯録備覽觀者”（李登《刻〈焦氏類林〉引》），同時“援古而示訓”“襲往哲芳規”（王元貞《〈焦氏類林〉序》）。因此，此書在部分門類的名稱上襲用《世説新語》，衹是爲了更好地將焦竑讀書時搜集的“會心”之文進行分類。

現存《焦氏類林》版本主要有兩種：一是明萬曆丁亥（1587）王元貞刻本，簡稱“王刻本”；二是清同治壬戌（1862）南海伍崇曜《粤雅堂叢書》本，簡稱“粤雅堂本”。

“王刻本”存世數量較多，在國内及海外圖書館有藏。國内圖書館，如中國國家圖書館、北京大學圖書館、上海圖書館、南京圖書館、中國科學院圖書館等均有收藏；國外圖書館，如日本内閣文庫、美國哈佛大學哈佛燕京圖書館亦有收藏。各圖書館收藏的王刻本，在版式、字體上幾乎完全一致，但也存在着細微的差别。我們主要使用的本子有《四庫全書存目叢書·子部·雜家類》影印的中國科學院圖書館藏本（簡稱《四庫全書存目叢書》本）、《續修四庫全書·子部·雜家類》影印的北京大學圖書館藏本（簡稱《續修四庫全書》本）、日本内閣文庫藏本（簡稱内閣文庫藏本）、哈佛大學哈佛燕京圖書館藏本（簡稱哈佛本）、國家圖書館藏本（簡稱國圖本）。其中，内閣文庫藏本有兩種，一種爲内閣文庫藏六册本，一種爲内閣文庫藏八册本。通過比較，我們發現，這幾個本子之间的差别，主要表現在以下幾點：

首先是序言的排列順序不同。内閣文庫藏六册本序言順序爲姚汝循《〈焦氏類林〉序》、王元貞《〈焦氏類林〉序》、李登《刻〈焦氏類林〉引》，内閣文庫藏八册本和哈佛本順序爲姚汝循《〈焦氏類林〉序》、李登《刻〈焦氏類林〉引》、王元貞《〈焦氏類林〉序》，以上三部《焦氏類林》，李登與王元貞的序言均存在頁次混亂的情况，當是印刷裝訂失誤所致。國圖本的序言順序爲姚汝循《〈焦氏類林〉序》、李登《刻〈焦氏類林〉引》、王元貞《〈焦氏類林〉序》，不存在頁次失序的現象。《四庫全書存目叢書》本及《續修四庫全書》本序言順序均爲王元貞《〈焦氏類林〉序》、姚汝循《〈焦氏類林〉序》、李登《刻〈焦氏類林〉引》，也不存在頁次失序的情况。

其次是督刊者記録的差异。内閣文庫藏八册本、哈佛本在目録之前的空白頁末尾均有"金陵徐智督刊"字樣，記録督刊者的姓名。内閣文庫藏六册本中該頁面有漶漫不清處，督刊者或載而未見，也未可知。國圖本"金陵徐智督刊"記録在李登《刻〈焦氏類林〉引》最後一頁末尾、王元貞《〈焦氏類林〉序》前，因其没有頁次失序的現象，此應爲正確位置。《四庫全書存目叢書》本与《續修四庫全書》本中不載督刊者。

最後是文中個别字詞的差异。如卷一《編纂》第 6 條前五字，國圖本、内閣文庫藏六册本、内閣文庫藏八册本、哈佛本均作"王勰字彦和"，《四庫全書存目叢書》本及《續修四庫全書》本均作“魏彭城王勰”；又如卷一《師友》第37條“共結殷勤”之“共”，内閣文庫藏六册本、内閣文庫藏八册本、哈佛本均作“其”，文意不通，國圖本、《四庫全書存目叢書》本及《續修四庫全書》本均作“共”；又如，卷二《清介》第10條，“致廳事梁上”之“致”，内閣文庫藏六册本、内閣文庫藏八册本、哈佛本均作“瓜”，誤，國圖本、《四庫全書存目叢書》本及《續修四庫全書》本均作“致”；又如卷七《草木》第61條引張隱《素馨詩》“細花穿弱縷，盤向緑雲鬟”，内閣文庫藏六册本、内閣文庫藏八册本、哈佛本均闕“雲鬟”二字，國圖本、《四庫全書存目叢書》本及《續修四庫全書》本有此二字；又如卷七《鳥獸》第57條“足代簫管”，内閣文庫藏六册本、内閣文庫藏八册本、哈佛本均闕“簫管”二字，國圖本、《四庫全書存目叢書》本及《續修四庫全書》本有此二字。通過以上例舉可以發現，國圖本、《四庫全書存目叢書》本及《續修四庫全書》本顯然要比内閣文庫藏六册本、内閣文庫藏八册本、哈佛本完善。我們推測，這些差异的出現，可能是此書刊印之後出現錯誤，重修者在原版上更换個别錯字，并補闕字，再重新加以印刷，故以上幾個版本仍隸屬於同一版本系統。

粤雅堂本爲清代重新刊刻的版本，在一定程度上改正了萬曆刊本的錯誤。但通過比勘，我們發現，其中許多錯字仍與内閣文庫藏本一致，對此我們均在校勘記中予以呈現，此處不再例舉。此外，1936年上海商務印書館據粤雅堂本影印《焦氏類林》，收入《叢書集成初編》中。

本次點校整理，以國圖本爲底本，以其繕寫工整，版刻清晰，訛誤脱漏較少。同時以粤雅堂本爲對校本，參校内閣文庫藏八册本、《續修四庫全書》本。整理時基本保持了原書的編排體例，每一大門類之下收録的各條文獻材料單獨成段，段前標有序號，每類單獨排序；段後是否標出文獻出處，悉依底本和校本，有的大門類下又有子類，也據底本在該子類收録的第一條文獻段末標出。底本與校本存在的差异以校勘記的形式呈現，其中粤雅堂本中不少字因避諱而改，如“玄”改爲“元”、“弘”改爲“宏”等，對這類情況則不出校勘記。异文方面，如底本有誤，則依據校本徑改，并出校記；如底本不誤，而校本有誤，亦出校記，意在保留更多版本的原貌。正文中對人名、地名、齋名、書名等專有名詞中的异體字適當予以保留，同一專有名詞在不同條目中有不同寫法者，根據具體情況依據底本予以保留；遇文意不通之處，則與該條資料所在的原始文獻或其他權威文獻相校，并在校勘記中予以説明，儘量不改動底本，校勘記以碼下注的形式呈現。書後附有《參考文獻》，以明校勘中所用原始文獻及權威文獻版本。總之，本次整理，力争爲讀者提供一個標點準確、校勘簡明、便於閱讀的《焦氏類林》點校本。因整理者學力有限，書中定有不少疏漏之處，懇請讀者不吝指教。

目　録

《焦氏類林》序

昔漢末暨魏晉諸公，雅善清言，謦欬間皆成珠玉，宋臨川王劉義慶輯其雋永者爲《世説新語》傳焉。由是歷代珍之，在今尤盛，不但揮麈者資其談鋒，而操觚者亦掇爲菁藻，信乎其言之有味也已。然以愚管評之，纂言要在垂訓，言不足訓，雖新何關？今劉書則頗有離而去之者。又所載務奇僻，或遠于人情，與正史多乖剌，不知何所折衷，遂以爲據，毋亦溺於所嗜而弗遑深考與？且自漢而上，可采者尚繁篇籍，顧略不蒙其網羅，讀者又安能無遺憾也乎？

吾友焦弱侯氏，具絶世資，於書無所不讀，乃先得我心，披覽之餘，自羲軒以及勝國，凡言之可以企踵《新語》者，皆筆出之，積久而多，取《新語》篇目，稍爲增損更正，類以入焉。既成，題曰《類林》，示予命之序。予讀而卒業，乃言曰："嗟乎，博哉美矣！以視劉氏所纂，雖至簡少似不逮，然絶無叛道不經之談；所稱引固多秘玩，然皆參伍有徵，非臆説，非耳標，尤爲可遵可信也。大都劉氏主在輔談，弱侯欲以爲訓，意自各有攸存。是書若行，自可與之分路揚鑣，亦何須銖兩於上中下駟之間而判其優劣也哉？"或曰："弱侯生平以道自命，而此顧以聞見博人，何居？"曰："嗟嗟。夫欲語道之真，則心先罔措。既難以示人，而人亦未易聽受。若其散見而爲言語文字之華者，乃世所飫聞習見，日趨而奔走者也。又不因而利導之，則終焉所與能幾善乎？蘧伯玉告顔闔之傅衛太子也，曰：'形莫若就，心莫若和。彼且爲嬰兒，吾亦與之爲嬰兒；彼且爲無町畦，吾亦與之爲無町畦；彼且爲無崖，吾亦與之爲無崖。惟期達之以入於無疵而已。'夫如是，則教者不勞而學者易入，豈非所謂善誘人者哉？嗟乎，古人順世化俗之心，蓋往往然矣，又何疑於弱侯！"

予於弱侯爲同好，嘗得其所用心，因復舉之，爲覽者告，俾毋淺之乎睹此書云。

萬曆丁亥中秋，友人姚汝循[①]書。

---

① 循：粤雅堂本作"紹"，誤。

刻《焦氏類林》引

焦弱侯於書無所不讀，而鈎玄提要，動侔古人。每披書，當賞會與夫自有所見，欲以闡幽正詞者，輒手裂赫蹄，細書而貯之，紛紛總總，如禁臠在厨，碎錦在笥，未有秩敘。最後除自言者别爲《筆乘》，其第輯録備覽觀者，特付愚詮次，命愚子弟録之。乃取《世説》標目，稍稍裒益其間，成帙時以余同版一印，行之未廣也。兹王孟起氏，博雅嗜古，爰壽諸梓，以廣其傳，復徵引其端。《世説》一書，超超玄致，吾士林雅尚舊矣。是編搜百代之菁華，掇群書之芳潤，乃詳於倫紀而略於玼璺，該及品彙而結局於仙釋。其於名理心宗，往往而在，指示歷然。此其於《世説》，又不知爲孰多。夫化工造物，臭腐變爲神奇；醫王蓄藥，溲勃皆以治療。是編雖主采輯，非自發其所藴，而托契神游，何人非我，一經編纂，便寄精光。吾徒手是書，即景行先哲，兹焉載途，潛窺秘奧，兹焉啓牖。悚然起，憬然悟，將在斯乎，將在斯乎！若含英咀華，博聞廣識，直其末事耳！觀者未論《筆乘》，即以此知弱侯可也，孟起氏其亦知弱侯者哉！

萬曆丁亥冬孟，友人李登士龍甫識。

《焦氏類林》序

夫古人嘉言垂不朽，咸可軌法後世。顧具散逸紀載中，而簡册浩窅，不啻如象緯川岳，即窮搜博獵，未可考而悉也。矧士多淺鮮，惡得以涉其萬一？於是芳程懿誡，率泯泯無聞，惡用文爲！往臨川王掇拾漢末魏晉諸名流所譚議，萃爲《新語》，至今修辭者珍之。然玄言雅尚，標群絶俗，殊往古所未逮，斯亦奇矣。顧獨一時風致漸靡，任放縱佚，率曠達不羈，衹可益抵掌資耳，曷足爲要典？乃今焦弱侯氏攬百家，獵千古，言有當於心者，輒手録之，遂集成《類林》，其編目則取於《新語》，而言自庖羲暨勝國。然書約言該，無庸考索，而百氏藝文，可一批閲間得之，古人嘉處，似無遺矣。

夫弱侯賦穎异資，志聖賢學，兹詎侈誇浮而抑性道哉？第欲好修之士，廣聞見而師於心，可襲往哲芳規，無徒爲世俗汶汶緇也。藉令聞識閎博，顧挾以自廣，亦淺衷薄劣等耳，往載籍奚而傳，弱侯奚而録也？噫！援古而示訓，乃即耻獨爲君子者，其功偉矣，弱侯真有道之士乎哉！余不佞，踵李士龍之剞劂，而益鋟之以廣其傳云。

時萬曆丁亥歲孟冬日，秣陵王元貞謹識。

自 序

余少嗜書，苦家貧不能多致，時從人借本諷之。顧性顓愚，隨諷隨忘，有未盡忘者，往來胸臆又不能舉其全爲恨。表聖之詩不云乎，“亡書久似憶良朋”，真余意中事也。庚辰讀書，有感葛稚川語，遇會心處，輒以片紙記之。甫二歲，計偕北上，因罷去殘稿，委於篋笥，塵埃漫滅，不復省視久矣。李君士龍見之，謂其可以資文字之引用，備遺忘之萬一也。乃手自整理，取《世説》篇目括之，其不盡者，括以他目。譬之溝中之斷，文以青黄，則士龍之爲也。嗟乎！古之學者，提要鈎玄，率所不廢，顧余之寡昧，愧非其人，第割裂成書，破碎大道，爲博雅之訾而已。書凡若干卷，其大意具編纂一篇，故綴之卷首。

萬曆乙酉孟春，建業焦竑弱侯題。

卷 一

編 纂

1. 劉孔才，黄初中爲散騎常侍，受詔集五經群書，以類相從，作《皇覽》。

2. 葛稚川云："余鈔掇衆書，撮其精要，用功少而所收多，思不繁而所見博。"

3. 陸士衡著《要覽》三卷，自序云："直省之暇，乃集要術三篇。上曰《連璧》，集其嘉名，取其連類；中曰《述聞》，實述予之所聞；下曰《析名》，乃搜同辨异。"《書目》

4. 王筠云："余少好鈔書，老而彌篤，雖遇見瞥觀，皆即疏記，後重覽省，歡情彌深，習與性成，不覺筆倦。自年十三四迄今四十載，躬自鈔録大小百餘卷，不足傳之好事，備遺忘而已。"

5. 韋敬遠少愛文史，留情著述，手自鈔録數十萬言。晚年虚静，唯以體道會真爲務，舊所著述，咸削其稿。

6. 王褫，字彦和[①]，雅好文筆，既無山水之適，又絶親知之游，獨敦尚文史，物務之暇，披覽不輟，撰自古帝王賢達至

① 王褫字彦和：《續修四庫全書》本作"魏彭城王褫"，無"字彦和"。

於魏世，通三十卷，名爲《要略》。

7. 白居易作《六帖》，以陶家瓶數十，各題門目，作七層架列齋中，命諸生求集事類投中，倒取鈔録成書，故記代無次。《談苑》

8. 柳仲郢退公，布卷不捨晝夜，九經、三史一鈔，魏晉南北史再抄，手書分門三十卷，號《柳氏自備》，小楷精謹，無一字肆筆。劉昫《唐書》

9. 南唐馮贄云："余事科舉三十年，蔑然無效。天祐元年，退歸故里，築選書室以居，取九世所蓄書二十萬八千一百二十卷，六千九百餘帙，撮其膏髓，別爲一書。若見於常常①之書者，此必略之，庶兵火煨燼之後，來者不至束手。"

10. 陶穀云："世宗時，水部郎韓彦卿使高麗，彦卿②有一書曰《博學記》，偷鈔之，得三百餘事。"《清異録》

11. 陳瑩中好讀書，至老不倦。每觀③百家文及醫卜等書，開卷有得，則片紙記録，黏於壁間，環坐既遍，即合爲一編，前後凡數十册。《吹劍録》

12. 葉廷珪云："余兒時知嗜書，自肄業郡庠，牽絲入仕，四十餘年未嘗一日釋卷，食以飴口，怠以爲枕。士大夫家有异書無不借，借無不讀，讀無不終篇而後止。常恨無資，不能盡傳寫，間作數十大册，擇其可用者手鈔之，名曰《海録》。"廷珪《海録序》

13. 吴枋云："陸務觀言：司馬温公聞新事即録於册，且記

---

① 於常常：粵雅堂本作"於於常常"。

② 彦卿：作"彦卿"文意不通。《説郛》卷六十一《清異録》載本條作"見"，是，當從。

③ 觀：粵雅堂本作"見"。

所言之人。近鄱陽董草庭檢閱亦然。枋不免效顰，凡耳之所聞，目之所見，口之所誦，心之所得，隨手鈔記，目曰《野乘》，已積成十餘卷。”《野乘序》

君 臣

1. 虙犧、女媧、神農是三皇。皇者，中也。合天履中，開陰布綱，上合黄極，其施光明。《春秋運斗樞》

2. 神農氏夫負妻戴以治天下。堯曰：“朕之比神農，猶昏之仰旦也。”《尸子》

3. 黄帝有七輔：風后受金法，天老受天籙，五聖受道級，知命受糾俗，窺紀受變復，地典受州絡，力牧受準斤，皆州選舉，翼佐帝德。《論語摘輔象》

4. 黄帝居人上，惴惴如臨深淵；舜居人上，矜矜如履薄冰；禹居人上，慄慄如不滿日。《太公金匱》

5. 舜弃黄金於巉岩之下，禹捐珠玉於五湖之淵，將以杜淫邪之路，絶琦瑋之情。陸賈《新語》

6. 禹之治天下也，得咎繇，得杜子業，得既子，得施子闇，得季子甯，得然子堪，得輕子玉，得七大夫以佐其身、以治天下而天下治；湯之治天下也，得慶誧、伊尹、湟里且、東門虚、南門蝡、西門疵、北門側，得七大夫佐以治天下而天下治。《鬻子》

7. 夏后相與有扈戰於甘澤而不勝，六卿請復之，夏后相曰：“不可。吾地不淺，吾民不寡，戰而不勝，是吾德薄而教不善也。”於是乎處不重席，食不貳味，琴瑟不張，鐘鼓不修，子

女不飾，親親長長，尊賢使能，期年而有扈氏服。《吕紀》

8. 湯曰："學聖王之道者，譬其如日；静居而獨思，譬其若火。夫捨學聖之道而静居獨思，譬其若去日之明於廷，而就火之光於室也，可以小見而不可以大知。"是故明君貴尚學道而賤下獨思也。賈傅《新書》

9. 湯將往見伊尹，彭氏之子御。彭氏之子半道而問曰："君將何之？"湯曰："將往見伊尹。"彭氏之子曰："伊尹，天下之賤人也，君若欲見之，亦令召問焉，彼受賜矣。"湯曰："非女所知也。今有藥於此，食之則耳加聰，目加明，則吾必説而强食之。伊尹之於國也，譬之良醫善藥也，而子不欲我見之，是子不欲我善也。"因下彭氏之子，不使御。《墨子》

10. 武王入殷，聞殷有長者，武王往見之，而問殷之所以亡。殷長者對曰："王欲知之，則請以日中爲期。"武王與周公旦明日早要期，則弗得也。武王怪之，周公曰："吾已知之矣，此君子也，取不能其主，有以其惡告王，不忍爲也。若夫期而不當，言而不信，此殷所以亡也，已以此告王矣。"《吕覽》

11. 周公旦曰："吾不如者，吾不與處，累我者也；與我齊者，吾不與處，無益我者也。"惟賢者必與賢於己者處。賢者之可得與處也，禮之也。主賢世治，則賢者在上；主不肖世亂，則賢者在下。《吕覽》

12. 齊桓公見小臣稷，一日三至，弗得見。從者曰："萬乘之主見布衣之士，一日三至而弗得見，亦可以止矣。"桓公曰："不然，士驁禄爵者固輕其主，其主驁伯王者亦輕其士。縱夫子驁禄爵，吾庸敢驁伯王乎？"遂見之。《吕覽》

13. 齊桓公知甯戚，將任之以政。群臣争讒之曰："甯戚，衛人也，去齊不遠，君可使人問之，問之而固賢，用未晚也。"

公曰："不然，問之，患其有小惡。以其小惡忘其大美，此世所以失天下之士也。"乃夜舉火而爵之以爲卿。劉晝《新論》

14. 桓公觀於厩，問厩吏曰："厩何事最難？"厩吏未對。管仲對曰："夷吾嘗爲圉人矣，傅馬棧最難。先傅曲木，曲木又求曲木，曲木已傅，直木無所施矣；先傅直木，直木又求直木，直木已傅，曲木亦無所施矣。"《管子》

15. 管仲復於桓公曰："無翼而飛者，聲也；無根而固者，情也；無方而富者，生也。公亦固情謹聲以嚴尊生，此謂道之榮。"公退再拜，請若此言。《管子》

16. 管子復於桓公曰："墾田大邑，闢土藝粟，盡地力之利，臣不如甯遬，請置以爲大田；登降辭讓，進退閑習，臣不如隰朋，請置以爲大行；蚤入晏出，犯君顔色，進諫必忠，不避死亡，不重貴富，臣不如東郭牙，請置以爲大諫臣；平原廣城，車不結軌，士不旋踵，鼓之三軍之士，視死如歸，臣不如王子城父，請置以爲大司馬；决獄折衷，不殺不辜，不誣無罪，臣不若弦章，請置以爲大理。君若欲治國强兵，則五子者足矣；君欲霸王，則夷吾在此。"桓公曰："善！"令五子皆任其事，以受令於管子。十年，九合諸侯，一匡天下，皆夷吾與五子之能也。《吕氏春秋》

17. 齊桓公之時，晉客至，有司請禮，公曰"告仲父"者三，而優笑曰："易哉爲君，一曰仲父，二曰仲父。"桓公曰："吾聞君人者勞於索人，佚於使人。吾得仲父已難矣，已得仲父之後，何爲不易乎哉！"《韓非子》

18. 晉文公與楚戰，至黄鳳之陵，履繫解，因自結之，左右曰："不可以使人乎？"公曰："吾聞上君之所與居，皆其所畏也；中君之所與居，皆其所愛也；下君之所與居，皆其所侮也。

寡人雖不肖，先君之人皆在，是以難之也。”《韓非子》

19. 介子推行年十五而相荆，孔子聞之，使人往視，還曰：“廊下有二十五俊士，堂上有二十五老人。”仲尼曰：“合二十五人之智，智於湯、武；并二十五人之力，力於彭祖。以治天下，其固免矣。”《説苑》

20. 孔子侍坐於季孫，季孫之宰通曰：“君使人假馬，其與之乎？”孔子曰：“吾聞君取於臣，謂之取，不曰假。”季氏悟，告宰通曰：“今以往，君有取謂之取，無曰假。”孔子曰：“正假馬之言，而君臣之義定矣。”《韓詩外傳》

21. 魯侯欲以孔子爲司徒，召三桓議之。左丘明曰：“周人欲爲千金之裘，而與狐謀其皮；欲具少牢之珍，而與羊謀其羞。言未卒，狐相率逃於重丘之下，羊相呼藏於深林之中矣。今君欲以孔丘①爲司徒，召三桓而議之，亦與狐謀裘、與羊謀羞也。”《符子》

22. 哀公問子夏曰：“必學然後可以安國保民乎？”子夏曰：“不學而能安國保民者，未之有也。”哀公曰：“然則五帝有師乎？”子夏曰：“臣聞黄帝學乎大墳，顓頊學乎禄圖，帝嚳學乎赤松子，堯學乎務成子附，舜學乎尹壽，禹學乎西王國，湯學乎貸乎相，文王學乎錫疇子斯，武王學乎太公，周公學乎虢叔，仲尼學乎老聃。此十一聖人，未遭此師，則功業不能著乎天下，名號不能傳乎後世。”《韓詩外傳》

23. 齊景公游海上而樂之，六月不歸，告左右曰：“敢有先言歸者死。”顔蠋進曰：“君樂治海，不樂治國。彼若有治國者，君安得樂此海乎？”遂歸，中道聞國人將謀不納之。《説苑》

① 丘：粤雅堂本作“某”。

24. 景公爲臺，臺成，又欲爲鐘。晏子諫曰："君不勝欲，爲臺，又欲爲鐘，是重斂於民，民之哀矣！夫斂民之哀而以爲樂，不祥。"景公乃止。《説苑》

25. 景公有馬，其圉人殺之。公怒，援戈將自擊之。晏子曰："此不知其罪而死，臣請爲君數之。"公曰："諾。"晏子舉戈臨之①，曰："汝爲吾君養馬而殺之，而罪當死；汝使吾君以馬之故殺圉人，而罪又當死；汝使吾君以馬故殺人聞於四鄰諸侯，而罪又當死。"公曰："夫子釋之，勿傷吾仁也。"《説苑》

26. 景公問晏子曰："寡人欲從夫子而善齊國之政，可乎？"對曰："嬰聞國有具官，然後其政可善。昔先君桓公，身體惰懈，詞令不給，則隰朋昵侍；左右多過，獄讞不中，則弦甯昵侍；田野不修，民氓不安，則甯戚昵侍；軍吏怠，戎士偷，則王子成甫昵侍；居處佚怠，左右懾畏，繁乎樂，省乎治，則東郭牙昵侍；德義不中，信行衰微，則管子昵侍。先公能以人之長續其短，以人之厚補其薄，是以辭令窮遠而不逆，兵加於有罪而不頓。今君之過失多矣，未有一士以聞也，故曰官不具。"《晏子春秋》

27. 景公飲酒，夜移於晏子，前驅款門曰："君至。"晏子被玄端，立於門曰："諸侯得微有故乎？國家得微有事乎？君何爲非時而夜辱？"公曰："酒醴之味，金石之聲，願與夫子樂之。"晏子對曰："夫布薦席、陳簠簋者有人，臣不敢與焉。"公曰："移於司馬穰苴之家。"前驅款門曰："君至。"穰苴介胄操戟立於門曰："諸侯得微有兵乎？大臣得微有畔者乎？君何爲非

① 之：粵雅堂本衍一"之"字，作"之之"。

時而夜辱?”公曰:“酒醴之味,金石之聲,願與將軍樂之。”穰苴對曰:“夫布薦席、陳簠簋者有人,臣不敢與焉。”公曰:“移於梁丘據之家。”前驅款門曰:“君至。”梁丘據左操瑟,右挈竽,行歌而出。公曰:“樂哉,今夕吾飲也!微彼二子者,何以治吾國?微此一臣者,何以樂吾身?”《晏子春秋》

28. 晏子聘魯,哀公問曰:“語曰‘莫三人而迷’,今寡人與一國慮之,魯不免於亂,何也?”晏子曰:“古之所謂‘莫三人而迷’者,一人失之,二人得之,三人足以爲衆矣,故曰‘莫三人而迷’。今魯國之群臣以千百數,一言於季氏之私。人數非不衆,所言者一人也,安得三哉?”《韓非子》

29. 仲尼曰:“靈公污,晏子事之以整齊;莊公壯,晏子事之以宣武;景公奢,晏子事之以恭儉。君子也。相三君而善不通下,細人也。”晏子聞之,見仲尼曰:“如嬰者,豈能以道食人者哉?嬰之宗族,待嬰而祝其先人者數百家;齊國之間士,待嬰而舉火者數百家,臣爲此仕者也。如臣者,豈能以道食人者哉?”晏子出,仲尼語門弟子曰:“救民之姓而不誇,行補三君而不有,晏子果君子也。”《晏子春秋》

30. 楚王張繁弱之弓,載忘歸之矢,以射蛟兕於雲夢之圃而喪其弓。左右請求之,王曰:“止,楚人遺弓,楚人得之,又何求乎?”仲尼聞之,曰:“楚王仁義而未遂也,亦曰‘人亡弓,人得之’而已,何必楚!”《公孫龍子》

31. 衛靈公天寒鑿池,宛春諫曰:“天寒起役,恐傷民。”公曰:“天寒乎?”宛春曰:“公衣狐裘,坐熊席,陬隅有竈,是以不寒。今民衣弊不補,履決不組,君則不寒矣,民則寒矣。”公曰:“善。”令罷役。左右以諫,曰:“君鑿池,不知天之寒也,而春也知之。以春之知之也而令罷之,福將歸於春也,而怨將歸於君。”公曰：“不然。夫春也，魯國之匹夫也，而我舉之，夫民未有見焉，今將令民以此見之，曰‘春也有善于寡人有也’，春之善非寡人之善歟？”《呂氏春秋》

32. 衛嗣君之時，有人於令之左右，縣令發蓐而席弊甚，嗣君還，令人遺之席，曰：“吾聞汝今者發蓐而席弊甚，賜汝席。”縣令大驚，以君爲神也。《韓非子》

33. 齊崔杼弑莊公，邢蒯聵使晉而反，其僕曰：“崔杼弑莊公，子將奚如？”邢蒯聵曰：“驅之，將入死而報君。”其僕曰：“君之無道也，四鄰諸侯莫不聞也。以夫子而死之，不亦難乎？”蒯聵曰：“善能言也，然亦晚矣！子早言我，我能諫之。諫不聽，我能去。今既不諫，又不去，吾聞‘食其禄者死其事’，吾既食亂君之禄矣，又安得治君而死之？”遂驅車入死。其僕曰：“人有亂君，人猶死之；我有治長，可毋死乎？”乃結轡自刎於車上。《説苑》

34. 晉平公藏寶臺火，公子宴束帛而賀曰：“王者藏於天下，諸侯藏於百姓，農藏於囷庾，商賈藏於篋匱。今百姓乏於外而賦斂無已，昔桀、紂殘暴，爲天下戮，今皇天降火於藏臺，是君之福也。”《韓詩外傳》

35. 晉平公問師曠曰：“人君之道如何？”對曰：“人君之道，清净無爲，務在博愛，趨在任賢；廣開耳目，以察萬方；不固溺於流俗，不拘繫於左右；廓然遠見，踔然獨立；屢省考績，以臨臣下。此人君之操也。”《説苑》

36. 晉平公問叔向曰：“昔齊桓公九合諸侯，一匡天下，不識其君之力乎？其臣之力乎？”叔向對曰：“管仲善製割，隰朋善削縫，賓須無善純緣，桓公知衣而已，亦其臣之力也！”師曠侍曰：“臣請譬之以五味，管仲斷割之，隰朋煎熬之，賓須無齊

和之。羹以熟矣，奉而進之，而君不食，誰能强之？亦君之力也！”《新序》

37. 晉平公閑居，師曠侍。平公曰：“子生無目眹。甚矣！子之墨墨也。”師曠對曰：“天下有五墨墨，而臣不得與一焉。群臣行賂以采名譽，百姓侵冤無所告訴，而君不悟，此一墨墨也；忠臣不用，用臣不忠，下才處高，不肖臨賢，而君不悟，此二墨墨也；奸臣欺詐，空虚府庫，以其少才，覆塞其惡，賢人逐，奸邪貴，而君不悟，此三墨墨也；國貧民罷，上下不和，而好財用兵，嗜欲無厭，諂諛之人，容容在旁，而君不悟，此四墨墨也；至道不明，法令不行，吏民不正，百姓不安，而君不悟，此五墨墨也。國有五墨墨而不危者，未之有也。臣之墨墨小耳，何害乎國家哉？”《新序》

38. 墨者有巨子腹䵍，居秦，其子殺人，秦惠王曰：“先生之年長矣，非有他子也，寡人已令吏弗誅矣。”腹䵍對曰：“墨者之法曰①：‘殺人者死，傷人者刑’，此所以禁殺傷人也。夫禁殺傷人者，天下之大義也。王雖爲之賜而令吏弗誅，臣不可不行墨者之法。”不許惠王而遂殺之。《吕紀》

39. 趙簡子有兩白騾而甚愛之，陽城胥渠處廣門之官，夜款門而謁曰：“主君之臣胥渠有疾，醫教之曰：‘得白騾之肝，病則止，不得，則死。’”謁者入通，董安于御於側，愠曰：“嘻！胥渠也，期吾君騾，請即刑焉。”簡子曰：“夫殺人以活畜，不亦不仁乎？殺畜以活人，不亦仁乎？”於是召庖人殺白騾，取肝以與陽城胥渠。處無幾何，趙興兵而攻翟。廣門之官，左七百人，右七百人，皆先登而獲甲首。《吕紀》

---

① 曰：粵雅堂本作“也”。

40. 韓昭侯謂申子曰："法度甚不易行也。"申子曰："法者，見功而與賞，因能而授官。今君設法度而聽左右之請，此所以難行也。"昭侯曰："吾自今以來知行法矣，寡人奚聽矣。"一日，申子請仕其從兄官，昭侯曰："非所學於子也。聽子之謁，敗子之道乎？亡其用子之謁。"申子辟舍請罪。《韓非子》

41. 文侯與田子方飲，文侯曰："鐘聲不比乎左高。"子方笑，文侯曰："何笑？"子方曰："臣聞之，君明樂官，不明樂音。今君審於音，臣恐其聾於官也。"文侯曰："善。"

42. 周師經侍魏文侯，善鼓琴。文侯耽之，起舞。經怒，以琴撞文侯。文侯怒，使人曳下殿，將殺之。經曰："臣撞桀紂之君，不撞堯舜之主。"文侯曰："寡人過矣。"乃捨之，懸琴於壁以爲戒。《十二國史》

43. 魏文侯問狐卷子曰："父賢，足恃乎？"曰："不足。""子賢，足恃乎？"曰："不足。""兄弟賢，足恃乎？"曰："不足。""臣賢，足恃乎？"曰："不足。"文侯勃然作色，曰："寡人問此五者於子，一一以爲不足者何也？"曰："父賢不過堯，而丹朱放；子賢不過舜，而瞽瞍頑；兄賢不過舜，而象傲；弟賢不過周公，而管、蔡誅；臣賢不過湯、武，而桀、紂伐。望人者不至，恃人者不久。君欲治，從身始，人何可恃乎？"《韓詩外傳》

44. 韓昭侯醉而寢，典冠者見君之寒也，故加衣於君之上。覺寢而説，問左右曰："誰加衣者？"左右對曰："典冠。"君因兼罪典衣與典冠。其罪典衣，以爲失其事也；其罪典冠，以爲越其職也。非不惡寒也，以爲侵官之害甚於寒。《韓非子》

45. 趙襄子出圍，賞有功者五人，高赦爲首。張孟談曰："晉陽之中，赦無大功，賞而爲首，何也？"襄子曰："寡人之國危，社稷殆，身[①]在憂約之中，與寡人交而不失君臣之禮者唯赦，吾是以先之。”仲尼聞之，曰：“襄子可謂善賞矣，賞一人而天下之爲人臣莫敢失禮。”《吕氏春秋》

46. 任登爲中牟令，上計，言於襄子曰：“中牟有士曰瞻、胥已，請見之。”襄子見而以爲中大夫。相國曰：“意者君耳而未之目邪？爲中大夫若此其易也，非晉國之故。”襄子曰：“吾舉登也，已耳而目之矣；登所舉也，吾又耳而目之，是耳目人終無已也。”遂不復問，而以爲中大夫。《吕氏春秋》

47. 齊宣王謂尹文曰：“人君之事何如？”對曰：“人君之事，無爲而能容下。夫事寡易從，法省易因，故民不以政獲罪也。大道容衆，大德容下，聖人寡爲而天下理。”《説苑》

48. 王斗修道不仕，曾造齊宣王門，欲見宣王。宣王使謁者延斗入，斗曰：“斗趨見王爲好勢，王趨見斗爲好士，於王何如？”謁者還報，王曰：“先生徐之，寡人請從。”王趨而迎之於門，曰：“寡人奉先王之宗廟，守社稷，聞先生直言正諫不諱。”斗曰：“王之憂國愛民，不若王之愛尺縠也。”王曰：“何謂也？”斗曰：“王使人爲冠，不使左右便辟而使工者何也？爲能之也。今王治齊國，非左右便辟則無使也，臣故曰不如愛尺縠也。”王起謝曰：“寡人有罪於國家矣。”於是舉士五人，任之以官，齊國大治。

49. 齊宣王爲大室，大蓋百畝，堂上三百户。以齊國之大，具之三年未能成，群臣莫敢諫者。香居問宣王曰：“荆王釋先王之禮樂而爲淫樂，敢問荆邦爲有主乎？”王曰：“爲無主。”“敢問荆邦爲有臣乎？”王曰：“爲無臣。”居曰：“今王爲大室，三

① 身：原作“憂”，文意不通。據《吕氏春秋集釋》卷十四《孝行覽》改。

年不能成，而群臣莫敢諫，敢問王爲有臣乎？”王曰：“爲無臣。”香居曰：“臣請避矣。”趨而出。王曰：“香子留，何諫寡人之晚也！”《新序》

50. 滕文公卒，葬有日矣。天大雨雪，至牛目，群臣請弛期，太子不許。惠子諫曰：“昔王季葬渦山之尾，欒水嚙其墓，見棺前和，文王曰：‘先君欲見群臣百姓矣。’乃出，爲帳三日而後葬。今太子宜曰：‘先君欲少留而撫社稷，故使雪甚。’弛期而更爲日，此文王義也。”太子曰：“善。”《孟子》①

51. 梁君出獵，見白雁，欲自射之。道上有驚雁駭者，梁王怒，命射此人。其御公孫龍諫曰：“昔衛文公時，大旱三年，卜云：‘必須人祀。’文公曰：‘求雨爲民也。今殺之不仁，吾自當之。’言未卒而雨。人君重雁殺人，何异虎狼？”梁君引龍登車，曰：“善哉，今日獵得善言也。”《新語》

52. 鄒穆公令食梟雁者必以秕，毋得以粟，於是倉無秕而求易於民，二石粟得一石秕。吏請以粟食之，公曰：“去，非而所知也。夫百姓煦牛而耕，曝背而耘，勤苦而不敢惰者，豈爲鳥獸也哉！粟，人之上食也，奈何其以養鳥也？且女知小計而不知大會。夫君者，民之父母也，取倉之粟，移之於民，此非吾之粟乎？鳥苟食鄒之秕，不害鄒之粟而已。粟之在倉與其在民，於吾何擇？”賈太傅《新書》

53. 列精子高聽行乎齊湣王，善衣東布衣，白縞冠，顙推之履。特會朝雨袪步堂下，謂其侍者曰：“我何若？”侍者曰：“公姣且麗。”列精子高因步而窺於井，粲然惡丈夫之狀也，喟

① 按，此段引文不見於今本《孟子》七篇，《太平御覽・天部・雪》及《禮儀部・葬送》均云出自《孟子》。

然嘆曰："侍者爲吾聽行於齊王也，夫何阿哉？又況於所聽行乎萬乘之主，人之阿之亦甚矣，而無所鏡，其殘亡無日矣！"《吕氏春秋》

54. 元帝被疾，不親政事，留好音樂。或置鼓鼙殿下，天子自臨軒檻上，隤銅丸以擿鼓，聲中嚴鼓之節。後宫及左右習知音者莫能爲，而定陶王亦能之，上數稱其才。史丹進曰："凡所謂才者，敏而好學，温故知新，皇太子是也。若乃器人於絲竹鼓鼙之間，則是陳惠、李微高於匡衡，可相國也。"於是上嘿然而笑。《史丹傳》

55. 成帝禁中設晏飲之會，引滿舉白，談笑大噱。時乘輿幄坐，張畫屏風，畫紂醉踞，妲己作長夜之樂。上以班伯新起，數目禮之，因指畫問伯："紂爲無道，至於是乎？"伯對曰："紂用婦人之言，何有踞肆於朝？所謂衆惡歸之，不如是之甚者也。"上曰："苟不若此，此圖何戒？"伯曰："沈湎於酒，微子所以告去也；式號式呼[①]，《大雅》所以流連也。《詩》《書》淫荒之戒，其原皆在於酒。"上乃喟然嘆曰："吾久不見班生，今日復聞讜言。"《叙傳》

56. 鄭崇，哀帝時爲尚書僕射，數求見諫諍，上初納用之。每見，曳革履，上笑曰："我識鄭尚書履聲。"《鄭崇傳》

57. 光武臨朝，或有惰容，張湛輒陳諫其失。常乘白馬，帝每見湛，輒言"白馬生且復諫矣"。范曄《漢書》

58. 帝問宋弘通博之士，弘薦桓譚才學洽聞，幾及揚雄、劉向父子。於是召譚，拜議郎。帝每宴，輒令鼓琴，好其繁聲。弘聞之，不悦，悔於薦舉，召譚讓之。後大會群臣，帝使譚鼓

---

① 式號式呼：兩"式"字，原作"或"，内閣文庫藏八册本、粤雅堂本作"式"。按，《詩經·大雅·蕩》作"式號式呼"，今據改。

琴，譚見弘，失其常度。帝怪問之，弘謝曰："臣所以薦譚者，望能以忠正導主，而令朝廷耽悦鄭聲，臣之罪也。"

59. 弘嘗宴見，御坐新屏風圖畫列女，帝數顧視之，弘正容曰："未見好德如好色者。"帝即爲徹之。

60. 漢明帝時，公車以反支日不受章奏，帝聞而怪曰："民廢農桑，遠來詣闕，而復拘以禁忌，豈爲政之意乎？"於是遂蠲其制。《潛夫論》

61. 襄楷諫桓帝曰："聞宫中立黄老浮屠之祠，此道清虚，貴尚無爲，好生惡殺，省欲去奢。今陛下既乖其道，豈獲其祚哉？或言老子入夷狄爲浮屠，浮屠不三宿桑下，不欲久生恩愛，精之至也。天神遺以好女，浮屠曰'此但革囊盛血'，遂不盼之。今陛下婦[①]女極天下之麗，甘肥單天下之味，奈何欲如黄老乎？"范曄《漢書》

62. 陳蕃上疏曰："今京師囂囂，道路喧嘩，言侯覽、曹節等與趙夫人并亂天下。一朝群臣，如河中木耳，泛泛東西，耽禄畏害。"

63. 毛玠爲吏部尚書，無敢好衣美食者，魏武嘆曰："孤之法不如毛尚書，令使吏部用心如玠，風俗之易不難。"《魏志》

64. 明帝見殿中侍御史簪白筆，側階而立，問："此何官？"辛毗曰："御史簪筆書過，以紀陛下不依古法者，今直備官毦筆耳。"《魏書》[②]

65. 張昭每得北方士大夫書疏，專歸美於昭。昭欲嘿而不宣，則懼有私，宣之則恐非宜，進退不安。孫策聞之，歡笑曰："昔管仲相齊，一則仲父，二則仲父，而桓公爲霸者宗。今子布

---

① 婦：粵雅堂本作"婬"。

② 按，《太平御覽·服章部》引此條出《魏略》。

賢，我能用之，其功名獨不在我乎？”《張昭傳》

66. 孫亮出西苑，方食生梅，使黄門至中藏取蜜漬梅。蜜中有鼠矢，亮問主藏吏曰：“黄門從汝求蜜邪？”曰：“向求，實不敢與。”黄門不服。左右以二人辭不同，請付獄推。亮曰：“此易知耳。”令破鼠矢，裹燥。亮笑曰：“若久在蜜中，中外當俱濕，今裹燥，必黄門所爲。”黄門首服，左右皆大驚悚。《吴曆》

67. 朝議推唐彬、楊宗爲監軍，晉武帝問散騎常侍文立曰：“彬、宗孰可用？”立對曰：“彬、宗俱立事績在西，不可失也。然宗有酒嗜，彬性在財欲，惟陛下裁之。”帝曰：“財欲可足，酒嗜難改。”遂用彬。《華陽國志》

68. 齊高帝時，都下舛雜，且多奸盗，上欲立符伍，家家以相檢括。王儉諫曰：“京師翼翼，四方是凑，必也持符，於事既煩，理成不曠，謝安所謂‘不爾何以爲京師’。”

69. 梁武帝問徐勉，求一有學藝、解朝儀者爲儀曹郎。勉曰：“孔休源識見清通，詳練故事。”帝即日除儀曹。每建議，訪問前事，休源即以所通記隨機斷决，曾無留滯，任昉謂之“孔獨誦”。《梁書》

70. 吕僧珍既有大勛，任總心膂，性甚恭慎。當禁中盛暑，不敢解衣，每侍御座，屏氣鞠躬，果實未嘗舉箸。常醉後取一甘[①]食，帝笑謂曰：“卿今日便是大有所進。”《梁書》

71. 周武爲《象經》，隋文從容謂郎茂曰：“人主之所爲，感天地，動鬼神，而《象經》多亂法，何以訓人？”茂竊嘆曰：“此言非常人所及。”

---

① 甘：《梁書・吕僧珍傳》作“柑”。

72. 古弼入奏减苑囿，太武方與劉樹棋。弼侍坐良久，不獲申，乃起，於帝前捽樹，掣下床，以手搏之，曰："朝廷不理，實爾之罪！"帝愕然，放棋曰："不聽奏事，朕之過也，樹何罪？"弼具狀以聞，帝奇而可其奏。

73. 文宣嘗與左右飲酒，曰："快哉大樂。"王紘曰："亦是大苦。"帝曰："何苦？"紘曰："長夜荒飲，不悟國破，是謂大苦。"

74. 薛收上書諫秦王田獵，王答曰："覽所陳，知成我者，卿也。明珠兼乘，未若一言。"《唐書》

75. 開元中，夷州刺史楊濬坐贓當死，上命杖之六十，流古州。裴耀卿上疏，以爲："决杖贖死，恩則甚優；解體受笞，事頗爲辱。止可施之徒隸，不當及於士人。"上從之。

76. 王方慶居相位，以子爲眉州司士參軍。天后嘗問曰："君在相位，子何遠乎？"對曰："廬陵是陛下愛子，今猶在遠，臣之子焉敢相近？"世以比倉唐之對。李德裕《諫論》

77. 河東節度使王鍔，賂權近求兼宰相，密詔中書、門下曰："鍔可兼宰相。"李藩遽取筆滅宰相字，署其左曰不可。還奏之，權德輿失色曰："有不可，應別爲奏，可以筆塗詔邪？"藩曰："勢迫矣，出今日便不可止。"既而事得寢。

78. 吕蒙正爲相，夾袋中有册子。四方人謁見，必問其有何人才，客去隨疏之，或一人而數人稱之，必賢也。朝廷求賢，取之囊中，故文武百官各稱職。《危史》

79. 張方平平生未嘗不衣冠而食，嘗暑月與其婿王鞏同飯，命鞏褫帶。公衫帽自如，鞏顧見不敢。公曰："吾自布衣諸生遭遇至此，一飯皆君賜也。享君之賜，敢不敬乎？子自食某之食，雖袒衣無害也。"

80. 范文正一日見王沂公，言："宰相當顯拔人物，自丞相當國，門下未見一人。"沂公曰："司諫不思耶？若恩盡歸己，怨將誰歸？"范公恍若自失。

父子賢母附

1. 曾子有疾，曾元抱首，曾華抱足。曾子曰："吾無顏氏之才，何以告汝？雖無能，君子務益。夫華多實少者，天也；言多行少者，人也。夫飛鳥以山爲卑而層巢其巔，魚鱉以淵爲淺而穿穴其中，然所以得者，餌也。君子苟能無以利害身，則辱安從至乎？官怠於宦成，病加於小愈，禍生於懈惰，孝衰於妻子。察此四者，慎終如始。《詩》曰：'靡不有初，鮮克有終。'"《大戴禮》

2. 曾子從仲尼在楚而心動，辭歸問母，母曰："思爾嚙指。"孔子曰："參之孝，精感萬里。"《搜神記》

3. 趙簡子之子，長伯魯，幼無恤，將置後，不知所立。乃書訓戒之辭於二簡，以授二子，曰："謹識[①]之。"三年而問之，伯魯不能舉其辭；求其簡，已失之矣。問無恤，誦其辭甚悉；求其簡，出諸袖中而奏之。簡子以無恤爲賢，立以爲後。

4. 趙簡子盡召諸子語，毋邺[②]最賢。簡子乃告諸子曰："吾藏寶符於常山上，先得者賞。"諸子馳之常山上，求無所得。毋邺還，曰："已得符矣。"簡子曰："奏之。"毋邺曰："從常山上

① 識：粵雅堂本作"置"。
② 按，毋邺，即上條之"無恤"。

臨代，代可取也。”簡子於是知毋邺果賢，廢太子伯魯，而以毋邺爲太子。

5. 陸生有五男，乃出所使越得橐中裝，賣千金，分其子，子二百金，令爲生産。陸生嘗安車駟馬，從歌舞鼓琴瑟侍者十人，寶劍直百金，謂其子曰：“與汝約：過汝，汝給吾人馬酒食，極欲，十日而更。所死家，得寶劍車騎侍從者。一歲中往來過他客，率不過再三過，數見不鮮，無久慁公爲也。”《史記》

6. 張安世長子千秋，與霍光子禹俱爲中郎將，將兵隨度遼將軍范明友擊烏桓。還，謁大將軍。光問千秋戰鬥方略、山川形勢，千秋口對兵事，畫地成圖，無所忘失。光復問禹，禹不能記，曰：“皆有文書。”光嘆曰：“霍氏世衰，張氏興矣。”班固《漢書》

7. 韋賢四子，少子玄成，以明經歷位至丞相。故鄒魯諺曰：“遺子黄金滿籯，不如教子一經。”

8. 鄧禹有子十三人，各使守一藝，修整閨門，教養子孫，皆可以爲後世法。

9. 平當爲相，上欲封當，病篤不應召。或謂當：“不爲子孫邪？”當曰：“吾居大位，已負素餐，起受侯印，還卧而死，死有餘罪。今不起者，所以爲子孫也。”

10. 鮑永少有志操，事後母至孝，妻嘗於母前叱狗，永即去之。范曄《漢書》

11. 趙至，字景真。漢末，其祖流宕，客緱氏。令新之官，至年十二，與母共道傍看，母曰：“汝先世非微賤家也，汝後能如此不？”至曰：“可爾耳。”歸便就師誦書。蚤聞父耕叱牛聲，釋書而泣，師問之，答曰：“自傷不能致榮華，而使老父不免勤

苦。”嵇紹《叙》①

12. 焦華父遺嘗病甚，冬中思瓜。華夢一人黄冠，謂曰：“聞子父病思瓜，故送以助。”華拜受之。及寤，在手，馨香非常，父食而病愈。《孝子傳》

13. 孫權召顧雍父子及其孫譚飲，譚時爲選曹尚書，見任貴重。是日，孫權飲極歡。譚醉，三起舞，舞又不知止，雍内怒之。明日，召譚訶責之，曰：“君王以含垢爲德，臣下以恭謹爲節，何有舞不復止？雖爲酒後，亦由恃恩，損吾家者，必汝也！”《江表傳》

14. 王昶名其兄子曰默、曰沈，名其子曰渾、曰深，戒之曰：“吾欲使汝曹顧名思義。”

15. 王羲之與謝萬書曰：“頃東游還，修植桑果，今盛敷榮，率諸子，抱弱孫，游觀其間，有一味之甘，割而分之，以娱目前。雖植德無殊邈，猶欲教養子孫以敦厚退讓，戒以輕薄。庶令舉策數馬，彷彿萬石之風。”《晉書》

16. 李密，字令伯，事祖母以孝聞，其侍疾則日夜不解帶。奉使聘吴，吴主與群臣論“寧爲人弟”，密曰：“願爲人兄矣。”吴主曰：“何爲？”密曰：“爲兄供養之日長。”

17. 吴隱之，字處默，少有孝行，遭母喪，哀毁過禮。時與太常韓康伯鄰居，隱之每哭，康伯母輒輟事流涕，悲不自勝，終其喪如此。謂康伯曰：“汝後若居銓曹，當用此輩人。”後爲吏部尚書，乃進用之。鄭緝《孝子傳》

18. 劉殷有七子，五子各授一經，一子授《太史》，一子授《漢書》，一門之内，七業俱興。

---

① 按，據《世説新語箋疏·言語》劉孝標注，此《叙》爲《趙至叙》。

19. 顔延之候其子竣，遇賓客盈門，竣方卧不起，怒曰："恭敬樽節，福之基也；驕狠[1]傲慢，禍之本也。况出糞土之中而升雲霞之上，傲不可長，其能久乎？"

20. 顔延之子竣既貴重，權傾一朝，凡所資給，延之一無所受，器服不改，宅宇如舊。常乘羸牛車，逢竣鹵簿，即屏駐道側，謂曰："吾平生不喜見貴人，今不幸見汝。"

21. 王僧虔戒子書："汝年入立境，方應從宦，兼有室累，何處復得下帷如王郎時邪？各爾身已切，豈復關吾邪？鬼惟知愛深松茂柏，寧復知子弟毁譽！因汝有感，故略叙胸懷。"《齊書》

22. 江泌，字士深，性仁慈，衣敝多虱，以綿置之，食菜不食心，以其有生意也。有孝行，族有與泌同名者，世謂爲"孝泌"以别之。《齊春秋》

23. 王修母以社日亡，來年社日，修哀感悲號，鄰人罷社。蕭廣濟《孝子傳》

24. 韓靈敏早喪父，其兄靈珍至孝。母亡，家貧無以葬，與靈珍種瓜。靈敏朝采，暮還復生，葬事由此舉。沈約《齊記》

25. 沈約指其子謂陸喬曰："此吾愛子也，少聰慧，好讀書，因以青箱名之，欲傳吾之學也。"《宣室志》

26. 支漸，蜀之資陽人，年七十，持母喪，廬於墓，白蛇素狸擾其傍，皓烏皬雀集於隴。《華陽國志》

27. 阮孝緒於鍾山聽講，母王氏忽有疾，兄弟欲召之，母曰："孝緒至性冥通，必當自到。"果心驚而返。《梁書》

28. 徐仲原，望江人，親喪廬墓，禽采花而插墳，獸銜土而壘隴。

---

① 狠：粵雅堂本作"很"。

29. 張敷生母亡，數歲聞之①，雖童蒙便有感慕之色。至十歲許，求母遺物，而散施已盡，惟得一畫扇，乃緘録之，每至感思，輒開笥流涕。《梁書》

30. 房玄齡常恐諸子驕侈，席勢凌人，乃集古今家戒爲屏風，曰："留意於此，足以保躬。"

31. 虞世南子昶無才術，歷將作少匠、工部侍郎。許敬宗曰："護兒兒作相，世南兒作匠，文武豈有種耶？"《新唐書·來濟傳》

32. 郭子儀禁軍中無故走馬，南陽夫人乳母之子犯禁，都虞候杖殺之。諸子泣訴都虞候之横，子儀嘆息，語僚佐曰："子儀諸子，皆奴材也。不賞父之都虞候，而惜母之乳母子，非奴材而何？"

33. 宋之問父令文，富文辭，且工書，有力絶人，世稱"三絶"。既之問以文章起，其弟之悌以驕勇聞，之遜精草隸，皆得父一絶。

34. 王荆公教元澤求館賓，須博學善士。或謂："發蒙何必爾？"公曰："先入者爲之主。"《晁氏客語》

35. 王敬弘未嘗教子孫學問，各隨所欲。人問之，答曰："丹朱不應乏教，甯越不聞被捶。"

36. 劉尚書寔，娶華家女，生子不令。或謂尚書曰："君行高一世，而諸子不能遵，何不旦夕切磋使自改耶？"尚書答曰："吾之行事，是所聞見，不相祖習，豈復教誨之所得乎！"世以劉言爲當。

37. 鄭玄之子益恩，赴黄巾之難，有遺腹子，玄以其手文

① 按，此兩句，《南史·张敷傳》作"生而母亡，年數歲問知之"。

似己，名之曰“小同”。

38. 雋不疑爲青州刺史，每行縣録囚徒還，其母輒問不疑：“有所平反，活幾何人？”即不疑多有所平反，母喜笑爲飲食，語言异於他時；或無所出，母怒，爲之不食。故不疑爲吏，嚴而不殘。

39. 漢崔篆母師氏，通九經百家之言，王莽寵以殊禮，賜號“義成夫人”。《事物紀原》

40. 鍾士季母嘗言：“人誰能皆體自然，但力行不倦，抑亦其次。”

41. 孟仁少從李肅學，其母爲作厚褥大被，曰：“小兒無德致客，學者多貧，故爲廣被，庶可得與氣類接也。”除監池司馬，捕魚作鮓以寄其母，母責之曰：“汝爲魚官而以鮓寄我，何以遠嫌？”《吴録》

42. 朱序鎮襄陽，苻堅遣將圍之，序母韓氏自登城，謂西北角當先受敝，遂領百餘婢并城中女子，於其角斜築城二十餘丈。賊攻西北角，果潰，衆便守新築城，賊引退。人謂此城爲“夫人城”。《晉書》

43. 泰媖，南鄭楊相妻也，有四男二女。相亡，教訓六子，動有法矩。長子元珍出，醉歸，十日不見之，曰：“我在，女尚如此，我亡，何以帥群弟子？”元珍叩頭謝過。次子仲珍白母請客，既至，無賢者，母怒責之。仲珍乃革行，交友賢人，兄弟爲名士。泰媖之教，流於三世。《華陽國志》

44. 禮珪，陳省妻，楊元珍女也，生二男。娶婦，皆貴家豪富，從婢七八，資遣豐饒。禮珪敕二婦曰：“先姑，母師也，常言：‘聖賢必勞民者，使之思善。’不勞則逸，逸則不才，吾家不爲貧也，所以粗食給吾者，使知苦難，備獨居時。”二婦拜受教。從孫奉上微慢，珪抑絶之，感悟革行。遭亂，宗表欲見之，必自嚴飾，從子孫、侍婢乃引見之，曰："此先姑法也。"四時祭禮，親養牲釀酒，年八十九卒。《華陽國志》

45. 何無忌夜於屏風裏草檄文，其母，劉牢之姊也，登橙密窺之，泣曰："汝能如此，吾復何恨。"問所與同謀者，曰："劉裕。"母尤喜，因爲言玄必敗、舉事必成之理以勸之。《宋書》

46. 王琚爲中書侍郎，母來京師，讓琚曰："爾家上世皆州縣職，今爾無攻城野戰勞，以諂佞取容，海内切齒，吾恐爾家墳墓無人復掃除也。"琚卒不免。

47. 李審諸[①]爲御史，臺中送禄米到宅，其母遣量之，剩三石，問其故，曰："御史例不概。"又問車脚幾錢，答言："御史例不還脚錢。"母怒，送剩米及脚錢[②]，因責審諸，御史皆有慚色。《唐書》

48. 李景讓爲浙西觀察，一左都押衙忤意，杖殺之，軍中憤怒將變。景讓方視事，母出坐廳事，立景讓於庭，責之曰："天子付汝以方面，豈得妄殺萬一，致一方不寧！豈惟上負天子，使垂年之母銜羞入地，何以見汝先人乎！"命左右褫[③]其衣，坐之，將撻其背，將佐皆泣拜爲請，久乃釋之，軍中遂安。

49. 鄭善果爲景州，母崔氏通曉政事，每善果出聽事，母輒坐胡床於鄣後察之。聞其決合理，則賜之坐，相對談笑。若行事不允，或妄瞋怒，母乃還室，蒙袂而泣，終日不食。

---

① 李審諸：《朝野僉載》卷三及《新唐書·列女傳》均作"李畬"，當從。

② 送剩米及脚錢：粤雅堂本作"還剩米脚錢"。

③ 褫：原作"褫"，誤，從粤雅堂本改。

兄　弟

1. 太守[1]第五倫舉許武孝廉，武以二弟晏、普未顯，欲令成名，乃請之曰："禮有分异之義，家有别居之道。"於是共割財産，以爲三分，武自取肥田、廣宅[2]、奴婢强者，二弟所得悉劣少，鄉人皆稱弟克讓而鄙武貪婪，晏等以此并得選舉。武乃會宗親泣曰："吾爲兄不肖，盜聲竊位。二弟年長，未豫榮禄，所以求得分財，自取大譏。今理産所增三倍於前，悉以推二弟，一無所留。"於是郡中翕然稱之。《許荆傳》

2. 田煇叔都，兄威都，俱稱純懿，而叔都最知名。郡欲察授之，煇恥越賢兄，遂托病瘖，人數恐灼，持之有度。後在田舍，連陰雨，友人張子平、吉仲考等密共穿踰，奪叔衣衾，窮夜獨處，竟無聲響。子平因前抱持曰："謂汝陽瘖避兄耳，何意真爾！天喪斯文，吾儕何效乎！"相對歔欷，哀動左右。積四歲，威都果舉安定長史，據輜垂綬，還鄉薦祖。叔都沃醊神坐，俯仰因語。是月，司隸、太尉、大將軍同時并辟，爲御史[3]，舉茂才。《風俗通》

3. 吴文章少孤，與兄伯武相失二十年。後會下邳市，争計共鬥，伯武毆文章，欲報擊之，心中愴凄，手不能舉，大自吝也，因投杖於地，相問，乃真兄弟也。《風俗通》

---

① 太守：粤雅堂本闕"太守"二字。

② 宅：粤雅堂本作"澤"。

③ 御史：《風俗通義校注》卷五《十反》作"侍御史"。

4. 杜林弟成物故，隗囂聽林持喪歸葬。尋悔，追令刺客楊賢於隴邸遮殺之。賢見林身持鹿車，載致弟喪，乃嘆曰："當今之時，誰能行義？我雖小人，何忍殺義士！"遂亡去。

5. 李克兄弟二人，貧無擔石之儲，并日而食，易衣而出。妻竊謂克曰："今貧如此，妾有私財，可分异獨居，人多費極，無爲空自窮也。"克請呼鄰里親戚相對，前跪白其母，便顧其妻，叱而遣之，婦行泣出門去。杜預《汝南記》

6. 裴叔則營新宅甚麗，當移住，與兄共游，床帳儼然，軒欞疏朗，兄心甚欲之而口不言，叔則心知其意，便推使兄住。

7. 顔含兄畿得疾就醫療，遂死醫家。家人迎喪，旐每繞樹不可解，引喪者顛仆，稱畿言曰："我壽命未死，但服藥太多，傷五臟耳，今當復活，慎無葬也。"其父祝之曰："若爾復生，豈非骨肉所願，不爾葬也。"旐乃解。及還，其婦夢之，其母及家人又夢之，含乃曰："嘻！非常之事，古則有之。"乃發棺，果有生驗，然氣息甚微，飲哺將護，累月猶不能語，飲食所須，托之以夢。含乃絶弃人事，躬親侍養，足不出户者十有三年。《晉書》

8. 辛攀，字懷遠，隴西人，父奭，尚書郎，兄鑒曠，弟寶迅，皆以才識知名，秦雍①爲之語曰："五龍一門，金友玉昆。"崔鴻《前凉録》

9. 戴仲若與兄勃，并隱遁有名，世居剡下。又以桐廬地多名山，復共游之，因留止居。後勃疾患，醫藥不給，仲若謂勃曰："顒隨兄得閑，非有心於默語，兄今疾篤，無可營療，顒當干禄以自濟耳。"乃告時求海虞令，事垂行而勃卒，仲若便引退。

---

① 秦雍：粵雅堂本作"泰雍"，《太平御覽·人事部·諺上》引《前凉録》作"秦雄"，《太平御覽·珍寶部·玉上》引《前凉録》作"秦雍"。

10. 齊宣帝問道成、道慶學業於雷次宗，曰："其兄外朗，其弟内潤，皆良璞也。"

11. 到茂灌與弟茂沿皆有文才，兼善言理，時人比之二陸，世祖嘗贈詩云："魏世重雙丁，晉朝稱二陸。何如今兩到，復似凌寒竹。"

12. 蕭光禄子範與弟子顯、子雲才名略相比而風采容止不逮，故官途有優劣。每讀《漢書》杜緩兄弟五人至大官，唯中弟欽官不至而最知名，常吟諷之以況己。《蕭子範别傳》

13. 崔光悌之子鴻，弱冠有著述，拜給事中。光悌謂次子曰："阿鴻已摩天去，汝可不勉哉！"

14. 吐谷渾阿豺疾，有子二十人，召母弟慕利延曰："汝取一隻箭折之。"慕利延折之，又曰："汝取十九隻箭折之。"慕利延不能折，阿豺曰："汝曹知乎？單者易折，衆者難摧，戮力一心，然後社稷可固。"

15. 崔儼，諫議大夫，其群從數十人，自興寧里謁大明宫，冠蓋相望。歲時宴於家，以一榻置笏，猶重積其上。璘與弟太子詹事珪、光禄卿瑶，俱列棨戟，世號"三戟崔家"。宋祁《唐書》

16. 裴宣明二子景鸞、景鴻并有逸才，河東呼景鸞爲"驥子"，景鴻爲"龍文"。

17. 郭雋，字弘文，太原人，家門雍穆，七世共居，犬豕同乳，烏鵲同巢，時人以爲義感。州上其事，上遣平昌公宇文弼詣其家勞問之。

18. 氾毓，字稚春，奕世儒業，敦睦九族，客居青州，逮毓七世，人號其家"兒無常父，衣無常主"。《晉中興書》

夫婦令媛附①

1. 虞翻與弟書："長子容當爲求婦。遠求小姓，足使生子。天其福人，不在貴族。芝草無根，醴泉無源。"

2. 劉延明年十四，就博士郭瑀，瑀弟子五百人，通經者八十餘人。瑀有女始笄，妙選良偶，有心於延明，遂别設一席，謂弟子曰："吾有一女，欲覓一快婿，誰坐此者?"延明遂奮衣坐，神志湛然，曰："延明其人也。"瑀遂以女妻之。

3. 孔淳之與王敬弘并爲人外交，申以婚姻。敬弘以女適淳之子尚，遂以烏芊②繫所乘車轅，提壺爲禮，至則盡歡共飲，迄暮而歸。或怪之，答曰："此固農夫田婦③之禮也。"

4. 陳定字子仲，楚王遣使持金百鎰，聘以爲相。仲謂妻曰："今日爲相，明日結駟連騎，食方於前。"妻曰："結駟萬騎，所安不過容膝；食方於前，所甘不過一肉。今以容膝之安、一肉之味而懷楚國之憂，亂世多害，恐先生不保命也。"於是夫妻逃去，爲人灌園。《高士傳》

5. 柳下惠妻誄其夫曰："夫子之不伐兮！夫子之不竭兮！夫子之誠信而與人無害兮！屈柔從俗，不强察兮！蒙耻救民，德彌大兮！雖遇三黜，終不蔽兮！豈弟君子，永能厲兮！嗟呼惜兮，乃不世兮！庶幾遐年，今遂逝兮！嗚呼哀哉，魂神泄兮！

---

① 令媛附：粤雅堂本無"令媛附"三字。
② 芊：《南史 · 孔淳之傳》作"羊"，當從。
③ 婦：《南史 · 孔淳之傳》作"父"。

夫子之謚，宜爲惠兮！”《列女傳》

6. 韓憑，戰國時爲宋康王舍人。妻何氏美，王欲之，捕舍人作青陵臺，何氏作《烏鵲歌》以見志，曰：“南山有烏，北山張羅。烏自高飛，羅當奈何？”遂自縊死。《九域志》

7. 巴寡婦清，其先得丹穴，而擅其利數世，家亦不貲。清寡婦能守其業，用財自衛，人不敢犯，始皇以爲貞婦而客之，爲築女懷清臺。《巴寡婦清傳》

8. 霍光與張安世謀，欲廢主更立。議既定，使大司農田延年報楊敞。敞驚懼，不知所言，汗出洽背，徒唯唯而已。延年起，至更衣，敞夫人遽從東厢謂敞曰：“此國家大事，今大將軍議已定，使九卿來報君侯，君侯不疾應，與大將軍同心，猶與無决，先事誅矣。”延年從更衣還，夫人與延年參語許諾。《楊敞傳》

9. 山陽太守汝南薛恭祖喪其妻，不哭，臨殯，於棺上大言：“自同恩好，四十餘年，服食禄賜，男女成人，幸不爲夭，夫復何恨哉！今相及也。”《風俗通》

10. 王霸少立高節，光武時連徵不仕。霸與同郡令狐子伯爲友，後子伯爲楚相，而其子爲郡功曹。子伯遣子奉書於霸，客去，久卧不起。妻怪問之，霸曰：“向見令狐子容服甚光，舉措有適，而我兒蓬髮歷齒，未知禮則，見客而有慚色，父子恩深，不覺自失耳。”妻曰：“君少修清節，不顧榮禄。今子伯之貴，孰與君之高？君躬勤苦，子安得不耕以養？既耕，安得不黄頭歷齒？奈何忘夙志而慚兒女子乎？”霸屈起而笑，曰：“有是哉！”遂共終身隱遁。《列女傳》①

① 按，此條出《後漢書·列女傳》，而非劉向《列女傳》。

11. 袁隗妻是馬季長女，少有才辯。季長世家豐豪，裝遣甚盛。初成禮，隗問曰："婦奉箕帚而已，何乃過珍麗乎？"對曰："慈親垂愛，不敢逆命。君若欲慕鮑宣、梁鴻之高，妾亦請從少君、孟光之事矣。"隗言："弟先兄舉，世以爲笑，今處姊未適，先行可乎？"曰："妾姊高行殊邈，未遭良匹，非如鄙薄，苟然而已。"隗默然不能屈。

12. 李固三子，基、兹、燮。燮時年十三，姊文姬爲趙伯英妻，知禍將作，喟然獨悲曰："李氏滅矣。"密與二兄謀藏匿燮，托言還京師。有頃，州郡收基、兹，皆死獄中。文姬乃告父門生王成曰："今委君以六尺之孤，李氏存滅，其在君矣。"成乃將燮乘江東下，入徐州界，變姓名爲酒家傭，而成賣卜於市，陰相往來，積十餘年。

13. 王章爲諸生，學長安，獨與妻居。章疾病無被，卧牛衣中，與妻决，涕泣，其妻呵怒之曰："仲卿！京師尊貴在朝廷，人誰逾仲卿者？今疾病困厄，不自激昂，乃反涕泣，何鄙也！"後章仕宦爲京兆，欲上封事，妻又止之，曰："人當知足，獨不念牛衣中涕泣時耶？"章曰："非女子所知也。"書遂上。

14. 曹公問蔡文姬："聞夫人家先多墳籍，猶能憶識之不？"文姬曰："昔亡父賜書四千許卷，流離塗炭，罔有存者，今所誦憶，裁四百餘篇。"曹公言："當使十吏就夫人寫之。"文姬曰："妾聞男女之别，禮不親授，乞給紙筆，真草唯命。"於是繕書送上，文無遺誤。

15. 孫策功①曹魏騰以忤意見譴，將殺之，夫人吴氏乃倚大井而謂策曰："汝新造江南，其事未集。魏功曹在公盡規，汝今

① 功：粤雅堂本作"攻"，誤。

日殺之，則明日叛，吾不忍見禍之及，當先投此井中。”策大驚，遽出騰。《孫會稽録》①

16. 桓範持節都督青、徐，與徐州刺史鄒岐争屋，欲斬岐，坐免。復爲兖州刺史，屬鎮北將軍吕昭範，語妻曰：“我寧作諸卿向三公長屈耳，不能爲吕屈也！”妻曰：“君前欲斬徐州，人謂君難於作下，今復羞爲吕屈，是復難爲作上。”《魏志》

17. 趙娥父爲李壽所殺，娥乃帷車袖劍，白日刺壽於都亭，詣縣曰：“父仇已殺，請受戮。”顔色不變。縣尹縱之，娥不肯，强載還家，會赦，得免。《魏志》

18. 丹陽太守李衡，數以事侵琅邪王，其妻習氏，諫之不聽。及琅邪即位，衡憂懼，謂妻曰：“不用卿言，以至於此，吾欲奔魏，何如？”妻曰：“不可，王素好善慕名，方欲自顯於天下，終不以私嫌殺君明矣！可自囚詣獄，表列前失，明求受罪，如此當逆見優饒，非但活也！”衡從之。吴主詔曰：“丹陽太守李衡，以往事之嫌，自拘司獄，其遣衡還郡！”《吴録》

19. 杜有道妻嚴氏，字憲，女韡，有淑德，傅玄求爲繼室，憲便許之。時玄與何晏、鄧颺不穆，晏等每欲害之，時人莫肯共婚。或曰：“何、鄧執權，必爲玄害，亦猶排山壓卵、以湯沃雪耳，奈何與之爲親？”憲曰：“晏等驕侈，必當自敗。司馬太傅，獸睡耳，吾恐卵破雪消，行自有在。”《晉書·列女傳》

20. 桓玄問王凝之妻謝氏曰：“太傅東山二十餘年，遂復不終，其理云何？”謝答曰：“亡叔太傅先正，以無用爲心，顯隱爲優劣，始末正當動静之异耳。”

21. 苻堅幸太學，博士盧壺曰：“廢學既久，書傳零落，

---

① 按，據《三國志·吴書·妃嬪傳》，此條出自《會稽典録》，此作《孫會稽録》，疑誤。

《周官》禮注，未有其師。竊見太常韋逞母宋氏，世傳父業，今年八十，視聽無闕，自非此母，無可傳授後生。”於是就宋氏家立講堂，置生徒百二十人，隔絳紗帳而受業，號宋氏爲“宣文君”，賜侍婢十人，《周官》學復行於世。裴景仁《前秦記》

22. 陶潛妻翟氏，與潛志趣同，能安苦節，夫耕於前，妻鋤於後。

23. 鮑令暉歌詩往往斷絶清巧，擬古尤勝。昭嘗答孝武云：“臣妹才自亞於左芬，臣才不及太冲耳。”《詩品》〇令暉有才思，著《香茗賦》，見陸龜蒙《小名録》。

24. 襄陽衛敬瑜妻，年十六而敬瑜亡。父母舅姑咸欲嫁之，誓而不許，截耳置盤中爲誓乃止。所住户有燕巢，常雙來去，後忽孤飛，女感其偏栖，乃以縷繫脚爲志。後歲，此燕復更來，猶帶前縷，女因爲詩曰：“昔年無偶去，今春猶獨歸。故人恩既重，不忍復雙飛。”《南史》

25. 魏尚書令王肅，博學多通，才辭美茂，高祖甚重之。先仕齊日，聘謝氏女爲妻，及至京師，復尚公主。謝作五言詩贈曰：“本爲簿上蠶，今作機上絲。得路逐勝去，頗憶纏綿時。”公主代肅答謝云：“針是貫綿物，目中恒任絲。得帛縫新去，何能衲故時。”肅甚有愧色。《洛陽伽藍記》

26. 北齊盧士深妻，崔林義之女，有才學，春日以桃花靧兒面，咒曰：“取桃花，取白雪，與兒洗面作光悦。取白雪，取桃花，與兒洗面作妍華。取花紅，取雪白，與兒洗面作光澤。取雪白，取花紅，與兒洗面作華容。”虞世南《史略》

27. 高柔婚泰山胡毋氏女，年二十，有倍年之覺，而姿色清惠，近是上流婦人。柔家道隆崇，既罷官，營宅於伏川，馳動之情既薄，又愛玩賢妻，有終焉之志。尚書令何充取爲參軍，

僶俛應命，眷戀綢繆，不能暫捨，相贈詩書，清婉辛切。辛統[①]《柔集序》

28. 潘炎，德宗時學士，蒙异眷，夫人劉氏，晏相女也。京尹有故，伺候不得見，乃遺閽者三百縑。夫人知之，嘆曰："豈有人臣京尹願一見，乃遺奴三百縑邪？危可知已！"遽勸潘公避位。子孟陽，爲户部侍郎。夫人曰："以爾人才，在丞郎之位，吾懼禍之至也。"户部慰諭再三，乃曰："試會爾同列，吾觀之。"因遍招客至，夫人垂簾視之。既罷會，曰："皆爾之儔也，不足憂矣！末座緑衫少年何人？"答曰："補闕杜黄裳。"夫人曰："此人全别，必是有名卿相。"《幽閑鼓吹》

29. 劉從諫得父封，頗勾聚亡命，窺脅朝廷，而張谷佐其事。谷妓李新聲諫曰："妾於公，自歌酒外非所知，然食人之食者，憂人之憂，况妾乎！前日天子授從諫節度使，非其有拔城野戰之功，蓋以其先父挈齊還我，去就間未能奪其嗣耳。而公不幸爲其屬，且以不法而得，亦宜以不法而終，此倚伏之數也。而又卒伍佻險，言語不祥，是不爲齊鬼所酬而死於帳者幸矣，孰謂公反不知其事者哉？姑不能早折[②]其肘臂以作天子計，則宜脱旅西去，大丈夫勿顧一飯恩，以骨肉腥健兒衣食。"言訖，涕淚悲落。谷不能用，竟坐從逆死。

---

① 辛統：《世説新語箋疏·輕詆》劉孝標注作"孫統"。
② 折：原作"拆"，粤雅堂本作"折"，據粤雅堂本改。

師　友

1. 南榮趎既遇老聃，噩若慈父，雁行避景，夔立蛇進，而後敢問。見教一高言，若饑十日而得太牢焉。賈太傅《新書》

2. 曾點使曾參，過期而不至，人皆見曾點曰：“無乃畏耶？”曾點曰：“彼雖畏，我存，夫安敢畏？”孔子畏於匡，顔淵後，孔子曰：“吾以汝爲死矣。”顔淵曰：“子在，回何敢死？”顔淵之於孔子也，猶參之事父也。《吕紀》○“畏”如《禮》“畏、厭、溺”之“畏”。

3. 公明宣學於曾子，三年不讀書，曾子曰：“宣，而居參之門，三年不學，何也？”公明宣曰：“安敢不學！宣見夫子居宫庭，親在，叱吒之聲未嘗至於犬馬，宣説之，學而未能；宣見夫子之應賓客，恭儉而不懈惰，宣説之，學而未能；宣見夫子之居朝廷，嚴臨下而不毀傷，宣説之，學而未能。宣説此三者，學而未能，宣安敢不學而居夫子之門乎？”曾子避席謝之曰：“參不及宣，其學而已。”《説苑》

4. 孟嘗君請學於閔子，使車往迎閔子，閔子曰：“禮，有來學，無往教。致師而學，不能學；往教，則不能化君也。君所謂不能學者也，吾所謂不能化者也。”於是孟嘗君曰：“敬聞命矣。”袪衣往受業。《韓詩外傳》

5. 鄭玄因涿郡盧植事馬融，融門徒四百餘人，升堂進者五十餘生。融素驕貴，玄在門下，三年不得見，乃使高業弟子傳授於玄。玄日夜尋誦，未嘗怠倦。會融集諸生考論圖緯，聞玄善算，乃召見於樓上。玄因從質諸疑義，問畢，辭歸。融喟然謂門人曰："鄭生今去，吾道東矣。"

6. 鍾興封關内侯，自以無功，不敢受爵。帝曰："生教訓太子及諸王侯，非大功耶？"興曰："臣師丁恭。"於是復封恭，而興遂固辭。

7. 人有從劉獻之學者，獻之輒謂曰："百姓雖殊，要以德行爲首。子能入孝出悌，忠信仁讓，天下自知。儻不能然，雖復下帷針股、躡屩從師，正可博聞多識，不過爲土龍乞雨，眩惑將來，其於立身之道有何益乎？孔門之徒，初亦未悟，見皋魚之嘆，乃歸養親，先達何覺之晚也！"

8. 童子魏照，求入事郭泰，供給灑掃。泰曰："當精義講書，何來相近？"照曰："經師易獲，人師難遭，欲以素絲之質，附近朱藍。"《漢記》

9. 泰名顯，士争歸之，載刺常盈車。《郭泰傳》

10. 龐士元師事司馬德操，士元嘗一日謁之，時適蠶月，德操躬采桑後園，自坐樹上不動，令士元助其條桑，因與談論興廢，其言如神，遂移日忘食。

11. 晉司馬越與阮瞻書曰："禮，年八歲出就外傅，明始可以加師訓之則①；十年曰幼學，明可漸先王之教也。然學之所入淺，體②之所安深。是以閑習禮容，不如式瞻儀度；諷誦遺言，不若親承音旨。小兒既無令淑之質，不聞道德之風，望諸君時以閑豫，周旋誨接。"

12. 孔長彦、季彦兄弟，聚徒數百，時人爲之語曰："魯國孔氏好讀經，兄弟講誦皆可聽。學士來者有聲名，不過孔氏那

① 按，"則"前衍一"責"字，據《晉書·阮瞻傳》删。

② 體：粵雅堂本作"禮"，誤。

得成。”《論語摘輔象》

13. 許商善爲算，著《五行論歷》，四至九卿，號其門人沛唐林子高爲“德行”，平陵吴章偉君爲“言語”，重泉王吉少音爲“政事”，齊炔欽幼卿爲“文學”。王莽時，林、吉爲九卿，自表上師冢，大夫、博士、郎、吏爲許氏學者，各從門人，會車數百兩，儒者榮之。

14. 常爽致館温水右，教授門徒七百餘人，立勸罰之科，若嚴君焉。高允曰：“文翁柔立，先生剛克，立教雖殊，成人一也。”號“儒林先生”。

15. 沈麟士隱吴差山，講經教授，從學士數十百人，各營居宇，依止其側，時人語曰：“差山中，有賢士，開門教授居成市。”

16. 何尚之雅好文義，從容賞會，於南郭外立學，聚生徒。東海徐秀，廬江何曇、黄回[①]，潁川[②]荀子華，太原孫宗昌、王延秀，魯郡孔惠宣，并慕道來游，謂之“南學”。王球嘗云：“尚之西河之風不墜。”

17. 任末友人董奉德於洛陽病亡，末乃躬推鹿車，載奉德喪致其墓所。後奔師喪，於道物故，臨命，敕兄子造曰：“必致我尸於師門，使死而有知，魂靈不慚，如其無知，得土而已。”

18. 岳武穆生而有力，未冠能引弓三百斤，弩八百石。學射於周同，能左右射。同死，朔望必鬻衣具酒肉，詣同冢奠而泣，引同所贈弓，發三矢乃酹。父知而義之。章穎《南渡十將傳》

19. 楊萬里爲零陵丞，以弟子禮謁張魏公。時公以遷謫，杜門謝客，敬夫爲之介紹，數日乃得見，因跽請教，公曰：“元符貴人，腰金紆紫者何限！惟鄒志完、陳瑩中姓名與日月爭

---

① 回：原闕“回”字，據《宋書·何尚之傳》補。

② 川：粤雅堂本作“水”。

光。”楊得此語，終身厲清直之操。《玉露》

20. 許謙初從金履祥學，履祥語之曰：“士之爲學，猶五味之在和，醯醬既加，則酸鹹頓异。今子處此三日而猶夫人也，豈我之學無以振發子邪？”謙聞之，惕然自厲，數年，盡得其所傳之奥。

21. 倪元鎮，自先世以來，代雄於資。元鎮厭弃紛華，清修好義。其師鞏昌王仁輔，老而無嗣，奉養終其身，殁爲制服，執喪營葬，務致誠愨，當世稱之。

22. 顧潤之德玉，嘗從俞觀光學。觀光無子，嘗語人曰：“吾昔寢疾，潤之侍湯藥，情若父子，醫爲感動，弗忍受金，我老必托之以死。”尋訪醫吴中，疾革，趣舟歸潤之，次尹山而卒。明日，至檇李，潤之奉其尸，斂於家，衰絰就位。士人爲潤之來吊者，潤之拜之。明年，葬顧氏先塋之旁，歲時祭享惟謹。或問：“斂於家，禮歟？”潤之曰：“吾聞‘師哭諸寢’。”又曰：“生於我乎養，死於我乎殯，非家斂之，其將尸諸草莽乎？生服其訓，死而委[①]諸草莽，仁者弗爲也。”聞者嘆服。《輟耕録》

23. 仲尼志意不立，子路侍；儀服不修，公西華侍；禮不習，子貢侍；辭不辯，宰我侍；亡忽古今，顔回侍；節小物，冉伯牛侍。曰：“吾以夫六子自厲也。”《尸子》

24. 文王有胥附、奔奏、先後、禦侮，謂之“四鄰”。孟懿子曰：“夫子亦有四鄰乎？”子曰：“吾有四友焉。自吾得回，門人益親，是非胥附乎？自吾得賜，遠方之士日至，是非奔奏乎？自吾得師，前有光，後有輝，是非先後乎？自吾得由，惡言不至於門，是非禦侮乎？”《孔叢子》

---

① 委：粤雅堂本作“毁”。

25. 魯孟獻子聘於晉，宣子觴之，三徙，鍾石之懸不移而具，獻子曰："富哉家。"宣子曰："子之家孰與我家富？"獻子曰："吾家甚貧，惟有二士，曰顏回、兹無靈者，使吾邦家安平，百姓和協，惟此二者耳，吾盡於此矣。"客出，宣子曰："彼君子也，以養賢爲富；我鄙人也，以鍾石金玉爲富。"孔子曰："孟獻子之富，可著於《春秋》。"《説苑》

26. 孟嘗君問於白圭曰："魏文侯名過桓公而功不及五伯，何也？"白圭對曰："魏文侯師子夏，友田子方，敬段干木，此名之所以過於桓公也。卜相則曰：'成與璜孰可？'此功之所以不及五伯也。以私愛妨公舉，在職者不堪其事，故功廢。然而名號顯榮者，三士翊之也。如相三士，則王功成，豈特伯哉！"

27. 朱買臣爲會稽太守，懷章綬，還至舍亭，而國人未知也。所知錢勃，見其暴露，乃勞之曰："得無罷乎？"遺與紈扇。買臣至郡，引爲上客，尋遷爲掾史。《西京雜記》

28. 東方朔與公孫弘書曰："同類之游，不以遠近爲故。士大夫相知，何必以撫塵而游，垂髪齊年，偃伏以日數哉？"《北堂書鈔》

29. 鴻安丘，成都人，與嚴君平友善，作君平誄云："無營無欲，澹然淵清。"又有林閭翁孺者，臨邛人，亦君平同時友。

30. 尹敏與班彪親善，每相遇，則日旰忘食，夜分不寢，自以鍾期伯牙、莊周惠施之相得也。

31. 公沙穆游太學，無資糧，乃變服客傭，爲吴祐賃舂。祐與語大驚，遂共定交於杵臼之間。

32. 張彦真好學博聞而任情不羈，其意相合者，則傾身交結，不問窮賤；如乖其志好，雖王公大人，終不屈從。常嘆曰："死生有命，富貴在天，其有知我者，胡越可親，苟或不然，從

物何益?"《張升傳》

33. 龐德公居漢之陰，司馬德操宅州之陽，望衡對宇，歡情自接，泛舟褰裳，率爾休暢。盛弘之《荆州記》

34. 龐德公居峴山南，德操嘗詣德公，值其渡沔上先人墓。德操竟入其室，呼德公妻子，使速作黍，"徐元直向云'當來就我，與德公談'"。妻子羅拜堂下，奔走供設。須臾德公還，直入相就，不知何者是客。

35. 魯國孔融，高才倨傲，年在紀、群之間。先與紀友，後與群交，由是顯名。《陳群傳》

36. 融聞人之善，若出諸己，言有可采，必演而成之。面告其短，而退稱所長。薦達賢士，多所獎進，知而未言，以爲己過，故海内英俊皆信服之。

37. 禰衡逸才飄舉，少與孔融作爾汝之交。時衡未滿二十，融已五十，敬衡才秀，共①結殷勤，不能相違。以建安北游，或勸其詣京師貴游者，衡懷一刺，遂至漫滅，竟無所詣。《文士傳》

38. 矯慎少慕松、喬道引之術，隱遁山谷。與馬融、蘇章鄉里并時，然二人自謂遠不及也。葛龔久病，長水校尉竇章移書勸龔曰："過矯仲彦論升仙之道，從蘇博文談超世之高，適馬季常講墳典之妙。所謂喬、松可與馳騖，何細疾之足患耶!"龔報曰："見斯衆賢，足以忘疾釋愁。"

39. 周乘，字子居，天資聰朗，高峙岳立，非陳仲舉、黄叔度之儔不交也。仲舉嘗嘆曰："周子居真治国之器。"《汝南先賢傳》

---

① 共：内閣文庫藏八册本、粵雅堂本作"其"，誤。

40. 趙儼避亂荆州，與杜襲、繁欽通財共計，合爲一家。

41. 李燮，字德公，太尉固子也，與趙元珪、賈偉節、荀慈明、張伯慎爲友。伯慎爲潁川太守，與慈明交相言論，偉節與焉，京師以爲臧否。伯慎問元珪曰："德公所言何？"元珪曰："無言也。"伯慎曰："當如德公，兒輩徒靡沸耳。"慈明亦寤而心變。《華陽國志》

42. 范式游太學，與汝南張劭爲友。二人并告歸鄉里，式謂劭曰："後二年當還，將過拜尊親，見孺子焉。"乃共剋期日。後期欲至，劭具白母，請爲饌待之，母曰："二年之别，千里結言，爾何相信之審邪？"對曰："巨卿信士，必不乖違。"母曰："若然，當爲醖酒。"至日，巨卿果到，升堂拜飲，盡歡而别。

43. 卓恕嘗從建康還會稽，辭太傅諸葛恪。恪問何當復來，恕言某日當復至省覲。至日，恪欲爲主人，停不飲食，須恕至，時賓客會者皆曰："會稽、建康，相去千里，道阻江湖，風波難必，豈得如期？"俄恕至，一坐盡驚。《會稽典録》

44. 魯肅不治家事，大散財貨，摽賣田地，以賑窮弊，甚得鄉邑歡心。周瑜候肅，并求資糧，肅家有兩囷米，各三千斛，肅乃指一囷與瑜，瑜益知其奇也，遂相親結，定僑札之分。《吴志》

45. 向秀，字子期，少與譙國嵇康、東平吕安友善，并有拔俗之韻。其進止無不同，而造事營生，業亦不异。常與嵇康偶鍛[①]於洛邑，與吕安灌園於山陽，不慮家之有無，外物不足怫其心。顔延之《五君咏》："交吕既鴻軒，攀嵇亦鳳舉。"○《秀别傳》

---

① 鍛：原作"鍜"，誤，粤雅堂本作"鍛"。按文意，作"鍛"更佳，據粤雅堂本改。

46. 王濛與沛國劉惔齊名友善，惔嘗稱濛“性至通而自然有節”，濛每云“劉君知我，勝我自知”。

47. 裴瓚，字國寶，爲中書郎，風神高邁，特爲王綏所重。每從其游，綏父戎謂之曰：“國寶初不來，汝數往何也？”對曰：“國寶雖不知綏，綏自知國寶。”

48. 趙至年十四入太學觀，時嵇叔夜在學寫石經古文，事訖去，遂隨車問嵇姓名，嵇曰：“年少何以問我？”至曰：“觀君風器非常，故問耳。”嵇具告之。至年十五，陽病，數數狂走，五里三里，爲家追得，又灸身體十數處。年十六，遂亡命至洛陽，求索嵇，具道太學中事，便逐嵇歸山陽。嵇紹《趙至叙》

49. 盧子友情性恬和，蕭然有閑放之致，與琅邪王衍、隴西李壽之情好相得，嘗語王曰：“昔太丘道廣，許子將知而不顧；嵇生性惰，鍾士季過而絶言。吾處季孟之間，去其太甚。”王以爲然。《魏書》

50. 謝尚書混，自負才地，少所交納，與劉萬壽相遇，便盡禮著歡。或怪問之，尚書曰：“人之相知，豈可以一途限？孔文舉禮太史子義，夫豈有非之者耶？”

51. 劉繪與張融、周顒[①]，雅有風則，時人爲之語曰：“三人共宅夾清漳，張南周北劉中央。”

52. 陸惠曉與張融并居，其間有池，池上有二株楊柳，何點嘆曰：“此池便是醴泉，此木便是交讓。”舊傳有交讓瀆，因張、陸也。

53. 李摯與李敏同姓、同歲、同門、同年登第，摯詩曰：“因緣三紀异，契分四般同。”

---

① 顒：粤雅堂本作“頤”。

54. 元稹爲御史，鞠獄梓潼。時白尚書在京，與名輩游慈恩，小酌花下，爲詩寄元曰："花時同醉破新愁，醉折花枝作酒籌。忽憶故人天際去，計程今日到梁州。"時元果及褒城，亦寄《夢游詩》曰："夢君兄弟曲江頭，也向慈恩院院游。驛吏摧人排馬去，忽驚身在古梁州。"千里神交，合若符契。《本事詩》①

55. 陸贄年十八，張鎰有重名，請爲忘年友。

56. 戴弘正每得密友一人，則書於編簡，焚香告祖考，號"金蘭簿"。《宣武盛事》

57. 侯司徒欲與王仲回交友，仲回被徵。司徒遣子昱候於道，迎拜車下，仲回下答之，昱曰："家公欲與君結交，何爲見拜？"仲回曰："君房有是言，丹未之許也。"

58. 丹子有同門生喪親，白丹，欲往奔慰，丹怒而撻之，令寄縑以祠焉。或問其故，丹曰："交道之難，未易言也。世稱管、鮑，次則王、貢；張、陳凶其終，蕭、朱隙其末，故知全之者鮮矣。"時人服其言。

59. 宗承，字世林，少而修德雅正，確然不群。魏武弱冠，屢造其門，值賓客猥積，不能得言。乃伺承起，往要之，捉手請交，承拒而不納。帝後爲司空，總朝政，乃謂承曰："今可爲交未？"承曰："松柏之志猶存。"《楚國先賢傳》

60. 任昉素清貧，卒後，其子西華冬日著葛帔、練裙，道逢劉孝標，孝標泫然矜之，乃著《廣絶交論》，譏其舊交。到溉觀之，抵几於地，終身恨之。

61. 魯季孫有喪，孔子往吊之。入門而左，從客也。主人

---

① 本事詩：粵雅堂本作"本事傳"。

以璵璠收，孔子徑庭而趨，歷階而上，曰："以寶玉收，譬之猶暴骸中原也。"《吕紀》○以下箴規

62. 宰我欲短喪，顔回曰："人知其一，未知其他。但知暴虎，不知馮河。鹿生三年，其角乃墮；子生三年，而離父母之懷。"墮音多，懷音窠。出《衝波傳》

63. 公叔文子爲楚令尹，三年民無敢入朝。公叔子見曰："嚴矣。"文子曰："朝廷之嚴也，寧云妨國家之治哉？"公叔子曰："嚴則下喑，下喑則上聾，喑聾不能相通，何國之治也？蓋聞之也，順針縷者成帷幕，合升斗者實倉廩，并小流而成江海。明主者有所受命而不行，未嘗有所不受也。"《説苑》

64. 張敞爲京兆尹，素與嚴延年善，其治雖嚴，然時頗有捨縱。聞延年用刑刻急，乃以書諭之曰："昔韓盧之取兔也，上觀下獲，不甚多殺。願次卿少緩誅罰，思行此術。"

65. 蓋寬饒自以行清能高，有益於國，而爲凡庸所越，失意不快，數上疏諫争。太子庶子王生，高寬饒節，而非其如此，予書曰："明主知君潔白公正，不畏强禦，故命君以司察之位，擅君以奉使之權，尊官厚禄，已施於君矣。君宜夙夜惟思當世之務，奉法宣化，憂勞天下，猶未足以稱職而報恩也。自古之法，三王之術，各有制度。今君不務循職而已，乃欲以太古久遠之事匡拂天子，數進不用難聽之語以摩切左右，非所以揚令名、全壽命者也。方今用事之人，皆明習法令，言足以飾君之辭，文足以成君之過，君不惟蘧氏之高踪，而慕子胥之末行，用不訾之軀，臨不測之險，竊爲君痛之。"

66. 馬援謂梁松、竇固曰："凡人爲貴，當使可賤。如卿等欲不可復賤，居高堅自持，勉思鄙言。"

67. 陳蕃免太尉，朝野屬意李膺。荀爽恐其名高致禍，欲

令屈節以全亂世，爲書貽曰："方今天地氣閉，大人休否，智者見險，投以遠害。願怡神無事，偃息衡門，任其飛沈，與時抑揚。"

68. 范滂遷光禄勛主事，時陳蕃爲光禄勛，范執公儀詣陳，陳不止之，范懷恨，投板弃官而去。郭有道聞而讓仲舉曰："若范孟博，豈宜以公禮格之？今成其去就之名，得無自取不優之議！"蕃乃謝滂。

69. 曹爽專權，任用何晏、鄧颺等。王肅與蔣濟、桓範論及時政，肅正色曰："此輩即弘恭、石顯之屬，復稱説耶！"爽聞之，戒何晏等曰："當共謹之！公卿已比諸君前世惡人矣。"

70. 石季倫嘗與長水校尉孫季舒酣宴，孫傲慢過度。季倫欲表免之，裴叔則聞而謂之曰："季舒酒狂，四海所知，足下飲人狂藥，責人正禮，不亦乖乎！"

71. 顧和謂王導曰："明公作輔，寧使網漏吞舟？何緣采聽風聞，以察察爲政耶？"

72. 王右軍與謝萬書："以君邁往不屑之韻，而俯同群碎，誠難爲意也。然所謂通識，正自當隨事行藏，乃爲遠耳。願君每與士之下者同，則盡善矣。食不二味，居不重席，此復何有，而古人以爲美談。成否所由，實在積小以高大，君其存之！"

73. 逸少與桓温箋："謝萬才流經通，處廊廟，參諷議，故是後來一器。而令屈其邁往之氣，以俯順荒餘，近是違才易務矣！"

74. 徐原慷慨有才志，吕岱知其可成，賜巾幘，與共言論，遂薦拔，官至侍御史。原性忠壯，好直言①，岱時有得失，原輒

① 言：粤雅堂本作"與"，誤。

諫諍，又公論之。人或以告岱，岱嘆曰："是我所以貴德淵者也。"及原死，岱哭之甚哀，曰："德淵，呂岱之益友，今不幸，岱復於何聞過？"

75. 柳元景、顔師伯嘗詣沈慶之，會其游田，元景等鳴笳滿道，慶之獨與一人在田，見之，悄然改容曰："貧賤不可居，富貴亦難守。老子八十之年，目見成敗已久，諸君炫此車服何爲乎？"插杖而芸，不爲之顧。

76. 張九齡獎愛李泌，嘗引至卧内。九齡與嚴挺之、蕭誠善，挺之惡誠佞，勸九齡絶之，九齡獨念嚴太苦勁，不若蕭軟美可喜。方命左右召蕭，泌在旁，率爾曰："公起布衣，以直道至宰相，顧喜軟美者乎？"九齡改容驚謝，因呼小友。

77. 無能子之友華陽子，爲所知迫以仕，問無能子曰："吾將學無心久矣，仕則違心，不仕則忿所知，如何其可也？"無能子曰："無心不可學，無心非仕不仕。夫欲於中，漁樵耕牧，有心也；不欲於中，帝車侯服，無心也。故理安於獨善，則許由、善卷不耻爲匹夫；勢便於兼濟，則堯、舜不辭爲天子。其爲無心一也。"

78. 王維《與魏居士書》："足下風高於黔婁、善卷，行獨於石門、荷篠，豈謂利鍾釜之禄，榮數尺之綬？雖方丈盈前，而疏食菜羹；雖高門甲第，而畢竟空寂。人莫不相愛，而觀身如聚沫；人莫不自厚，而視財若浮雲，於足下實何有哉！聖人知身不足有也，故曰欲潔其身而亂大倫；知名無所著也，故曰欲使如來名聲普聞。故離身而反屈其身，知名空而反不避其名也。古之高者曰許由，挂瓢於樹，風吹瓢，惡而去之，聞堯讓，臨水而洗其耳。耳非駐聲之地，聲無染耳之迹，惡外者垢内，病物者自我，此尚不能至於曠士，豈入道者之門歟！嵇康云：

‘頓纓狂顧，逾思長林而憶豐草。’頓纓狂顧，豈與俯受維縶有异乎？長林豐草，豈與官署門闌有异乎？异見起而正性隱，色事礙而慧用微。豈等同虛空，無所不遍，光明遍照，知見獨存之旨乎？近有陶潛，不肯把板屈腰見督郵，解印綬弃官去，後貧。《乞食》詩云‘叩門拙言詞’，是屢乞而多慚也。當[①]見督郵，安食公田數頃，一慚之不忍，而終身慚乎？此亦人已攻中，忘大守小，不鞭其後之累也。孔宣父云：“我則异於是，無可無不可。”可者適意，不可者不適意也。君子以布仁施義、活國濟人爲適意，縱其道不行，亦無意爲不適意也。苟身心相離，理事俱如，則何往而不適？”《王摩詰集》

79. 其思革子、石文子、叔愆子三人爲友，聞楚王賢而好士，俱往見之。至於嶔岩之間，衣寒糧乏，度不能俱活，二人俱以其思革子爲賢，推衣糧與之，二子遂死。其思革子往見楚王，楚王旨酒嘉肴，設鐘鼓以樂之。革子愴然憂悲，援琴而鼓。王曰：“琴何悲哉？”革子推琴離席，流涕下，對曰：“臣友三人，石文子、叔愆子，竊慕大王高義，欲俱來謁。至於嶔岩之間，逢飄風暴雨，衣寒糧乏，度不能俱活，二人不以臣爲不肖，推糧與臣，二子遂凍餓而死。今王雖陳肴酒設樂，誠不敢酣樂也。”楚王曰：“嗟乎！乃如是邪！”於是賜革子黄金百斤，命左右收二子葬之，以革子爲相。《琴操》○以下篤誼

80. 趙襄子游於囿中，至於梁，馬却不肯進。青荓爲參乘，襄子曰：“進視梁下，類有人。”青荓進視梁下，豫讓却寢，佯爲死人，叱青荓曰：“去！長者且有事。”青荓曰：“少而與子友，子且爲大事而吾言之，是失相與友之道；子將賊吾君，而

---

① 當：原作“嘗”，文意不通。據《王維集校注》改。

我不言之，是失爲人臣之道。如我者，唯死爲可適。”乃退而自殺。《吕氏春秋》

81. 樓護有故人吕公，無子，歸護。護身與吕公，妻與吕嫗同食。及護家居，妻子頗厭吕公。護聞之流涕，責其妻子曰：“吕公以故舊窮老，托身於我，義所當奉。”遂養吕公終身。

82. 平陵曹敞在吴章門下，往往好斥人過，人皆以爲輕薄。章後爲王莽所殺，弟子皆更名他師，莫敢收葬。敞時爲司徒掾，獨稱吴章弟子，收葬其尸，方知亮直者不見容於冗輩中矣。平陵人生爲立碑於吴章墓側，在龍首山南幕嶺上。《西京雜記》

83. 陳綱，字仲卿，少與同郡張宗受學南陽，以母喪歸。宗爲安衆劉元所殺，綱免喪，往復之。值元醉卧，還，須醒，乃殺之。自拘有司，會赦，免。三府并辟舉茂才，拜弘農太守。《華陽國志》

84. 杜林與馬援鄉里，素相親厚。援南方還時，林馬適死，援令子持馬一匹遺林，曰：“朋友有車馬之饋，可且以備乏。”林受之。居數月，林遣子奉書曰：“將軍内施九族，外存賓客，望恩者多；林父子兩人，食列卿禄，常有盈。今送錢五萬。”援受之，謂子曰：“人當以此爲法。”《東觀漢記》

85. 范史雲丹與同郡尹苞同志友善，二人居貧，出入共一單衣。到人門外，尹年長，常先著衣入，須臾出，解與史雲。

86. 朱暉，字文季，與張堪同縣。堪於太學中見文季，甚重之，接以友道，把文季臂，語曰：“欲以妻子托朱生。”文季以張先達，舉手不敢對，自後不復相見。張亡後，文季聞其妻子貧困，自往候視，厚賑贍之。文季子頡怪問曰：“大人不與堪爲友，何忽如此？”文季曰：“堪嘗有知己之言，吾以信於心也。”范曄《後漢書》

87. 朱暉與同郡陳揖交善，揖早卒，有遺腹子友，暉嘗哀之。及司徒桓虞爲南陽太守，召暉子駢爲吏，暉辭駢而薦友，虞嘆息，遂召之。其義烈如此。

88. 曹操祭故太尉橋玄文曰："承從容誓約之言：'殂逝之後，路有經由，不以斗酒隻雞過相沃酹，車過三步，腸痛勿怪。'雖臨時戲笑之言，非至親之敦好，其肯爲此辭哉？"《三國志注》

89. 孫拯門人費卿、宰意二人詣獄明拯冤，拯曰："吾義不負二陸，死自吾分，卿何爲爾耶？"曰："君既不負二陸，僕又安可負君！"

90. 蔡興宗收葬范羲，孝武曰："卿何敢爾？"興宗抗言曰："陛[①]下自殺賊，臣自葬周旋。"

91. 釋曇遷與范蔚宗、王曇首游款，後蔚宗被誅，門有十二喪，交知無敢近者。曇遷抽貨衣物，悉營葬送。宋孝武聞而嘆賞，語徐爰曰："卿著《宋書》，勿遺此士。"

92. 徐鼎臣歸朝後，坐事出陝右。柳開時爲州刺史，開性豪，不爲加禮。又開多不法，朝廷命鄭文寶治之。文寶雅師事鼎臣，開詣鼎臣求解，鼎臣曰："彼昔爲鉉弟子，然時异事背，安能必其心？"開再拜力懇，鼎臣許之。頃文寶至，未見開，即屏從者，步趨入巷，詣鼎臣許覲省。立庭下，鼎臣徐下坐，文寶拜竟，升自西階，通溫凊，復降拜。鼎臣乃邀文寶上，立談道舊，且戒文寶以持節之重，而鉉閑慢廢弃，後勿復來。文寶力詢其所欲，鼎臣曰："柳開甚相畏。"文寶默出，其事立散。

---

① 陛：粵雅堂本作"陞"。

卷 二

方 正

1. 蘇桓公性强切而持毁譽，士友咸憚之，至相語曰："見蘇公，患其責教人；不見，又思之。"三輔號爲"大人"。

2. 嚴彭祖爲宣帝博士，遷太子太傅，廉直不事權貴，或説曰："天時不勝人事，君以不修小禮曲意，忘貴人左右之助，經誼雖高，不至宰相。願少自勉强。"彭祖曰："凡通經術，固當修行，先王之道，何可委曲從俗，苟求富貴乎！"

3. 王仲回姿性方潔，疾惡强豪。一友人喪親，同郡陳遵、關西大俠爲護喪事，賻助甚豐。仲回懷一縑陳於主人前，曰："如丹此縑，出自機杼。"遵有慚色。

4. 太守歐陽歙署郅惲爲功曹，汝南舊俗，十月享會，百里内縣皆賫牛酒到府宴飲。臨享，歙曰："西都督郵繇延，禀性公方，摧破奸凶，不嚴而理。今與衆儒共論延功，顯之於朝。"主簿讀書教，户曹引延受賜。惲於下座愀然，前曰："司正舉觥，以君之罪，告謝於天。按延資性貪邪，外方内圓，朋黨構奸，罔上害人，所在荒亂，怨慝并作。明府以惡爲善，股肱以曲作直，此既無君，又復無臣，惲敢再拜奉觥！"歙色動，不知所言。門下掾鄭敬進曰："君明臣直，功曹言切，明府德也，可無受觥哉？”歙意少解，曰：“實歙罪也，敬受觥。”

5. 光武問誰可傅太子者，群臣承上意，皆言太子舅陰識可。博士張佚正色曰：“陛下立太子，爲陰氏乎？爲天下乎？即爲陰氏則陰侯可，爲天下則固宜用天下之賢才。”帝稱善，曰：“欲置傅者，以輔太子也。今博士不難正朕，况太子乎！”即拜佚太子太傅。

6. 袁安爲縣功曹，奉檄詣從事，從事因安致書於令，安曰：“公事自有郵驛，私情則非功曹所持。”辭不肯受。

7. 楊秉性不飲酒，又早喪夫人，遂不復娶，所在以淳白稱。嘗從容言曰：“我有三不惑，酒、色、財也。”

8. 張陵官尚書，梁冀帶劍入省，陵呵叱令出，敕虎賁奪冀劍，劾奏冀，詔以一歲奉贖，百僚肅然。初，冀弟不疑舉陵孝廉，不疑疾陵之奏冀，謂曰：“昔舉君，適以自罰也。”陵對曰：“明府不以陵不肖，誤見擢序，今申公憲，以報私恩。”

9. 欒恢爲尚書僕射，刺舉無所避，貴戚惡之。妻每諫恢曰：“昔人有容身避害，何必以言取怨？”恢嘆曰：“吾何忍素餐立人之朝乎！”

10. 小黄門京兆高望爲尚藥監，幸於皇太子。太子因蹇碩屬望子進爲孝廉，蓋勳不肯用。或曰：“皇太子，副主；望，其所愛；碩，帝之寵臣，而子違之，所謂三怨成府者也。”勳曰：“進賢所以報國，非賢不舉，死亦何悔！”

11. 郭林宗謂仇季知曰：“子嘗有過否？”季知曰：“吾嘗飯牛，牛不食，一搏牛耳。”《卞子》

12. 管寧避地遼東，經海遇風，船人危懼，皆叩頭悔過。

寧思愆，念向曾如厠不冠，即稽首，風亦尋静。周景武[1]《孝子傳》

13. 周穉都作太常，清潔守禮，盡敬宗廟。嘗卧病齋宫，其妻哀穉都老病，窺問所苦，穉都大怒，以妻干犯齋禁，收送詔獄。時人爲之語曰："生世不諧，作太常妻。一歲三百六十日，三百五十九日齋，一日不齋醉如泥。"

14. 魏文帝爲五官中郎將時，天下嚮慕，賓客如雲。邴根矩獨守道持常，自非公事，不妄舉動。曹公微使人從容問之，答曰："吾聞國危不事冢宰，君老不奉世子，此典制也。"曹公深重其言。

15. 盧植事馬融，融外戚豪家，多列女倡歌[2]舞於前，植侍講積年，未嘗轉盼。

16. 曹操幼子倉舒卒，操傷惜之甚。掾邴原有女早亡，操求與倉舒合葬，原辭曰："嫁殤，非禮也。原之所以自容於明公，公之所以待原者，以能守訓典而不易也。若聽明公之命，則是凡庸也，明公焉以爲哉？"操乃止。《通志》〇文帝作《倉舒誄》，有云："貽爾良妃，襚爾嘉服。"蓋操竟求甄氏女合葬也。操之可笑，亦愛令智昏耳。

17. 劉祐仕郡爲主簿，部將小子嘗出錢付之市買果實，祐悉以買筆墨書具與之。謝承《後漢書》

18. 魏明帝時，劉放、孫資制斷時政，大臣莫不交好，而辛毗不與往來。毗子敞諫曰："劉、孫用事，衆皆影附，大人降意，不然，必有謗言。"毗正色曰："吾之立身，自有本末，就與孫、劉不平，不過不爲三公，大丈夫欲爲公而損其嚮節耶！"

---

① 按，周景武，《太平御覽·地部·海》作"周景式"。

② 歌：粵雅堂本闕"歌"字。

19. 蘇文師拜侍中，與董昭同官，董嘗枕文師膝卧，文師推置之，曰："蘇則之膝，非佞人之枕。"《魏志》

20. 魏明帝車駕卒至尚書門，陳矯跪問曰："陛下欲何之？"帝曰："欲案行文書耳。"矯曰："此自臣職分，非陛下所宜臨也。若臣不稱其職，則請就黜退。"帝慚，回車。

21. 諸葛思遠初統朝事，廖元儉過宗德豔，欲與共詣思遠許。德豔曰："吾輩年逾七十，所竊已過，但少一死耳，何求於年少而屑屑造門耶！"遂不往。《蜀志》

22. 李繪爲高陽内史，崔諶恃勢乞麞角、鴿羽。繪答書曰："鴿有六翮，飛則冲天；麞有四足，走則入海。下官膚體疏懶，手足遲鈍，不能逐飛追走，遠事佞人。"

23. 晉宣王以常林鄉邑耆德，每爲之拜。或謂林曰："司馬公貴重，君宜止之。"林曰："司馬公自欲敦長幼之序，爲後生之法。貴非吾所畏，拜非吾所制也。"言者踧踖而退。

24. 李宓常言："吾獨立於世，顧影爲儔而不懼者，心無彼此於人也。"《華陽國志》

25. 傅咸剛簡有大節，疾惡如仇。楊濟與書曰："生子痴，了公事，了事正作痴，復爲快耳。左丞總司天臺，維正八坐，此未易居；以君盡性而處任，益不易也。"咸答曰："衛公云酒色之殺人，此甚於作直。坐酒色死，人不爲悔。逆畏以直致禍，此由心不直正，欲以苟且爲明哲耳！自古以直致禍者，當自矯枉過直，或不忠允，欲以亢厲爲聲，故致忿耳。安有悾悾爲忠益，而當見疾乎？"

26. 和嶠常慕其舅夏侯玄爲人，故於朝士中峨然不群，時類憚其風節。《晉諸公贊》

27. 徐邈嘗詣東府，遇衆賓沉湎，引滿喧嘩，會稽王道子曰：“君時有暢否？”對曰：“邈，陋巷書生，惟以節儉清修爲暢耳。”道子以邈業尚道素，笑而不以爲忤也。

28. 蔡充，字子尼，陳留人。少好學，有雅尚，體貌尊嚴，莫有媟慢於其前者。高平劉整有雋才，而車服奢麗，謂人曰：“紗縠，人常服耳，遇蔡子尼在坐，終日不自安。”見憚如此。王澄嘗經郡，入境，問：“此郡多士有誰乎？”吏曰：“有江應元、蔡子尼。”澄問：“陳留多居大位者，何以但稱此二人？”吏曰：“向謂君侯[1]問人，不謂位也。”澄笑而止。《充别傳》

29. 蔡子度自豫章徵爲吏部尚書，時傅季友、徐羡之共管朝政，蔡因傅隆以問季友：“若選事悉以見付，不論；不然，不能拜也。”季友以語羡之，羡之曰：“黄門郎以下，吾徒不復厝懷，自此以上，故宜其參同异。”蔡曰：“我不能爲徐干木署紙尾。”遂不拜。

30. 向玄季柳有義學才能，立身方雅，與袁太尉、徐司空、顔揚州并相友善。後揚州貴勢當朝，玄季猶以素情自處，不相推下。范伯玉戒之曰：“名位不同，禮有异數，卿何得作曩時意邪？”玄季曰：“我與士遜心期久矣，豈可一旦以勢利處之！”

31. 孝武每晏集，咸令在位者沈醉。沈懷文素不飲酒，又不好戲，上謂故欲异己。謝莊嘗戒懷文曰：“卿與人异，亦何可久？”懷文曰：“少年如此，豈可一朝而變？非欲异物，性之所不能耳！”

32. 范縝著《神滅論》，蕭子良使王融謂曰：“神滅既自非理，而卿堅執之，恐傷名教。以卿之才美，何患不至中書郎，

① 侯：粤雅堂本作“候”。

而故乖剌爲此，可毁弃之。”縝大笑曰：“使范縝賣《論》取官，已至令僕矣，何但中書郎邪！”

33. 昭明與名士游玄圃後池，番禺侯軌盛稱此中宜奏女樂，昭明不答，直咏左思《招隱詩》云：“何必絲與竹，山水有清音。”軌慚而止。

34. 劉璡與友人孔遏同舟入東，於塘上見一女子，遏目送曰：“美而艷。”璡曰：“非吾友也①。”解裳自隔。

35. 劉祭酒弟璡，方軌率直，祭酒嘗夜呼璡共語，璡不時答，方下床著衣立，然後應。祭酒怪其久，璡答曰：“向束帶未竟。”

36. 和士開擅朝，曲求物譽，諸公因此頗爲子弟干禄，世門之胄多處京官。崔彦玄二子獨爲外任，弟廓之從容言曰：“拱、擴幸得不凡，何爲不在省府之中、清華之所，而并出外藩，有損家代。”彦玄曰：“吾立身以來，耻以一言自達。今若進兒，與身何异！”

37. 蕭引爲建康令，時宦者李善度、蔡脱兒多所請托，引不許。或諫曰：“李、蔡之權，在位皆憚，亦宜少爲身計。”引曰：“吾之立身，自有本末，安能爲李、蔡致曲？就令不平，不過免職爾。”

38. 裴嘉有婚會，薛方士預焉。酒中而樂作，方士非之而出。文中子聞之，曰：“薛方士知禮矣，然猶在君子之後乎？”《中説》

39. 魏世祖選丁邯爲郎，邯托疾不就，詔問：“實病？差爲郎乎？”對曰：“臣實不病，耻以孝廉爲令史耳。”世祖怒，使虎

---

① 也：粤雅堂本闕“也”字。

責杖之數十，詔問："欲爲郎否?"對曰："能殺臣者陛下，不能爲郎者臣。"詔出，不爲郎。《三輔决録》

40. 玄宗將幸東都，以宋璟爲刑部尚書西京留守。遣内侍將軍楊思勗迎之，璟在途，竟不與思勗交言。思勗素貴幸，歸訴於帝，帝嗟嘆良久，益重璟。

41. 張文瓘在禁近，同列以堂饌豐餘，欲少損，文瓘曰："此天子所以重樞務、待賢才也。若不任職，當自引避，不宜節减以自取名。"

42. 顔魯公在汝州，淮西賊將僭竊，問儀注於魯公，公曰："老夫耄矣，曾掌國禮，所記惟諸侯朝覲之儀耳。"臨以白刃，視之晏然。

43. 楊文公在翰苑日，有新幸近臣欲扳公入其黨，因間語公曰："君子知微知彰，知柔知剛。"公正色答曰："小人不耻不仁，不畏不義。"

44. 韋澳兄温，與中丞高元裕友善，温請用澳爲御史。一日，謂澳曰："高公持憲綱，欲與汝相面，必得御史。"澳不答，温曰："高君端士，不可輕。"澳曰："然恐無呈身御史。"竟不詣元裕之門。

45. 馮拯在中書日，孔道輔初拜正言，詣馮許謁謝。馮曰："天子用君作諫官，豈宜私謝執政!"道輔慚伏而退。後道輔嘗語人曰："如馮公者，未足爲賢相，然求之於今，亦未易有。"

46. 鄒浩調潁昌教授，吕公著、范純仁爲守，獨加禮重。純仁嘗屬撰樂語，辭不爲，純仁曰："翰林學士亦作此。"浩曰："翰林學士則可，祭酒司業則不可。"《四朝史》

47. 鄭穆爲嘉、定二王侍講，居館下三十年，非公事不至執政之門，講説有法，可爲勸戒者，必反覆摘誦。神宗曰："如

鄭穆德行，宜在王左右。”《東都事略》

48. 元迎帝師至京，有旨令朝臣一品以下乘白馬郊迎，大臣俯伏進觴，帝師不爲動。孛术魯翀時爲國子祭酒，舉觴立，進曰：“帝師釋迦之徒，天下僧人師也；余孔子之徒，天下儒人師也。請各不爲禮！”帝師笑而起，舉觴卒飲，衆爲之慄然。《元史》

長　厚

1. 晉逐欒盈之族，命其家臣：“有敢從者死。”其臣曰辛俞從之，吏得而將殺之，君曰：“命汝無得從，敢從，何也？”辛俞對曰：“臣聞：三世仕於家，君之；二世者，主之。事君以死，事主以勤，爲其賜之多也。今臣三世于欒氏，受其賜多矣，臣敢畏死而忘三世之恩哉！”晉君釋之。

2. 田子方出，見老馬於道，喟然有志焉，以問於御者曰：“此何馬①也？”曰：“故公家畜也，罷而不爲用，故出放也。”田子方曰：“少盡其力而老去其身，仁者不爲也。”束帛而贖之。窮士聞之，知所歸心矣。《韓詩外傳》

3. 寇恂所得秩奉，厚施朋友、故人及從吏士，常曰：“吾因士大夫以致此，其可獨享之乎？”

4. 鮑永行縣到霸陵，路經更始墓，引車入陌，從事諫止之，永曰：“親北面事人，寧有過墓不拜？雖獲罪司隸，無所避也！”遂下車拜、哭，盡哀而去。西至扶風，椎牛上苟諫冢。帝

① 馬：粵雅堂本作“爲”，誤。

聞之，意不平，問公卿曰："奉使如此，何如？"張湛對曰："仁者行之宗，忠者義之主也。仁不遺舊，忠不忘君。"

5. 司隸鮑子都，少時舉上計，於道遇一書生，卒得心痛。子都下車爲按摩，奄忽而卒，不知姓字。有素書一卷，銀十餅，即賣一餅，以資殯斂，其餘以枕之素書著腹上埋之。未至京師，有驄馬隨之，遇一關内侯家住宿。侯問曰："君何以致此馬？"子都因説之，侯乃驚愕曰："此吾兒也。"使迎喪，開棺視銀、書，如所言。侯乃薦子都，辟公府，至司隸。子永、孫昱，俱爲司隸，皆復乘驄馬。故京師歌之曰："鮑氏驄，三人司隸再入公。馬雖瘦，行步工。"《列異記》

6. 李善，字次孫，南陽李元蒼頭也。元以疫疾死，孤兒續始生數旬，而資財千萬，諸奴婢私計欲殺續，分其財産。善深傷李氏而力不能制，乃負續逃亡，隱山陽瑕丘界中，親自哺養，乳爲生湩，推燥居濕，辛苦備嘗。續雖在孩抱，奉之不异長君，有事長跪請白然後行。閭里感其行，皆相率修義。續年十歲，善與歸本縣，修理舊業，告奴婢於長吏，悉收殺之。鍾離意薦善行狀，光武詔拜善、續并爲太子舍人。

7. 隴西太守鄧融，備禮謁廉范爲功曹。會融爲州所舉案，范知事譴難解，欲以權相濟，乃托病求去。融不達其意，大恨之。范於是東至洛陽，變名姓，求代廷尉獄卒。居無幾，融果徵下獄，范遂得衛侍左右，盡心勤勞。融怪其貌類范而殊不意，乃謂曰："卿何似我故功曹耶？"范訶之曰："君困厄瞀亂耶？"融繫出困病，范隨而養侍。及死，竟不言，身自將車送至南陽，葬畢乃去。

8. 祝恬，字伯休，公車徵，道得温病。過友人鄴令謝著，著距不與通，因載病去。至汲，止客舍中六七日，苦無醫，聞汲令應融好事，諸生欲往語之，恬曰："謝著，舊友也，尚不見視，汲令初不相知，語之何益？"諸生事急，便至寺門口白。融聞之驚愕，徑詣床蓐，對之垂涕，曰："伯休不世英才，當爲國家幹輔，何有默止客舍，邂逅不自貞哉！願相隨俱入解傳。"伯休辭讓，融不聽，歸取衣車，躬自御之，手爲丸藥，三四日加劣，便制送終具。後病稍損，相對悲喜。止傳中數十日，伯休强健，酣宴乃别。伯休到，拜侍中、尚書僕射令、豫章太守、大將軍從事中郎。融爲廬江太守，遭母喪，章百餘上，得聽行。服未闋，而恬拜司隸，薦融自代。歷典五郡，名冠遠近。著去鄴，淺薄流聞，遂不爲公府所取。《風俗通》

9. 汝南太守李倀選周子居、黄叔度、艾伯堅、郅伯尚、封武興、盛孔叔六人應歲舉。受版未行，倀死，子居等遂駐行喪。倀妻於柩側下帷見之，厲以宜行，子居嘆曰："不有行者莫宣公，不有止者莫恤居。"於是與伯堅即日辭行，封、黄四人留隨柩車。杜元凱《女戒》

10. 太傅陳蕃爲閹人所害，宗族、門生皆斥免禁錮。友人朱震時爲銍令，聞而弃官哭之，收葬蕃尸，匿其子逸於甘陵界中。事覺繫獄，備受考掠，誓死不言，故逸得免。後黄巾起，大赦黨人，乃追還逸，官至魯相。震，字伯厚，初爲州從事，奏太守單匡臧罪，連匡兄中常侍、車騎將軍超。桓帝收匡下廷尉，并以譴超，超詣獄謝。三輔諺曰："車如雞栖馬如狗，疾惡如風朱伯厚。"

11. 張儉止李篤家，外黄令毛欽操兵到門，篤謂欽曰："張儉知名天下，而亡非其罪，縱儉可得，寧忍執之乎？"欽起，撫篤曰："蘧伯玉耻獨爲君子，足下如何自專仁義？"篤曰："篤雖好義，明廷今日載其半矣。”欽嘆息而去。

12. 陳重在郎署，有郎負息數十萬，債主日至，煎求無已。重密以錢代還，郎後覺知，厚辭謝之，重曰：“非我之爲，將有同姓名者。”謝承《後漢書》

13. 徐孺子清妙高峙，超世絶俗，嘗事江夏黄瓊。後黄公殁，孺子往會葬，無資自致，賫磨鏡具自隨，所在賃磨鏡取直，然後得前。

14. 有人臨甕求簇箔者，司馬徽自弃其甕而與之。或曰：“凡人損己以贍人者，謂彼急我緩也。今彼此正等，何爲與人？”徽曰：“人未嘗求己，求之不與將慚，何有以財物令人慚者？”《司馬徽别傳》

15. 王騫有墅在鍾山，良田八十餘頃，與諸宅及故舊共佃之。常謂人曰：“我不如鄭公業，有田四百頃而食常不周，以此爲愧。”

16. 祖逖有胡奴曰王安，逖甚愛之。及祖約之誅，安嘆曰：“豈可使祖士雅無後乎！”乃往觀，逖庶子道重，始十歲，安竊取以歸，匿之，變服爲沙門。

17. 郄鑒嘗食周翼粟，鑒薨，翼追撫育之恩，解職席苫，心喪三年。

18. 王志居建康禁中里馬糞巷，父僧虔，門風寬恕，志尤淳厚，兄弟子侄皆篤實謙和，時號馬糞諸王爲長者。

19. 何隨目不視色，口不語利，著《譚言》十篇，論道德仁讓。嘗有屠牽猪過隨門，猪索斷，失之，强認溷中猪，隨便牽與之。家養竹園，人盗其笋，隨行遇見之，恐盗者覺怖，走竹中，傷其手足，挈屐徐步而歸。《華陽國志》

20. 嚴植之性慈仁。嘗山行，見一患者，問其姓名，不能答，載與俱歸，爲營醫藥，死爲棺殮殯之。又緣栅塘行，見患人臥塘側，問之，云："姓黄，家本荆州，爲人傭賃，疾篤，船主弃之於岸。"植之惻然，載還[①]療之，經年而愈，願終身爲奴以報恩，植之不受，遺以資糧遣之。

21. 房彦謙爲涇陽令，家有舊業，兼前後居官所得俸錢，皆以周恤親友，雖致屢空，怡然自得。嘗顧其子玄齡曰："人皆因禄富，我獨以官貧，所遺子孫在於清白耳。"《隋書》

22. 李尚書翺在潭州，席上有舞《柘枝》者，顔色憂悴，問之，是故韋左司愛姬之女。李公速命更其舞衣，延入，與韓夫人相見。見其言語清楚，宛有冠蓋風儀，遂於賓榻中選士嫁之。舒侍郎元輿聞之，贈李詩曰："湘江舞罷忽成悲，便脱蠻靴出絳幃。誰是蔡邕琴酒客，魏公懷舊嫁文姬。"《詩話》

23. 韓魏公爲相，每見文字有攻人隱惡，必手自封記，不令人見。

24. 韓億在中書，見諸路職司捃拾官吏小過，輒不懌，曰："今天下太平，主上之心，雖蟲魚草木，皆欲得所，奈何錮人於聖世！"

25. 范希文貶饒州，朝廷方治朋黨，莫敢有送者。王待制獨扶病餞於國門，大臣讓之曰："君何自陷朋黨？"王曰："范公天下賢者，質何敢望之？若得爲范公黨人，公之賜質厚矣！"聞者嘆服。

---

① 還：内閣文庫藏八册本、粵雅堂本作"逸"，誤。

清　介

1. 宋之野人耕而得玉，獻之司城子罕，子罕不受，野人請曰："此野人之寶也，願相國爲之賜而受之也。"子罕曰："子以玉爲寶，我以不受爲寶。"

2. 公儀休相魯而嗜魚，一國盡争買魚而獻之，公儀子不受。其弟曰："夫子嗜魚而不受，何也？"曰："夫唯嗜魚，故不受也。夫即受魚，必有下人之色。有下人之色，將枉於法，枉於法則免於相，免於相，則雖嗜魚，此不必能致我魚，我又不能自給魚。即無受魚而不免於相，雖不受魚，我能常自給魚。"此明夫恃人不如自恃也，明於人之爲己者，不如己之自爲也。《韓非子》

3. 張奂爲安定屬國都尉，羌有獻金、馬者，奂召主簿張祁入，於羌前以酒酹地，曰："使馬如羊，不以入厩；使金如粟，不以入懷。"盡還不受，威化大行。《水經注》

4. 郝子廉一介不取諸人，曾過姊飲，留錢席下而去。每行飲水，常投一錢井中。《風俗通》

5. 伏晅爲新安太守，清恪，時人賦税不登者，輒以太守田米助之。郡多麻苧，家人至無以爲繩。

6. 王吉少時學問居長安，東家有大棗樹，垂吉庭中，吉婦取棗以啖吉，吉知之，乃去婦。東家聞而欲伐其樹，鄰里共止之，因固請吉，命還婦。里中爲之語曰："東家有樹，王陽婦去。東家棗完，去婦復還。"其厲志如此。

7. 揚子撰《法言》，蜀富人賫錢十萬，願載一名。子雲不

聽，以富人無義，正如圈中之鹿、欄中之牛，安得妄載。《論衡》

8. 姑臧稱富邑，居縣者不盈數月，輒至豐積。孔奮在職四年，財産無所增。或笑之，以爲身處脂膏，不能自潤，徒益苦辛耳。奮既立節，治貴仁平，太守梁統深相敬待，不以官屬禮之，常迎於大門，引入見母。

9. 光武召諸郡計吏，問其風土及前後守令能否。蜀郡計掾樊顯進曰："漁陽太守張堪，昔在蜀漢，仁以惠下，威能討奸。公孫述破時，珍寶山積，捲握之物，足富十世，而堪去職之日，乘折轅車，布被囊而已。"

10. 蘇瓊爲清河郡人，樂陵太守趙穎，年八十餘，五月得新瓜一雙，自來奉，固請乃留，致[①]廳事梁上，竟不食。人聞受瓜，欲貢新果，至門，知穎瓜猶在，相顧而去。

11. 閻敞，字子張，爲郡五官掾。太守第五嘗被徵，以俸錢百三十萬寄敞，敞埋置堂上。後嘗舉家病死，惟孤孫九歲，嘗未死，云："吾有錢三十萬，寄掾閻敞。"孫長大求敞，敞見之，悲喜，取錢還之，孫曰："祖惟言三十萬，今乃百三十萬，誠不敢取。"敞曰："府君病困謬言耳，郎君無疑。"《汝南先賢傳》

12. 陳翼，字子初，到覽鄉，見馬傍有一人病，呼曰："我長安魏少公，聞卿廬江樂，來游，今病不能前。"翼迎歸養之。有金十餅，素二十匹，既死，翼賣素買棺衾，以金置棺下，騎馬出入。後其兄長公見馬，告之，吏捕翼，翼具言，棺下得金，長公叩頭謝，以金十餅投其門，翼送長安還之。《廬江七賢傳》

13. 王良爲大司徒司直，在位恭儉，妻子不入官舍，布被瓦器。時司徒史鮑恢以事到東海，過候其家，而良妻布裙曳柴，

---

① 致：内閣文庫藏八册本、粤雅堂本作"瓜"，誤。

從田中歸。恢告曰："我司徒史也，故來受書，欲見夫人。"妻曰："妾是也，苦掾，無書。"恢乃下拜，嘆息而還。

14. 交趾太守張恢，坐贓千金，以資物班群臣。鍾離意得珠璣，悉以委地而不拜賜。帝怪，問其故，對曰："孔子忍渴於盜泉，曾子回車於勝母，惡其名也。"帝曰："清乎！尚書之言！"

15. 梁伯鸞少孤，嘗獨止，不與人同食。比舍先炊已，呼伯鸞及熱釜炊，伯鸞曰："童子鴻不因人熱者也。"滅竈更然之。

16. 中平間，黄巾賊起，故武威太守黄雋[①]被徵，失期。梁鵠欲奏誅雋，蓋勳爲言，得免。雋以黄金二十斤謝勳，謂曰："吾以子罪在八議，故爲子言，吾豈賣評哉？"終辭不受。

17. 曹公在官渡，召華歆。賓客送者千餘人，贈遺數百金，皆無所拒，密各題識。臨去，謂諸賓客曰："本無拒諸君之心，而所受遂多，念單車遠行，將以懷璧爲罪。"衆留所贈而服其德。

18. 魏裴潛爲兖州刺史，作一胡床，及去官，留以挂柱梁。簡文詩："不學胡威絹，寧挂裴潛床。"李白詩："去時無一物，東壁挂胡床。"

19. 沐并，字德信，少以清介立名，傳播异域。吴使諸葛子瑜、朱義封圍樊城，遣船兵於峴山東斫材。牂牁兵人作食，有先熟者呼後熟者共食，後熟者答言不煩爾，呼者曰："汝欲作沐德信那？"

20. 王茂弘少知名，家世貧約，恬暢樂道，不以風塵經懷。《王導别傳》

---

① 雋：本條中"雋"，粤雅堂本皆作"嶲"。

21. 胡威，字伯虎，父質爲荆州，以忠清顯。及威爲徐州，世祖賜見，與論邊事。及平生，因謂威曰："卿清孰與父？"對曰："臣清不如也。"帝曰："何以爲勝汝邪？"曰："臣父清畏人知，臣清畏人不知。"《晉陽秋》

22. 謝石奴請吴隱之爲衛將軍主簿，隱之將嫁女，謝知其貧素，遣女必當率薄，乃令移厨帳助其經營。使者至，方見婢牽犬賣之，此外蕭然無辦。後至自番禺，其妻劉氏賫沉香一片，隱之見之，投於湖亭之水。

23. 郭世通嘗同人於山陰市貨物，誤得一千錢，當時不覺，分背方悟，追還本主。錢主驚嘆，以半直與之，世通委而去。

24. 樂法才爲建康令，不受俸秩，梁武常嘉其清節，曰："可爲百城表矣。"

25. 昭明太子聞明山賓築室不就，令曰："明祭酒出撫大藩，擁旄推轂，珥金拖紫，而恒事屢空，聞構宇未成，今送薄助。"并貽以詩曰："平仲古稱奇，夷齊昔擅美。今則挺伊賢，東秦固多士。築室非道傍，置宅歸仁里。庚桑方有繫，原生今易擬。必來三徑人，將招三徑[①]士。"劉璠《梁典》

26. 顧協少清介，有志操。初爲廷尉正，冬服單薄。寺卿蔡子度欲解襦與之，憚其清嚴，不敢發口，謂人曰："顧郎難衣食者，竟不敢遺之。"《梁典》

27. 劉歊[②]好施，務周人急，人或遺之，亦不拒也。久而嘆曰："受人者必報，不則有愧於人。吾固無以報人，豈可常有愧乎？"

28. 北齊文宣在晉陽，太子監國，集諸儒講《孝經》，謂國

---

① 按，三徑，《南史·明山賓傳》作"五經"。
② 歊：内閣文庫藏八册本作"歆"，粵雅堂本作"敦"，均誤。

子助教許散愁曰："先生在世，何以自資？"對曰："散愁自少以來，不登孌童之床，不入季女之室。服膺簡策，不知老之將至。平生素懷，若斯而已。"太子曰："顔子縮屋稱貞，柳下嫗而不亂，未若此翁白首不娶者也。"乃賚絹百匹。

29. 袁聿修爲尚書郎，十年未嘗受斗酒之遺，尚書邢邵每呼爲"清郎"。及邵爲兗州，聿修以太常少卿巡省，邵送白紬爲信，聿修不受，邵答曰："弟昔作'清郎'，今日復作'清卿'矣！"

30. 裴昭明爲長沙郡丞，罷歸，刺史王藴謂曰："卿清貧，必無還資，湘中人士有須一命之禮者，我不愛也。"昭明曰："下官忝爲邦佐，不能光益上府，豈以鴻都之事仰累清風？"

31. 褚彦回詣虞愿，愿不在，見其眠床上積塵埃，有書四篋，嘆曰："虞君之清，一至於此。"令人掃地拂床而去。

32. 姚察自居顯要，一不交通。有私門生不敢厚餉，送南布一端，花練一匹，察曰："吾所衣著，止麻布蒲練，此物於吾何用？既欲相款接，幸不煩爾。"門生遜請，察厲色驅去。

33. 韋夐至延州，見弟孝寬，孝寬以所乘馬及轡勒與之。夐惡其華飾，心弗欲之，笑謂孝寬曰："昔人不弃遺簪墜履者，惡與之同出，不與之同歸。吾之操行雖不逮前烈，然捨舊録新，吾不欲也。"乃乘舊馬以歸。《後周書》

34. 江陵平，諸將大獲財物，唐瑾一無所取，唯得書兩車，載之以歸。或白文帝曰："瑾大有輜重，悉是梁朝珍玩。"文帝初不信之，密遣使檢閲，唯見墳籍而已。文帝乃嘆曰："孤知此人不以利干義，向若不令檢視，恐常人有投杼之疑，孤所以益明之耳。"《後周書》

35. 楊綰知友，皆一時名士。或造之者，清談終晷，未嘗及名利。有欲干以世務，綰言必玄遠，不敢發詞，内愧而退。大曆中，德望日崇，天下雅正之士，不遠數千里争趨其門。

36. 李師古跋扈，憚杜黄裳爲相，未敢失禮，命一幹吏寄錢數千緡，氈車子一乘。使者到門，未敢送，伺候累日。有緑輿自宅出，從婢二人，青衣襤褸，言是相公夫人。使者遽歸告師古，師古折①其謀，終身不敢改節。《幽閑鼓吹》

37. 李廙爲尚書左丞，有清德。妹夫劉晏方秉權，見其晏室門簾甚敝，潛度廣狹，以粗竹織成簾，將以贈廙，三携至門，不敢發言而去。

38. 杜祁公爲人清儉，在官未嘗然官燭。油燈一炷，熒然欲滅，與客相對，清談而已。

雅　量

1. 澹臺子羽賫千金、文璧渡河，陽侯波起，兩蛟夾舟，子羽曰："吾可以義求，不可以威劫。"操劍斬蛟，蛟死波休。乃投璧於河，三投而輒躍出，因毁而去，示無吝意。《水經注》

2. 趙襄子使新稚穆子伐狄，勝之，取左人、中人。遽人來告，襄子方食而有憂色，侍者曰："狗之事大矣，而主色不怡，何也？"襄子曰："夫江河之大也不過三日，飄風暴雨不終朝，日中不須臾。今趙氏之德無所積，一朝而兩城下，亡其及我

① 折：内閣文庫藏八册本、粵雅堂本作"拆"，誤。

哉！”君子曰：“趙氏其昌乎！夫憂者所以爲昌也，喜者所以爲亡也；勝非其難者也，持之者其難者也。惟有道之主[1]爲能持勝。”《大事記》

3. 諸將戰陳不利，多惶懼，失其常度。吴漢意氣自若，方整厲器械，激揚士吏。帝時遣人觀大司馬所爲，還言方修戰具，乃嘆曰：“吴公差强人意，隱若一敵國矣。”

4. 九江太守戴聖，行治多不法，前刺史以其大儒，多優容之。何武爲刺史，行部録囚徒，有所舉以屬郡，聖曰：“後進生何知，乃欲亂人治！”皆無所决。武使從事廉得其罪，聖懼，自免。後爲博士，毁武于朝廷，武聞之，終不揚其惡。而聖子賓客爲群盗，得，繫廬江。聖自以子必死，武平心决之，卒得不死，聖慚服。武每奏事至京師，聖未嘗不造門謝恩。

5. 郭林宗遭母憂，賈俶來吊。既而鉅鹿孫威直以林宗賢而受惡人吊，心怪之，不進而去。林宗追而謝之，曰：“賈子厚誠凶德，然洗心向善，仲尼不逆互鄉，故吾許其進也。”俶聞之，改過自厲，終成善士。

6. 左原犯法見斥，林宗嘗遇諸路，爲設酒肴以慰之，謂曰：“昔顔涿聚，梁甫之巨盗；段干木，晉國之大駔，卒爲齊之忠臣、魏之名賢。慎勿恚恨，責躬而已。”原納其言而去。

7. 庾業家富，與賓客相對，膳必方丈，而爲宗慤設粟飯菜菹，謂客曰：“宗慤軍人，串啖[2]粗食。”慤致飽而退。及爲豫州，業爲長史，慤待之甚厚，不以昔事爲嫌。

8. 諸葛亮出祁山，隴西、南安二郡應時降。圍天水，拔漢

---

① 主：原作“上”，内閣文庫藏八册本、粤雅堂本亦作“上”，《續修四庫全書》本作“土”，均誤。《列子集释》作“主”，據改。

② 串啖：《宋書·宗慤傳》作“慣噉”。

城，虜姜維，驅掠士女數千人還。人皆賀亮，亮愍然有戚容，謝曰："普天之下，莫非漢民。國家威力未舉，使百姓困於虎狼，一夫有死，皆亮之罪。以此相賀，能不爲愧！"郭冲《四事》

9. 魏軍至，費禕率衆往禦之，光禄大夫來敏與禕别，求共圍棋。於時羽檄交馳，人馬擐甲，嚴駕已訖，禕與敏對戲，色無厭倦。敏曰："向聊觀試君耳，君信可人，必能辦賊。"禕行，賊遂退。《蜀志》

10. 蔣琬爲尚書令，時新喪元帥，遠近危悚。琬出類拔萃，處群僚之右，既無戚容，又無喜色，神守舉止，有如平日，由是衆望漸服。

11. 蔣公琰在大司馬府，東曹掾楊戲素性簡略，公琰與語，不時答。或構戲於公琰曰："公與戲語，而不見應，其慢上殊甚！"公琰曰："人心不同，各如其面。面從後言，古人所戒也。文然欲贊吾是耶？則非其本心。欲反吾言，則顯吾之非，是以默然。是文然之快也，乃更以爲慢耶？"

12. 山濤無所標明，淳深淵默，人莫見其際，故見者莫能稱謂，而服其偉量。顧愷之《畫贊》

13. 嵇康性含垢藏瑕，愛惡不争於懷，喜怒不寄於顔。所知王濬冲在襄城，面數百，未嘗見其疾聲遽色。此亦方中之美範，人倫之勝業也。《康别傳》

14. 王導接誘應會，少有牾者，雖疏交常賓，一見多輸寫款誠，自謂爲導所遇，同之舊昵。《晉陽秋》

15. 樂廣云："凡論人，必先稱其所長，則所短不言而自見矣；人有過，先盡弘恕，然後善惡自彰矣。"

16. 阮千里善彈琴，無貴賤長幼，皆爲彈，神氣冲和，不知向人所在。内兄潘岳使彈，終日達夜，無忤色。識者知其不可榮辱也。

17. 王安期去官，東渡江，道路梗澀，人懷危懼。王每遇艱險，處之夷然，雖家人不見其憂喜之色。既至下邳，登山北望，嘆曰："人言愁，我始欲愁。"謝太傅曰："當爾時，覺形神俱往。"

18. 沈麟士嘗行路，鄰人認其所着屐，麟士曰："是卿屐邪？"即跣而反，鄰人得屐，送前者還之，麟士曰："非卿屐邪？"笑而受之。

19. 庾詵愛林泉，遇火，止出書數簀，坐於池上。有爲火來者，答云："惟恐損竹。"乘舟從沮中山舍還，載米一百五十碩，有人寄載三十碩。後至宅，寄載者曰："君三十斛，我百五十斛。"詵默然不言，恣其取足。

20. 房文烈嘗霖雨絶糧，遣婢出糴，因逃去，三四日方擒得。文烈竟無捶撻，徐曰："舉家無食，汝何處來？"

21. 崔暹言文襄宜親重邢邵，邵不知，顧時毀暹。文襄不悦，謂暹曰："卿説子才長，子才專言卿短，此痴人耳。"暹曰："子才言暹短，暹説子才長，皆是實事，不爲痴也。"

22. 陽城召爲諫議大夫，見諸諫官紛紜言事，細碎無不聞，天子厭苦之。城方與二弟痛飲，人莫窺其際。有謁城者，城引之與坐，輒强以酒。客辭，城輒自飲，客不得已，乃與之酬酢。或客先醉，仆於席上，或城先醉，卧客懷中，竟不聽客語。

23. 莊帝殺爾朱榮，當時詔書，温子昇之辭也。榮入内，遇子昇，把詔問："是何文書？"子昇顔色不變，曰："敕。"榮不視之。

24. 王崇文任兼將相，而平居被服儒雅，風度夷曠。在武昌，方閲騎士於鞠場，旁古屋數十間忽崩，聲震數里，聞者莫知所爲。崇文指麾號令，訖事，不失常度，竟亦不問。《唐餘紀傳》

25. 睦[①]昭符，金陵人，保大中爲常州刺史。一日，坐廳事，雷雨暴至，電光如金蛇繞案，吏卒皆震仆。昭符自若，撫案叱之，雷電遽散。舉案，得鐵索，重百斤，徐命舉索納庫中。《南唐書》

26. 仁宗久病廢朝，一日，疾差，思見執政，坐便殿，急召兩府。吕許公聞命，移刻方赴，同列贊公速行，公緩步自如。既見，上曰："久病方平，喜與公等相見，何遲遲其來？"公從容奏曰："陛下不豫，中外頗憂。一旦忽召近臣，臣等若奔馳以進，恐人驚動耳。"上以爲得輔臣體。

27. 吕許公執政，范希文屢攻其短，坐落職，知饒州。吕再相，言於仁宗曰："仲淹賢者，朝廷當大用之，豈可但除舊職！"遂拜龍圖閣直學士，經略陝西。希文面謝曰："向以公事忤相公，不意乃爾奬拔。"許公曰："豈復以前事關懷！"

28. 馮當世、孫和叔、吕晦叔、薛師正同在樞密府，三人屢於上前争論，晦叔獨不言。上顧問之，晦叔方開析可否，語簡而當，上常納之，三人亦不能違也。出則未嘗語人，當時譏晦叔循默，不副衆望，晦叔亦不辯。

29. 韓治與同僚處，一日，有卒悍厲，衆皆怒之，惟韓不顧，徐曰："無忿疾於頑，惟頑能致人忿故也。"治，魏公後。○《客語》

---

① 睦：《南唐書·陸昭符傳》作"陸"，光緒《丹陽縣志》載昭符之姓爲"眭"。

慎 密

1. 魯有恭士名曰氾，行年七十，其恭益甚。冬日行陰，夏日行陽，一食之間三起。《先賢傳》

2. 孔光沐日歸休，兄弟妻子燕語，終不及朝省政事。或問光溫室省中樹皆何木也，光嘿不應。張九齡云："省中之樹，訪猶不言；車前之馬，數而後對。"

3. 陳寵性周密，常稱人臣之義，苦不畏慎。自在樞機，謝遣門人，拒絶知友，惟在公家而已，朝廷器之。

4. 陳群前後密陳得失，每上封事，輒削其稿，時人及子弟莫知也，論者或譏群居位拱默。正始中，詔撰名臣奏議，朝士乃見群諫事，皆嘆息焉。

5. 羊祜歷職二朝，其嘉謀讜議，皆焚其草，故世莫聞。或謂祜慎密太過，祜曰："是何言歟！夫入則造膝，出則詭詞，君臣不密之戒，吾惟懼其不及。"

6. 庾異行嘗與弟子樹籬，跪而授條。或云："今在隱屏，先生何恭之過？"異行曰："幽顯易操，非君子意也，衮不忍爲。"王①隱《晉書》

7. 阮思曠嘗云："人不須廣學，正應以禮讓爲先。"故終日靜默，無所修綜，而物自宗焉。

8. 燕梁琛使秦，琛從兄奕先在秦爲尚書郎。會罷，秦王欲

---

① 王：内閣文庫藏八册本、粵雅堂本作"平"，誤。

令琛止奕舍，琛語有司曰：“昔諸葛兄弟各處三國，及其聘集，公朝相見，退無私面。”奕數就邸問東國動静，琛曰：“今三方鼎據，兄弟并蒙附寵，心各有在。今欲以東國事語君，恐非西國之所願聞，何以見問？”《十六國春秋》

9. 徐偉長不沽高名，不求苟得，澹然自守，惟道是務。其有所是非，則托古人以見意，當時無所褒貶。王昶《戒子傳》

10. 王僧虔退默少交接，與袁淑、謝莊善。淑每嘆曰：“卿文情鴻麗，學解深拔，而韜光潛實，物莫之窺。雖魏陽元之射、王汝南之騎，何以加諸！”

11. 殷景文卧疾五年，雖不見上，而密函去來，日以十數，朝政大小，必以啓之，形迹周密，莫有窺其際者。

12. 陸慧曉爲晉熙王長史，僚佐造見，必起送之。或云長史貴重，不宜自謙屈，陸曰：“我性惡人無禮，不容不以禮處人。”平生未嘗卿士大夫，或問其故，慧曉曰：“貴人不可卿，而賤者乃可卿。人生何容置輕重於懷抱，終身常呼人位！”

13. 陳顯達自以人微位重，每遷官，常懷愧懼。子休尚爲郢府主簿，過九江拜别，顯達曰：“凡奢者未有不敗，麈尾蠅拂，是王謝家物，汝不須捉此。”取於前燒除之。

14. 周捨每有表奏，輒焚其稿，豫機密二十餘年，未嘗離左右。國史詔誥、禮儀法律、軍旅謨謀皆掌之，與人言謔，終日不絶，竟不漏泄機事。

15. 宋齊丘嘗參秘畫，先主爲於池中築小亭，度之木橋，至則撤起，獨與議事，率至夜分。又爲高堂，不設屏障，中置灰壚匕箸，兩人終日擁壚，畫灰爲字，旋即平之。《南唐書》

儉 約

1. 晏平仲以齊君奢，故浣其朝冠，振其鹿裘。《風俗通》

2. 東京楊氏、袁氏，累世宰相，爲漢名族。然袁氏車馬衣服極爲奢僭，能守家風、爲世所貴，不及楊氏。華嶠《漢書》

3. 江湛無兼衣餘食，嘗爲上所召，值浣衣，稱疾經日，衣成然後赴。牛饑，馭人求草，湛良久曰："可與飲。"

4. 王暢，時郡中豪族奢靡相尚，暢常布衣皮褥，車馬羸敗，以矯其敝。劉表諫曰："奢不僭上，儉不逼下，無乃皎然自貴於世乎?"暢曰："以約失之者鮮矣。"曄《後漢書》

5. 謝太傅嘗造陸祖言，祖言都無供辦，兄子俶密爲具餐。太傅既至，祖言所設茶果而已。俄而俶遂陳盛饌，珍羞畢具。客去，祖言大怒，責數俶曰："汝不能光益父叔，乃復穢我素業邪!"杖之四十。

6. 王儉問周顒："卿山中何所食?"顒曰："赤米白鹽，緑葵紫蓼。"文惠太子問顒菜食何味最佳，曰："春初早韭，夏①末晚菘。"

7. 王仲寶爲朝宰，起長梁齋，制度小過，叔僧虔視之不悦，竟不入户而去，仲寶即日毁之。

8. 庾杲之清貧自業，食惟有韭葅、瀹韭、生韭雜菜。任昉嘗戲之曰："誰謂庾郎貧，食鮭常有二十七種。"

---

① 夏：粤雅堂本作"秋"。

9. 庾杲之候樂頤之[①]，頤之設食，惟枯魚菜菹。杲之曰："我不能食。"其母自出常膳魚羹數種，杲之曰："我非郭林宗，卿過於茅季偉。"

10. 虞玩之爲少府，猶躡屐登席，高帝取屐親視，訛黑斜鋭，𥿄斷，以芒接之。問曰："卿此屐已幾載？"玩之曰："初釋褐拜征北行佐買之，着已三十年，貧士竟不辦易。"

11. 范文正公在杭州，子弟知其有退志，乘間請治第洛陽，爲逸老計。公曰："人苟有道義之樂，形骸可外，況居室哉！吾今年逾六十，乃謀治第，顧何待而居乎？且西都士大夫園林相望，爲主人者莫得常游，而誰獨障吾游者？俸餘宜以周宗族。若曹遵吾言，無以爲慮。"

12. 范蜀公與温公同游嵩山，各携茶以行，温公以紙爲貼，蜀公用小黑木合子盛之。温公見之，驚曰："景仁乃有茶具！"蜀公聞其言，留合與寺僧而去。

識　鑒

1. 齊桓公與管仲謀伐莒，謀未發而聞於國。桓公怪之，曰："與仲父謀伐莒，謀未發而聞於國，其故何也？"管仲曰："國必有聖人也。"桓公曰："嘻！日之役者，有執跖痡而上視者，意者其是耶？"乃令復役，無得相代。少頃，東郭牙[②]至，管仲曰："此必是已。"乃令賓者延之而上，分級而立。管子曰：

---

① 樂頤之：據《南齊書・樂頤傳》，此"之"字當爲衍字。

② 東郭牙：粵雅堂本作"東郭子牙"。

“子邪言伐莒者？”對曰：“然。”管仲曰：“我不言伐莒，子何故[1]言伐莒？”對曰：“臣聞君子善謀，小人善意，臣竊意之也。”管子曰：“子何以意之？”對曰：“臣聞君子有三色：顯然善樂者，鐘鼓之色也；湫然清静者，衰絰之色也；艴然充盈、手足矜者，兵革之色也。日者臣望君之在臺上也，艴然充盈、手足矜者，此兵革之色也。君呿而不唫，所言者莒也；君舉臂而指，所當者莒也。臣竊以慮諸侯之不服者，其惟莒乎！臣故言之。”《呂氏春秋》

2. 齊桓公合諸侯，衛人後至。公朝而與管仲謀伐衛，退朝而入，衛姬望見君，下堂再拜，請衛君之罪。公曰：“吾於衛無故，子盍爲請？”對曰：“妾望君之入也，足高氣强，有伐國之志也；見妾而有動色，伐衛也。”明日君朝，揖管仲而進之，管仲曰：“君捨衛乎？”公曰：“仲父安識之？”管仲曰：“君之揖朝也恭，而言也徐，見臣而有慚色，臣是以知之。”君曰：“善！仲父治外，夫人治内，寡人知終不爲諸侯笑矣。”《呂氏春秋》

3. 復槁之君朝齊桓公，問治民焉。復槁之君不對，而循口操衿抑心，桓公曰：“與民共甘苦饑寒乎！夫以我爲聖人也，故不用言而諭。”因禮之千金。

4. 隰斯彌見田成子，田成子與登臺四望，三面皆暢。南望，隰子家之樹蔽之，田成子亦不言。隰子歸，使人伐之，斧離數創，隰子止之，其相室曰：“何變之數也？”隰子曰：“古者有諺曰：‘知淵中之魚者不祥。’夫田子將有事，事大而我示之知微，我必危[2]矣。不伐樹，未有罪也；知人之所不言，其罪大

---

① 故：粤雅堂本無“故”字。

② 危：内閣文庫藏八册本、粤雅堂本作“爲”，誤。

矣。”乃不伐也。《韓非子》

5. 士尹池爲荆使於宋，司城子罕觴之。南家之墻，犨於前而不直；西家之潦，經其宫而不止。士尹池問其故，司城子罕曰：“南家，工人也，爲鞔者也，吾將徙之，其父曰：‘吾特爲鞔以食三世矣。今徙之，是宋國之求鞔者不知吾處也，吾將不食，願相國之憂吾不食也。’爲是故，吾弗徙也。西家高，吾宫庳，潦之經吾宫也利，故弗禁也。”士尹池歸荆，荆王適興兵而攻宋，士尹池諫荆王曰：“宋不可攻也，其主賢，其相仁。賢者能得民，仁者能用人。荆國攻之，其無功而爲天下笑乎！”

6. 郈成子爲魯聘於晉，過衛，右宰穀臣止而觴之。陳樂而不樂，酒酣而送之以璧。顧反，過而弗辭，其僕曰：“向者右宰穀臣之觴吾子也甚歡，今侯渫過而弗辭？”郈成子曰：“夫止而觴我，與我歡也；陳樂而不樂，告我憂也；酒酣而送我以璧，寄之我也。若是觀之，衛其有亂乎！”倍衛三十里，聞甯喜之難作，右宰穀臣死之。還車而臨，三舉而歸。至，使人迎其妻子，隔宅而异之，分禄而食之，其子長而反其璧。孔子聞之，曰：“夫知可以微謀、仁可以托財者，其郈成子之謂乎！”

7. 延陵季子游于晉，入其境，曰：“嘻！暴哉國乎！”入其都，曰：“嘻！力屈哉國乎！”立其朝，曰：“嘻！亂哉國乎！”從者曰：“夫子之入晉境未久也，何其名之不疑也？”延陵季子曰：“然。吾入其境，田畞荒穢而不休，雜增①崇高，吾是以知其國之暴也；吾入其都，新室惡而故室美，新墻卑而故墻高，吾是以知其民力之屈也；吾立其朝，君能視而不下問，其臣善伐而不上諫，吾是以知其國之亂也。”

---

① 增：據《説苑校證》，此“增”字應作“穡”。此事見於劉向《説苑》。

8. 晉中行文子出亡，過於縣邑，從者曰："此嗇夫，公之故人，公奚不休舍？且待後車。"文子曰："吾嘗好音，此人遺我鳴琴；吾好佩，此人遺我玉環。是振我過者也。以求容於我者，吾恐其以我求容於人也。"乃去之，果收文子後車二乘而獻之其君矣。《韓非子》

9. 伍員亡，荆急求之，登太行而望鄭，曰："蓋是國也，地險而民多，知其主俗主也，不足與舉。"去鄭而之許。見許公而問所之，許公不應，東南嚮而唾，伍員載拜受賜，曰："知所之矣。"因如吴。

10. 吴大夫被離問子胥曰："何見而信白喜？"子胥曰："吾之怨與喜同。子不聞河上歌乎：'同病相憐，同憂相救。驚翔之鳥，相隨而集。瀨下之水，因復俱流。'誰不愛其所近、悲其所思者乎！"被離曰："吾觀喜之爲人，鷹視虎步，專功擅殺之性，不可親也。"子胥不然其言，卒受其敗。《吴越春秋》

11. 秦穆公使賈人載鹽於虞，諸賈人買百里奚以五羊皮。穆公觀鹽，怪其牛肥，問其故，曰："飲食以時，使之不暴，是以肥也。"公令有司沐浴衣冠之，公孫支讓其卿位，號"五羖大夫"。《説苑》

12. 知伯行水，魏桓子、韓康子驂乘。知伯曰："吾乃今知水可以亡人國也。"桓子肘康子，康子履桓子之跗，以汾水可以灌安邑，絳水可以灌平陽也。絺疵謂知伯曰："韓、魏必反矣。"知伯曰："子何以知之？"對曰："以人事知之。夫從韓、魏而攻趙，趙亡，難必及韓、魏矣。今約勝趙而三分其地，城降有日，而二子無喜志，有憂色，是非反而何？"明日，知伯以其言告二子，二子曰："此讒臣，欲爲趙氏游説，使疑二家而懈于攻趙也。不然，二家豈不利朝夕分趙氏之田，而欲爲此危難不可成之事乎？”二子出，絺疵入，曰：“主何以臣之言告二子也？”知伯曰：“子何以知之？”對曰：“臣見其視臣端而趨疾，知臣得其情故也。”

13. 平原君勸趙孝成受馮亭，王曰：“受之，秦兵必至，武安君必將，誰能當之者乎？”對曰：“澠池之會，臣察武安君小頭而面鋭，瞳子白黑分明，視瞻不轉。小頭而面鋭者，敢斷決也；瞳子白黑分明者，見事明也；視瞻不轉者，執志强也。可與持久，難與争鋒。廉頗爲人，勇鷙而愛士，知難而忍耻，與之野戰則不如，持守足以當之。”嚴尤《三將叙》

14. 丙吉子顯少爲諸曹，嘗從祠高廟，至夕牲日，乃使出取齋衣。吉大怒，謂其夫人曰：“宗廟至重，而顯不敬慎。亡吾爵者，必顯也！”

15. 陶丘洪與華歆同郡，自以明見過歆。時王芬謀廢靈帝，芬呼歆、洪定計，洪欲行，歆止之，曰：“廢立大事，伊、霍所難，芬性疏而不武，此必無成。”芬果敗，洪乃服。

16. 管幼安見公孫度，語唯經典，不及世事。乃因山爲廬，鑿壞爲室，越海避難者皆就之，旬月成邑。遂講《詩》《書》，陳俎豆，飾威儀，明禮讓，非從學者弗見。由是度安其賢，民化其德。邴原時亦在遼，好以清議格物，度已下心不安之。幼安謂原曰：“潛龍以不見爲德，言非其時，皆招禍之道也。”密勸令西還。

17. 朱勃年十二能誦《詩》《書》，常候馬援兄況。勃衣方領，能矩步，辭言嫻雅。援裁知書，見之自失，況慰援曰：“朱勃小器速成，智盡此耳，卒當從女稟學，勿畏也。”及援爲將軍封侯，而勃位不過縣令。

18. 河南尹田歆外甥王湛，名知人。歆謂之曰：“今當舉孝廉，欲用一名士以報國家爾，助我求之。”明日，湛送客，遥見种暠，异之。還白歆曰：“爲尹得孝廉矣，近洛陽門下史也。”歆笑曰：“當在山澤隱滯，近洛陽史邪？”湛曰：“山澤不必有异士，异士不必在山澤。”歆即召暠，遂舉孝廉。

19. 李元禮一世龍門，時同縣聶季寶，小家子，不敢見元禮。杜周甫知季寶賢，不能定名，以語元禮。元禮呼見，坐置砌下牛衣上，一與言，即决曰：“此人當作國士。”後卒如元禮言。

20. 郭泰性知人，好獎訓士類，泰之所名，人品乃定，先言後驗，衆皆服之。故適陳留，則友符偉明；游太學，則師仇季知；之東國，則親魏德公；入汝南，則交黄叔度。《郭泰别傳》

21. 史叔賓少有盛名，林宗見而告人曰：“墻高基下，雖得必失。”後果以議論阿枉敗名。

22. 王叔優與弟季道小時聞林宗有知人之鑒，共往候之，問才行所宜，以自處業。林宗笑曰：“卿二人皆二千石才也。然叔優當以仕宦顯，季道宜以經術進，若違才易務，亦不至也。”後叔優至北中郎將，季道代郡太守。

23. 黄允以雋才知名，林宗見而謂曰：“卿高才絶人，足爲偉器，年過四十，名著矣。然至於此際，當深自匡持，不然，將失之矣。”

24. 胡廣入郡爲散吏。太守法雄之子真，從家來省其父。真頗知人，會歲終應舉，雄敕真助求其才。因大會諸吏，真自於牖間占察之，指廣以白雄，遂察孝廉。到京試章奏，廣爲天下第一。

25. 盛憲孝章逢一童，容貌非常，憲怪而問之，是魯國孔

融，時年十歲餘。憲下執融手，載歸舍，與融談，知其不凡，便結爲兄弟，升堂拜親。《會稽典録》

26. 孔融在北海，召王修爲主簿，後舉孝廉。時郡中有反者，修夜往奔融。賊初發，融謂左右曰："能冒難來者，唯王修耳。"言終而修至。

27. 杜畿自荆州還，至許，見侍中耿紀，語終夜。尚書令荀彧與紀比屋，夜聞畿言，异之。旦遣人謂紀曰："有國士而不進，何以居位？"既見畿，如舊相識，遂進之於朝。《傅子》

28. 荀令君舉士，不以一揆。戲志才、郭嘉有負俗之累，杜畿簡傲少文，皆以智策舉之，終各顯名。

29. 荀淑，字季和，爲朗陵侯相，所在流化。所拔韋褐芻牧之中，執案刀筆之吏，皆爲英彦。《先賢行狀》

30. 并州刺史高幹，袁紹甥也，素貴有名，招致四方游士，士多歸附。仲長統過幹，幹善遇之，訪以時事，統謂幹曰："君有雄志而無雄才，好士而不能擇人，所以爲君深戒也。"幹雅自多，不納其言。無幾，以并州叛，卒至於敗。

31. 司馬德操有人倫鑒。居荆州，知劉表性暗，必害善人，乃括囊不談。時有以人物問者，初不辨其高下，每輒言佳。其婦諫曰："人質所疑，君宜辯論，而一皆言佳，豈人所以咨君之意乎？"徽曰："如卿所言，亦復佳。"《司馬徽别傳》

32. 陶侃少有遠概綱維宇宙之志。察孝廉，入洛，司空張華見而謂曰："後來匡主寧民，君其人也。"劉弘鎮沔南，取爲長史，謂侃曰："昔吾爲羊太傅參佐，見語云：'君後當居身處。'今相觀，亦復然矣。"《陶氏叙》

33. 正始初，曹爽秉政，何晏爲吏部。傅嘏謂爽弟羲曰："何平叔外静而内銛，巧佞好利，不念務本。吾恐必先惑子兄弟，仁人將遠而朝政[1]廢矣。”

34. 荀粲與傅嘏、夏侯玄親善，荀常語傅與夏侯曰：“子等在世塗間，功名必勝我，但識劣我耳。”傅難曰：“能盛功名者，識也。天下孰有本不足而末有餘者邪？”荀曰：“功名者，志局之所獎也。然則志局自一物耳，固非識之所獨濟也。我以能使子等爲貴，然未必齊子等所爲。”二人莫能難。

35. 嘉平中，汲縣民共入山中，見一人所居，懸岩百仞，叢林鬱茂，而神明甚察。自云孫登，字公和。嵇康乃從游三年，問其所圖，終不答，然神謀所存良妙，康每爾然嘆息。將别，謂曰：“先生竟無言乎？”登乃曰：“子識火乎？生而有光，而不用其光，果然在於用光。人生有才，而不用其才，果然在於用才。故用光在乎得薪，所以保其曜；用才在乎識物，所以全其年。今子才多識寡，難乎免於今之世矣，子無多求！”康不能用，及遭吕安事，在獄爲詩，自責云：“昔慚下惠，今愧孫登。”《文士傳》

36. 山濤爲河内從事，與石鑒共傳宿。濤夜起蹋鑒曰：“今何等時而眠也！知太傅卧何意？”鑒曰：“宰相三日不朝，與尺一令歸第，君何慮焉！”濤曰：“咄！石生無事馬蹄間也。”投傳而去。果有曹爽事，遂隱身不交世務。虞預《晉書》

37. 王澄風韻邁達，志氣不群，從兄戎、兄夷甫名冠當年。四海人士一爲澄所題目，則二兄不復措意，云“已經平子”，其見重如此。《澄别傳》

38. 夷甫父乂，有簡書，將免官。夷甫年十七，見所繼舅羊祜，申陳事狀，詞甚俊偉。祜不然之，夷甫拂衣而起。祜顧

---

① 政：内閣文庫藏八册本、粵雅堂本作“故”，誤。

謂賓客曰："此人必將以盛名處當世大位，然敗俗亂化者，必此人也。"《晉陽秋》

39. 謝安石弘粹通遠，温雅融暢。桓彝見其四歲時，稱之曰："此兒風神秀徹，當繼踪王東海。"《文字志》

40. 桓温入關，王猛以巾褐謁之。温曰："江東無卿比也！秦國定多奇士，如生輩有幾？吾欲與之俱南。"曰："公求可與撥亂濟世者，友人薛强威明。"强自商山來謁，察温有大志而無成功，乃勸猛止。

41. 謝混仍世宰相，一門兩封，田業十餘處，僮役千人。及坐事誅，兄子弘微經紀生業，事若公在，一錢尺帛，出入皆有文簿。九年而室宇修整，倉廩充盈，門徒不异平日，田疇墾闢有加于舊。混妻東鄉君嘆曰："僕射平生重此子，可謂知人，僕射爲不亡矣。"

42. 崔岳謂劉曜曰："四海脱有微風摇之者，英雄之魁，卿其人矣。"《晉載記》

43. 柳琮，字伯騫，所拔進皆爲時所稱，致位牧守。鄉里爲諺曰："得黄金一笥，不如爲柳伯騫所識。"《江表傳》

44. 齊神武言："崔㥄應作令僕，恨其精神太遒。"

45. 齊神武自洛陽還，傾産結客。親故怪問之，答曰："吾至洛陽，宿衛羽林相率焚領軍張彝宅，朝廷懼亂而不問，爲政若此，事可知也，財物豈可常守邪？"自是有澄清天下之志。

46. 梁竟陵守孫暠、酇城守張建并降，裴俠曰："暠目動言肆，輕於去就者也；建神情審定，當無异心。"後皆如其言。

47. 蕭寶寅反，蘇湛謂曰："凡舉大事，當得天下奇才。公與長安博徒小兒輩爲此計，豈能辦哉？湛不忍見荆棘生王户庭也。"

48. 蔡王智積每懼禍自損，或勸爲産業，智積曰："昔平原露朽財帛，苦其多也。吾幸無可露，何更營乎？"有五男，止教《論語》《孝經》而已，亦不令通賓客，曰："兒子有才，能以致禍也。"

49. 鄭子默有名於世，李僧伽曰："行不通道，文勝其質，郭林宗所謂'墻高基下，雖得必喪'，此之徒也。"竟如言。

50. 房玄齡校讎秘書省，高孝基謂裴矩曰："僕觀人多矣，如此郎者，當爲國器，恨不見其聳壑昂霄。"

51. 楊元琰數歲未言，相者云："語遲者神足，必爲重器。"

52. 韓滉節制三吴，所辟賓佐，隨其材器，用之悉當。有故舊子弟投之，更無他長，嘗召之與燕，畢席端坐，不與比坐交言。公署以隨軍，令監庫門。此人每早入帷，端坐至夕，警察吏卒無敢濫出入者，竟獲其力。

53. 李夷簡彈楊憑，貶臨賀尉，親友無敢送者，徐晦獨至藍田與别。權德輿謂之曰："毋乃爲累乎？"對曰："晦自布衣，蒙楊公知奬，今日遠謫，安得不與之别？"數日，夷簡奏爲御史，晦謝[①]曰："平生未嘗得望顔色，公何從而取之？"夷簡曰："君不負楊臨賀，豈負國乎？"《語林》

54. 處士丁重能閲人，觀于琮，謂路巖曰："于侍郎風儀秀整，禮貌謙挹，如百斛重器，所貯尚空其半，安得不益其禄位哉？"後于果登台鉉。《續世説》

55. 少府蒯欽，楊駿姑子也，數以直言犯駿，人爲之懼。欽曰："楊文長雖闇，猶知人之無罪，不可妄殺，不過疏我，我得疏乃可免，不然，與之俱族矣。"

---

① 謝：粤雅堂本作"對"。

56. 盧携貌寢，嘗以文章謁韋宙，韋氏子弟多侮之。宙曰：“盧雖人物不揚，然觀其文章有首尾，异日必貴。”後竟如其言。《宋朝類苑》

57. 唐待制肅與丁晉公爲友，宅正相對。丁將有弼諧之命，唐遷居州北，或問之，唐曰：“謂之入則大拜，數與往還，事涉依附，經旬不見，情必猜疑，故避之也。”後因晉公南遷，嘆曰：“丁之才術，李贊皇之流，動多而静少，任智而鮮仁，可以佐三事，但不可冢百官耳。”

58. 張惟孝，襄陽人，幹官鍾蜚英見而异之，謂曰：“今日正我輩立功之秋。”惟孝不答，又叩之，則曰：“朝廷負人。”明日蜚英羅致，宴之仲宣樓。酒酣，因曰：“有國而後有家，天下如此，將安歸乎？”惟孝躍然曰：“從公所命。”乃請空名帖三十以還。逾旬，與三十騎俱擁甲士五千至，旗幟鮮明，部伍嚴肅，上至公安，下及墨山，游踏相繼。或請所統姓名，惟孝曰：“朝廷負人，福難禍易，聊爲君侯紓一時之難耳，姓名不可得也。”時鼎澧五州已危，于是擊鼓耀兵，不數日，衆至萬人，數戰俱捷。江上平制使吕文德招之，不就而遁。《宋史》

言　語

1. 客有見周公者，應之於門曰：“何以道旦也？”客曰：“在外即言外，在内即言内，入乎將毋？”周公曰：“請入。”客曰：“立即言義，坐即言仁，坐乎將毋？”周公曰：“請坐。”客曰：“疾言則翕翕，徐言則不聞，言乎將毋？周公曰：“唯唯。”明日，興師而誅管、蔡。《韓詩外傳》

2. 孔子問漆雕馬人曰："子事臧文仲、武仲、孺子容，三大夫者，孰爲賢？"漆雕馬人對曰："臧氏家有龜焉，名曰蔡。文仲立，三年爲一兆焉；武仲立，三年爲二兆焉；孺子容立，三年爲三兆焉。馬人見之矣。若夫三大夫之賢不賢，馬人不識也。"孔子曰："君子哉！漆雕氏之子。其言人之美也隱而顯，其言人之過也微而著。故智不能及，明不能見，得無數卜乎？"《説苑》

3. 翟王使至楚，楚王誇使者以章華之臺。臺甚高，三休[1]乃至。楚王曰："翟國亦有此臺乎？"使者曰："否。翟，寠國也，惡見此臺也。翟王之自爲室也，堂高三尺，壤階三纍，茆茨弗剪，采椽弗刮，且翟王猶以作之者大苦，居之者大佚，翟國惡見此臺也。"楚王愧。賈傅《新書》

4. 秦王立帝，宜陽令許綰誕魏王，魏王將入秦，魏敬謂王曰："以河内孰與梁重？"王曰："梁重。"又曰："梁孰與身重？"王曰："身重。"又曰："使秦求河内，則王將與之乎？"王曰："弗與也。"魏敬曰："河内，三論之下也；身，三論之上也。秦索其下而王弗聽，索其上而王聽之，臣竊不取也。"王曰："甚然。"乃輟行。《吕氏春秋》

5. 孔子玄孫穿與公孫龍論臧三耳，龍甚辨析，穿不應。平原君問之，穿曰："謂三耳實難而實非也，謂兩耳甚易而實是也。不知君將從易而是者乎，其亦從難而非者乎？"平原君謂龍曰："公無復與孔子高辨事也，其人理勝於詞，公詞勝於理。詞勝於理，終必受詘。"

6. 騶衍迂大而閎辯，奭也文具難施，淳于髡久與處，時有

---

① 休：内閣文庫藏八册本、粤雅堂本作"林"，誤。

得善言。齊人頌曰："談天衍，雕龍奭，炙轂過髡。"《史記》

7. 齊田駢好談論，故齊人爲之語曰："天口駢。"《七略》

8. 漢哀帝語尚書鄭崇曰："君門何以如市？"崇答曰："臣門如市，臣心如水。"

9. 宣帝時，公卿大夫朝會，丞相語次云："梟生子，長食其母乃飛。"時有賢者應曰："但聞烏子反哺其母。"丞相大慚，悔失言。桓譚《新論》

10. 劉寬嘗於坐被酒睡伏，帝問："太尉醉邪？"寬仰對曰："臣不敢醉，但任重責大，憂心如醉。"

11. 李膺風性高簡，每見符融，輒絶它賓客，聽其言論。融幅巾奮袖，談辭如雲，膺每捧手嘆息。

12. 袁紹總兵冀州，遣使要鄭玄。紹客多豪俊，見玄儒者，未以通人許之，競設异端，百家互起。玄依方辯對，或出問表，皆得所未聞，莫不嗟服。時應劭因自贊曰："故泰山太守應仲遠，北面稱弟子何如？"玄笑曰："仲尼之門，考以四科，回、賜之徒，不稱官閥。"劭有慚色。

13. 先主以伊籍使吳，孫權聞其才辯，欲逆折以辭。籍適入拜，權曰："勞事無道之君乎？"對曰："一拜一起，未足爲勞。"《蜀志》

14. 曹公欲易儲。一日，屏左右，以問賈詡，詡不對。公曰："與卿言而不答，何也？"詡曰："適有所思。"公曰："何思？"詡曰："思袁本初、劉景升父子也。"曹公大笑，於是太子遂定。

15. 孫權稱臣，太子丕書報鍾繇，繇答曰："同郡故司空荀爽言：'人多過情①，愛我者一何可愛，憎我者一何可憎！'顧念

① 人多過情：《三國志·魏書·鍾繇傳》裴松之注引《魏略》作"人當道情"。

孫權，了更嫵媚。”

16. 諸葛瑾與權談説諫喻，未曾切愕，微見威采[1]，粗陳指歸，如有未合，則捨而及他。徐復托事造端，如物類相求，于是權意往往而釋。

17. 晉孝武好與虞嘯父飲酒，醉，拜不能起。帝呼人扶，虞嘯父答曰：“臣位未及扶，醉未及亂，非分之賜，所不敢當。”帝美之，敕疏取語。《語林》

18. 衛玠少有名理。王平子高氣不群，邁世獨傲，每聞玠之語議，至於理會之間、要妙之際，輒絶倒於坐，前後三聞，爲之三倒。時人語曰：“衛君談道，平子三倒。”《玠别傳》

19. 桓宣武嘗問孟萬年：“聽伎，絲不如竹，竹不如肉，何也？”孟答曰：“漸近自然。”一坐咨嗟。《嘉别傳》

20. 王肅於省中咏《悲平城》詩云：“悲平城，驅馬入雲中。陰山常晦雪，荒松多朔風。”彭城王勰甚稱其美，欲使肅更咏，乃失語云：“可更爲誦《悲彭城》詩。”肅戲勰曰：“何意呼平城爲彭城？”勰有慚色。祖瑩在坐，即云：“《悲彭城》，王公自未見。”肅云：“可爲誦之。”瑩應聲曰：“悲彭城，楚歌四面起。尸積石梁亭，血流睢水裏。”肅嗟賞之，勰亦大悦。退謂瑩曰：“今日若不得卿，幾爲吴子所屈。”

21. 潘京舉秀才到洛，樂廣與共談累日，深嘆其才，謂之曰：“君天才過人，若學，必爲一代談宗。”京感其言，遂勤學不倦。時武陵太守戴昌與京共談，京假借之，昌以爲不如己，令過其子若思。京方極其言論，昌竊聽之，乃嘆服，曰：“才不可假。”遂父子俱屈焉。

---

① 威采：《三國志·吴書·諸葛瑾傳》作“風彩”。

22. 裴遐善言玄理，音辭清暢，冷然若琴瑟。嘗與河南郭象談論，一座嗟服。

23. 摯虞少事皇甫謐，才學通博；東平太叔廣，樞機清辨。廣談，虞不能對；虞筆，廣不能答。更相嗤笑，紛然於世。

24. 嵇含與二陸譚，覺詞少理暢，言約事舉，莫不豁然，若春日之判薄冰，秋風之掃枯葉。

25. 袁宏機捷辨速，自吏部郎出爲東陽郡。謝安祖之於冶亭，時賢皆集，安欲卒迫試之，執手將別，顧左右取一扇贈之，宏應聲答曰："輒當奉揚仁風，慰彼黎庶。"合坐嘆其要捷。《續晉陽秋》

26. 王澄語人曰："彦國吐佳言，如鉅①木屑，霏霏不絶，誠爲後進領袖。"

27. 或問華譚曰："諺言'人之相去，如九牛毛'，寧有此乎？"譚對曰："昔許由、巢父，讓天子之貴；市道小人，争半錢之利。此之相去，何啻九牛毛！"聞者稱善。

28. 慕容德因饗晏，乘高遠矚，顧謂尚書魯邃曰："齊、魯固多君子，當昔全盛之時，接、慎、巴生、淳于、鄒、田之徒，蔭修檐，臨清沼，馳朱輪，佩長劍，恣非馬之雄辭，奮談天之逸辯，指麾則紅紫成章，俯仰則丘陵生韻。至於今日，荒草頹墻，氣消烟滅，永言千載，能不依然。"

29. 生公住虎丘講經。宋文帝大會沙門，食至，衆疑僧律日過中即不食，帝曰："始可中耳。"生公曰："白日麗天，天言始中，何得非中！"即舉箸而食，莫不服其機辯。

30. 文帝好與羊玄保棋。嘗中使至，玄保曰："上何召我

---

① 鉅：此處《續修四庫全書》本旁有小字"鋸"。按文意，此處作"鋸"，於意更佳。

耶？”子戎曰：“金溝清泚，銅池摇揚，既佳光景，當得劇棋。”

31. 蔡洪赴洛，人問吴中舊業，答曰：“紙爲良田，筆爲鋤耒，墨爲稼穡，義理爲豐年。”

32. 徐之才嘗與朝士出游，遥望見犬競走，諸人試令目之，之才即應聲曰：“爲是宋鵲？爲是韓盧？爲是李斯東走？爲負帝女南徂？”

33. 劉繪爲南康相，郡人有居穢里者，刺謁繪。繪曰：“君有何穢而居穢里？”應聲曰：“未審孔丘[①]何闕而居闕里？”繪嘆其辨速。

34. 何遠天性語不虚妄，每語人云：“卿能得我一妄語，則謝卿以一縑。”衆共伺之，不能記。

35. 謝莊，宋孝武時除侍中。孝武嘗賜莊寶劍，以與豫州刺史魯爽。後爽畔，帝因宴問劍所在，對曰：“昔以與魯爽别，竊爲陛下杜郵之賜。”上甚悦。

36. 宋明帝出射雉，至日中，無所得。帝含愧，問侍臣曰：“吾旦來如皋，遂空行，可笑。”座者莫答。褚侍中言曰：“今節候雖適，而雲露尚凝，故斯翬之禽，驕心未警。但得神駕游豫，群情便爲載歡。”

37. 齊張緒吐納風流，聽者忘倦。

38. 崔邪利、崔模入魏，邪利子遣妻蔬布，如居喪禮；模子雖居處變節，不廢婚宦。崔元孫使魏，魏人問：“二家子侄，出處不同，義將安在？”元孫曰：“王尊驅驥，王陽回車，欲令臣子兩遂，忠孝并弘。”

39. 博陵王納崔㥄妹，婚夕，文宣舉酒祝曰：“新婦宜男，

① 丘：粤雅堂本作“某”。

孝順富貴。”悛跪對曰：“孝順乃自臣門，富貴恩由陛下。”

40. 賈思伯輕身禮士，接誘恂恂，曾無倦色。客有謂曰：“公今貴重，寧能不驕?”思伯曰：“衰至便驕，何常之有?”世以爲雅言。

41. 魏李彪來使，齊武宴之。蕭琛於坐舉酒勸彪，彪不受，曰：“公庭無私禮，不容受勸。”琛答曰：“《詩》所謂‘雨我公田，遂及我私’。”坐者悦服，乃受酒。

42. 武陵王無寵，於曲宴坐，醉伏地，貂抄肉柈，武帝曰：“污貂。”對曰：“陛下愛其羽毛，疏其骨肉。”

43. 齊高帝時，魏人南伐，至淮而退。帝問：“何意忽來忽去?”時未有答者。張融在下坐，抗聲曰：“以無道而來，見有道而去。”公卿咸以爲捷。

44. 陶弘景爲人圓通慎約，出處冥會，心如明鏡，遇物便了，言無煩舛，有亦隨覺。

45. 梁武問廣漢李膺曰：“今李膺何如昔李膺?”對曰：“今勝昔。”帝問其故，對曰：“昔事桓、靈之主，今逢堯、舜之君。”

46. 武帝幸豫章王嶷，宴集諸王，獨不召曄。嶷曰：“風景殊美，今日甚憶武陵。”帝因呼使射，屢發命中，顧四座曰：“手何如?”上神色甚怪，嶷曰：“阿五常日不爾，今可謂仰藉天威。”帝意乃釋。

47. 武帝嘗問群臣：“朕爲有爲無爲?”王份曰：“陛下應萬物爲有，體至理爲無。”

48. 張融入問訊，彌時方登階，及就席，齊高曰：“何乃遲爲?”對曰：“自地升天，理不得速。”

49. 會稽孔珪家列植桐柳，多構山泉。衡陽王鈞往游，珪曰："殿下處朱門、游紫闥，詎得與山人交耶？"答曰："身處朱門而心游江海，形入紫闥而意在青雲。"珪美之。

50. 釋僧鍾住中興寺，永明初，魏使李道固來聘，會於寺内，帝以鍾有辯才，敕令酬對。時日影小晚，鍾不食，道固問何以不食，鍾曰："古法，過中不餐。"道固曰："何爲聲聞邪？"鍾答曰："應以聲聞得度者，故現聲聞。"當時以爲名對。〔梁〕慧皎《高僧傳》

51. 周盤龍爲散騎，武帝戲曰："卿著貂蟬，如何兜鍪？"盤龍曰："此貂蟬從兜鍪中出耳。"

52. 元魏高祖名子恂、愉、悦、懌，崔光名子劭、勗、勉，高祖曰："我兒名傍皆有心，卿兒名傍皆有力。"對曰："所謂君子勞心，小人勞力。"

53. 魏佛助盛譽盧思道，以詢祖爲不及，詢祖曰："見未能高飛者，借其羽毛；知逸勢冲天者，剪其翅翮。"

54. 徐陵至魏館，是日甚熱，魏收嘲陵曰："今日之熱，當由徐常侍來。"徐即答曰："昔王肅至此，爲魏始制禮儀；今我來聘，使卿復知寒暑。"收大慚。

55. 客有姓譚者，詣王儉求官，儉謂曰："齊侯滅譚，那得有君？"答曰："譚子奔莒，所以有僕。"儉賞其善謔，卒得職。

56. 朱雀門灾，齊武謂群臣："此門制狹，我始欲改構，遂遭天火。"相顧未答，何敬容曰："此所謂先天而天不違。"時以爲名對。

57. 辛京杲以私杖殺部曲，有司奏京杲罪當死，上將從之。李忠臣曰："京杲當死久矣。"上問其故，忠臣曰："京杲諸父兄弟皆戰死，獨京杲至今尚存，故臣以爲久當死。"上憫然，左遷京杲。

58. 周武與蕭巋宴齊氏故臣，長叉[1]亦預焉，帝指謂巋曰："是登埤罵朕者也。"巋曰："長叉未能輔桀，翻欲吠堯。"帝大笑。酒酣，帝命琵琶自彈之，謂巋曰："當爲梁王盡歡。"巋請起舞，帝曰："王乃爲朕舞乎？"對曰："陛下既親撫五弦，臣敢不俯同百獸！"

59. 王德用年十九從父討西賊，威名大振，一日除樞密使。孔德甫上言："德用貌類藝祖，宅枕乾岡。"因出知隨州，謝表云："貌類藝祖，父母所生；宅枕乾岡，先朝所賜。"時人莫不多其言。

60. 真宗召陳摶至京師，士大夫多求其言，摶曰："優游之所勿久戀，得意之所勿再往。"

61. 司馬温公曰："受人恩而不忍負者，其爲子必孝，爲臣必忠。"

62. 王介甫與吕惠卿論新法，平父吹笛于内，公諭之曰："請學士放鄭聲。"平父即應曰："願相公遠佞人。"惠卿深銜之。

63. 子瞻乞一言於徐仲車，曰："自古皆有才，獨稱周公之才；自古皆有功，獨稱大禹之功。以其有德以將之也。"

64. 邵康節嘗言："善人固可親，未能知，不可急合；惡人固可疏，未能遠，不可急去。"

65. 黄魯直云："士大夫三日不讀書，則義理不交於胸中。對鏡，覺面目可憎；向人，亦語言無味。"

66. 元明善嘗副一蒙古大臣出使交趾，瀕還，國王贐以兼金，蒙古受之，明善獨不受。國王曰："彼使臣已受矣，公何固辭？"明善曰："彼所以受者，安小國之心；我所以不受者，全大國之體。"國王嘆服。

---

① 叉：原作"乂"，《北史·蕭巋傳》作"叉"。長叉，即叱列長叉，今據改。

卷 三

政 事

1. 宓子賤爲單父宰，過於陽晝，曰：“子亦有以送僕乎？”陽晝曰：“吾少也賤，不知治民之術，有釣道二焉，請以送子。夫扱綸錯餌，迎而吸之者，陽橋也，其爲魚，薄而不美；若存若亡，若食若不食者，魴也，其爲魚也，博而厚味。”子賤曰：“善。”於是未至單父，冠蓋迎之者，交接於道。子賤曰：“車驅之，車驅之，夫陽晝之所謂陽橋者至矣。”於是至單父，請其耆老，尊賢者而與之共治單父。《説苑》

2. 梁有疑獄，梁王曰：“陶之朱叟，以布衣而富侔國，是必有奇智。”乃召朱公而問之曰：“梁有疑獄，吏半以爲當罪，半以爲不當罪，爲吾決是奈何？”朱公曰：“臣鄙人也，不知當獄。雖然，臣之家有二白璧，其色相如也，其徑相如也，其澤相如也，然其價也，一者千金，一者五百金。”王曰：“徑與色澤皆相如也，一者千金，一者五百金，何也？”朱公曰：“側而視之，其一者厚倍之，是以千金。”王曰：“善。”故獄疑則從去，賞疑則從予，梁國大悦。賈傅《新書》

3. 董安于治晉陽，問政於蹇老，蹇老曰：“曰忠，曰信，曰敢。”安于曰：“安忠乎？”曰：“忠於主。”“安信乎？”曰：

“信於令。”“安敢乎？”曰：“敢于不善人。”安于曰：“此三者足矣。”《説苑》

4. 董閼于爲趙上地守，行石邑山中，澗深峭如墻，深伯[①]仞，因問其旁鄉左右曰：“人嘗有入此者乎？”對曰：“無有。”曰：“嬰兒痴聾狂悖之人嘗有入此者乎？”對曰：“無有。”曰：“牛馬犬彘嘗有入此者乎？”對曰：“無有。”閼于喟然太息曰：“吾能治矣！使吾法之無赦，猶入澗之必死也，則人莫之敢犯矣，何爲不治之！”《韓非子》

5. 李悝爲魏文侯上地之守，而欲人之善射也，乃下令曰：“人之有狐疑之訟者，令之射的，中之者勝，不中者負。”令下而人皆疾習射，日夜不休。及與秦人戰，大敗之。《韓非子》

6. 魏文侯使西門豹往治於鄴，告之曰：“子往矣，是無邑不有賢豪、辯博者也，無邑不有好揚人之惡、蔽人之善者也。往必問賢豪者，因而親之；其辯博者，因而師之；問其好揚人之惡、蔽人之善者，因而察之。不可以特聞從事，夫耳聞之不如目見之，目見之不如足踐之，足踐之不如手辨之。人始入官，如入晦室，久而愈明，明乃治，治乃行。”《説苑》

7. 魏襄王時，史起爲鄴令，曰：“魏氏行田以百畝，鄴獨二百畝，是田患也。”漳水在其旁，西門豹不知用，於是引濤[②]水灌田，鄴以富。民歌之曰：“鄴有賢令兮爲史公，決漳水兮灌鄴旁，終古瀉鹵兮生稻粱。”

8. 文帝以廬江文翁爲蜀守，穿湔江口，灌溉繁田千七百頃。翁乃立學，選吏子弟就學，遣雋士張叔等十八人，東詣博士授七經，還以教授，學徒鱗萃，蜀學比於齊、魯。《華陽國

① 伯：按，《韓非子》作“百”，古“伯”通“百”。
② 濤：粵雅堂本作“漳”，《漢書·溝洫志》亦作“漳”，當從。

志》○又秦宓傳云：“文翁遣相如來授七經，還教吏民。”故《地理志》曰：“文翁倡其教，相如爲之師。”豈相如亦十八人之一耶？

9. 淮陽鑄僞錢，吏不能禁。汲黯爲太守，不壞一爐，不刑一人，高枕安卧而淮陽政清。《論衡》

10. 平津侯自以布衣爲相，乃開東閣，營客館，招天下之士。其一曰欽賢館，次曰翹材館，次曰接士館。其有德任毗贊、佐理陰陽者，處欽賢之館；其有才堪九列、將軍、二千石者，居翹材之館；其有一介之善、一方之藝，居接士之館。而躬自菲薄，所得俸禄以奉待之。《西京雜記》

11. 郅都爲人勇，有氣，公廉，不發私書，問遺無所受，請寄無所聽。常稱曰：“已背親而出，身固當奉職死節官下，終不顧妻子矣。”《史記》

12. 朱博武吏，不更文法。及爲刺史行部，吏民數百人遮道自言，官寺盡滿。從事白請且留此縣録見諸自言者，事畢乃發，欲以觀試博。博心知之，告外趣駕，既白駕辦，博出就車見自言者，使從事明敕告吏民：“欲言縣丞尉者，刺史不察黄綬，各自詣郡；欲言二千石墨綬長吏者，使者行部還，詣治所。其民爲吏所冤及言盜賊詞訟事，各使屬其部從事。”博駐車決遣，四五百人皆罷去，如神，吏民大驚。後博徐問，果老從事教民聚會，博殺此吏，州郡畏之。

13. 朱博守左馮翊，長陵大姓尚方禁，少時盜人妻，見斫，創著其頰。府功曹受賂，白除禁調守尉。博聞知，以它事召見，視其面，果有瘢。博辟左右問禁：“是何等創也？”禁自知情得，叩頭服狀。博笑曰：“大丈夫固時有是，馮翊欲灑卿耻，拔拭用卿，能自效不？”禁且喜且懼，對曰：“必死。”博因敕禁：“毋得泄語，有便宜，輒記言。”因親信之，以爲耳目。禁晨夜發起部中盜賊及它伏奸，有功效，博擢禁連守縣令。久之，召見功曹，閉閤數責以禁等事，與筆札使自記。功曹惶怖，具自疏奸臧，大小不敢隱。博知其對以實，乃令就席受敕，自改而已。投刀使削所記，遣出就職。功曹後常戰慄，不敢蹉跌，博遂成就之。

14. 尹翁歸治東海明察，郡中吏民賢不肖，及奸邪罪名盡知之。縣縣各有記籍，自聽其政，有急名則少緩之；吏民小解，輒披籍。縣縣收取黠吏豪民，案致其罪。

15. 趙廣漢善爲鉤鉅，以得事情。鉤鉅者，設欲知馬賈，則先問狗，已問羊，又問牛，然後及馬，參伍其賈，以類相準，則知馬之貴賤不失實矣。惟廣漢至精能行之，他人效者莫能及。

16. 韓延壽爲潁川，置正、五長，相率以孝弟，不得舍奸人。閭里阡陌有非常，吏輒聞知，奸人莫敢入界。其始若煩，後吏無追捕之苦，民無捶楚之憂，皆便安之。

17. 韓延壽爲東郡，嘗出，臨上車，騎吏一人後至，敕功曹議罰白。還至府門，門卒當車，願有言。延壽止車問之，卒曰：“《孝經》曰：‘資於事父以事君，而敬同，故母取其愛，而君取其敬，兼之者父也。’今旦明府早駕，久駐未出，騎吏父未[1]至府門，不敢入，騎吏聞之，趨走出謁，適會明府登車。以敬父而見罰，得毋虧大化乎？”延壽舉手輿中，曰：“微子，太守不自知過。”歸舍，召見門卒。卒本諸生，延壽遂待用之。

18. 周紆爲召陵侯相，廷掾憚紆嚴明，欲損其威。侵晨，取死人，斷手足，立寺門。紆聞輒往，至死人邊，若與共語

---

① 未：《漢書·韓延壽傳》作“來”，當從。

狀。陰察視口眼有稻芒，乃密問守門人曰：“夕誰載藁入城者？”門者對：“唯有廷掾耳。”乃收廷掾考問，具服。後人莫敢欺者。

19. 長安市偷盜尤多，百賈苦之。張敞既視事，求問長安父老，偷盜酋長數人，居皆温厚，出從童騎，閭里以爲長者。敞皆召見責問，因貰其罪，把其宿負，令致諸偷以自贖。偷長曰：“今一旦召詣府，恐諸偷驚駭，願一切署。”敞皆以爲吏，遣歸休。置酒，小偷悉來賀，且欲醉，偷長以赭污其衣裾。吏坐里閭，閱出者污赭，輒收縛之，一日捕得數百人。窮治所犯，或一人百餘發，盡行法罰。由是枹鼓希鳴，市無偷盜。

20. 張敞問弟武何以治梁，武敬憚兄，謙不敢言。敞使吏送至闕，戒吏自問武，武應曰：“御黠馬者利其銜策，梁國大都，吏民凋敝，且當以柱後惠文彈治之耳。秦時獄法吏冠柱後惠文，武欲以刑法治梁。”吏還道之，敞笑曰：“審如掾言，武必辦治梁矣。”

21. 馮立居職公廉，治行略與野王相似，而多知有恩貸，好爲條教。吏民嘉美野王、立相代爲太守，歌之曰：“大馮君，小馮君，兄弟繼踵相因循。聰明賢知惠吏民，政如魯、衛德化鈞，周公、康叔猶二君。”

22. 張綱在郡一年卒，百姓老幼相攜詣府赴哀者，不可勝數。綱自被疾，吏人咸爲祠祀祈福，言“千秋萬歲，何時復見此君”。張嬰等五百餘人制服行喪，送至犍爲，負土成墳。

23. 舊典，傳車驂駕，垂赤帷裳，迎於州界。賈琮之部，升車言曰：“刺史當遠視廣聽，糾察美惡，何有反垂帷裳以自掩塞乎？”乃命御者褰之。百城聞風，自然竦震，其諸臧過者，望風解印綬去。

24. 陰興與張宗、鮮于裒不相好，知其有用，猶稱所長而達之。友人張汜、杜禽與興厚善，以爲華而少實，但私之以財。世稱其忠。

25. 馬援務開寬信，恩以待下，任吏以職，但捴大體而已。賓客故人，日滿其門。諸曹時白外事，援輒曰：“此丞、掾之任，何足相煩。頗哀老子，使得遨游。若大姓侵小民，黠羌欲旅拒，此乃太守事耳。”

26. 祝良，字石卿，爲洛陽令。歲時亢旱，天子祈雨不得，良乃暴身階庭，告誠引罪。自晨至中，紫雲沓起，甘雨登降。人爲之歌曰：“天久不雨，烝人失所。天王自出，祝令特苦。精符感應，滂沱下雨。”《長沙耆舊傳》

27. 童恢爲不其令，邑人爲虎害，乃設阱捕之，生獲二虎。恢咒曰：“天生萬物，唯人爲貴，虎狼當食六畜，而殘暴於人。王法，殺人者死；若虎殺人者，俯首，不然號呼。”一虎閉目如懼狀，即時殺之，一虎奮躍而去。

28. 岑熙爲魏郡太守，招聘隱逸，與參政事，無爲而化。視事二年，輿人歌之曰：“我有枳棘，岑君伐之。我有蟊賊，岑君遏之。狗吠不驚，足下生牦。含哺鼓腹，焉知凶灾。我喜我生，獨丁斯時。美矣岑君，於戲休兹。”

29. 左雄薦周舉爲尚書，舉既稱職，議者咸稱焉。及在司隸，又舉故冀州刺史馮直以爲將帥，而直嘗坐贓受罪。舉以此劾奏雄，雄悦，曰：“吾嘗事馮直之父，而又與直善，今宣光以奏吾過，是韓厥之舉也。”

30. 杜密去官還家，每謁守令，多所陳托。同郡劉勝亦自蜀歸鄉里，閉門掃軌，無所干①及。太守王昱謂杜曰：“劉季陵清高士，公卿多舉之者。”密知其激己，對曰：“劉勝位爲大夫，見禮上賓，而知善不薦，聞惡無言，隱情惜己，自同寒蟬，此罪人也。今志意力行之賢而密達之，違道失節之士而密糾之，使明府賞刑得中，令問休揚，不亦萬分之一乎？”昱慚服，待之彌厚。

31. 閻憲爲綿竹令，以禮讓化人。縣民杜成夜行，得遺賄一囊，有綿二十匹，求其主還之，曰：“縣有明君，何敢負也！”《華陽國志》

32. 劉矩遷雍丘令，以禮讓化之。民有争訟，矩常引之於前，提耳訓告，以爲忿恚可忍，縣官不可入，使歸更尋思，訟者感之。

33. 鄭弘勤行德化，隨車致兩白鹿，方道夾轂而行。弘怪，問主簿黄國曰：“鹿爲吉爲凶？”國拜賀曰：“聞三公車幡畫象鹿，明府其爲相乎！”謝承《漢書》

34. 龐参爲漢陽太守，郡人任棠有奇節，隱居教授。参到，先候之，棠不與言，但以薤一大本、水一盂置户屏前，自抱兒孫伏於户下。主簿白以爲倨，参思其微意，良久曰：“棠是欲曉太守也。水者，欲吾清也；拔大本薤者，欲吾擊强宗也；抱兒當户者，欲吾開門恤孤也。”於是嘆息而還。

35. 崔寔爲五原太守，五原土宜麻枲，而俗不知織績。民冬月無衣，積細草而卧其中，見吏則衣草而出。寔至官，斥賣儲峙，爲作紡績、練緼之具以教之，民得免寒苦。

36. 虞芝，州命部南陽從事。太守張忠連姻王室，罪人重，

---

① 干：粤雅堂本作“于”。

芝依法執案。刺史畏勢，召芝，芝曰：“年往志盡，譬如八百錢馬，死生同價，且欲立效於明時耳。”遂投傳去。《長沙耆舊傳》

37. 吴祐遷膠東相，嗇夫孫性私賦民錢，市衣以進其父，父怒曰：“有君如是，何忍欺之？趣歸伏罪。”性慚懼，詣閤持衣自首。祐屏左右問其故，性具談父言，祐曰：“掾以親故受汚穢之名，所謂‘觀過斯知仁矣’。”使歸謝其父，還以衣遺之。

38. 張霸爲會稽太守，舉賢士，勸教講授，一郡慕化，但聞誦聲，野無遺寇，時人語曰：“城上烏鳴哺父母，府中諸吏皆孝友。”《益部耆舊傳》

39. 郡人周繆，高潔之士。前後郡守招命莫肯至，唯陳蕃能致焉，字而不名，特爲置一榻，去則縣之。

40. 孔文舉爲北海相，有一人遭父喪，哭泣墓側，色無憔悴，文舉刑之。又一人母病差，思食新麥，家中無有，乃盗鄰家熟麥以進，文舉特加賞异，曰：“無有來謝，勿復盗也。”

41. 孔文舉在北海時，教高密令曰：“志士鄧子然告困，焉得愛釜庾之間，以傷烈士之心？與豆三斛，後乏復言。”

42. 蘇瓊爲清河守，性清慎。沙門道研，統資巨萬，在郡多出息，常得守令爲徵。及欲求謁，瓊知其意，每見則談問玄理，道研雖爲債數來，無由啓口。弟子問其故，研曰：“每見府君，徑將我入青雲[①]，無可得論地上事。”因遂焚券。

43. 許劭山峙淵停，行應規表。邵陵謝子微見劭十歲時，嘆曰：“此乃希世之偉人也。”初，劭拔樊子昭於市肆，出虞承賢於客舍，召李叔才於無聞，擢郭子瑜於小吏。廣陵徐孟本來臨汝南，召爲功曹。時袁紹以公族爲濮陽長，弃官還，車騎將

① 雲：内閣文庫藏八册本、粤雅堂本作“雪”，誤。

入郡界，乃嘆曰："許子將秉持清格，豈可以吾輿服見之邪？"遂單馬而歸。《海内先賢傳》

44．韓宣，字景然，爲大鴻臚。始曲阜韓暨，以宿德在宣前爲大鴻臚；及宣在官，亦稱職。故官中語曰："大鴻臚，小鴻臚，前後治行曷相如！"《魏略》

45．傅玄爲中丞，每有奏劾，或日暮則捧白簡、整襟帶，坐以待旦。於是貴游懾伏，臺閣生風。

46．咸和中，貴游子弟能談嘲者，慕王平子、謝幼輿等爲達。卞壼厲色於朝曰："悖禮傷教，罪莫斯甚！中朝傾覆，實由於此。"欲奏治之，王導、庾亮不從乃止，其後皆折節爲名士。鄧粲《晉記》

47．陶侃練庶事，勤稼穡，戎陳武士皆勸勵之。有奉饋者，問其所由，若力役所致，歡喜慰賜；若他所得，則呵辱還之。是以軍民勤於農稼，家給人足。性纖密好問，頗類趙廣漢。嘗課營種柳，都尉夏施盜拔武昌郡西門所種，侃後自出，駐車施門，問："此是武昌西門柳，何以盜之？"施惶怖首伏，三軍稱其明察。《晉陽秋》

48．陸雲爲浚儀令，有見殺者，主名不立。雲録其妻而無所問，十許日，遣出，密令人隨後，謂曰："其去不出十里，當有男子候之，與語，便縛至。"既而果然。問之具服，云："與此妻通，共殺其夫，聞妻得出，欲與語，憚近縣，故遠相要，候於是。"一縣稱爲神明。

49．王弘自領選及當朝總録，將加榮爵於人者，每先譴辱之，然後施行；若美相盼接語歡欣者，必無所諧。人詢其故，曰："王爵既加於人，又相撫勞，便成與主分功；若求者絶官叙之分，既無以爲惠，又不微借顏色，即成怨府，亦薄鄙所不任。”聞[1]者悦服。

50. 謝方明承代前人，不易其政，必宜變者，則以次漸變，使無迹可尋。

51. 柳慶領雍州别駕，有賈人持金二十斤詣京師，寄人居止。每欲出，常自執鑰。無何，緘閉不异而并失之。謂主人所竊，郡縣訊問，主人自誣服。慶疑，召問賈人曰：“卿鑰恒置何處？”對曰：“恒自帶之。”曰：“頗與人同宿乎？”曰：“無。”“與同飲乎？”曰：“日與一沙門再度酣宴，醉而晝寢。”慶曰：“沙門乃真盗耳。”即遣捕沙門，盡獲所失金。

52. 顧憲之爲建康令，有盗牛者，與本主争牛，憲之乃令解牛，任其所去，牛竟還本宅，盗者服其罪。

53. 顧憲之爲建康令，剖斷明决，人稱神宰。權要請托，長吏貪殘，據法直繩，無所阿縱。性清儉，强力爲政，甚得民和。故都下飲酒得旨者，輒呼爲顧[2]建康，言其清且美也。

54. 傅琰仕齊爲山陰令，二野父争雞，琰各問何以食，一云粟，一云豆，乃破雞得粟，罪言豆者。

55. 傅琰爲山陰，有賣針、賣糖二老姥共争團絲，詣琰。琰樹團絲令鞭之，密視有鐵屑，乃罰賣糖者。

56. 傅僧祐及子琰、琰子翽爲令，并著奇績。時云諸傅有治縣譜，父子相傳，不以示人。

57. 劉玄明甚有吏能，歷建康、山陰令，政常爲天下第一。傅翽代爲山陰，問玄明曰：“願以舊政告新令尹。”答曰：“我有奇術，卿家譜所不載。作令，唯日食一升飯而不飲酒，此第一策。”

58. 傅翽爲吴令，往别建康令孫廉。廉問曰：“聞丈人發奸

---

① 聞：《南史・王弘傳》作“問”，據文意，作“問”較勝。

② 顧：粤雅堂本闕“顧”字。

摘伏，惠化如神，何以致此？”答曰：“無他也，惟勤而清。清則憲綱自行，勤則事無不理。”

59. 徐勉掌伐魏軍書，動經數旬，乃一還家，群犬驚吠。勉嘆曰：“吾憂國忘家乃至此，若吾亡後，亦是傳中一事耳。”嘗與門人夜集，客有求詹事五官，勉正色曰：“今夕正①可談風月，不宜及公事。”

60. 何敬叔在政清約，不通問遺。嘗歲儉，夏節忽榜門受餉，共得米二千八百石，悉取以代貧人輸租。《齊春秋》

61. 劉炫謂牛弘曰：“省官不如省事，省事不如清心。官事不省而望從容，可得乎？”

62. 冀州市多奸詐，趙炬爲銅斗鐵尺，百姓便之。《華陽國志》

63. 高允以獄者人命所繫，常嘆曰：“皋陶至德也，其後英、蓼先亡。劉、項之際，英布黥而王。經世雖久，猶有刑之餘釁，況凡人能無咎乎？”

64. 高僕射熲，每卧以盤盛粉，思得一公事，輒書其上，至明則記録，入朝行之。

65. 范邵爲浚儀令，二人挾絹於市互争，令斷之，各分一半去。後遣人密察之，有一喜一慍之色，於是擒之，服罪。《後魏書》②

66. 李曾，孝武時爲趙郡太守，令行禁止。并州丁零數爲山東害，知曾能得百姓死力，不敢入境。賊于常山界得一死鹿，賊長謂趙郡地也，責之，還令送鹿故處，其見憚如此。郡爲之謡曰：“詐作趙郡鹿，猶勝常山粟。”

---

① 正：粤雅堂本作“止”字。

② 後魏書：粤雅堂本作“後漢書”。

67. 高謙之爲河陰令，有人囊盛瓦礫作錢物，詐市人馬，因逃去，詔令追捕。謙之乃僞枷一囚立馬市，宣言是前詐市馬賊，密遣心腹察市中。有二[1]人相見，忻然曰："無憂矣。"執送按問，悉獲其黨。

68. 張允濟爲武陽令，民有以牸牛依婦家者，久之孳十餘犢，將歸，婦家不與牛。允濟因令左右縛民，蒙其首過婦家，云捕盗牛者，命盡出民家牛質所來。婦家不知，遽曰："此婿家牛，我無與。"即遣左右徹蒙，曰："可以此牛還婿家。"

69. 李崇除兗州，舊多劫盜，乃村置一樓，樓懸一鼓，盜發之際，雙椎亂擊，四面諸村聞鼓，皆守要路。俄頃之間，聲布百里，其中險要，悉有伏人，盜竊始發即擒送，自是諸州置樓懸鼓。

70. 周朗爲廬州内史，稱疾去爵，爲州司所糾，還都謝孝武曰："州司舉臣[2]愆失多不允，臣在郡，猛獸三食人，蟲鼠犯稼，以此二事，上負陛下。"上變色曰："州司不允，或可有之。蟲獸之灾，何關卿小物?"

71. 郎基嘗語人曰："任官之所，木枕亦不須作，况重於此者乎!"惟頗令人寫書。潘子儀曾遺書云："在官寫書，亦是風流罪過。"基答云："觀過知仁，斯亦可矣。"

72. 張晏之爲北徐，崔武子督察州郡，至是無所案，惟得百姓《清德頌》數篇，乃嘆曰："本求罪狀，反聞頌聲。"

73. 宋世良守清河郡，遇赦，無一囚，率群吏拜詔而已。獄櫓生桃，蓬蒿亦滿，牙門虚寂，謂之神門。及還，有老人丁金剛泣謝曰："老人年九十，記三十五政，府君非惟善政，清亦

---

① 二：粤雅堂本作"一"，誤。

② 臣：原作"司"，不通，據《宋書·周朗傳》改。

徹底。今失賢者，人何以濟！”

74. 楊昉爲左丞時，宇文化及子孫理資蔭，朝廷以事隔兩朝，其家親族多爲言者，所司理之。至左司，昉未詳其案狀。訴者以道理已成，無復疑滯，勃然逼昉。昉曰：“適朝退未食，食畢當詳案。”訴者曰：“公言未食，亦知天下有累年羈旅訴者乎？”昉遽命案，立批之曰：“父殺隋主，子訴隋資，生者猶配遠方，死者無宜更叙。”時人深賞之。

75. 齊澣善知今事，高仲舒善知古事。姚崇曰：“欲知古，問仲舒；欲知今，問齊澣，則無敗政矣。”韋絢《戎幕閑談》

76. 玄宗嘗賜酺三日，上御五鳳樓，觀者喧溢，樂不得奏。金吾白挺如雨，不能止，上患之。高力士奏河南丞嚴安之爲理嚴，請使止之。安之至，以手板畫地，曰：“犯此者死。”於是三日指其畫以相戒，無敢逾者。

77. 馮伉爲醴泉令，著《諭蒙》十四篇，大略指明忠孝仁義，勸學務農，每鄉給一卷，俾其傳習。劉昫《唐書》

78. 崔鄲治陜以寬，經月不笞一人。及治鄂，則嚴法峻誅一不貸。或問之，曰：“陜土瘠而民勞，吾撫之猶恐其擾；鄂土沃民剽，雜以夷俗，非用威莫能治。政所以貴知變也。”

79. 盧坦爲河南尉，杜黄裳爲尹，召坦立堂下，曰：“某家子與惡人游，破産，公爲捕盗，盍察之？”坦曰：“凡居官廉，雖大臣無厚蓄；其能多積者，必剥下以致之。如其子孫善守，是天富不道之家也，不若恣其不道以歸於人，故不察。”《李文公集》〇襄城伯莬留鑰時，刻此於應天學宫。

80. 柳仲郢爲京兆，政嚴明。後出河南，以寬惠爲政。或疑不類，曰：“輦轂之下，先彈壓；郡縣之治，本惠養。”

81. 真宗朝，許景山爲興元郡，嘗修蕭何所爲故堰，號其屬曰：“鄭侯方定天下，乃暇爲此以灌農田，今吾豈愛一時之勞而廢萬世之利！”於是因其壞堰大修之。

82. 李文靖爲相，同年馬亮責之曰：“外議以公爲無口瓠。”公笑曰：“吾居政府，無長才，但中外所陳利害，一切報罷，聊以補國耳。今國家防制纖悉，密若凝脂，苟循所陳，一一行之，則所傷實多。憸人苟一時之進，豈念於民邪？”《湘山野録》

83. 張忠定公爲崇陽令，一吏自庫中出，鬢傍有一錢，詰之，乃庫中錢也。公命杖之，吏勃然曰：“一錢何足杖我邪？爾能杖我，不能斬我也。”公援筆判云：“一日一錢，千日一千，繩鋸木斷，水滴石穿。”自仗劍下階斬其首，申臺府自劾。崇陽人至今傳之。

84. 歐陽曄治鄂州，桂民有争舟而相毆至死者，獄久不決。曄自臨其獄，出囚坐庭中，去其桎梏而飲食之。食訖，悉勞而還之獄，獨留一人于庭。留者色動惶顧，公曰：“殺人者汝也！”囚不知所以然，公曰：“吾視食者皆以右手持匕，而汝獨以左，今死者傷在右肋，此汝殺之明也。”囚即涕泣，曰：“我殺也，不敢以累他人。”

85. 張忠定公采訪民間事，悉得其實，蓋不以耳目專委於人。公曰：“彼有好惡，亂我聰明，但各於其黨詢之又詢，則事無不審矣。”李畋問其旨，曰：“詢君子得君子，詢小人得小人。各就其黨詢之，雖事有隱匿者，亦十得八九矣。”

86. 謝泌名知人，喜薦下吏。知襄州日，待鄧城令張逸特厚。將薦之朝，先設香案庭中，置章其上，望闕拜曰：“老臣爲朝廷得一能吏。”乃封上之。逸官至樞密學士，累典大郡①，有

① 郡：粤雅堂本作“都”。

能名。《墨客揮犀》

87. 孫夢得爲中丞，薦唐介、吴中復爲御史。或問曰："君未嘗與二人相識而薦之，何也？"孫曰："昔人耻呈身御史，今豈求識面臺官？"後二人俱以風力名天下。孫晚年執政，嘗嘆曰："吾無功輔政，唯薦二臺官爲無愧耳！"《東軒筆録》

88. 王文恪以風節文辭著名，而性好吏事。留守西京日，長水縣申請買木錢數百千。王視其狀，亟呼吏作教下縣，令追買木一行人械送府。既至，皆以屬吏。吏請其故，王曰："凡公文，皆先書押而後印，故印在書上。今此狀乃先印後書，必有奸也。"鞫之，果重疊冒請、盗印爲之者。洛人皆服其精明。《雜志》

89. 范文正用士，多取氣節而略細故，如孫威敏、滕達道，皆所素重。其爲帥日，辟置幕客，多取謫籍未牽復人。或疑之，公曰："人有才能而無過，朝廷自應用之。若其實有可用之材，不幸陷於吏議，不因事起之，遂爲廢人矣。"故公所舉多得士。《名臣録》

90. 王克敬嘗爲兩浙鹽運使，温州逮鹽犯，以一婦人至。克敬大怒，曰："豈有逮婦人行千百里外，與吏卒雜處者，污教甚矣！自今毋逮。"建議著爲令。

91. 鄒志完遇冗劇事，處之常優游，因論易曰："常，雜而不厭；若雜而厭，非所以爲常。"《晁氏客語》

92. 許冲元云："嘗與某不足者，於差除每用心。"或曰："何也？"曰："防其不肖之心生。"《客語》

93. 趙清獻知越州，兩浙旱，蝗，米價涌貴，諸州皆禁增價。公榜衢路，有米者任增價糶之。於是商賈輻輳，米價更減，民無饑死者。

94. 孫莘老知福州時，民欠市易錢，繫者甚衆。有富人出錢五百萬葺佛殿，請於莘老，莘老徐曰："汝輩所以施錢者何也？"曰："願得福耳。"曰："佛殿未甚壞，佛未至露坐也。孰若爲獄囚代償官逋，使數百人釋桎梏之苦，得福豈不多乎？"富人不得已諾之，即日輸錢，囹圄爲之一空。《玉露》

95. 何執中宦台州，州獲妖人，勘鞫久不得。或曰："何處州，人必能查其虛實。"乃委之訊。何以雜物問之，能識其名則非是，而置羊角其中。餘皆名之，至角則閉不肎言，遂决其獄。曰："是爲師張角諱耳。"宋莊《綽雞肋編》

96. 胡汲仲在寧海日，有群嫗聚佛庵誦經，一嫗失其衣。適汲仲出行，訟於前。汲仲命以牟麥置群嫗掌中，令合掌繞佛誦經如故。汲仲閉目端坐，且曰："吾令神督之，盗衣者行數周，麥當芽。"中一嫗屢開視其掌，遂命縛之，還所竊衣。

文　學

1. 光武正旦朝賀畢，令群臣能説經者更相詰難，義有不通，輒奪其席。戴憑遂重坐五十重，京師爲之語曰："解經不窮戴侍中。"謝承《後漢書》○以下經術。

2. 殷亮，建武中爲博士，諸儒説經，勝者賜席，亮重席至八九，帝曰："學不當如是耶！"《殷氏世傳》

3. 井丹，字大春，博學高論，京師爲之語曰："五經紛綸井大春。"嵇康《高士傳》

4. 魯丕，字叔陵，性沉深好學，杜絶交游，不答候問之禮。士友常以此短之，而丕忻然自得，遂兼通五經，爲當世名儒。范曄《漢書》

5. 蔡邕以經籍去聖久遠，文字多謬，俗儒穿鑿，疑誤後學。熹平四年，乃與五官中郎將堂谿典等奏求正定六經文字，靈帝許之。邕乃自書於碑，使工鎸刻，立太學門外，於是後儒晚學咸取正焉。及碑始立，其觀視及摹寫者車乘日千餘兩，填塞街陌。

6. 黄初中，徵拜博士十餘人，文多偏僻，不敢親教，具員而已，惟樂祗五業并授。《魏志》

7. 周續之詣范甯受業，數年通五經、五緯，號曰“十經”。

8. 柳世隆盛事墳典，張思曼語之曰：“觀君[①]舉措，當以清名遺子孫邪？”柳曰：“一身之外，亦復何須！子孫不才，將爲争府；如其才也，不如一經。”

9. 衡陽王鈞，手自細書五經，置巾箱中，以備遺忘。賀玠曰：“殿下家富墳素，何復須此？”答曰：“巾箱中有五經，於檢閲既易，且一更手寫，則永不忘。”諸王聞而效之，巾箱五經自此始。

10. 徐廣好讀書，年過八十，猶歲讀五經一遍。

11. 李謐師孔璠，數年後，璠還就謐請業。門生語曰：“青成藍，藍謝青。師何常，在明經。”

12. 蕭德言篤志於學，晝夜無倦，每開五經，必束帶盥濯，危坐對之。妻子候間請曰：“終日如是，無乃勞乎？”德言曰：“敬先聖之道，豈憚如此！”劉昫《唐書》

---

① 君：内閣文庫藏八册本、《續修四庫全書》本作“吾”，誤。

13. 少府五鹿充宗爲梁丘易，元帝好之，欲考其异同，令與諸易家論，充宗辯口，諸儒莫能抗。有薦朱雲者，召入，攝齊登堂，抗首而請，音動左右。諸儒爲之語曰："五鹿岳岳，朱雲折其角。"

14. 馬季長以英儒著名，鄭玄往從之，參考同异。時涿郡盧子榦爲門人冠首，季長不解，剖裂七事，玄思得五，子榦得三。季長謂子榦曰："吾與汝皆弗如也。"《高士傳》

15. 王太尉自以論易略盡，然有所未了，研之終莫能通。每云："不知比没當復有能通之者不？"王處仲謂太尉曰："阮宣子可與言。"太尉曰："吾亦聞之，但未知其亹亹之處定何如耳？"及與宣子談，言寡理暢，王大嘆服。

16. 劉道光潛心玄、易，不好讀史，常言："讀書當味義根，何爲費功於浮辭之文？易者，義之源；太玄者，理之門。能明此者，即吾師也。"

17. 管輅舉秀才，刺史裴微謂曰："何尚書神明清徹，殆破秋毫，自言不解易中九事，必當相問，比至洛，宜善精其理。"輅曰："若九事皆至義，不足勞思；若陰陽者，精之久矣。"輅至洛陽，果爲何尚書問，九事皆明。何曰："君論陰陽，此世無雙也。"時鄧尚書在坐，曰："此君善易，而語初不論易中詞義，何邪？"輅曰："夫善易者，不論易也。"何尚書含笑贊之，曰："可謂要言不煩。"《輅别傳》

18. 何妥嘗詣楊伯醜論易，伯醜聞妥言，笑曰："何用鄭玄、王弼之言乎？"久之，微有辨答，所説辭義皆异先儒之旨，而思理玄妙，天然獨得，論者謂非常人所及。

19. 衛宏長於古學，及見杜林，闇然而服。徐巡始師事宏，後皆更受林學。林前於西州得漆書古文尚書一卷，出以示宏等曰："林流離兵亂，常恐斯經將絶，何意衛子、徐生復能傳之，是道竟不墜於地也。古文雖不合時務，願諸生無悔所學。"

20. 許晏，字偉君，授魯詩於琅邪王改學，曰《許氏章句》，列在儒林。故諺曰："殿上成群許偉君。"《陳留風俗傳》

21. 張曜好讀《春秋》，月一遍，時比之賈梁道。趙彦升曰："君研尋左氏，豈求杜、服謬邪？"曜曰："何爲其然乎？左氏之書，備叙言事，惡者可以自戒，善者可以庶幾，非欲詆訶古人得失也。"

22. 王儉弱年便留意三禮，尤善《春秋》，發言吐論，造次必于禮教。何承天《禮論》三百卷，儉鈔寫爲八帙，又别鈔條目爲十三卷。朝儀舊典，晉、宋故事，撰次諳憶，略無遺漏。當朝理事，决斷如流。

23. 張禹爲師，以上難數對己問經，爲《論語章句》獻之。始，魯扶卿、夏侯勝、王陽、蕭望之、韋玄成皆説《論語》，篇第或异。禹先事王陽，後從庸生，采獲所安，最後出而尊貴。諸儒爲之語曰："欲爲論，念張文。"

24. 唐陸放答穆宗云："《論語》，六經之菁華。"

25. 庾子輿五歲讀《孝經》，手不釋卷。或曰："此書文句不多，何用自苦？"答曰："孝，德之本，何謂不多！"

26. 蘇欒城爲其孫[1]籀講老子數篇，曰："高於孟子二三等矣。"《語林》

27. 杜之松在河中，嘗請王無功講禮，無功答曰："吾不能揖讓邦君門，談糟粕，弃醇醪也。"劉昫《唐書》

---

① 孫：原作"子"，粤雅堂本作"孫"。蘇籀爲蘇轍之孫，當從粤雅堂本，據改。

28. 孫權謂吕蒙曰："卿當塗掌事，宜學問以自開益。"蒙曰："軍中苦多務，不容復讀書。"權曰："孤豈欲卿治經爲博士耶？但當令涉獵見往事耳！卿言多務，孰若孤？孤少時，歷《詩》《書》《禮記》《左傳》《國語》；至統事以來，省三史、諸家兵書，自以爲大有所益。如卿明悟，學必得之，宜急讀《孫子》《六韜》《左傳》《國語》及三史。光武當兵馬之務，手不釋卷；孟德亦自謂老而好學，卿獨不自勉邪？"蒙始就學。《江表傳》

29. 徐遵明詣田猛略受學，一年欲去，猛略謂曰："君年少從師，每不終業，如此用意，恐終無成。"遵明乃指其心曰："吾今知真師所在矣，正在於此。"

30. 徐文遠博通六經，耆儒沈重講太學，受業常千人。文遠從之，質問曰："先生所説，紙上語耳。若奥境，彼有所未見，尚何觀焉？"

31. 荀奉倩諸兄并以儒術論議，奉倩獨好言道。常以夫子之言性與天道不可得聞，然則六籍雖存，固聖人之糠秕也。兄俁難曰："《易》云：'聖人立象以盡意，繫詞焉以盡言。'則微言胡不可聞？"答曰："蓋理之微者，非物象之所舉也。今稱'立象以盡意'，此非通於意外者也；'繫詞焉以盡言'，此非言乎繫表者也。斯則象外之意，繫表之言，固藴而不出矣。"一時能言之士皆莫能屈。《魏志》

32. 何平叔以爲聖人無喜怒哀樂，其論甚精，鍾士季諸人述之。王輔嗣意頗不同，以爲聖人茂於人者，神明也，同於人者，五情也。神明茂，故能體冲和以通無；五情同，故不能無哀樂以應物。然則聖人之情，應物而無累於物者也。今以其無累，便謂其不復應物，失之遠矣。世以王理爲得。《魏志》

33. 仲尼曰："吾聞堯與舜等游首山、觀河者，有五老游河。一老曰：'河圖將來告帝期。'二老曰：'河圖將來告帝謀。'三老曰：'河圖將來告帝書。'四老曰：'河圖將來告帝圖。'五老曰：'河圖將來告帝符。'龍銜玉苞，金泥玉檢封盛書，五老化爲流星，上入昴。"《論語讖》〇以下著作

34. 九山東南曰天承山，號宛委，承以文玉，覆以藍石，其書金簡青玉爲字，編以金銀。禹登衡山，有赤繡衣男子，自稱"玄衣蒼水使者"，謂禹曰："欲得我簡書，知道水方，齋于黄帝之岳。"禹乃齋，登石簣山，果得其文，周行天下。伯益記之，爲《山海經》。《吴越春秋》

35. 孔子作《孝經》，使七十二子向北辰磬折，使曾子抱河、洛事北向，孔子搢縹筆，衣絳單衣，向北辰而拜。《孝經援神契》

36. 孔子作《春秋》《孝經》，告備於天，赤虹自上而下，化爲黄玉。《搜神記》

37. 淮南王著《鴻烈》二十篇，號淮南子，自云字中皆挾風霜之氣。揚子雲以爲一出一入，字直百金。《西京雜記》

38. 梁竦閉門自養，以經籍爲娱，著書數篇，名曰《七序》。班固見而稱曰："孔子著《春秋》而亂臣賊子懼，梁竦作《七序》而竊位素餐者慚。"

39. 揚雄好古而樂道，其意欲求文章成名於後世。以爲經莫大於《易》，故作《太玄》；傳莫大於《論語》，作《法言》；史篇莫善於《倉頡》，作《訓纂》；箴莫美於《虞箴》，作《州箴》；賦莫深於《離騷》，反而廣之；詞莫麗於相如，作四賦。皆斟酌其本，相與依放而馳騁，云："用心於内，不求於外。"於時人皆曶之，惟劉歆及范逡敬焉，而桓譚以爲絶倫。

40. 張伯松不好揚雄賦頌之文，然亦有以奇之。常爲雄道，言其父及其先君喜典訓，屬雄以此篇目頗示其成者。伯松曰："是懸諸日月，不刊之書也。"《古文苑》

41. 嚴尤聞雄死，謂桓譚曰："子嘗稱雄書，豈能傳於後世乎？"譚曰："必傳，顧君與譚不及見也。凡人賤近而貴遠，親見子雲，禄位、容貌不能動人，故輕其書。昔老聃著虚無之言兩篇，薄仁義，非禮學，然後世好之者，尚以爲過於五經。自漢文、景之君及司馬遷，皆有是言。今揚子之書，文義至深，而論不詭於聖人，若使遭遇時君，更閲賢智，爲所稱善，則必度越諸子矣。"

42. 王接常謂左氏辭義贍富，自是一家書，不止爲經發。公羊附經立傳，通經爲長，乃更注《公羊春秋》，多有新義。

43. 馬融常欲訓《左氏春秋》，及見賈逵、鄭衆注，乃曰："賈君精而不博，鄭君博而不精，既精既博，吾何加焉！"但著三傳异同説，注《孝經》、《論語》、《詩》、《易》、三《禮》、《尚書》、《列女傳》、《老子》、《淮南子》、《離騷》。

44. 曹褒結髮傳充業，常感朝廷制度未備，慕叔孫通爲漢禮儀，晝夜研精，沉吟專思，寢則懷抱筆札，行則誦習文書，當其念至，忘所之適。

45. 何休美公羊學，遂著《公羊墨守》《左氏膏肓》《穀梁廢疾》。鄭玄乃發《墨守》，針《膏肓》，起《廢疾》。休見而嘆曰："康成乃入吾室，操吾戈以伐我乎？"

46. 王充作《論衡》，中土未有傳者，蔡邕入吴始得之，恒秘玩以爲談助。其後王朗爲會稽太守，又得其書。及還許下，時人稱其才進，或曰："不見异人，當得异書。"問之，果得《論衡》之益。

47. 時人嫌蔡邕得异書，或搜求其帳中隱處，果得《論衡》，抱數卷去，邕丁寧曰：“惟我與爾共之，勿廣也。”《抱朴子》

48. 虞仲翔與孔北海書，示以易註。孔答曰：“聞延陵之理樂，睹虞子之治易，乃知東南之美，非徒會稽之竹箭。又觀象雲物，察應寒暑，原其禍福，與神合契，可謂探賾旁通者也。”

49. 傅玄少專心誦學，後雖貴顯，而著述不廢，爲傅子内、外、中篇行於世。玄初作内篇成，子咸以示司空王沈，沈與玄書曰：“省足下所著書，言富理濟，經綸政體，存重儒教，足以塞楊、墨之流遁，齊孫、孟於往代。‘不見賈生，自以過之，乃今不及’，信矣！”

50. 王長文天資聰警，高暢敏識，治五經，博綜群籍。著《無名子》十二篇，依則《論語》；又著《通經》四篇，亦有卦名擬易、玄。以爲春秋三傳，傳經不同，乃據經摭傳，著春秋三傳十二篇。又撰《約禮記》，除煩舉要，凡十篇，皆行於時。《華陽國志》〇長文聞益州亂，以通經筮得“老蠶緣枯桑”之卦，嘆曰：“桑無葉，蠶以卒也；吾蜀人，殄於是矣。”拜蜀郡太守，暴疾卒。

51. 裴子野撰《宋略》二十卷，蘭陵蕭琛謂其可與《過秦》《王命》分路揚鑣。《梁典》

52. 劉捷卿續詩、書、禮、樂、春秋，五説既成，語人曰：“天下滔滔，知我者希。”終不以示人。

53. 陳瓚秘書通九經百家，自言得養生之術。年逾九十，猶勤於筆研，著《經史系華》十卷。然家甚貧，人憂其衣食不足，答曰：“瓚賢能不及顔子，而禄壽過之，何患貧也！”時益重之。《葆光録》

54. 枚皋文章敏疾，長卿制作淹遲，皆盡一時之譽。而長卿首尾温麗，枚皋時有累句。揚子雲曰："軍旅之際，戎馬之間，飛書馳檄，用枚皋；廊廟之下，朝廷之中，高文典册，用相如。"《西京雜記》〇以下文詞

55. 肅宗始修古禮，巡守方岳，崔駰上《四巡頌》，以稱漢德，詞甚典美。帝嗟嘆之，謂竇憲曰："公愛班固而忽崔駰，此葉公之好龍也。"

56. 魏武帝常使阮瑀作書與韓遂，時帝適近出，瑀隨從，因於馬上具草呈之，帝攬筆欲有所定，而竟不能損益。魚豢《典略》

57. 陳孔璋草檄成，以呈曹公。公先苦頭風，是日卧，讀琳所作，翕然而起，曰："此愈我病。"

58. 獻之文義非所長，而能撮其勝會，故擅名一時，爲風流之冠。《續晉陽秋》

59. 潘岳爲文，選言簡章，清綺絶倫。《續文章志》

60. 陸機善屬文，司空張華見其文章，篇篇稱善，謂曰："人之爲文，患其才少，至子乃患其多。"《文章傳》

61. 葛洪稱機文："猶玄圃之積玉，無非夜光；五河之吐流，泉源如一。其弘麗妍贍，英鋭漂逸，亦一代之絶乎！"

62. 嵇生云："陸子十篇，誠謂快書。其辭富者，雖精思不可損也；其理弱者，雖鴻筆不可益也。每讀其文，未嘗不廢卷而嘆，恐其易盡。"

63. 何參軍思澄與族弟水部散騎俱擅文名，時人爲之語曰："東海三何，子朗最多。"參軍曰："外言殊不爾。如其不然，故當歸遜。"

64. 范彦龍大重何仲言，與結忘年交，一文一咏，范輒嗟

頌。嘗謂所親曰："頃觀文人，質則過俗，麗則傷儒。其能含清濁，中今古，見之何生矣！"

65. 楊遵彦作《文德論》，以古今文人皆負才遺行，惟邢子才、温子昇、王元景彬彬有德素。

66. 邢劭十歲能屬文，雅有才思，日誦萬言。少在洛陽，專以山水游晏爲娱。嘗因霖雨讀《漢書》，五日略能遍記。後飲謔既倦，廣尋經史，一覽無遺。文章典麗，既贍且速，年未二十，名動衣冠。李百藥《齊書》

67. 劉勰著《文心雕龍》既成，欲取定於沈約，無由自達，乃負書候約於車前，狀若貨鬻者。約取讀，大重之，謂深得文理，常陳諸几案。

68. 王筠與諸兒書論家門集云："史傳稱安平崔氏、汝南應氏并累葉有文才，所以蔚宗云崔氏雕龍。然不過父子兩三世耳，非有七葉之中，名德重光，爵位相繼，人人有集，如吾門者也。"

69. 劉氏群從子侄，當時有七十人，并能屬文，近古未有。

70. 紀少瑜，丹陽秣陵人，才藻新拔，嘗夢陸倕以一束青鏤管筆授之，云："我此筆猶可①用，卿擇其善者。"文因遒進。

71. 開皇中，有神雀降於含章門，高祖因召百官賜宴。許善心於座請紙筆，製頌奏之。高祖喜曰："文不加點，筆無停毫，嘗聞其言，今見其事。"因賜物二百段。《隋書》

72. 薛道衡每構文，必隱坐空齋，蹋壁而卧，聞户外有人便怒。

---

① 可：粤雅堂本作"有"。

73. 王勃所至，請托爲文，金帛豐積，人謂“心織舌耕”。《北里志》

74. 王勃每爲碑頌，先磨墨數升，引被掩面而卧，忽起一筆書之，初不竄點，時人謂之“腹稿”。

75. 全子棲每爲文，則入自課庵，一文必三草，十年後悟其淺近，盡付於火，生平凡三焚文集。《徵文玉井》

76. 皇甫湜稱退之文曰：“穿天心，出月脅。”

77. 李乂兄弟并有文才，同一集，共二十卷，號《花萼集》。《唐書》

78. 馮定能古章句，新羅國傳定《黑水碑》《畫鶴記》，西番寫定《商山記》於屏，其名傳戎狄如此。

79. 盧郢，金陵人。徐鉉爲郢姊婿，嘗受後主命撰文，累日未就。郢曰：“當試爲君抒思。”適庭下有石，十夫不能舉，郢取弄之。有頃頓，飲酒數升，復弄如初。忽顧筆吏，口占使書，不竄易一字，鉉伏其工。《南唐書》

80. 子瞻謂劉景文曰：“某平生無快意事，惟作文章，意之所到，則筆力曲折，無不盡意。自謂世間樂事，無復逾此。”《語林》

81. 司馬相如爲上林、子虛賦，意思蕭散，不復與外事相關。控引天地，錯綜古今，忽然而睡，焕然而興，幾百日而後成。友人盛覽，嘗問以作賦，相如曰：“合綦[1]組以成文，列錦繡而爲質，一經一緯，一商一宫，此賦之迹也。賦家之心，苞括宇宙，總覽人物。斯乃得之於内，不可得而傳。”《西京雜記》

○以下詩賦

---

① 綦：粤雅堂本作“其”。

82. 揚子雲工於賦，王君大習兵器。桓譚欲從二子學，子雲曰：“能讀千賦則善賦。”君大曰：“能觀千劍則曉劍。”諺曰：“習伏衆神，巧者不過習者之門。”桓譚《新論》

83. 左思爲《三都賦》，門庭藩溷，皆置筆硯，十歲方成。

84. 張司空見左太冲《三都賦》，曰：“班、張之流也。使讀之者盡而有餘，久而更新。”

85. 張紘見楠榴枕，愛其文，作賦。陳琳在北，見之，以示人曰：“此吾鄉里張子綱所作。”後紘見陳琳作《武庫賦》《應機論》，與琳書，深嘆美之。琳答曰：“自僕在河北，與天下隔，此間率少於文章，易爲雄伯，故使僕受此過差之譚。今景興在此，足下與子布在彼，所謂小巫見大巫，神氣盡矣。”《吴書》

86. 張融爲海賦，文辭詭激，獨與衆异。後以示鎮軍將軍徐凱之，凱之曰：“卿此賦實超玄虚，但恨不道鹽耳。”融即求筆增曰：“漉沙構白，熬波出素。積雪中春，飛霜暑路。”

87. 高爽博學多才，坐事被繫，作《鑊魚賦》以自況，其文甚工，後遇赦得免。

88. 張率爲《待詔賦》，梁武手敕答曰：“相如工而不敏，枚皋敏而不工，卿可謂‘兼二子於金馬’矣。”

89. 夏竦，字子喬。幼學於姚鉉，使爲水賦，限以萬字，竦作三千字以示鉉，鉉怒不視，曰：“汝何不於水之前後左右廣言之？”竦益之得六千字，鉉喜曰：“可教矣。”十七善屬文，爲時所稱。《涑水記聞》

90. 鮑照嘗謁臨川王義慶，未見知，欲貢詩言志，人止之曰：“卿位尚卑，不可輕忤大王。”照勃然曰：“千載上有英才异士沈没不聞者安可數哉！大丈夫豈可遂韜知能，使蕭艾不辨，終日碌碌，與燕雀相隨乎！”於是奏詩，義慶大奇之。

91. 顏延之嘗問鮑照己與靈運優劣，曰："謝五言如初日芙蕖，自然可愛；君詩如鋪錦列繡，亦雕繪滿眼。"

92. 靈運每一詩出，都下貴賤，莫不傳寫，宿昔間士庶皆遍。詩、書皆兼獨絶，每文竟，手自寫之，文帝稱爲二寶。

93. 王文海在會稽日，境有雲門天柱山，王常出游，累月不返。至若耶溪，賦詩曰："蟬噪林逾静，鳥鳴山更幽。"當時以爲文外獨絶。

94. 王籍爲詩，慕謝靈運，至其合也，殆欲無愧。時人謂康樂之有王籍，猶仲尼之有丘明，老聃之有莊周。

95. 南齊世祖問王儉曰："當今誰能爲五言詩？"儉曰："謝朏得父膏腴。"

96. 梁簡文《答新渝侯和詩書》云："垂示三首，風雲吐于行間，珠玉生于字裏；跨躡曹、左，含超潘、陸。雙鬟向光，風流已絶；九梁插花，步摇爲古；高樓懷怨，結眉表色；長門下泣，破粉成痕。此皆性情卓絶，親[①]致英奇，手持口誦，喜荷交并。"

97. 竟陵王嘗夜集學士，刻燭爲詩，四韻者則刻一寸，以此爲率。蕭文琰曰："燒一寸燭而成四韻詩，何難之有！"乃與江洪等共叩銅鉢，響絶則成，詩皆可觀。

98. 柳惲少工篇什，爲詩云："亭皋木葉下，壠首秋雲飛。"琅邪王融嗟賞，因書白團扇。

99. 孟浩然學不爲儒，務掇菁藻，文不按古，匠心獨妙。間過秘省，秋月新霽，諸英華賦詩作會，浩然句曰："微雲淡河

---

① 親：粵雅堂本作"新"，誤。《宋本藝文類聚》"書"條亦作"親致英奇"。

漢，疏雨滴梧桐。”舉坐嗟其清絶，咸閣筆不復爲繼。《浩然集序》

100. 唐球居蜀中所著詩，撚稿爲圓，納之大瓢中。後卧病，投瓢於江，曰：“斯文苟不沉没，得者方知我苦心爾。”至新渠，有識者曰：“唐山人瓢也。”接得之。《唐詩紀事》

101. 道摽詩章，比之潘陸，當時吴興有清晝，會稽有靈徹，語曰：“霅之晝，能清秀；越之徹，洞冰雪；杭之摽，摩雲霄。”每飛章寓韻，竹夕花時，彼三上人者，當四面之敵。右庶子李益書云：“重名之下，果有斯文，西還京師，有以誇耀。”《高僧傳》〇皎然，字清晝，湖州人，謝靈運十世孫。

102. 王仁裕喜爲詩，少時嘗夢人剖其腸胃，以西江水滌之，顧見江中沙石，皆爲篆籀之文，由是文思并進。《五代史》

103. 梁丘據謂晏子曰：“吾至死不及夫子矣。”晏子曰：“嬰聞之，爲者常成，行者常至。嬰非有异於人也，常爲而不置，常行而不休者，故難及也。”《説苑》〇以下耽學

104. 子墨子南游使衛，關中載書甚多。弦唐子見而怪之，子墨子曰：“昔周公旦朝讀書百篇，夕見七十士，故周公旦佐相天下，其修至於今。翟上無君上之事，下無耕農之難，吾安敢廢此！”《墨子》

105. 甯越，中牟鄙人也，苦耕稼之勞，謂其友曰：“何爲可以免此苦也？”其友曰：“莫如學也，學三十歲則可以達矣。”越曰：“請以十五歲。人將休，我不敢休；人將卧，我不敢卧。”學十五歲而爲周威公之師。《吕氏春秋》

106. 張儀、蘇秦傭書，遇聖人之文，無題記①，則以墨書

① 無題記：據《太平御覽·人事部·髮》引《拾遺録》，當爲“無以題記”。

掌内、股裏，夜還，拆竹寫之。《拾遺記》

107. 匡衡好學，邑有富民家多書，與之傭作而不取直，曰："願借主人書讀耳。"遂博覽群書。《衡别傳》

108. 劉向校書天禄閣，專精覃思。夜有老人著黄衣，植藜杖，杖端出火，用以照向，具説開闢以前，向因受五行洪範之文，恐辭説繁廣，乃裂裳及紳以記其言。至曙而去，請問姓名，答曰："我是太乙之精，天帝聞卯金之姓有博學者，下而觀焉。"乃出懷中竹牒，有天文地圖以授之。至向子歆，從父受術，亦不語人。《拾遺記》

109. 揚雄語劉歆曰："雄爲郎，自奏少不得學，而心好沈博絶麗之文，願不受三歲奉，冀自克就。有詔可不奪奉，令尚書賜筆墨錢六萬，得觀書於石渠。後一歲，作《繡補》《靈節》《龍骨》銘詩三章，成帝好之，遂得盡意。故天下上計、孝廉及内郡衛率會者，雄常把三寸弱翰，賫油素四尺，問其异語，歸即以鉛摘次之於槧，二十七歲於今矣。"《古文苑》

110. 桓榮學長安，精力不倦，十五年不窺家園。《榮别傳》

111. 朱穆壯耽學，鋭意講誦，或時至①，不自知亡失衣冠，顛墜坑岸，其父常以爲專愚，幾不知數馬足。

112. 延篤欲寫《左傳》，無紙，唐溪典以廢箋記與之，篤以箋記紙不可寫，借本諷之，糧盡辭歸。典曰："卿欲寫傳，何故辭歸？"篤曰："已諷之矣。"典聞，嘆曰："嗟乎延生！雖復端木聞一知二，未足爲喻，若使尼父更起於洙泗，君當編名七十，與游、夏争匹也。"

113. 任末年十四，學無常師，或依林木之下，編茅爲庵，

① 或時至：《後漢書·朱穆傳》作"或時思至"，當從。

削荆爲筆，夜則映月望星，暗則然蒿自照。《拾遺記》

114. 任末好學，觀書有合意處，則題其衣裳及掌理，以記其事，門徒悦其勤學，更以净衣易之。《拾遺記》

115. 邴原少孤，數歲時過書舍而泣，師曰："童子何泣也?"原曰："凡得學者，有親也，一則願其不孤，一則羨其得學，中心感傷，故泣耳。"師惻然，曰："苟欲學，不須資也。"於是就業，長則博覽洽聞，金玉其行。《原别傳》

116. 曹孟德嘗言："老而能學，惟吾與袁伯業。"

117. 葛洪，丹陽人，貧無童僕，籬落不修，常披榛出門，排草入室。累遭火，典籍盡，乃負笈徒步借書鈔寫，賣薪買紙，然火披覽。所寫皆反覆，人少能讀之。《抱朴子》

118. 皇甫謐之少也，游蕩無度，所養叔母嘆曰："昔孟母以三徙成子，曾父以烹豕存教，豈我居不卜鄰，何爾魯之甚乎!修身篤學，自汝得之，於我何有?"因對之流涕。謐乃感激，年二十餘，就鄉里席坦受書，遭人而問，少有寧日，武帝借其書二車。王隱《晉書》

119. 皇甫士安耽玩典墳，忘寢與食，時人謂爲"書淫"。或箴其過篤，將耗精神，士安曰："朝聞道，夕死可矣。况命有修短，懸於天乎!"《高士傳》

120. 沈攸之晚好讀書，史、漢中多所記憶，嘗嘆曰："早知窮達有命，恨不十年讀書。"

121. 蕭琛每云："少壯三好，音律、書、酒；年長以來，二事都廢，惟書籍不衰。"

122. 沈麟士織簾誦書，口手不息，鄉里號"織簾先生"。

123. 陶弘景讀書萬卷，一事不知，以爲深耻。

124. 崔浩表於太武言："臣禀性劣弱，力不及健婦人，更無餘能，是以專心思書，忘寢與食，至及夢與鬼争議，遂得周公、孔子之要術。始知古人有虛有實，妄語者多，真正者少。”

125. 劉松作碑銘，示盧思道。思道讀之，多所不解，乃感激讀書，師邢子才。後爲文示松，松復不能甚解，乃嘆曰：“學之有益，豈徒然哉!”

126. 沈驎年過八十，耳目猶聰明，手寫細書，三二年滿數十篋。《齊春秋》

127. 顧歡貧，鄉中有學舍，無以受業，於舍壁後倚聽，無遺忘者。夕則然松節讀書，或然糠自照。

128. 劉峻自課讀書，常燎麻炬，从夕達旦。時或昏睡，爇其鬢髮，及覺復讀。常恐所見不博，聞有异書，必往祈借，崔慰祖謂之“書淫”。

129. 李琰之每休暇之際，恒閉門讀書，不交人事。嘗語人曰：“吾所以好讀書，不求身後之名，但异見异聞，心之所願，是以孜孜搜討，欲罷不能。豈爲聲名勞七尺也!” 宋人詩：“讀書祇爲聲名計，祇恐廬山也笑人。”

130. 李永和杜門却掃，絶迹下帷，弃産營書，手自删削，每嘆曰：“丈夫擁書萬卷，何假南面百城!”

131. 魏董遇，字孝真，從學者苦渴日[1]，遇言當以三餘：夜者，日之餘；冬者，歲之餘；風雨者，時之餘。

132. 賀琛方受業，有六尺方床，思義未達，則横卧其上，不盡其義，終不肯食。

133. 袁峻家貧無書，每從人假借，必皆鈔寫，自課日五十紙，紙數不登則不止。

---

① 苦渴日：《三國志·魏書·王肅傳》裴松之注引《魏略》，作“苦渴無日”，當從。

134. 魏收隨父赴邊，欲以武藝自達。鄭伯調之曰："魏郎弄戟多少?"收慚，遂折節讀書。夏月坐版床，隨樹陰諷誦，積年，床版爲之鋭減，而精力不輟。年二十七，上《南狩賦》，甚見褒美。伯謂曰："卿不遇老夫，猶應走兔。"

135. 侯道華好子史，手不釋卷，嘗曰："天上無愚懵仙人。"

136. 張子韶謫南安，病目，執書倚柱向明而觀者十四年，歲月既久，磚上雙趺隱然。洎北歸，乃書此事於柱，後人爲刻之。《梁溪漫志》

137. 劉穆之與朱齡石便尺牘，嘗於武帝坐并答書。自旦至日中，穆之得百函，齡石得八十函，而穆之應對無廢。以下敏捷

138. 王勮，長壽中爲鳳閣舍人。壽春等五王出閤，同日受册，有司具儀，忘載册文，百官在列，方知闕禮。勮召五吏在前，執管口授，一時都畢，其辭粲然，衆皆悦服。

139. 令狐楚爲太原書記，鄭儋在鎮暴卒，不及指揮後事，軍中喧嘩將變。忽夜數十騎持刀迫楚至軍門，令草遺表，楚在白刃①之中，搦管立成，讀示三軍，無不感泣。

140. 楊大年每欲作文，則與門人賓客飲博、投壺、奕棋，語笑喧嘩而不妨締思。以小方紙細書，揮翰如飛，每盈一幅，則令門人傳録。門人疲於應命，頃刻數千言。《歸田録》

141. 黄祖長子射嘗與禰衡俱游，共讀蔡邕碑，射恨不繕寫。衡曰："吾一覽能識之，唯其中石缺二字。"因書出之。射馳使寫碑校，如衡所傳書。以下强記

① 刃：内閣文庫藏八册本、粵雅堂本作"刀"，誤。

142. 王粲與人共行，讀道邊碑。人問曰："卿能闇誦乎?"曰："能。"使誦之，不失一字。觀人圍棋，局壞，粲爲覆之，棋者不信，以帕蓋局，使更以他局爲之，用相比校，不誤一道。

143. 陸倕所讀，一遍必誦於口，嘗借《漢書》，失五行志四卷，乃暗寫還之，略無遺脱。

144. 臧嚴於學多所諳記，湘東王嘗自執四部書目試之，自甲至丁卷終，各對一事并作者姓名，了無遺失。

145. 裴諏之嘗從常[1]景借書百卷，十許日遂返。景疑其不能讀，每卷策問，應答無遺，景嘆曰："應奉五行俱下，禰衡一覽便記，今復見之裴生矣。"

146. 朱遵度避耶律德光之召，挈妻孥携書，雜商賈奔楚，王待之甚薄。杜門却掃，諸學士每爲文章，先問古今首末於遵度，時號"幕府書厨"。《十國紀年》

147. 杜學士鎬，博聞强記，凡有檢閲，先戒小吏某事在某書第幾行，取視無差。士大夫有所撰著，咨以古事，無不知者。雖晚學卑品，應答不倦，時人號爲"杜萬卷"。《墨客揮犀》

148. 《靈寶經》，仙術也。吴王伐石治宫，而合石之中得紫文金簡之書。不能讀，使問仲尼曰："赤雀銜書以置殿前，不知其義，故遠諮呈。"仲尼曰："此乃靈方長方之法，禹所服也。禹將仙化，封之名山石函之中，今乃赤雀銜之，殆天授也。"《抱朴子》〇以下博識

149. 漢武帝祀甘泉，至渭橋，有女子浴於渭水，乳長七尺。上怪其异，遣問之，女曰："帝後第七車侍中知我所來。"時張寬在第七車，對曰："天星，主祭祀者齋戒不嚴，則女人星

① 常：内閣文庫藏八册本、粤雅堂本作"當"，誤。

見。”《漢武故事》

150.《山海經》云：“貳負之臣曰危，與貳負殺窫窳，帝乃牿之於疏屬之山，桎其右足，反縛兩手，以髮繫之於山上盤石之下，在開題西北。”漢宣帝時，使人鑿上郡，發盤石，得一人，徒踝、被髮、反縛、械一足，莫有識者。劉子政按此言之，宣帝大驚，時人争學《山海經》。《向别傳》

151. 竇攸舉孝廉爲郎，時世祖大會靈臺，得鼠如豹文，熒熒光澤。世祖异之，以問群臣，莫能知者，攸對曰：“鼮鼠也。”帝問何以知，攸曰：“見《爾雅》。”按秘書，如攸言，詔賜帛百匹。

152. 諸葛恪爲丹陽太守，嘗出獵兩山之間，有物如小兒，伸手引人，恪令持去故地即死。參佐問之，恪曰：“此事在《白澤圖》，曰：‘兩山之間有精如小兒，名曰傒囊。’”《吴書》

153. 張華强記默識，四海之内若指諸掌。武帝嘗問漢宫室制度及建章千門萬户，華應答如流，聽者忘倦，畫地成圖，左右屬目。帝甚异之，時人比之子産。

154. 晉武帝時，吴郡臨平岸山崩，出一石鼓，打之無聲。問張華，華曰：“可取蜀中桐樹，刻作魚形，扣之則鳴矣。”於是如其言，聲聞數十里。《異苑》

155. 魏帝殿前大鍾不扣自鳴，人皆异之，以問茂先，茂先曰：“此蜀郡銅山崩，故鍾鳴應之耳。”尋蜀都上其事，如茂先言。

156. 洛下有田穴，婦欲殺夫，推而下之，久乃至底。得穴，行數十里，見人皆長三丈，披羽衣，如此九處。最晚行至，告饑，長人指中亭柏樹下，有一羊，令跪捋羊須，三捋得三珠，令食後所得者，遂不饑。復尋穴行，出交州，還洛，問茂先，云：“九處地仙，名‘九館大夫’，羊爲痴龍。初一珠食之，天

地等壽，次者延年，後者療饑而已。"《幽冥録》

157. 陸機嘗餉張華鮓，於時賓客滿座，華發器便曰："此龍肉也。"衆未之信，華曰："試以苦酒濯之，必有异。"既而五色光起，機還問鮓主，果云園中茅積下得一魚，質狀殊常，以作鮺過美，故以相獻。武庫封閉甚密，其中忽有雉雊，華曰："此必蛇化爲雉也。"視雉側，果有蛇蜕。

158. 束皙，字廣微，博學多識。元康有人自嵩高山下得竹簡一枚，上兩行科斗書，司空張華以問皙，皙曰："此明帝顯節陵中策文也。"檢校果然。《文士傳》

159. 劉元海幼好學，尤好《左傳》、孫吴兵法，略皆誦之，史、漢、諸子，無不綜覽。嘗謂同門生曰："吾每觀書傳，常鄙隨、陸無武，絳、灌無文。道由人弘，一物不知，君子之耻也。"於是遂學武事，妙絶於衆。《晉載記》

160. 王彪之練悉朝儀，自是家世相傳，并著江左舊事，緘之青箱，世謂"王氏青箱學"。

161. 竟陵王得古器，小口、方腹而底平，可容七八升，以問陸澄。澄曰："此名服匿，單于以與蘇武。"詳視器底，彷彿可識如澄言。

162. 沈約於坐策劉顯經史十事，顯對其九，約曰："昏忘不可受策，雖然，聊試數事，不可至十。"顯問其五，約對其二。陸倕聞之，擊席喜曰："劉郎可人，雖吾家平原詣張壯武，王粲謁伯喈，必無此對。"

163. 魏人送古器，有隱起字，無識者。顯案文讀之，無滯，校年月，一字無差。

164. 任昉得一篇闕簡，文字零落，諸人莫能識。劉顯見云："是古文尚書所删逸篇。"昉檢周書，果如其説。

165. 劉士深在任昉坐，有人餉昉榤酒，而作“榐”字。昉問：“此字是不？”劉曰：“葛洪《字苑》作木旁夅。”昉又問：“酒有千日醉，當是虚言？”劉曰：“桂陽程鄉有千里酒，飲之至家而醉，亦其例也。”昉大驚，曰：“吾實不憶此。”劉曰：“出楊元鳳所撰置郡事。元鳳是魏代人，此書乃載其賦云：‘三重五品，商溪欏里。’”昉即檢楊記，言皆不差。

166. 劉杳於沈約坐語及宗廟犧樽事，約曰：“鄭玄答張逸，謂爲畫鳳尾婆娑然。今無復此器，則不依古。”杳曰：“此言未必安。古者樽彝皆刻木爲鳥獸，鑿頂及背以出内酒。魏魯郡得齊子尾送女器，有犧樽作犧牛形；晉曹嶷於青州發齊景墓，又得二樽，形亦爲牛象。皆古遺器，知非虚也。”沈約又云：“何承天纂文，載張仲師及長頸王事，何所出？”杳曰：“仲師長尺二寸，出《論衡》；長頸是毗騫王，朱建安《扶南記》云‘古來至今不死’。”約檢二書，一如杳言。

167. 崔慰祖好學，聚書至萬卷，與平原劉孝標皆以碩學被徵。國子祭酒沈約、吏部郎謝朓嘗於吏部省中，賓友俱集，各問慰祖地理中所不悉十餘事，慰祖口吃無華辭，而酬據精悉，一座稱服。朓嘆曰：“假使班、馬復生，無以過此。”

168. 王儉嘗集才學之士總校虚實，類物隸之，謂之“隸事”，使賓客隸事多者受賞。事皆窮，惟何憲爲勝，乃賞以五花簟、白團扇，容氣自得。王摛後至，儉以所隸示之曰：“卿能奪之乎？”摛操筆便成，文詞華奥，舉坐擊節。摛乃命抽憲簟，自掣取扇，登車而去。儉笑曰：“所謂大力者負之而趨。”

169. 陸常侍好學，無所不覽，行坐眠食，手不釋卷。王僕射常自以博聞過澄，澄曰：“僕少無事，惟以讀書爲業，且年倍令君。令君少便鞅掌王事，雖復一覽便諳，然見卷軸未必多僕。”儉集學士何憲等，盛自商略，澄俟儉語畢，然後談所遺漏數百千條，皆儉所未睹，儉乃嘆服。

170. 王僕射在中書省，出巾箱機案雜物服飾，令學士隸事，事多者與之，人人各得一兩物。陸常侍後來，更出諸人所不知事復數條，并奪物將去。

171. 張綰與兄纘齊名，湘東王繹嘗策以百事，綰對闕其六，號爲“百六公”。

172. 梁天監時，西北遠邊有白題及滑國遣使由①岷山道入貢。二國歷代弗賓，莫知所出，裴子野曰：“漢潁陰侯斬胡白題將一人，服虔注云：‘白題，胡名也。’又，漢定遠侯擊虜入滑，此其後乎！”時服其博識。

173. 張永開玄武湖，過②古冢，上得一銅斗，有柄。文帝以訪之朝，何承天曰：“此亡新威斗。王莽時，三公亡，皆賜之，一在冢内，一在冢外，此必甄邯之墓。”果然。

174. 隋獻皇后崩，公主以下不能定其儀注。楊素謂牛弘曰：“公舊學，時賢所仰，今日之事，決在於公。”弘了不辭讓，斯須之間，儀注悉備，皆有故實。素嘆曰：“衣冠禮樂，盡在此矣。”

175. 劉炫自陳所能曰：“《周禮》《禮記》《毛詩》《尚書》《公羊》《左傳》《孝經》《論語》，孔、鄭、王、何、杜、服等注，凡十五家，雖義有精粗，并堪講授；《周易》《儀禮》《穀梁》，用功差少；史、子、文集、嘉言故事，咸誦於心；天文、律曆，窮核微妙；至於公私文翰，未嘗假手。”吏部竟不詳試。

---

① 由：粤雅堂本作“出”。

② 過：此處文意不甚通，《太平御覽·禮儀部·冢墓》作“遇”，當從。

176. 孝昌中，廣平第掘得一古玉印，敕召祖瑩與李琰之辨之。瑩曰：“此是于闐國王晉太康時所獻。”乃以墨塗字觀，果如所言。

177. 孝武西遷，雅樂多缺。有錞于者，近代絶此器，或自蜀得之，皆莫之識，斛斯徵曰：“此錞于也。”遂依干寶周禮注，以芒筒捋之，其聲極清，衆咸嘆服。

178. 李後主獻畫牛一，晝在欄外，夜歸欄中。太宗以問群臣，無知者，僧録贊寧曰：“南倭海中，方諸蚌有淚，得之和色着物，則晝隱而夜見；沃焦山風燒嵐石落海岸，得之滴水摩色染物，則晝見而夜晦。”諸學士皆以爲無稽，寧曰：“見張騫《海外異經》。”後杜鎬檢三館書，果見於六朝舊書中。

179. 陳彭年以博學强記受知定陵，一日便殿賜坐，對甚從容。上問：“墨智、墨允是何人？”彭年曰：“伯夷、叔齊也。”上問：“見何書？”曰：“春秋少陽。”即令秘閣取此書，既至，令於第幾版尋檢，果得之，上喜甚，未幾，擢爲執政。《語林》

180. 劉敞博學無不通，自浮圖、老子及山經、地志、陰陽、卜筮、天文、醫藥，略皆究知。嘗齋太乙宫，與内弟王欽臣夜語，曰：“歲星往來虚、危間，色甚盛，以吾觀之，當有興於齊者。”歲餘，英宗以齊州防禦入繼大統。《劉原父行狀》

181. 人有獲玉印，遺劉原父，文曰：“周惡夫印。”原父曰：“漢條侯印尚存於今邪！”或疑之，曰：“古‘亞’‘惡’二字通用。史記盧綰之孫他人，封亞谷侯，而《漢書》作‘惡谷’是矣。”聞者大服。《語林》

182. 有人問蘇文忠公曰：“公之博洽可學乎？”曰：“可。吾讀漢書，蓋數過而始盡之，如治道、人物、地里、官制、兵法、貨財之類，每一過專求一事，不待數過而事事精核矣。參

伍錯綜，八面受敵，沛然應之而莫禦焉。”《語林》

183. 傅弘業宰天台縣，有人獵得一獸，形如豕，仰鼻、長尾、有歧，謂之怪。傅識之曰：“蜼，非怪也，雨則懸於樹，以尾塞其鼻。”後果驗。可類子雲别鼮鼠、曼倩識騶虞。《葆光録》○蜼，以醉反。

184. 熙寧初，吴仲庶知成都。一日，文明廳前大槐枝葉皆出烟，色青白如焚香，至暮方止，木如故。歷訪儒士，莫知其説，惟楊損之云：“《陰符經》謂‘火生于木，禍發必克’，疑有將士作亂而不成者。”月餘，果有告戍卒謀亂者，皆獲。楊彦齡《筆録》

卷 四

幹 局

1. 管子得於魯，束縛而檻之，使役人載而送之齊，皆謳歌而引。管子恐魯止而殺己也，欲速至齊，因謂役人曰："我爲女唱，女爲我和。"其和適宜，役人不倦而取道甚遠。管子可謂能因事役人，人得其所欲，己亦得其所欲。以此術也而用萬乘之國，其霸猶少乎！《吕氏春秋》

2. 楚人伏兵車，執宋公以伐宋。宋公謂公子目夷曰："子歸守國矣！國，子之國也，吾不從子之言以至乎此。"公子目夷復曰："君雖不言，國，固臣之國也。"于是歸，設守械而守國。楚人謂宋人曰："子不與我國，吾將殺子君矣。"宋人應之曰："吾賴社稷之神靈，吾國已有君矣。"楚人知雖殺宋公，猶不得宋國，于是釋宋公。宋公釋乎執，走之衛，公子目夷復曰："國爲君守之，君曷爲不入？"然後逆襄公，公歸。

3. 驃騎東平王蒼辟朱暉爲掾，正月朔旦，蒼入賀，故事，少府給璧。時陰就爲府卿，貴驕，吏傲不奉法。蒼坐朝堂，漏且盡，而求璧不可得，顧謂暉曰："若之何？"暉望見少府主簿持璧，即紿曰："我數聞璧而未嘗見，試請觀之。"主簿以授暉，暉顧召令史奉之。蒼既罷，謂暉曰："屬者掾自視孰與藺相如？"

4. 孫策薨，以事授權，權哭未及息，策長史張昭曰："今豺狼滿道，乃欲哀親戚、顧禮制，是猶開門揖盜，未可爲仁也。"乃易服，扶上馬，使出巡軍。

5. 陳矯從征漢中，太祖崩。群臣徇常，以爲太子即位，當須詔命，矯曰："王薨於外，天下惶懼，太子宜割哀即位，以繫遠近之望。"即具官備禮，一日皆辦。明旦，矯以王后令策太子即位，文帝曰："陳季弼臨大節，明略過人，信一時之俊。"

6. 王丞相善於因事，初過江，帑藏空竭，唯有練數千端。丞相與朝賢共制練布單衣，一時士人，翕然競服，練遂涌貴。乃令主者賣之，端至一金。

7. 謝晦每以朝廷密事語其兄瞻，瞻輒向親舊説，以爲戲笑，以絶其言。

8. 劉穆之内總朝政，外供軍旅，决斷如流，賓客輻輳，求訴咨稟，盈階滿室。目覽詞訟，手答箋書，耳行聽受，口并酬應，悉皆贍舉。又喜賓客，言笑彌日，裁有閑暇，手自寫書，尋覽校定。

9. 祖珽爲倉曹參軍，神武口授三十六事，出而疏之，無一遺失。

10. 孔覬醉日甚多，而明曉政事，醒時判决，未嘗有壅。衆咸云："孔公一月二十九日醉，勝世人二十九日醒也。"孝武每欲引見，先遣人覘醒醉。

11. 徐紇有機辯强力，終日治事，不以爲勞。時有急詔，令數吏執筆，或行或卧，人别占之，造次俱成，不失事理。

12. 斛律光聞琅邪王殺和士開，撫掌大笑曰："龍子作事，故自不凡。"入見後主於永巷，曰："小兒弄兵，與交手即亂，鄙諺云：'奴見大家心死。'至尊宜自出千秋門，琅邪必不敢動。”乃步道使人走出，曰：“大家來。”儺徒駭散。帝駐馬橋上遥呼之，儺猶立不進，光就謂：“天子弟殺一漢，何苦？”執其手强引以前，請帝曰：“琅邪年少，腸肥腦滿，輕爲舉措，長大自不復然，願寬其罪。”

13. 令狐楚除守兖州，州方旱儉，米價甚高。迓史至，公首問米價幾何、州有幾倉、倉有幾石。屈指獨語曰：“舊價若干，諸倉出米若干，定價出糶，則可賑救。”左右竊聽，語達郡中，富人競發所蓄，米價頓平。

14. 德宗即位，淄青節度李正己表獻錢三十萬緡。上欲受，恐見欺，却之，則無辭。宰相崔祐甫請遣使慰勞淄青將士，因以正己所獻錢賜之，使將士人人戴上恩，諸道知朝廷不重財貨。上從之，正己大慚服。

15. 神策軍使王駕鶴久典衛兵，權震中外。帝將代之，懼其變，以問崔祐甫，祐甫曰：“是無足慮。”即召駕鶴，留語移時，而代者已入軍中。

16. 劉晏有精力，變通有無，曲盡其妙。募善走者，置遞相望，覘報遠方物價，不數日皆達，食貨輕重權，悉在掌握。句檢出納，雖至細必委之士類，吏惟書符牒，不得輕出一言。晏始爲轉運時，財賦歲入四百萬緡，季年乃千餘萬緡。

17. 張易，升元中上元令，後以水部員外郎通判歙州。刺史朱匡業使酒陵人，果於誅殺，無敢犯者。易赴其宴，先故飲醉就席，酒甫行，尋其少失，遽擲杯推案，攘袂大呼，詬責鋒起。匡業愕然不敢對，唯曰：“通判醉甚，不可當也。”易嵬峨喑啞自如，俄引去，匡業使吏掖就馬。自是見易加敬，不敢復使酒，郡事亦賴以濟。《南唐書》

18. 張乖崖守成都，兵火之餘，人懷反側。一日，合軍旅大閱，始出，衆遂嵩呼者三，乖崖亦下馬，東北望而三呼，復攬轡行，衆不敢讙。王清臣《麈史》

19. 真宗不豫，李迪與宰執以祈禳宿内殿。時仁宗幼冲，八大王元儼者有威名，以問疾留禁中，累日不出，執政患之，無以爲計。偶翰林司以金盂貯熟水，曰："王所需也。"迪取案上墨筆，攪[①]水中盡黑，令持去。王見之大驚，意其毒也，即上馬去。《宋名臣言行録》

20. 宋英宗初晏駕，急召太子，未至，英宗復手動。曾公亮愕然，亟告韓魏公，欲止召太子。魏公拒之，曰："先帝復生，乃一太上皇。"愈促召之，其達權知變如此。

21. 文潞公以樞密直學士知成都，公年未四十，成都風俗喜行樂，公多燕集，有飛語至京師。御史何聖從謁告歸，上遣伺察之。何將至，潞公亦爲之動，幕客張少愚謂公曰："聖從之來，無足念。"少愚與聖從同郡，因迎見於漢州，命酒設樂。有營伎善舞，聖從狎問其姓，伎曰："姓楊。"聖從曰："所謂楊臺柳者。"少愚即取伎頂帕羅題詩曰："蜀國佳人號細腰，東臺御史惜妖嬈。從今喚作楊臺柳，舞盡春風萬萬條。"命其伎作《柳枝詞》歌之，聖從爲之沾醉。後數日，聖從至成都，頗嚴重。一日，潞公大作樂，以燕聖從，迎其伎雜府伎中，歌少愚之詩以侑觴，聖從每爲之醉。聖從還朝，潞公之謗乃息。

22. 文潞公知益州，喜游宴，嘗宴鈐轄舍，夜久不罷，從卒輒拆馬廄爲薪，不可禁。軍校白之，坐客股栗，公曰："天實

---

① 攪：粵雅堂本作"攬"，據文意，當作"攪"。

寒，可拆與之。”飲宴自若。卒氣沮，無以爲變。

23. 曹武穆瑋知渭州，號令明肅，西人憚之，自是邊境無虞。一日，方召諸將飲會，有叛卒數千，亡奔賊境。候騎報至，諸將相視失色，公言笑如平時，徐謂騎曰：“吾命也，汝勿顯言。”西人聞，以爲襲己，盡殺之。

24. 宋初，遣盧多遜使李國主。還，艤舟宣化口，使人白國主曰：“朝廷重修天下圖經，史館獨缺江東諸州，願各求一本以歸國。”主亟令繕寫送之。於是多遜盡得其十九州之形勢、屯戍遠近、户口多寡以歸，朝廷始有用兵之意。熙寧中，高麗入貢，所經郡縣，悉要地圖，所至皆造送。至揚州，牒取地圖。是時，陳秀公守揚，紿使者欲盡見兩浙所供圖，仿其規制供造，及圖至都，聚而焚之，具以事聞。秀公蓋因前事，有所感發也。《漫志》

25. 蔡君謨知開封，事日不下數千，每有日限事，揀三兩件記之，至其日問人，不測如神。《客語》

26. 丁晉公執政，不許同列留身，唯王文正公一切委順，未嘗忤其意。文正謂丁曰：“欲面求恩澤，又不敢留身。”丁曰：“如公，不妨一日留身。”進文字一卷，具道丁事，丁去數步，大悔之。不數日，丁有朱崖之行。

27. 趙南仲葵父方，寧宗時爲荊湖制置使。葵每聞警報，與諸將偕出，遇敵輒深入死戰。諸將惟恐失制置子，盡死救之，屢以此獲捷。一日，方賞將士，恩不償勞，軍欲爲變。葵時年十二三，覺之，亟呼曰：“此朝廷賜也，本司別有賞賚。”軍心賴一言而定，人服其機警。

28. 高宗南渡，駐蹕臨安，草創禁苑爲行在。方造一殿，無瓦而天雨，郡與漕司大憂之。忽一吏白曰：“多差兵士，以錢鏹分俵關厢鋪店①，賃借樓屋腰櫓瓦若干，旬月新瓦到，如數陪還。”郡司從之，殿瓦咄嗟而辦。

29. 建炎初，駕幸錢塘，而留張忠獻於平江爲後鎮。時湯東野適爲守將，一日，聞有赦令當至，心獨疑之，亟走白張公，張曰：“亟遣吏屬解事者往視，有故則緩驛騎而先取以歸。”湯遣官發視，乃明受僞詔也。則又以告，曰：“是則其可宣乎？”張曰：“事已至此，胡可匿！且卒徒急於望賜，吾屬先受禍矣，何忠之能輸哉？”湯曰：“然則當奈何？”曰：“今便發庫錢，示行賞之意。乃屏僞赦，而陰取故府所藏登極赦書置輿中，迎登譙門，讀而張之，即去其階。禁無敢輒登者，而散給金帛如郊賚時，則可矣。”湯行之，於是人情略定，乃決大計。《朱文公集》

30. 叛將范瓊擁兵據上流，召之不來，來又不肯釋兵，中外汹汹。張忠獻與劉子羽密謀誅之。一日，遣張俊以千人渡江，若捕他盗者，使甲而來。因召瓊、俊及劉光世詣都堂計事，爲設飲食，食已，相顧未發。子羽坐廡下，恐瓊覺事中變，遽取黄紙，執之趨前，舉以麾瓊，曰：“下有敕，將軍可詣大理置對。”瓊愕，不知所爲。子羽顧左右，擁置輿中，以俊兵衛送獄。使光世出撫其衆，數瓊在圍城中附虜脅二聖出狩狀，且曰：“所誅止瓊，汝等固天子自將之兵也。”衆皆投刃，曰：“諾。”悉麾隸他軍，頃刻而定，瓊伏誅。

31. 殿帥楊存中有親愛吏，平居賜予無算，一旦無故怒逐之。吏莫知其由，泣拜辭去，存中曰：“無事莫來見我。”吏悟其意，歸，以厚資俾其子入臺中爲吏。無何，御史欲論存中乾

① 店：原作“席”，於文意不通。《欽定古今圖書集成·考工典·瓦部》作“店”，據改。

没軍中糞錢十餘萬，其子歸語其父，其父奔告存中，存中即具劄奏言："軍中有糞錢若干椿，管某處，惟朝廷所用。"不數日，臺中果以爲言，高宗出存中劄子示之，御史坐妄言被黜。

32. 秦檜當國日，民間以乏見錢告，貨壅莫售。京尹曹泳以白檜，檜即席命召文思院官，趣者絡繹。既至，亟諭之曰："適得旨，欲變錢法，煩公依舊夾錫樣鑄一緡，將以進入，盡廢見錢不用。"約以翌午畢事。院官退，夜呼工鞴液，將以及期。富家聞之，大窘，盡輦宿藏，爭取金粟，物賈大昂，泉溢於市。

33. 宋嘗給兩川軍士緡錢，詔至西川，而東川獨不及。軍士謀爲變，黄震白主者曰："朝廷豈忘東川耶？殆詔書稽留耳。"即開州帑給錢如西川，衆乃定。

34. 趙從善尹京日，宦寺欲窘之，科降刷醮紅桌三百事，内批限一日辦集。從善命於酒坊、茶肆，取桌净洗，糊以白紙，用紅漆塗之。又，兩宫幸聚景園，夜過萬松嶺，索火炬三千。從善命取諸瓦舍伎館蘆簾，實以脂，捲而繩之，繫於夾道松樹，左右照耀，比於白日。此皆難辦而易爲，可爲吏役之法。

賞　譽

1. 留侯贊尼父曰："岩岩孔聖，异代稱杰。量合乾坤，明參日月。"《道書洞天集》

2. 仲尼曰："史鰌有君子之道三，不仕而敬上，不祀而敬鬼，直能曲於人。"《説苑》

3. 田巴奇魯連曰："魯連乃飛兔也，豈直千里駒哉！"

4. 留侯七世孫張讚，字子卿，居吴縣相人里，時人諺曰：

“相里張，多賢良。積善應，子孫昌。”《文士傳》

5. 伏湛，經爲人師，行爲儀表；容貌堂堂，國之光輝；智略謀慮，朝之淵藪。

6. 王公子問桓君山以揚子雲，君山對曰：“漢興以來，未有此人。”《論衡》〇陽城子長作《樂經》，揚子雲作《太玄經》，所謂“卓爾蹈孔子之迹，鴻茂参貳聖之才”者也。

7. 王仲任撫班固背曰：“此兒必爲天下知名。”《抱朴子》

8. 繆斐，字文雅，代修儒學，經術修明，學士稱之，時人語曰：“素車白馬繆文雅。”皇甫謐《達士傳》

9. 荀季和八子，并有德業，時人號之“八龍”，居西豪里。渤海宛康，知名士也，時爲潁陰令，以爲昔高陽氏有才子八人，今荀氏亦八人，遂改所居曰“高陽里”。張璠《漢記》

10. 桓彬以廢卒，蔡邕論序其志，以爲彬有過人者四：夙智蚤成，岐嶷也；學優文麗，至通也；仕不苟禄，絶高也；辭隆從窊，潔操也。乃共樹碑而頌焉。

11. 華歆，靈帝時與邴原、管寧游學相善，時號三人爲“一龍”，謂歆爲“龍頭”，寧爲“龍腹”，原爲“龍尾”。《魏略》

12. 孔文舉英雄特杰，如衆星之有北辰。《孔融家傳》

13. 張紘與孔融書言：“虞仲翔頗爲論者所侵，美玉雕磨益光，不足以損。”

14. 東國宗敬蔡中郎，不言名，咸稱蔡君。兖州、陳留并圖畫形像，爲之目曰：“文同三閭，孝齊參騫。”

15. 顧雍少從蔡伯喈學琴，伯喈賞异之，曰：“卿必有成，吾以名與卿。”故雍與伯喈同名，字元嘆，言爲雍所嘆。《江表傳》

16. 文帝書與元城令吴質曰："觀古今文人，類不護細行，鮮能以名節自立，而偉長獨懷文抱質，恬然寡欲，有箕山之志，可謂彬彬君子矣。"幹著《中論》二十篇，辭義典雅。

17. 沈友，字子正。才辯縱横，善屬文，兼好武事，注《孫子兵法》。每所至，衆人默然，莫與爲對，咸言其筆之妙、舌之妙、刀之妙，三者皆過絶於人。張勃《吴録》

18. 趙戩遭三輔喪亂，客於荆州，州牧劉表以爲賓客。爾時禰衡來游京師，詆訾朝士，謂無復人，反南見戩，嘆曰："所謂劍則干將、莫邪，木則椅、桐、梓、漆，人則顔、冉、仲弓。"《典略》

19. 平原陶丘洪舉劉正禮爲茂才，是劉岱弟。刺史曰："前年舉劉岱，奈何復舉劉繇？"洪曰："若使明君用岱於前，擢繇於後，所謂御二龍於長途，騁[①]騏驥於千里，何所復難？"

20. 曹子建七步成章，世目爲"繡虎"，目王仲宣爲"泥下潛蛙"。

21. 諸葛孔明見殷禮，嘆曰："東吴菰蘆中，乃有此人！"作書與兄瑾曰："殷德[②]嗣秀才，今之僑肸也。"《通語》

22. 晉宣王與孔明書曰："黄公衡，快士也，每嘆述足下，不去口實。"

23. 鍾元常言："顔子既殁，能備九德、不貳其過，唯荀令君爲然。"

24. 梅陶謂曹識曰："陶公機神明鑒似魏武，忠順勤勞似孔明，陸抗諸人，皆不能及。"

25. 謝太傅云："小時在殿廷，會見王丞相，便覺清風來拂人。"

---

① 騁：原作"聘"，顯誤。據粤雅堂本改。

② 德：原作"往"，誤。殷禮，字德嗣，今改。

26. 王世將高朗豪率，王丞相、庾太尉游於石頭，會世將至，爾日迅風飛帆，世將倚樓船長嘯，神氣甚逸，丞相謂太尉曰："世將爲復識事。"太尉曰："正足舒其逸耳。"

27. 謝鎮西尚與羅君章爲方外之友，常稱之曰："羅君章可謂湘中之琳琅。"

28. 或有人言："羅君章可謂荆楚之杞梓。"桓大司馬曰："此自江左之秀，豈惟荆楚而已。"

29. 張華謂褚陶曰："二陸龍躍於江漢，彦先鳳鳴於朝陽，自此以來，常恐南金已盡，而復得之於吾子，故知延州之德不孤，淵岱之寶不盡。"

30. 張茂先重成公簡，宗舒曰："公簡清静比揚子雲，默識比張安世。"

31. 華性好人物，至於窮賤候門之士，有一分之善者，便咨嗟稱咏，爲之延譽。

32. 周顗有風流才氣，少知名，正體嶷然，儕輩不敢媟。汝南賁泰，淵通清操之士，嘗嘆曰："汝潁固多賢士，自頃陵遲，雅道殆衰；今復見伯仁，將祛舊風，清我邦族矣。"《晉陽秋》

33. 衛玠穎識通達，天韻標令，陳郡謝幼輿敬以亞父之禮。論者以爲出王眉子、平子、武子之右，謂"諸王三子，不如衛家一兒"。《玠别傳》

34. 諸葛恢，字道明。避難過江，與潁川荀道明、陳留蔡道明俱有名譽，號曰"中興三明"，時人語曰："京都三明各有名，蔡氏儒雅荀葛清。"《中興書》

35. 蔡克未仕時，山濤與王衍書曰："蔡子尼，今之正人。"衍以書示衆，曰："山子以一字拔人。"

36. 阮籍孝盡其親，忠不忘君，明不遺身，知不預事，愚不亂治，自莊周以來命世大賢，其惟阮先生乎！《梅子》

37. 傅長虞爲司隸，勁直忠果，劾案驚人，雖非周才，偏亮可貴。顧榮《書》

38. 賀循論楊方曰："此子開拔有志意，隻言异於凡猥耳，不圖偉才如此！其文甚有奇分，若出其胸臆，乃是一國所推。如方者，乃荒萊之特苗，鹵田之善秀。資質已良，但沾染未足耳。移植豐壤，必成佳穀。"

39. 道壹文鋒富贍，孫綽爲之贊曰："馳騁游説，言固不虛。唯兹壹公，綽然有餘。譬若春圃，載芬載敷。條柯猗蔚，枝葉扶疏。"

40. 蕭思話從宋文登鍾山北嶺，道有盤石清泉，帝使於石上彈琴，因賜銀鍾酒，謂曰："相賞有松石間意。"

41. 褚彦回謂任遥曰："聞卿有令子，相爲喜之，所謂百不爲多，一不爲少。"由是昉名聲藉甚。

42. 袁粲每經傅昭户，嘆曰："經其户，寂若無聲；披其室，其人斯在。豈非名賢！"

43. 李渾出聘梁，名輩畢萃，詩酒正歡，崔㥄後至，一坐無談。鄭伯猷嘆曰："身長八尺，面如刻畫，謦欬如洪鍾響，胸中貯萬卷書，使人那得不畏！"

44. 謝叔源與從子靈運，并有美名，時謂叔源風韻爲高，目望蔡肅肅如寒風振松，目康樂凛凛如霜臺籠日。

45. 王令明素不與靈運相識，嘗得一交言，靈運辨博，辭義鋒起，令明時然後言。荀伯子在坐，退而告人曰："靈運固自蕭散直上，王郎如萬頃陂。"

46. 褚中郎向淹雅有器量，風儀端麗，眉目如點，公庭就列，爲衆所瞻。爲廬陵王長史，卒官。謝舉銘其墓曰：“弘治推華，子嵩慚量。酒歸月下，風清琴上。”論者以爲擬得其人。

47. 劉孝綽除秘書丞，武帝曰：“第一官，當與第一人。”

48. 劉訏與從兄歊各履高操，族祖孝標曰：“訏超超越俗，如半天[①]朱霞；歊矯矯出塵，如雲中白鶴。皆儉歲之良稷，寒年之纖纊。”

49. 謝朓好奬人才，會稽孔闓未爲時知，孔珪嘗令草讓表以示朓，朓嗟吟良久，手自拆簡寫之，謂珪曰：“士子聲名未立，應共奬成，無惜齒牙餘論。”

50. 沈約每見王筠文，咨嗟謂曰：“昔蔡伯喈見王仲宣，稱曰：‘王公之孫，吾家書籍悉當相與。’僕雖不敏，請附斯言。自謝朓諸賢零落，平生意好殆絶，不謂疲暮復逢於君。”

51. 梁元帝問蕭大圜以五經要事數十條，大圜應答無滯。帝曰：“昔河間好學，臨淄好文，爾今兼之，然得東平好善，則彌高千載。”

52. 徐羨之嘗與傅亮、謝晦晏聚，亮[②]才學辯博，羨之風度詳雅，時然後言。鄭鮮之嘆曰：“觀徐、傅言論，不復以學問爲長。”

53 崔浩每與盧玄談，輒嘆曰：“對子真，使我懷古之情更深。”

54. 吏部郎中陸卬嘗稱李德林曰：“德林文章，浩浩如長河東注。比來見後生制作，乃涓澮之流耳。”

55. 齊明帝云：“上馬能擊賊，下馬作露布，惟傅修期耳。”

---

① 半天：粵雅堂本作“天半”。

② 亮：據《南史·徐羨之傳》及《資治通鑑·宋紀》，亮後有“晦”字。

56. 昭明太子執王筠袖，撫劉綽肩，曰：“所謂‘左把浮丘袖，右拍洪崖肩’。”

57. 益州獻蜀柳數株，枝條甚長，狀若絲縷。齊武命植之雲和殿前，賞玩咨嗟曰：“此楊柳風流可愛，似張緒當年時。”

58. 江智深與沈懷文友善，懷文每稱曰：“人所應有盡有，人所應無盡無者，其江智深乎！”

59. 江淹謂郭鞏曰：“子之咳吐①成珠玉，吐氣作虹霓。”

60. 徐陵數歲，家人携候釋寶誌，寶誌摩其頂曰：“天上石麒麟也。”

61. 何點稱陸慧曉：“心如明鏡，遇形觸物，無不朗然。”

62. 王儉以庾杲之爲衛將軍長史，蕭緬與儉書曰：“盛府元僚，實難其選。庾景行泛緑水、依芙蓉，何其麗也！”時人以入儉幕爲蓮花池，故緬書美之。

63. 陳後主問蔡徵蕭允之爲人，徵曰：“清虚玄遠，殆不可測，至於文章，可得而言。”因誦允詩以對，後主嗟賞。

64. 太武指崔浩謂高車渠帥曰：“女曹視此人，纖尪懦弱，手不能彎弓轉矛，其胸中所懷，逾於兵甲。”

65. 文宣啓太后云：“唐邕一人當千。”又云：“邕手作文書，口且處分，耳又聽受，實是异人。”

66. 楊愔每謂元文遥云：“堪解穰侯印者必此人。”

67. 楊素每云：“有君子貌兼君子心者，惟楊達耳。”

68. 謝舉稱柳遐曰：“江漢英靈，見於此矣。”

69. 蔡大寶見柳莊曰：“襄陽水鏡，復在於兹。”

70. 隋文每問群臣曰：“蘇威不遇我，無以措其言；我不得

---

① 吐：粵雅堂本作“唾”。

蘇威，何以行其道？楊素才辯無雙，至若斟酌古今，非威匹也。威若逢亂世，南山四皓，豈易屈哉！”

71. 龐晃等前後短高熲，帝謂熲曰：“獨孤公猶鏡也，每被摩瑩，皎然益明。”

72. 韋祖征問弟子叡：“女自謂何如王憕、杜惲？”叡謙不敢對，祖征曰：“女文章或小減，學識當過之，然幹國家、成功業，皆莫女逮也。”

73. 後周韓果破稽胡，散其種落，稽胡號爲“着翅人”。文帝曰：“着翅之名，寧減飛將。”

74. 張文成爲徐有功贊曰：“躡虎尾而莫驚，觸龍鱗而不懼。鳳峙鴟梟之内，直以全身；豹變豺狼之間，忠能遠害。”

75. 孟浩然文不爲仕，伫興而作，故或遲；行不爲飾，動以求真，故似誕；游不爲利，期以放性，故常貧。名不繼於選部，聚不盈於擔石，雖屢空不給而自若也。士源嘗筆贊之曰：“導漾挺靈，寔生楚英。浩然清發，亦其自名。”王士源《浩然集序》

76. 李揆美風儀，善奏對，每有敷陳，皆符獻替，肅宗賞嘆之，曰：“卿門地、人物、文章，皆當代第一。”故時人有“頭頭第一”之説。揆曾爲入蕃會盟使，行至蕃，酋長曰：“聞唐有第一人李揆公，是否？”致仕居東都，杜司徒罷淮海，入洛見之，言及事事第一之説，揆曰：“若道門户，門户自有所承；官職，遭遇耳。今形骸凋悴，看即下世，一切爲空，何第一之有？”

77. 獨孤信見孫思邈曰：“器大難爲用耳。”

78. 崔氏兄弟六人至三品，宣帝嘆曰：“卿一門孝友，可爲士族法。”題所居曰“德星堂”，京兆民即其里爲“德星社”。

郊、鄜、鄆凡爲禮部五，吏部再。

79. 畢誠爲翰林學士，時河西羌擾，宣宗召訪邊事，誠援質古今，條破羌狀甚悉，上曰："不期頗、牧在吾禁中。"

80. 玄暢見法朗曰："吾西涉流沙，北履幽漠，東探禹穴，南盡羅衡，惟見此一子。"

81. 王景文在太學，與九江王阮齊名。阮嘗曰："聽景文談，如讀酈道元《水經》，名川支渠，貫穿周匝，無有間斷，咳唾皆成珠璣。"

82. 趙東山贊陸子静云："儒者曰女學似禪，佛者曰我法無是。超然獨契本心，以俟聖人百世。"

品　藻

1. 吕氏曰："老聃貴柔，孔子貴仁，墨翟貴廉，關尹貴清，子列子貴虚，陳駢貴齊，楊朱貴己，孫臏貴勢，王廖貴先，兒良貴後。"

2. 尸子云："墨子貴兼，孔子貴仁，皇子貴衷，田子貴均，列子貴虚，料子貴别。"

3. 荀子曰："墨子蔽于用而不知文，宋子蔽于用①而不知得，慎子蔽于法而不知賢，申子蔽于勢而不知知，惠子蔽于辭而不知實，莊子蔽于天而不知人。"

4. 揚②子云："莊、楊③蕩而不法，墨、晏儉而廢禮，申、

① 用：粤雅堂本作"欲"。

② 揚：原作"楊"，誤，今改。

③ 楊：原作"揚"，誤，今改。

韓險而無化，鄒衍迂而不信。”

5. 武帝謂東方朔：“顔淵之道德何勝？”方朔曰：“顔淵如桂馨一山，孔子如春風至則萬物生。”

6. 管子，文錦也，雖醜登廟；子産，練染也，雖美不尊。《淮南子》

7. 趙簡子問成摶曰：“吾聞夫羊殖者，賢大夫也，是行奚然？”對曰：“臣摶不知也。”簡子曰：“吾聞之，子與友親，子而不知，何也？”摶曰：“其爲人也數變：其十五年也，廉以不匿其過；其二十也，仁以喜義；其三十也，爲晉中軍尉，勇以喜仁；其年五十也，爲邊城將，遠者復親。今臣不見五年矣，是以不敢知。”簡子曰：“果賢大夫也，每變益上。”《説苑》

8. 魏文侯謂扁鵲曰：“子兄弟三人，孰最善爲醫？”對曰：“長兄於病視神，未有形而除之，故名不出於家；中兄治病，其在毫毛，故名不出於間；若扁鵲者，鑱血脉，投毒藥，副肌膚間，而名出聞於諸侯。”《鶡冠子》

9. 漢桓帝問陳蕃：“徐穉、袁閎、韋著，三人孰爲先後？”蕃答曰：“閎生公族，聞道漸訓；著長於三輔，禮義之俗，所謂不鏤自雕；至於穉者，爰自江南卑薄之域，而角立杰出，故當爲先。”

10. 曹操曰：“袁紹之爲人，志大而智小，色厲而膽薄。”

11. 陳登使功曹陳季弼詣許，謂之曰：“許下論議，待吾不足，足下相爲觀察，還以見誨。”季弼還，曰：“聞遠近之論，頗謂明府驕而自矜。”登曰：“夫閨門雍穆，有德有行，吾敬陳元方兄弟；淵清玉潔，有禮有法，吾敬華子魚；清修疾惡，有識有義，吾敬趙元達；博聞强記，奇逸卓犖，吾敬孔文舉；雄姿杰出，有王伯之略，吾敬劉玄德。所敬如此，何驕之有？餘子瑣瑣，亦焉足録哉。”

12. 孔融評邊讓曰：“邊讓爲九州之被則不足，爲單衣襜褕則有餘。”

13. 劉寔以爲，王肅方於事上而好下佞己，此一反也；性嗜榮貴而不求苟合，此二反也；吝惜財物而治身不穢，此三反也。《魏志》

14. 顧邵嘗與龐士元宿，問曰：“子名知人，吾與足下孰愈？”曰：“陶冶世俗，與時浮沉，吾不如子；論王霸之餘策，覽倚伏之要害，吾似有一日之長。”

15. 或問盧欽：“徐公景山，當武帝之時，人以爲通；自在涼州，及還京師，人以爲介，何也？”欽答曰：“往者毛孝先、崔季珪用事，貴清素之士，於時皆變易車服，以求名高，而徐公不改其常，故人以爲通；比天下奢靡，轉相仿效，徐公雅尚自若，不與俗同。故前日之通，乃今日之介也。”盧欽《論》

16. 劉備曰：“子初才智絶人，如孤，可任用之，非孤難獨任也。”亮曰：“運籌策於帷幄之中，吾不如子初遠矣；若持枹鼓會軍門，使百姓喜勇，當與人議之。”

17. 張惠恕少修節操，吴主問群臣曰：“温當今與誰爲比？”大司農劉基曰：“可與全琮爲輩。”太常顧榮曰：“基未詳其爲人也，温當今無輩。”

18. 張惠恕至蜀，諸葛武侯甚知之。及聞惠恕黜免，未得其故，思之數日，曰：“吾今已了矣，其人於清濁太明，善惡太分。”

19. 司馬景王欲誅夏侯玄，意未決，問安平王孚云：“己才足以制之不？”孚曰：“昔趙儼葬兒，汝來，半坐迎之，太初後至，一坐悉起。以此方之，恐不如也。”遂殺之。《語林》

20. 吴宣太子妙選官屬，東宫號多士，使侍中胡綜作《賓客目》曰：“英才卓越，超逾倫匹，則諸葛恪；精識時機，達幽究微，則顧譚；凝辯宏達，言能釋結，則謝景；究學甄微，游夏同科，則范慎。”南陽羊道私駮綜曰：“元遜才而疏，子默精而狠，叔發辯而浮，孝敬深而狹。”所言皆有指趣，然道竟以此言不爲恪等所親。後四人皆敗，時以道爲知言。《吴志》

21. 陸士光貞正清貴，金玉其質；甘季思忠款盡誠，膽幹殊快；殷慶元質略有明規，文武可施用；榮兄公讓，明亮守節，困不易操；會稽楊彦明、謝行言，皆服膺儒教，足爲公望；賀生沈潛青雲之士，陶公兄弟，才幹雖少，實事故佳。凡此諸人，皆南金也。顧榮《上琅邪王箋》

22. 范叔子云：“韓康伯雖無骨幹，然亦膚立。”

23. 吴士季忠足矯非，清足厲俗，信可結神，才堪幹世，聖王之老成，明時之俊乂；朱永長體履清和，黄中通理，理物之至德，清選之高望；嚴仲弼稟氣清純，思度淵偉，九皋之鳴鶴，空谷之白駒；張威明稟性堅明，志行清朗，居磨涅之中，無緇磷之損，歲寒之松柏，幽夜之逸光。〔晉〕蔡洪《與周浚書》

24. 桓温云：“顧長康痴、黠各半，合而論之，正平平耳。”世云有三絶：畫絶、文絶、痴絶。宋文帝《文章志》

25. 世言周弘正醜而不陋，吃而能談，誹諧似優，剛腸似直。

26. 邢廣曰：“盧詢祖有規檢禰衡，盧思道無冰棱文舉。”

27. 裴邃廟在光宅寺西，堂宇弘敞，松柏鬱茂；范雲廟在王橋，蓬蒿不剪。梁武南郊，道經二廟，顧而嘆曰：“范爲已死，裴爲更生。”

28. 陳武與諸將晏，杜僧明、周文育、侯安都爲壽，各稱功伐。帝曰："卿等悉良將也，而并有所短。杜公志大而識暗，狎於小而驕於尊，矜其功而不收其拙；周侯不擇人而推心過差，居危履嶮，猜防不設；侯郎傲誕而無厭，輕挑而肆志，率非全身之道。"卒皆如言。

29. 濟陰王暉云："江左文人，有顔、謝、任、沈，我温子昇足陵顔轢謝，含任吐沈。"

30. 崔浩言於明元曰："臣嘗私論近世人物，王猛之經國，苻堅之管仲也；慕容恪之輔少主，慕容暐之霍光也；劉裕之平逆亂，司馬德宗之曹操也。"帝曰："先帝何如？"浩曰："太祖用漠北淳樸之人，南入漢地，變風易俗，化沾四海，自與羲、農、堯、舜齊烈，臣豈敢仰名？"語至中夜，賜浩縹醪酒十斛，水精戎鹽一兩，曰："朕味卿言，若此鹽酒，故與卿同味。"

31. 高伯恭與廣平游雅、太原張偉同業相友，雅嘗論伯恭曰："夫喜怒者有生所不能無，前史載卓公寬中，文饒洪量，褊心者或弗之信。余與高子游處四十年，未嘗見其愠喜之色，内文明而外柔弱，其言吶吶不能出口，余嘗呼爲文子。崔公謂余云：'高生豐才博學，一代佳士，所乏者矯矯風節耳。'余亦然之。司徒之譴，起於纖微，及於詔責，崔公股栗不能言。宗欽以下，伏地流汗，都無人色。高子敷陳事理，申釋是非，辭義清辯，音韻高亮，明主動容，仁及僚友。向之所謂矯矯者，更在斯乎！宗愛之任勢也，威振四海，王公以下望庭畢拜，高子獨升階長揖。由此觀之，汲長孺可卧見衛青，何抗禮之有！向之所謂風節者，得不謂此乎？知人固不易，人亦不易知。吾既失之於心内，崔亦漏①之於形外。鍾期止聽於伯牙，夷吾見明於

---

① 漏：原作"陋"，《北史·高允傳》作"漏"，據改。

鮑叔，良有以也。”

32. 煬帝爲太子，問賀若弼曰：“楊素、韓擒虎、史萬歲皆稱良將，其優劣何如？”對曰：“楊素猛將，非謀將；擒虎鬥將，非鎮將；史萬歲騎將，非大將。”曰：“然則大將爲誰？”弼曰：“惟殿下所擇。”

33. 或問張元一：“蘇味道、王方慶孰賢？”答曰：“蘇九月得霜鷹，王十月被凍蠅。”《朝野僉載》

34. 李華兄事元德秀而友蕭穎士，劉迅作《三賢論》曰：“德秀志當以道紀天下，迅當以六經諧人心，穎士當以中古易今世。易[①]於孔子之門，皆達者與！使德秀據師保之位，瞻形容，乃見其仁；迅被卿佐服，居賓友，謀治亂根源，參乎元精，乃見其妙；穎士若百煉之剛，不可屈，使當廢興去就、一死一生間，而後見其節。”

35. 程伯淳受知神廟，神廟問張載、邢恕所學，對曰：“張載臣所畏，邢恕從臣游。”《晁氏客語》

夙　惠

1. 景帝時，防年因繼母陳殺其父，遂殺陳。廷尉以大逆讞，帝疑之。武帝年十二，爲太子，侍側，對曰：“繼母如母，緣父之故；今繼母殺其父，下手之時，母道絶矣，是父仇也，不宜以大逆論。”帝從之。《疑獄集》

---

① 易：據《新唐書·元德秀傳》，“於孔子之門”前尚有“德秀欲齊愚智，迅感一物不得其正，穎士呼吸折節而獲重禄，不易一刻之安易”一句。此“易”字或爲該句末尾之“易”字。

2. 杜安，字伯夷。少有志節，年十三入太學，號奇童。貴戚慕其名，或遺之書，安不發，悉壁藏之。及後捕案貴戚賓客，安開壁出書，印封如故，竟不離其患，時人貴之。曄《後漢書》

3. 吴祐年十二，隨父恢到官，恢欲殺青簡以寫經書，祐諫曰："今大人逾越五嶺，遠在海濱，舊多珍怪，上爲國家所疑，下爲權戚所望。此書若成，則載之兼兩。昔馬援以薏苡興謗，王陽以衣囊徼名，嫌疑之際，誠先賢所慎也。"恢乃止，撫其首曰："吴氏世不乏季子矣。"

4. 桓驎伯父焉，官至太尉，驎十二，在坐，焉告客曰："此吾弟子，有异才，能作詩賦。"客乃作詩示驎，曰："甘羅十二，揚烏九齡。昔有二子，今則桓生。"驎即應聲答云："邈矣甘羅，超等絶倫。伊彼楊烏，命世稱賢。嗟余蠢弱，殊才偉年。仰慚二子，俯愧過言。"《文士傳》

5. 濟北氾昭、戴祈、徐晏、夏隱、劉彬，少并有异才，皆稱神童，當桓、靈之世，人號爲"五龍"。《濟北英賢傳》

6. 潁川荀子文，年十三，聰辨不群。正光初，潘崇和講《服氏春秋》，子文攝齊北面受道。時趙郡李予問荀住處，對曰："僕住中甘里。"予曰："何爲住城南，此有四夷館。"意以此譏之。荀曰："國陽勝地，卿何怪也？若言川澗，伊洛峥嶸；語其舊事，靈臺石經；招提之美，報德景明；當世富貴，高陽廣平；四方風俗，萬國千城；若論人物，有我無卿。"予無以對，和曰："汝潁之士利如錐，燕趙之士鈍如錘，信非虚也！"《伽藍記》

7. 殷陶，汝南人，年十二以孝稱。遭父憂，率情合禮。有長蛇帶其門，舉家奔走，陶以喪匱在焉，獨居廬不動。親戚扶持曉喻，莫能移之，啼號益盛，由是顯名。《陶靖節集》

8. 魏武時，南方獻山鷄，操欲其鳴舞而無由，公子蒼舒取大鏡着其前，雞見形而舞不止。《異苑》

9. 曹冲五六歲，有成人之智。孫權曾致巨象，操欲知其重，冲曰："置象大船之上，而刻其水痕所至，稱物而載之，則可知矣。"操大悦。

10. 管公明年十五，與單子春談，文采葩流，枝葉横生，少引聖籍，多發天然。子春與群士論難鋒起，公明人人酬對，言皆有餘，至日向暮。子春語衆曰："此年少盛有材氣，聽其言論，正似司馬《大人》《游獵》賦，何其磊落雄壯，英神雋茂，必能明天文地理變化之數，不徒言也。"於是發聲徐州，號爲"神童"。

11. 王弼十許歲便好《莊》《老》，通辨能言，吏部尚書何晏甚奇之，題曰："後生可畏，若斯人者，可與言天人之際矣。"《弼别傳》

12. 戴逵總角時，以雞卵汁溲白瓦作《鄭玄碑》，又自爲文而自鎸之，詞麗器妙。〔唐〕丁用晦《序》云："學慚鼠獄，智乏雞碑。"用此。

13. 士龍儒雅有俊才，六歲便能賦詩，時人以爲項託、揚烏之儔也。《陸雲别傳》

14. 司隸徐正名知人，苻堅六歲時，嘗戲於路，正見而异焉，問曰："苻郎，此官街，小兒行戲，不畏縛邪？"堅曰："吏縛有罪，不縛小兒。"正謂左右曰："此兒有霸王相。"車頻《秦書》

15. 後魏李賢，九歲從師受業，略觀大指而已。或譏其不精，答曰："賢豈徒受業？至如忠孝之道，實銘于心。"問者慚服。

16. 王儉幼篤學，叔父僧虔曰："我不患此兒無名，政恐名太盛耳。"丹陽尹袁粲聞其名，及見之，曰："宰相之門也，栝柏豫章雖小，已有棟梁氣矣，終當任人家國事。"

17. 王僧祐幼聰悟，叔父微撫其首曰："兒神明意用，當不作率爾人。"

18. 蔡興宗幼爲父廓所重，與親故書："小兒四歲，神氣似可，不入非類室，不與小人游。"白母不宜受伯軌財，軌有愧色，謂其子曰："我年六十，行事不及十歲小兒。"

19. 祖瑩少耽書，父母恐其成疾，禁不能止。嘗密於灰中藏火，驅逐僮僕，父母寢後，然火讀書，以衣被蔽塞窗户，恐漏光明爲家人所覺，内外呼爲"聖小兒"。

20. 陶季直，丹陽秣陵人。年四歲，祖愛异之，以四函銀列置前，令諸孫各取一，季直獨不取，曰："若有賜，當先父伯，不應度及諸孫。"

21. 永安王浚八歲，謂博士盧景裕曰："'祭神如神在'，爲有神邪？無神邪？"對曰："有。"浚曰："有神，當云'祭神神在'，何煩'如'字？"景裕不能答。

22. 或携《何遜集》入洛，諸賢皆賞之，元文遥時年十餘，一覽便誦，邢邵云："此殆古來未有。"

23. 虞寄年數歲，客有造其父，遇寄於門，笑曰："郎子姓虞，後當無智。"寄應聲曰："文字不辨，豈得非愚！"客大慚。

24. 謝真八歲，爲《春日閑居詩》。從舅王筠奇之，謂所親曰："此兒方當大成，至如'風定花猶落'，乃追步惠連矣。"

25. 顧歡六歲，家貧，父使田中驅鵲，歡作《黄鵠賦》而歸。鵲食稻過半，父怒，欲撻之，見賦乃止。

26. 柳慶年十三，因暴書，父僧習試令慶於雜賦集中取賦一篇千餘言誦之。慶立讀三遍，便誦之，無所漏。

27. 長孫紹遠年十三，王碩聞其强記，欲試之，乃試以《禮記·月令》。紹遠讀數紙，纔一遍，誦之若流。

28. 賈彝年十歲，詣長安訟父，獲申，遠近僉曰："此子英英，賈誼之後，莫之與京。"

29. 裴安祖年八歲，就師讀《詩》，至《鹿鳴》篇，語兄曰："鹿得食相呼，况人乎！"自此未嘗獨食。

30. 楊愔四世同居，昆季就學者三十餘人。學庭有李樹實落，群兒争取之，愔頹然獨坐。季父暐適入學館，見而大异之，顧謂賓客曰："此兒恬裕，有我家風。"宅有美竹，遂爲愔於林邊别葺室，命獨處其中，嘗銅盤具盛饌以飯焉。因責諸子曰："汝輩如遵彦謹慎，自得竹林别室、銅盤重肉之食。"愔從兄星謂人曰："此兒駒齒未落，已是我家龍文，更十年後，當求之千里外。"

31. 徐之才年八歲，與從兄康造周捨，聽講《老子》。捨爲設食，乃戲之曰："徐郎不用心思義而但事食乎？"之才答曰："聖人虚其心而實其腹。"捨嗟賞之。

32. 李崇幼以父賢功拜爵，親族相賀，崇獨泣下。賢問之，對曰："無勛於國，幼受列侯，當報主恩，不得終孝養，是以悲耳。"

33. 袁充年十餘歲，父黨至門。時冬初，充尚葛衫，客戲充曰："袁郎子絺兮綌兮，凄其以風。"充應聲曰："惟絺惟綌，服之無斁。"客大嗟賞之。

34. 袁君正年數歲，父疾，晝夜不眠，專侍左右，家人勸令暫休，袁答曰："尊患既未差，眠亦不安。"

35. 李百藥七歲時，中書舍人陸乂嘗過其父德林，有讀徐陵文者云："刈琅邪之稻。"坐客并不識其事，百藥進曰："《傳》稱'鄅人藉稻'，《注》云'鄅人在琅邪開陽縣'。"人皆服其機穎。

36. 高定是貞公郢之子，七歲時，讀《書》至《牧誓》，問："奈何以臣伐君？"貞公答曰："應天順人耳。"又問："用命賞于祖，不用命戮于社，豈是順人？"貞公不能答。

37. 樂天女金鑾十歲，忽書《北山移文》示家人，樂天方買終南紫石，欲開《文士傳》，遂輟以勒之。《豐甯傳》

38. 李泌年九歲賦詩："天覆吾，地載吾，天地生吾有意吾。不然絶粒升天衢，不然鳴珂游帝都。焉能不貴復不去，空作昂藏一丈夫。彼丈夫兮我丈夫，平生志氣多良圖。請君看取百年事，業就扁舟泛五湖。"詩成，見者莫不稱賞。張九齡獨戒之曰："蚤得美名，必有所折。夫藏器於身，古人所重，況童子邪！但爲詩賞風景、咏古賢，勿自揚之爲妙。"後爲文，不復自言。嘗以直言諷九齡，九齡感悟，呼爲小友。

39. 張九成八歲默誦六經，通大旨，父積書坐旁，命客就試，公答如響，且置卷斂衽曰："精粗本末無二致，勿謂紙上語不足多。下學上達，某敢以聖言爲法。"諸老驚嘆，目爲奇童。

警 悟

1. 王烈，字彦方。國中有盜牛者，主得之，對曰："我邂逅迷惑，子既赦宥，幸勿使王烈知之。"烈聞，以布一端遺之，曰："耻惡則善生，故賞之。"間年之中，行路父老擔重，人代擔行數十里；頃之，父老復失劍於路。有行人守之，至暮，劍

主還，見之，前代擔人也。父老以告烈，乃昔盜牛人也。《先賢行狀》

2. 張充少好逸游，父緒嘗告歸至吴。始入西郭，逢充正獵，右臂鷹，左牽狗，遇緒船至，便放紲脱韝，拜於水次。緒曰："一身兩役，毋乃勞乎？"充跪曰："充聞三十而立，今充二十九矣，請至來歲。"緒曰："過而能改，顔子有焉。"明歲翻然易操，尋師就學，鬱爲名士。

3. 伶玄，字子于。買妾樊通德，有才色，知書，慕司馬遷《史記》，頗能言趙飛燕姊弟故事。子于閑居，命言，厭厭不倦。子于曰："斯人俱灰滅矣，當時疲精力，馳①騖嗜欲蠱惑之事，寧知終歸荒田野草乎？"通德占袖顧視燭影，以手擁髻，凄然泣下，曰："夫淫於色，非②慧男子不至也。慧則通，通則流，流而不得，其防則百物變態，爲溝爲壑，無所不往焉。禮義成敗之説，不能止其流；惟感之以盛衰奄忽之變，可以防其壞。今婢子所道趙后姊弟事，盛之至也；主君悵然有荒田野草之悲，衰之至也。婢子拊形屬影，識夫盛之不可留，衰之不可推。俄然相緣奄忽，雖婕好聞此，不少遣乎？"《飛燕外傳》

4. 邵員與虞俊鄰居，員先不知俊，俊至吴，與張温、朱據會，清言竟日，温等敬服。於是吴中盛爲俊談，員聞而嘆曰："吾與仲明游居比屋，不能甄其英秀，播其風烈，而令他邦稱我之杰，深用爲愧。"《會稽典録》

5. 王藍田性至狷急，既躋重位，每以柔克爲用。謝奕嘗怒藍田，極言罵之，藍田回面着壁，初不應之，半日奕去，始復坐。

---

① 馳：原闕"馳"字，據《説郛》載《趙飛燕外傳》補。
② 非：内閣文庫藏八册本、粵雅堂本作"至"，誤。

6. 王懷祖初試宛陵令，受贈遺，修家具，爲州司所檢至千三百條。後屢居州郡，清潔絶倫，禄賜皆散之親故，宅宇舊物不改于昔。

7. 梁蕭恪爲雍州刺史，委政群下，賄賂公行。客有江仲舉、蔡薳、王臺卿、庾仲容，皆有蓄積，人間歌曰："江千萬，蔡五百，王新車，庾大宅。"武帝續之曰："主人憒憒不如客。"帝以示恪，恪大慚，乃折節學問，所歷以善政稱。

8. 魏甄琛舉秀才入都，頗以奕棋廢業。夜令蒼頭執燭，或時睡頓則杖之，奴曰："郎君辭父母求仕宦，若讀書執燭，所不敢辭，今乃圍棋，日夜不息，是豈向京之意乎?"琛悵然慚感，遂詣許赤彪，假書研習，聞見日優。

卷 五

豪 爽

1. 子高游趙，與鄒文、季節相善。及將還，諸故人訣既畢，文、節送行三宿。臨别，文、節流涕交頤，子高抗手高揖而已。其徒問之，高曰：“始吾謂二子丈夫也，乃今知其婦人耳。人豈鹿豕也哉，而常群聚乎！”《孔叢子》

2. 袁盎病免家居，與閭里浮湛相隨行，鬥雞走狗。雒陽劇孟嘗過盎，盎善待之。安陵富人謂盎曰：“吾聞劇孟博徒，將軍何自通之？”盎曰：“劇孟雖博徒，然母死，客送葬，車千餘乘，此亦有過人者。且緩急人所有，夫一旦有急扣門，不以親爲解，不以存亡爲辭，天下所望者，獨季心、劇孟耳。今公常從數騎，一旦有緩急，寧足恃乎？”罵富人，弗與通，諸公聞之，皆多盎。

3. 傅介子年十四，好讀書，嘗弃觚而嘆曰：“大丈夫當立功异域，何能坐事散儒！”《西京雜記》

4. 索勱，字彦義。刺史毛奕表行貳師將軍，將[1]酒泉、敦煌兵千人，至樓蘭屯田。召善鄯、焉耆、龜兹三國兵各千，横

---

① 将：原闕“將”字，據《水經注校證》卷四《河水》補。

斷汪濱河。河斷之日，水奮勢激，波凌冒堤，勱厲聲曰："王尊建節，河堤不溢；王霸精誠，滹沱不流。水德神①明，古今一也。"勱躬禱祀，水猶未減，乃列陳被仗，鼓噪讙叫，且刺且射，大戰三日，水乃迴減，胡人稱神。《水經注》

5. 馬援斬徵側，傳首洛陽，封新息侯。乃擊牛釃酒，勞饗軍士，從容謂官屬曰："吾從弟少游常哀吾慷慨多大志，曰：'士生一世，但取衣食裁足，乘下澤車，御款段馬，爲郡掾吏，守墳墓，鄉里稱善人，斯可矣。致求贏餘，但自苦耳。'當吾在浪泊、西里間，虜未滅之時，下潦上霧，毒氣重蒸，仰視飛鳶，跕跕墮水中，卧念少游平生時語，何可得也！今賴士大夫之力，被蒙大恩，猥先諸君紆佩金紫，且喜且慚。"吏士皆伏稱萬歲。

6. 方儲爲郎中，章帝使文郎居左，武郎居右，儲正住中，曰："臣文武兼備，在所施用。"上嘉其才，以繁亂絲付儲使理，儲拔佩刀，三斷之，對曰："反經任勢，臨事亦然。"謝承《後漢書》

7. 馬實曰："幸生盛明之世，免礴瓦之資，托爲丈夫，當建名千載，不可爲空生徒死之物，穢天地之間。"同上

8. 吴郡王閎渡錢塘江，遭風，船欲覆，閎拔劍斫水，罵伍胥，風濤得濟。同上

9. 陳元龍在廣陵，有威名。後許汜與劉備并在荆州牧劉表坐，表與備共論天下人，汜曰："陳元龍湖海之士，豪氣不除。"備問汜："君言豪，寧有事邪？"汜曰："昔遭亂過下邳，見元龍，元龍無客主之意，久不相與語，自上大床卧，使客卧下

① 神：原闕"神"字，據《水經注校證》卷四《河水》補。

床。”備曰：“君有國士之名，今天下大亂，望君憂國忘家，有救世之意，而君求田問舍，言無可采，何緣當與君語？如小人，欲卧百尺樓上，卧君於地，何但上下床之間邪！”表大笑，備因言曰：“若元龍文武膽志，當求之於古耳，造次難得比也。”

10. 堵陽有白馬山，山石似馬，望之逼真，側水，謂之白馬塞。孟達爲守，登之而嘆，曰：“劉封、申耽，據金城千里而更失之乎！”爲《上堵吟》，音韻哀切，有惻人心，今水次尚歌之。《水經注》

11. 桓宣武與殷、劉談，不如甚，唤左右取黄皮褲褶，上馬舞稍數迴，或向殷，或擬劉，意氣始得雄。

12. 桓南郡作詩，或時思不來，輒作鼓吹，既而思得云：“鳴鵠響長阜。”嘆曰：“鼓吹固自來人思。”

13. 曹景宗既貴，謂所親曰：“我昔在鄉里，騎快馬如龍，與年少輩數十騎，拓弓弦作霹靂聲，箭如餓鴟叫。平澤中逐獐，數肋射之，渴飲其血，饑食其肉[①]，甜如甘露漿，覺耳後風生，鼻頭火出，此樂使人忘死，不知老之將至。今來揚州作貴人，動轉不得，路行開車幔，小人輒言不可，閉置車中，如三日新婦，念此邑邑，使人氣盡。”

14. 習鑿齒與桓泌以才氣相推，鑿齒罷滎陽郡歸，與桓書曰：“吾以五月三日來達襄陽，觸目悲感，略無歡情。西望隆中，想卧龍之吟；東眺白沙，思鳳雛之聲；北臨樊墟，存鄧老之高；南眷城邑，懷羊公之風；縱目檀溪，念崔徐之友；肆睇魚梁，追二德之遠。未嘗不徘徊移日，撫乘躊躇。若乃魏武之所置酒，孫堅之所隕斃，裴杜之故居，繁王之舊宅，遺事猶存，

① 肉：原作“胃”，《梁書·曹景宗傳》作“肉”，據改。

星列滿目。瑣瑣常流，碌碌凡士，焉足感其方寸哉！夫芬芳起於椒蘭，清響生乎琳琅。命世而作佐者，必垂可大之餘風；高尚而邁德者，必有明盛之遺事。若向八君子者，千載猶使想其爲人，況相去之不遠乎！彼一時，此一時，焉知今日之才，不如疇辰，百年之後，吾與足下不并爲景行乎！”當時賞其風期俊邁。

15. 劉元海人杰，必致青雲之上，是以策馬鴻騫，乘機豹變，五部高嘯，一旦推雄。《晉載記》

16. 荀濟負氣，每謂人云：“會楯上磨墨作檄文。”

17. 劉裕次山陽，聞何無忌敗績，卷甲兼行，將渡而風急，衆咸難之。裕曰：“若有天命，風當自息；若其天不助，舟覆溺何足爲怪！”即命登舟，舟移而風自息。《三十國春秋》

18. 李苗志尚功名，每讀《蜀書》，見魏延之請出長安，諸葛不許，太息謂亮無奇計；及覽《周瑜傳》，未嘗不咨嗟絶倒。

19. 高恭之每謂人曰：“人生厲心立行，貴於見知，當使夕脱羊裘，朝佩珠玉。若時不我知，便須退迹江海，自求其志。”

20. 慕容儼少見潘樂，長揖而已，或勸屈節，儼攘袂曰：“吾狀貌如此，行望人拜，豈能拜人。”

21. 宗慤答叔父少文問所志曰：“願乘長風破萬里浪。”

22. 王融爲中書郎，嘗撫案嘆曰：“爲爾寂寂，鄧禹笑人。”行過朱雀航，聞人争路，乃椎車壁曰：“車中乃可無七尺，車前豈可無八騶。”

23. 桓榮祖少學騎射，或曰：“何不學書？”榮祖曰：“曹操、曹丕上馬横槊，下馬談論，此可不負飲食矣！君輩無自全之伎，何异犬羊乎！”

24. 王斌初爲道人，有才辯、能唱導，而不修容儀。嘗弊衣於瓦官寺聽雲師講《成實論》，無復坐處，惟僧正慧超尚空席，斌直坐其側，慧超不能平，罵曰："那得此道人？禄簌似隊父唐突人。"因命驅之。斌笑曰："既有①叙勛僧正，那得無隊父道人？"不爲動，而撫機問難，辭理清舉，四座屬目。

25. 齊神武令諸子各理亂絲，文宣獨抽刀斬之，曰："亂者須斬。"

26. 王彦深不爲群從所禮，常懷耻慨，欲以將領自奮，每撫刀曰："龍泉太阿，汝知我者！"

27. 王儉當朝，蕭琛年少，未爲儉識。自負其才氣，候儉宴於樂游，乃着虎皮靴、策桃枝杖，直造其座，儉與語，大悦。

28. 周文育少時，父使人寫蔡邕《勸學》及古詩遺之，文育不省，曰："但知有大槊耳，誰能學此取富貴？"

29. 楊纂每云："大丈夫富貴何必故鄉？若以妻子經懷，豈不沮人雄志。"

30. 高昂與鄭嚴祖握槊，劉貴召嚴祖，昂不時遣，枷其使，使曰："枷時易，脱時難。"昂即以刀就枷刎之，曰："何難之有？"貴不敢校。

31. 高昂龍準豹頸，姿體雄异，少不尊師教，專事馳騁，每言："男兒當横行天下，自取富貴，誰能端坐讀書，作老博士也！"其父曰："此兒不滅吾族，當大吾門。"以其昂藏敖曹，故以名字之。

32. 煬帝遼東之役，麥鐵杖請爲前鋒，顧醫者吴景賢曰："性命自有所在，豈能艾炷灸頞，瓜蒂歕鼻，療黄不差，而卧死兒女掌中乎？"將度遼，呼三子曰："阿奴備淺色黄衫。吾

① 既有：内閣文庫藏八册本、粤雅堂本作"問名"，不通。

荷國恩，今是死日。我得被殺，爾當富貴。惟誠與孝，爾其勉之！”

33. 來護兒幼卓犖，讀書至“擊鼓其鏜，踴躍用兵”“羔裘豹飾，孔武有力”，捨書嘆曰：“大丈夫在世當如是。會爲國滅賊以取功名，安能區區事筆硯乎！”遂覽兵法，曰：“此豈异人意也！”

34. 李白見玄宗於便殿，神氣高朗，軒軒然若霞舉。

35. 陳子昂初入京，不爲人知。有賣胡琴者，價百萬，豪貴傳視，無辨者。子昂突出，顧左右曰：“輦千緡市之。”衆驚問，答曰：“余善此樂。”皆曰：“可得聞乎？”曰：“明日可集宣陽里。”如期偕往，則酒肴畢具，置胡琴於前。食畢，捧琴語曰：“蜀人陳子昂，有文百軸，馳走京轂，碌碌塵土，不爲人知。此樂賤工之役，豈宜留心？”舉而碎之，以其文軸遍贈會者，一日之内，聲華溢都。

36. 司空表聖甚爲王重榮父子所重，嘗爲重榮作碑，贈絹素千匹。表聖致虞鄉市中，人得取之，一日都盡。

37. 裴寬尚書罷郡西歸，汴流中日晚維舟，見一人坐樹下，衣服極敝。命屈之與語，大奇之，曰：“以君才識，必自當富貴，何貧也？”舉船錢帛、奴婢貺之，客亦不讓，登舟，奴婢偃蹇者輒鞭之，裴公益奇之。其人乃張徐州也。《幽閑鼓吹》

38. 歌者袁綯，嘗從子瞻與客游金山。適中秋，天宇四壁，一碧無際，加江流傾涌，月色如晝。遂共登金山妙高臺，命綯歌其《水調歌頭》，曰：“明月幾時有？把酒問青天……”歌罷，公自起舞。

任　達

1. 莊周病劇，弟子對之泣，應曰："我今死則誰先，更百年生則誰後，必不得免，何貪於須臾！"桓譚《新論》

2. 衛端木叔藉其先資，放意所好[1]，及病，無藥石之儲。禽滑釐笑其狂，而段干生以爲德過其祖賜。

3. 東方朔爲郎，常侍中。詔賜之食於前，飯已盡，懷其餘肉持去，衣盡污。數賜縑帛，擔揭而去。徒用所賜錢帛，取少婦於長安中好女，率取婦一歲所者即弃去，更取婦。所賜錢財盡索之於女子，人皆以爲狂。朔曰："如朔，所謂避世於朝廷間者也，古之人乃避世於深山中。"時坐席中，酒酣，據地歌曰："陸沉於俗，避世金馬門。宫殿中可以避世全身，何必深山之中、蒿廬之下？"

4. 楊王孫，孝武時人也。學黄老之術，家業千[2]金，厚自奉，養生，無所不致。及病且終，先令其子曰："吾欲裸葬，以反吾真，必亡易吾意。"死則爲布囊盛尸，入地七尺，既下，從足引脱其囊，以身親土。按《西京雜記》，楊王孫，名貴，史失其名。

5. 鄭泉，博學有奇姿，而性嗜酒，閑居嘗曰："願得美酒滿五百斛船，以四時肥甘置兩頭，反覆没飲之，憊即住而啖肴膳。酒有升斗减，隨即益之，不亦快乎！"《吴志》

---

① 好：粤雅堂本闕"好"字。

② 千：内閣文庫藏八册本、粤雅堂本作"十"，誤。

6. 鄭泉嗜酒，臨卒，謂其同類曰：“必葬我陶家之側，庶百歲後化而成土，幸見取爲酒壺，實獲我心矣。”

7. 阮嗣宗宏達不拘禮俗，口不論事，自然高邁。兗州刺史王昶請與相見，終日不得與言，昶愧嘆之，自以不能測也。《魏氏春秋》

8. 阮籍嗜酒荒放，露頂散髮，裸袒箕踞。其後貴游子弟阮瞻、王澄、謝鯤、胡毋輔之，皆祖述於籍，謂得大道之本。故去巾幘、脱衣服、露醜惡、同禽獸，甚者名之爲“通”，次者名之爲“達”。王隱《晉書》

9. 伯倫肆意放蕩，以宇宙爲狹，常乘鹿車，携一壺酒，使人荷鍤隨之，云死便掘地以埋。土[①]木形骸，遨游一世。《名士傳》

10. 王尼蚤歲喪妻，有一子，貧無居宅，惟畜露車。有牛一頭，每行，輒使御之，暮則共宿車上。常嘆曰：“滄海横流，處不安也。”

11. 謝安縱心事外，疏略常節，每畜女伎，携持游肆。王坦之嘗以書規之，安答書曰：“知君思相愛惜之至。僕所求者聲，謂稱情義，無所不可爲，聊以自娱耳。若潔軌迹、崇世教，非所擬議，亦非所屑。嘗謂君粗得鄙趣者，猶未悟之濠上邪！故知莫逆[②]，未易爲人。”宋明帝《文章志》

12. 陶潛性真率，貴賤造之者，有酒輒設。潛若先醉，便語客：“我醉欲眠，君且去。”

13. 蕭恭從容謂梁元帝曰：“下官歷觀時人，多不好歡興。乃仰眠床上，看屋梁而著書，千秋萬歲，誰傳此者？勞神苦思，竟不成名！豈如臨清風、對朗月，登山放水，肆意酣歌也。”

---

① 土：粤雅堂本闕“土”字。

② 逆：原作“道”，《晉書·王坦之傳》作“逆”，是，今據《晉書》改。

14. 蕭介性高簡，少交游，惟與族兄琛、從兄視素及洽、從弟淑等文酒賞會，時以比謝氏烏衣游。

15. 沈慶之加三望車，謂人曰："我每游履田園，有人則與馬爲三，無人則與馬爲二。今乘此車，安所之乎？"

16. 謝幾卿性通脱，預樂游宴，不得醉而還。因詣道邊酒壚，停車褰幔，與車前三騶對飲，觀者如堵，幾卿自若。

17. 文宣賜陸法和奴婢、錢帛，法和所得奴婢盡免之，曰："各隨緣去。"錢帛散施，一日便盡。

18. 皇甫亮三日不上省，文宣親詰其故，亮曰："一日雨，一日醉，一日病酒。"

19. 韓晉明好酒誕縱，招引賓客。朝廷欲處之貴要地，必以疾辭，告人云："廢人飲酒對名勝，安能作刀筆吏披反①故紙乎？"

20. 李行之臨終，口授墓志，以紀其志，曰："隴西先生行之，以某年某月某日終於某所。年將六紀，官歷四朝。道叶希夷，事忘可否。雖碩德高風，有傾先構；而立身行己，無愧夙心。以爲氣變則生，生化曰死，蓋生者物之用，死者人之終，有何憂樂於其間哉！乃爲銘曰：人生若寄，視死如歸，茫茫大夜，何所是非。"言終而絶。

21. 劉含度性虛遠，有氣調，風流跌宕，名高一時。嘗云："不須名位，所須衣食；不用身後之譽，惟重目前所見。"

22. 李元忠雖居要任，不以物務干懷，惟飲酒自娱。時欲用爲僕射，或言其常醉，不可委以臺閣。其子操聞之，請節飲，元忠曰："我言作僕射不勝飲酒樂，爾愛僕射宜勿飲。"

---

① 披反：《北齊書·韓軌傳》作"返披"。

23. 梁忠烈世子性愛林泉，特好散逸。著論曰：“吾嘗夢爲魚，因化爲鳥。方其夢也，何樂如之！及其覺也，何憂斯類！良由吾之不及魚鳥者遠矣。故魚鳥飛浮，任其志性；吾之進退，常在掌握，舉首懼觸，搖足恐墮。使吾終得與魚鳥同游，則去世如脱屣耳。”

24. 張融臨終，與子書云：“吾生平行善，自當凌雲一笑。三千買棺，無製新衾，左手執《孝經》《老子》，右手執《小品法華經》。以吾平生風調，何至使婦人行哭失聲，不須暫停閨閤。”

25. 張天錫在北，數游宴園池，頗廢政事。時有諫者，天錫曰：“吾非好行，行有得也。觀朝榮則敬才秀之士，玩芝蘭則愛德行之臣，睹松竹則思貞操之賢，臨清流則貴廉潔之行，覽蔓草則賤貪穢之吏，逢飆風則惡凶狡之徒。若引申觸類，庶無遺漏矣。”

26. 袁粲位任隆重，不以事務經懷。爲丹陽尹，郡南一家頗有竹石，粲徒步往，亦不通主人，直造竹所，嘯咏自得。主人出，笑語歡然，俄而車騎羽儀并至門，方知是袁尹。又嘗步屧白楊野間，道遇一士大夫，便呼與酣飲。明日，此人謂被知，到門求進，粲曰：“昨飲酒無偶，聊相要耳。”竟不與相見。

27. 陳暄嗜酒沈湎，兄子秀憂之，致書諷諫。暄答云：“昔周伯仁渡江，惟三日醒，吾不以爲少；鄭康成一飲三百杯，吾不以爲多。吾嘗譬酒猶水也，可以濟舟，亦可以覆舟。故江諮議有言：‘酒猶兵也。兵可千日而不用，不可一日而不備；酒可千日而不飲，不可一飲而不醉。’美哉江公！可與共論酒矣。何水曹眼不識杯槍，吾口不離瓢杓，汝寧與何同日而醒，與吾同日而醉乎？政言其醒可及，其醉不可及也。速營糟丘，吾將老焉。爾無多言，非爾所及！”

28. 司馬消難因暇尋高季式酣歌[①]，留宿旦日，重門并關，消難固請去。季式曰：“君以地勢脅我邪？”消難拜謝請出，終不許。酒至，不肯飲，季式索車輪，括消難頸，更索自括頸，引滿相勸。消難不得已，笑而從之，乃皆脱車輪，更留一宿。

29. 邢邵脱略簡易，有齋不居，坐卧常在一小屋。果餌之屬，常置之梁上，賓至，下而共啖。士無賢愚，皆傾接。對客，或解衣擇虱，且與劇談。未嘗内宿，自云嘗晝入内閣，爲犬所吠，言畢，輒撫掌大笑。

30. 王無功待詔門下省，故事，官給酒日三升，或問：“待詔何樂邪？”無功答曰：“良醖可戀耳。”侍中陳叔達聞之，日給一斗，時號“斗酒學士”。

31. 大樂署史焦革家善釀，王無功求爲大樂丞，吏部以非流不許，無功固請曰：“有深意。”竟除之。革死，其妻送酒不絶，歲餘又死。無功曰：“天不使我酣美酒邪！”遂弃官去。

32. 韓朝宗爲山南采訪使，謂孟浩然間代清律，置諸周行，必咏穆如之頌。因入奏，挾與偕行，先揚於朝，約日引謁。及期，浩然會友生，文酒講好甚適。或曰：“子與韓公諾而怠之，無乃不可乎？”浩然叱曰：“僕已飲矣，身行樂耳，遑恤其他！”遂畢席不赴。王士源《浩然集序》

33. 裴度不信術數，每語人曰：“雞猪魚蒜，逢着則吃；生老病死，時至則行。”

34. 裴令臨終，告門人曰：“吾死無所繫，但午橋莊松雲嶺

---

① 歌：粤雅堂本作“飲”。

未成、軟碧池繡魚尾未長、《漢書》未終篇爲可恨耳。”《晉公遺語》

35. 司空圖預爲壽藏，故人來者，引之壙中，賦詩對酌。人或難之，圖曰：“達人大觀，幽顯一致，非止暫游此中，公何不廣哉!”布衣鳩杖，出則以女家人鸞臺自隨。歲時村社會集，圖必造之，與野老同席，曾無傲色。

36. 馬惟一爲太常，頗不得意，以杯酒自娱。每朝士宴集，雖不召亦常自至，酒酣即彈琵琶，彈罷賦詩，詩成起舞。時人愛其俊逸，謂之“三絶”。

37. 韓熙載肆情坦率，不持名檢，伎樂殆以百數，所得月俸盡散諸姬。熙載敝衣芒屨，作瞽者，持獨弦琴，俾舒雅執板挽之，隨房乞食，以爲笑樂。

38. 右補闕正已四十四致仕，預製棺，題曰“永息庵”，置諸寢室。人勸移之僻地，曰：“吾欲見之，常運死想，滅除貪愛耳。”

39. 李愚告人：“予夙夜在公，不曾爛游華胥國，欲於洛陽買水竹作蝶庵，謝事居其間，庵中當以莊周爲開山第一祖，陳摶配食，然忙者難爲注籍供職。”

40. 范忠宣云：“或相勉以攝生之理，不知人非久在世間物。假如丁令威千歲化鶴，歸鄉見城郭人民皆非，則獨存亦何足樂?”

41. 子瞻在儋耳，因試筆，嘗自書云：“吾始至南海，環視天水無際，淒然傷之，曰：‘何時得出此島邪?’已而思之，天地在積水中，九州在大瀛海中，中國在少海中，有生孰不在島者?覆盆水於地，芥浮於水，蟻附於芥，茫然不知所濟。少焉，水涸蟻即徑去，見其類出涕曰：‘幾不復與子相見。’豈知俯仰之間，有方軌八達之路乎？念此可爲一笑。”

42. 周公謹諸人，邀趙子固各携所藏書畫，放舟湖上，相與評賞。飲酣，子固脱帽，以酒晞髮，箕踞歌《離騷》，旁若無人。薄暮，入西泠①，掠孤山，艤棹茂樹間，指林麓最幽處，瞪目絶叫，曰：“此是洪谷子、董北苑得意筆也。”鄰舟數十皆驚嘆，以爲真謫仙人。

43. 慎伯筠秋夜待潮於錢塘江，沙上露坐，設大酒尊。及置一杯，對月獨飲，意象傲逸。顧子敦適遇之，亦懷一杯，就其尊對酌。伯筠不問，子敦亦不與語，酒盡各散去。

44. 河陽釋法常，性英爽，酷嗜酒，無寒暑風雨常醉，醉即熟寢，覺即朗吟曰：“優游麯世界，爛漫枕神仙。”謂人云：“酒天虚無，酒地綿邈，酒國安恬。無君臣貴賤之拘，無財利之圖，無刑罰之避。陶陶焉，蕩蕩焉，樂其可得而量也。轉而入於飛蝶都，則又蒙騰浩淼②而不思覺也。”

寵　禮

1. 魏文侯見段干木，立倦而不敢息。及見翟璜，踞堂而與之言。翟璜不説，文侯曰：“段干木，官之則不肯，禄之則不受。今汝欲官則相至，欲禄則上卿，既受吾賞，又責吾禮，毋乃難乎？”《説苑》

2. 范蠡乘輕舟以浮於五湖，莫知其所終。越王令工以良金

① 泠：粤雅堂本作“冷”，誤。
② 淼：粤雅堂本作“森”，誤。

寫范蠡之狀而朝禮之。《國語》

3. 董仲綬知爲儒梟，海内稱通，故其接人，能别奇律。是以鍾離産公，以編户之民，受珪璧之敬。《論衡》

4. 孝成帝玩弄衆書，善揚子雲，出入游獵，子雲乘從。又以桓君山藏書多，待詔門下。時人語曰："玩揚子雲之篇，樂于居千室之官；挾桓君山之書，富於積猗頓之財。"

5. 帝嘗謂祭肜可屬以重任。從東巡守，過魯，坐孔子講堂，顧指子路室謂左右曰："此太僕之室。太僕，吾之禦侮也。"

6. 鄭弘爲太尉，舉第五倫爲司空，班次在下。每正朔朝見，弘曲肱自卑。明帝問知其故，聽置雲母屏風，分隔其間，由此爲故事。謝承《後漢書》

7. 肅宗詔黄香詣東觀讀所未見書。香後歸京師，時千乘王冠，帝會中山邸，乃詔香殿下，顧謂諸王曰："此天下無雙，江夏黄童者也。"左右莫不改觀。

8. 王郎剛猛，能解盤牙、破節目，考驗楚王瑛謀反，連及千餘人。事竟，引入詰問，無謬。一見賜御筆墨，再見賜佩帶，三見除司徒西曹掾。《陳留耆舊傳》

9. 馮豹拜尚書郎，忠勤不懈。每奏事未報，常俯伏省閣，或從昏至明。肅宗聞而嘉之，使黄門持被覆豹，敕令勿驚。范曄《漢書》

10. 趙壹舉郡上計到京師，司徒袁逢受計，計吏數百人，皆拜伏廷中，莫敢仰視，壹獨長揖而已。逢望而异焉，令左右讓之，對曰："昔酈食其長揖漢王，今揖三公，何遽怪哉？"逢即斂衽下堂，執其手，延置上坐，顧謂坐中曰："此漢陽趙元叔也，朝臣莫有過之者，請爲諸君分坐。"

11. 河南尹羊陟知壹非常人，明旦，大從車騎造壹。時諸計吏多盛飾車馬、帷幕，而壹獨柴車、草屏，露宿其傍，延陟前坐車下，左右莫不嘆愕。陟遂與言談至熏夕，極歡而去，執其手曰："良玉不剖，必有泣血以相明者矣。"乃與袁逢共稱薦之，名動京師。

12. 度遼將軍皇甫規解官歸安定，鄉人有以貨得雁門太守者，書刺謁規。規卧不迎，既入，問："卿前在郡食雁美乎？"有頃，白王符在門，規素聞符名，乃驚遽而起，衣不及帶，屣履出迎，援符手而還，與同坐極歡。時人爲之語曰："徒見二千石，不如一縫掖。"

13. 蔡邕才學顯著，貴重朝廷，常車騎填巷，賓客盈座。聞王粲在門，倒屣迎之。粲至，年既幼弱，容狀短小，一座盡驚。邕曰："此王公孫，有异才，吾不如也。吾家書籍文章，當盡與之。"

14. 吕蒙病發，孫權迎置所館之側，所以治獲之者萬方。時有加減①，權爲慘慼。欲數見，又恐其勞動，常壁瞻之。見少下食，則喜，顧左右言笑，不然，則咄唶夜不能寐。病中瘳，爲下赦令。《吴録》

15. 紀瞻，字思遠，丹陽秣陵人。才兼文武，朝廷稱其忠亮雅正。明帝一日引於廣室，慨然言："社稷之臣，欲無復十人，如何？"因屈指曰："君便其一。"瞻擬議辭避，帝曰："方與君善語，復何事謙挹？"

16. 羊元敬嘗詣謝混，謝拂席易衣，然後見之。時康樂在坐，退告宣遠曰："望蔡見羊欣，遂易衣改席。"由此益知名。

17. 賀琛進見武帝，語輒移晷，省中爲之語曰："上殿不下

① 加減：《三國志·吴書·吕蒙傳》作"鍼加"，當從。

有賀雅。”琛容止閑雅，故人呼之。

18. 史寧遣使詣周文請事，周文以所服冠、履、衣、被、弓、甲等賜寧，語其使曰：“爲我謝凉州，孤解衣衣公，善始善終，無損功名。”

19. 後主晏東宫，時造玉柄麈尾新成，後主親執之，曰：“當今雖復多士如林，至於堪捉此者，獨張譏耳。”即手授譏。後主幸鍾山開善寺，召从臣坐寺西南松林下，敕張譏竪義。索麈尾未至，敕取松枝，手以授譏。《陳書》

20. 韋綬在翰林，德宗常至其苑，韋妃從幸。會綬方寢，學士鄭絪欲馳告之，帝不許，時適大寒，帝以妃蜀纈袍覆而去。《唐書》

21. 王起，文宗時侍講。或僻字疑事，令中使口宣，即以榜子寫對，故起著《口宣》十卷。

22. 李訓講《周易》，時方盛夏，文宗命取水玉腰帶、辟暑犀如意賜之，曰：“如意與卿爲談柄。”

23. 真宗祀汾陰，召華陰處士种放，不至。問使者，云：“臣到放所居，適于草廳中看畫水牛。”詔閲行在所得古畫四十餘軸，悉賜之。

24. 宋學士王珪召對蕊珠殿，設紫花墩命坐。珪《英宗挽詩》“曾陪蕊珠殿，獨賜紫花墩”紀此事。

企　羡

1. 趙咨拜東海相，道經滎陽。令曹暠迎謁，不爲留。暠送至亭，望塵不及，謂主簿曰：“趙君名重，今過界不見，必爲天下笑。”即弃印綬，還至東海。謁咨畢，辭歸家。其爲時人所貴如此。

2. 張楷，字公超。通《嚴氏春秋》《古文尚書》，門徒常百人，賓客慕之，自父黨宿儒偕造門焉。車馬填街，徒從無所止，黄門貴戚之家，皆起舍巷次，以候過客往來之利。楷疾其如此，輒徙避之，學者隨之，所居成市。後華陰山南，遂有“公超市”。

3. 益州刺史董榮，圖畫譙周像於州學，命從事李通頌之曰：“抑抑譙侯，好古述儒。寶道懷真，鑒世盈虚。雅明美迹，終始是書。我后欽賢，無言不讐。攀諸前哲，丹青是圖。嗟爾來葉，鑒兹顯模。”《益部耆舊傳》

4. 郭林宗來游京師，當還鄉里，送車千許乘，李膺亦在焉。衆人皆詣大槐客舍而別，獨膺與林宗共載，乘薄笨車，上大槐坂。觀者數百人，引領望之，眇若松喬之在霄漢。

5. 鄭玄在徐州，孔文舉時爲北海相，欲其反郡，敦請懇惻，使人繼踵。又教曰：“鄭公久游南夏，今艱難稍平，倘有歸來之思，無寓人於室，毁傷其蕃椽①林木，必繕治墻宇以俟還。”向及歸，融告僚屬：“昔周人尊師，謂之‘尚父’，今可咸曰‘鄭君’，不得稱名。”

6. 孔融深敬玄，屣履造門，告高密縣爲玄特立一鄉，曰：“昔齊置士鄉，越有君子軍，皆异賢之意也。鄭君好學，實懷明德。昔太史公、廷尉吴公、謁者僕射鄧公，皆漢之名臣；又四皓有東園公、夏黄公，潛光隱耀，世嘉其高，皆悉稱公，不必三事大夫也。今鄭君鄉宜曰‘鄭公鄉’。昔東海于公，僅有一

① 蕃椽：據《全上古三代秦漢三國六朝文·全後漢文》引孔融《繕治鄭公宅教》，此處作“藩垣”。

節，猶戒鄉人侈其門閭，矧乃鄭公之德，而無駟牡之路？可開廣門衢，令容高車，號爲‘通德門’。”

7. 袁紹一見玄，嘆曰：“吾本謂鄭君東州名儒，今乃是天下長者。夫以布衣雄世，斯豈徒然哉！”殷芸《小説》

8. 孔融屯都昌，爲賊管亥所圍，逼急，乃遣東萊太史慈求救於平原相劉備，備驚曰：“孔北海乃復知天下有劉備邪！”即遣兵三千救之。

9. 吏部郎謝朓，雅重江革，嘗候革。時大雪，見革敝絮單席，嗟嘆久之，乃脱所着襦，并手割半氈與革充卧具而去。

10. 蕭允爲會稽丞，行經延陵季子廟，設蘋藻之薦，托异代之交。爲詩叙意，詞理清典。

11. 任昉爲中丞，簪裾輻輳，預其宴者號爲“龍門游”。

12. 陶隱居深慕張良爲人，曰：“古賢無比。”

13. 張鏡少與顔延之鄰居，顔談議飲酒，喧呼不絶，張静默無語聲。後顔於籬邊聞其與客語，設胡床坐聽，辭義清玄，指謂坐賓曰：“此中有人。”由此不復酣叫。

14. 袁淑德候李僧伽，先减僕從，然後入門，曰：“見此賢，令吾羞對軒冕。”

15. 仲長子光隱居北渚凡三十年，非其力不食。王無功愛其真素，徙與相近。

16. 白傅葬龍門山，四方過者必奠酒冢前，方丈之土，常成泥濘。賈黄中《談録》

17. 蕭穎士嚴酷异常，有一僕事之十餘年，穎士每加棰楚，輒百餘，不堪其苦。人或激之使去，僕曰：“我非不能他從，所以遲留者，特愛慕其博奧耳。”

仕宦

1. 孫叔敖遇狐丘丈人，狐丘丈人曰："僕聞之，有三利必有三患，子知之乎？夫爵高者人妒之，官大者主惡之，禄厚者怨歸之。"孫叔敖曰："不然。吾爵益高，吾志益下；吾官益大，吾心益小；吾禄益厚，吾施益博。可以免於患乎？"狐丘丈人曰："善哉言乎！"《韓詩外傳》

2. 西門豹爲鄴令，清剋潔慤，秋毫之端無私利也，而甚簡左右，左右因相與比周而惡之。居期年，上計，君收其璽。豹自請曰："臣昔者不知所以治鄴，今臣得矣，願請璽以治鄴。不當，請伏斧鑕之罪。"文侯不忍而復與之。豹因重斂百姓，急事左右。期年，上計，文侯迎而拜之。豹對曰："往年臣爲君治鄴而君奪臣璽，今臣爲左右治鄴而君拜臣，臣不治矣。"遂納璽而去。《韓非子》

3. 孔臧，仲尼之後，遷御史大夫，辭曰："臣代以經學爲家，乞爲太常，專修家業。"漢武遂用之。《孔臧集序》

4. 光武特詔御史中丞與司隸校尉、尚書令會同，并專席而坐，故京師號曰"三獨坐"。

5. 後漢尚書郎，下筆爲詔策，出言爲詔命。其入直，官供青縑白綾被，或以錦緤爲之，給帷帳、通中枕；大官供食物餅餌及五熟果實之屬，五日一美食，下天子一等；給指使一人，女侍史二人，皆選端正妖麗，執香爐護衣。《漢官儀》○沈佺期《直宿詩》："大官供宿膳，侍史護朝衣。"

6. 鍾離意上書薦劉平等，有詔徵之，特賜辦裝錢。

7. 楊震客居於湖，不答州郡禮命數十年，衆人謂之晚暮，而震志愈篤。後有冠雀銜三鱣魚飛集講堂前，都講取魚進曰："蛇鱣者，卿大夫之服象也；數三者，法三臺也。先生自此升矣。"

8. 馬融少而好學，大將軍鄧隲召爲舍人，弃游武都。會羌虜起，自關以西道斷。融以謂古人有言："左手據天下之圖，而右手刎其喉，愚夫不爲。"何者？身貴於天下也。豈以曲俗咫尺爲羞，滅無限之身哉？因往應之，爲校書郎，出爲南郡太守。融《自叙》

9. 梁竦生長京師，不樂本土，自負其才，鬱鬱不得意。嘗登高望遠，嘆息言曰："大丈夫居世，生當封侯，死當廟食；如其不然，閑居可以養志，詩書足以自娱。州郡之職，徒勞人耳。"後辟命交至，并無所就。

10. 崔烈入錢五百萬爲司徒，於是聲譽衰減。嘗問其子鈞曰："吾居三公，於議者何如？"對曰："大人少有英稱，歷位卿守，論者咸謂當爲三公，而今登其位，天下失望。"烈曰："何爲然也？"鈞曰："論者嫌其銅臭。"烈怒，舉杖擊之，鈞狼狽而走。

11. 御史大夫張忠辟孫寶爲屬，欲令授子經，更爲除舍，設儲待，寶自劾去。後署寶主簿，乃徙入舍，祭竈請比鄰。忠使所親問曰："前大夫爲君設除大舍，子自劾去者，欲爲高節也。今兩府高士，例不爲主簿，子既爲之，徙舍甚説？何前後不相副也？"對曰："高士不爲主簿，而大夫君以寶爲可，一府莫言非，士安得獨自高？前日君男欲文學，而移寶自近。禮有來學，義無往教；道不可詘，身詘何傷？且不遭者可無不爲，况主簿乎！"

12. 趙温，字子柔，初爲京兆丞，嘆曰："大丈夫當雄飛，安能雌伏！"遂弃官去。

13. 吕虔有佩刀，工相之，以爲必登三公可服此刀。虔謂祥曰："苟非其人，刀或爲害，卿有公輔之量，故以相與。"祥固辭，强之乃受。祥臨薨，以刀授覽，曰："汝後必興，足稱此刀。"

14. 蘇瓊幼嘗謁東荆州刺史曹芝，芝戲曰："卿欲官否？"對曰："設官求人，非人求官。"芝异其對，署爲參軍。

15. 胡廣自在公臺三十餘年，歷事六帝。凡一履司空，再作司徒，三登太尉，又爲太傅，其所辟命，皆天下名士。與故吏陳蕃、李咸并爲三府，蕃等每朝會，輒稱疾避廣，時人榮之。

16. 魏何昌曰："先王制法，建官授任則置副佐，陳師命將則立監貳，宣命遣使則設介副。當難則權足相濟，員缺則才足相代。韓信伐趙，張耳爲貳；馬援討越，劉隆副車。"

17. 劉靖爲河南尹，應璩與書曰："入作納言，出臨京任，富民之術，日引月長。"《魏志》

18. 蔣濟遺衛臻書曰："漢祖遇亡虜爲上將，周武拔漁父爲太師。布衣厮養，可登王公，何必守文，試而後用？"臻答曰："古人遺智慧而任度量，須考績而加黜陟；今子同牧野於成康，喻斷蛇於文景。好不經之舉，開拔奇之津，將使天下馳騁而起矣。"

19. 選舉，先舉性行而後言才。黄門李豐嘗以問盧毓，毓曰："才所以爲善也，故大才成大善，小才成小善。今稱之有才而不能爲善，是才不中器也。"豐等服其言。

20. 盧毓爲吏部，魏文謂之曰："選舉莫取有名，名如畫地作餅，不可啖也。"對曰："名不足以致异人，而可得常士。常士畏教慕善，然後有名，非所當疾也。"

21. 劉廙兄望之，劉表從事，以正諫不合，投傳告歸。廙曰：“趙殺鳴犢，仲尼回輪。今兄不能法柳下惠和光同塵於内，宜模范蠡遷化於外。坐而自絶於時，殆不可也。”望之不從，尋見害。

22. 諸葛誕爲吏部郎，人有所屬托，輒顯其言而亟用之。後有當否，則公議其得失以爲褒貶，自是群僚莫不慎其所舉。《魏志》

23. 舊儀，侍中親省起居，俗謂之“執虎子”。始蘇則同郡吉茂者，是時仕甫歷縣令，遷爲冗散。見則，嘲之曰：“仕進不止執虎子。”則笑曰：“我誠不能效汝蹇蹇驅鹿車馳也。”《魏略》

24. 羊祜與弟書曰：“既定戎事，當角巾東路歸故里，爲容棺之墟。以白士而居重位，何能不以盛滿受責乎？二疏是吾師也。”

25. 吏部郎史曜出處缺，當選。山濤薦阮咸曰：“真素寡欲，深識清濁，萬物不能移也。若在官人之職，必妙絶於時。”山濤《啓事》

26. 阮修，字宣子，好《老》《易》，能言理，傲然無營，家無儋石之儲，宴如也。琅琊王處仲爲鴻臚卿，謂曰：“鴻臚丞差有禄，卿嘗無食，能作否？”修曰：“爲復可耳。”遂爲鴻臚丞。《名士傳》

27. 王導、郄鑒、庾亮相繼薨殂，朝野憂懼，以陸玩德望，乃拜司空。玩辭讓不獲，乃嘆息謂朋友曰：“以我爲三公，是天下無人矣。”

28. 殷深源被廢，雅咏不輟，雖家人不見其流放之戚。外生韓康伯始隨至徙所，周年還都，殷素愛之，送至水側，乃咏曹顔遠詩曰：“富貴他人合，貧賤親戚離。”因泣下。

29. 王子敬《辭中令帖》云："民志不慕高，情不忘榮，惟欲離今任耳，餘無所擇。王懷祖先輩名流，作此職可謂僉允，桓宣武窺尚書門，猶言此中無人。固知當之未易也。"

30. 何偃爲吏部尚書，劉瑀圖侍中不得。二人從郊祀，偃乘車在前，瑀蹋馬及之，謂偃曰："君車何疾？"曰："牛駿馭精，所以疾耳。"偃謂瑀曰："君馬何遲？"瑀曰："騏驥羅于羈絆，所以居后。"曰："何不着鞭，使致千里？"曰："一蹙自造青雲，何至與駑馬争路？"

31. 王晞苦辭侍中，或勸勿自疏，晞曰："我年少[①]以來，閱要人多矣，充詘少時，鮮不顛覆。且性實疏緩，不堪時務。人主私恩，何由可保？萬一披猖，求退無地。非不愛作熱官，但思之爛熟耳。"

32. 李密有才能，常望内轉，而朝廷無援，乃遷漢中太守，自以失分懷怨。及賜餞東堂，詔賦詩，末章曰："人亦有言，有因有緣。官無中人，不如歸田。明明在上，斯語豈然！"武帝忿之，免密官。

33. 張普惠爲諫議大夫，任城王澄謂曰："不喜君得諫議，喜諫議得君。"

34. 齊王冏辟張翰爲東曹掾，翰謂同郡顧榮曰："天下紛紛未已，夫有四海之名者，求退良難。吾本山林間人，無望於時久矣。子善以明防前，以智慮後。"榮捉其手，愴然曰："吾亦與子采南山蕨，飲三江水耳。"

35. 顧憲之爲吏部郎中，其祖凱之嘗爲吏部，於庭中植嘉樹曰："吾爲憲之植耳。"後果爲此職。

---

① 年少：《北史·王晞傳》作"少年"。

36. 蕭南郡除少府，意甚不得，曰："大丈夫入管喉舌，出莅方伯，乃復低頭入中耶?"所住齋前有嚮所種花草甚美，惠開悉令剗除，列種白楊樹。每謂人曰："人生不得行胸懷，雖壽百歲，猶爲夭也。"

37. 沈巑之令丹徒，不事左右，以浸潤繫上方，嘆曰："一見天子足矣。"齊高召問："復何所陳?"對曰："臣坐清所以獲罪。"帝曰："清何以獲罪?"曰："無以承奉要人。"上曰："要人謂誰?"巑之舉手版四面指，曰："此赤衣諸郎皆是。"

38. 張懷拜太常，自謂閑職，輒歸家。齊武曰："卿輩未富貴，謂人不與；既富貴，那得復委去!"懷曰："陛下御臣若養馬，無事就閑厩，有事復牽來。"

39. 卞延之爲上虞令，有剛氣。會稽太守孟顗以令長裁之，積不能容，脱幘投地，曰："我所以屈卿者，政爲此幘耳！卿乃以一世勛門，而傲天下國士!"拂衣而去。

40. 南齊柳元伯之子五人，皆領州，五馬參差於亭。殷文圭《啓》："荀家門内，羅列八龍；柳氏亭邊，參差五馬。"

41. 何尚之在選日，有一人求爲吏部郎。尚之嘆曰："此敝俗也，官當圖人，人安得圖官?"時顔延之在坐，笑語尚之曰："我聞古者官人以才，今官人以勢。彼①勢之所求，又②何疑焉!"當時以二公爲名言。

42. 劉孝標云："余與馮衍有三同。敬通值中興明君，終不試用，予值英主，亦擯弃當年，一同也；敬通雄才冠世，志堅金石，余雖不及，而節亮慷慨，二同也；敬通有忌妻，至身操井臼，予有悍室，亦令家道轗軻，三同也。"

---

① 彼：粵雅堂本作"行"。
② 又：粵雅堂本、内閣文庫藏八册本、《續修四庫全書》本均作"天"。

43. 謝晦謂顔延之曰："昔荀勗忌阮咸，斥爲'始平太守'，今卿又爲始安，所謂'二始'。"

44. 劉孝孫博學通敏而仕不遂，常嘆曰："古或開一説而致卿相，立談間而降白璧，書籍妄耳。"

45. 常景淹滯門下，積歲不至顯官。以蜀司馬相如、王褒、嚴君平、揚子雲等四賢，皆有高才而無重位，乃托意以贊之。

46. 魏愷積年沈廢，遇楊愔於道，微自陳。愔曰："發詔授官，咸由中旨。"愷應聲曰："雖復零雨自天，終待雲興四岳。"愔欣然曰："此言極爲簡要。"乃除霍州刺史。

47. 魏愷辭青州長史，文宣大怒，曰："何物漢子，與官不就！"朝廷爲之懼，愷容色坦然。帝曰："死與長史，任卿所擇。"答曰："能殺臣者陛下，不受長史者愚臣。"帝曰："何慮無人。"因放還。

48. 檀珪求禄不得，與王僧虔書曰："僕一門雖謝文通，乃忝武達。群從姑叔，三媾帝姻，而令子侄餓死。書牘十二，接覲六七。遂不荷潤，反更曝腮。蟬腹龜腸，爲日已久。饑彪能嚇，人遽與肉；餓驎不噬，誰爲落毛。"

49. 王僧虔爲尚書令，作飛白書題省壁，曰："圓行方止，物之定質。修之不已則溢，高之不已則慄，馳之不已則躓，引之不已則迭，是故去之宜疾。"當時嗟賞，以爲座右銘。

50. 文帝召王敬弘子恢之爲秘書郎，敬弘爲求奉朝請，與恢之書曰："秘書有限故有競，朝請無限故無競，吾欲使汝處不競之地。"

51. 王秀之爲晉平，期年求還。或問其故，曰："此郡沃壤，珍阜日至。人所昧者財，財生則禍逐。智者不昧財，亦不逐禍。吾山資已足，豈可久留！"時人以爲王晉平恐富求歸。

52. 劉善明嘗云："在家當孝，爲吏當清，子孫楷式足矣。"及累爲州郡，以母在北，頗黷財賄。崔祖思怪而問之，曰："夷吾知我。"因流涕曰："方寸亂矣，豈暇爲廉。所得金錢，皆因以贖母，母至，清節方峻。"

53. 張融與從叔永書："昔求三吴一丞，雖屬舛錯，今聞南康闕守，應得之不？融不知階級，階級亦可不知融。政以求丞不得，所以求郡；求郡不得，亦可復求丞。"

54. 袁淑不附劉湛，大相乖忤。袁賦詩曰："種蘭忌當門，懷璧莫向楚。楚少别玉人，門非種蘭所。"尋以病免官。

55. 陸徽九綜州綱，三端府職，皆幕官也。六朝稱府幕曰"府端"，州幕曰"州端"，節度幕曰"節端"，憲司幕曰"憲端"。

56. 元日冬至大朝，百官已集而宰相方至，列燭多至數百炬，謂之"火城宰相"，火城至則衆皆[1]滅燭以避之。《國史補》

57. 賀知章拜禮部侍郎，兼集賢學士。時源乾曜與張説同在政府，乾曜問張曰："賀公久著盛名，今一時兩命，足使學者光耀，然學士與侍郎何者爲美？"張曰："侍郎爲衣冠之華選，非望實兼美，無以居之，然非往賢所慕；學士懷先王之道，爲縉紳軌儀，藴揚、班之辭彩，兼游、夏之文學，始可處之無愧。二美之中，此實爲最。"

58. 張嘉貞生延賞，延賞生弘靖，三代掌書命，皆在臺座，前此未有。楊巨源贈詩曰："伊陟無聞祖，韋賢不到孫。"時稱其能與張家説門户。

59. 歐陽彬爲嘉州刺史，喜曰："青山緑水中爲二千石，作

① 皆：内閣文庫藏八册本、粤雅堂本作"背"，誤。

詩飲酒爲風月主人，豈不佳哉!”《椅杌》

60. 韋思謙進御史大夫，性蹇諤，見王公未嘗屈禮。或譏之，曰：“耳目之官，固當特立。雕鶚鷹鸇，豈衆禽之偶？奈何屈以狎之!”

61. 御史大夫李承嘉嘗讓諸御史曰：“近御史言事，不咨大夫，禮乎？”蕭至忠曰：“故事，臺中無長官。御史，人君耳目，比肩事主，得自彈事。君先白大夫而言，則彈大夫當白誰也？”

62. 韋表微授監察御史，不樂，曰：“爵禄譬如滋味，人皆欲之。吾年五十，冒游少年間，取一班一級，不見其味也。將爲松菊主人，不愧淵明。”

63. 孔若思嘗謂人：“仕至中郎足矣。”及遷庫部郎，乃置一石止水於左右，示止足之意。

64. 柳子厚在永州，吴武陵遺孟簡書曰：“古稱一世三十年，子厚之斥十二年，殆半世矣。霆砰電射，天怒也，不能終朝；聖人在上，安有畢世而怒人臣邪？”

65. 楊嗣復進門下侍郎，建言宜省官屬，文宗言：“無乃滯才乎？”嗣復對曰：“才者自异，汰去秕滓，菁華乃出。”

66. 范質年二十舉進士，時翰林學士和凝權知貢舉。凝平生以宰輔自期，登第姓名在十三，及覽質文，知其非常，亦以爲第十三人，場屋間謂之“傳衣鉢”。後凝既登庸，不十年，質亦大拜。

67. 范純夫言：“曩子弟赴官，有乞書於蜀公者，蜀公不許，曰：‘仕宦不可廣求人知，受恩多，難立朝矣。’”《客語》

68. 嚶嚶子山嘗語人曰：“天下事皆宰相所當言，宰相不得言，則臺諫言之，臺諫不敢言，則經筵言之。吾備位經筵，得

言人所不敢言於天子之前，志願足矣。”《元史》

栖 逸

1. 延陵季子游於齊，見遺金於路，呼牧者取之，牧者曰：“何子居之高而視之下也，類君子而言野也！有君不臣，有友不友，當暑衣裘，吾豈取金者乎！”季子知其賢，請問姓名，牧者曰：“子皮相之士，何足語姓字哉！”《韓詩外傳》

2. 楚王遣使聘陸通，妻從市來，曰：“先生少而爲義，豈老違之哉？門外車迹何深也！”於是夫負釜甑，妻戴紝器，游諸名山，食桂櫨實、黄菁子，隱蜀蛾眉山。《高士傳》

3. 盧遨游玄闕，在北海，至蒙轂之上①。見一士，深目而玄準，渠頭而鳶肩，軒軒然迎風而舞。顧見遨，慢然而下其臂，通乎卑下②。遨往視之，方卷龜殼而食蛤蜊。遨曰：“遨少好游，背群離黨，觀於六合之外，夫子可與遨爲友矣！”若士傲然笑曰：“我方南游乎罔㝗之野，北息乎沉默之鄉，西窮冥冥之里，東貫鴻濛之光。其外猶有沈沈之泥，下無地，上無天，吾能往來。子處矣，吾與汗漫游於九垓之上！”乃舉臂聳身入雲中。遨仰視，曰：“吾比夫子，猶黄鵠與壤蟲。終日行，不離咫尺，而自以爲遠，不亦悲哉！”《淮南子》

4. 南山四皓者，角里先生、綺里季、夏黄公、東園公也。秦世道滅德消，坑黜儒術，於是退而作歌曰：“莫莫高山，深谷

---

① 上：原作“土”，據《淮南子集釋》卷十二《道應訓》改。

② 按，“通乎卑下”在此處文意不通，據《淮南子集釋》卷十二《道應訓》，應作“遁逃乎碑”。

逶迤。曄曄紫芝，可以療饑。唐虞世遠，吾將何歸？駟馬高蓋，其憂甚大。富貴之畏人，不如貧賤之肆志。”崔琦《四皓頌》

5. 應曜隱於淮陽山中，與四皓俱徵，獨不至。時人語曰：“商山四皓，不如淮陽一老。”

6. 李少君，臨淄人也。少好道，入山采藥，遇安期先生，求隨奉給奴役，便聽師事之。安期將少君，東至赤城，南之羅浮，北至太恒，西游玉門，周流五岳，觀看山川，如此數十年。

7. 盧元明《侯山記》曰：“漢有王玄者，隱於此山。景帝再徵不屈，就其山封侯，因以爲名。”宋之問《侯山詩》：“王玄拜隱侯。”荆公《草堂懷古詩》：“周顒宅作阿蘭若，婁約身歸窣堵波。他日隱侯身亦老，爲尋陳迹到烟蘿。”用此王氏事。〇《河南志》

8. 梅福曰：“生爲我酷，形爲我辱，智爲我毒，身爲我桎梏。”乃弃官，隱洪崖及玉笥山。

9. 君平卜筮於成都市，人有邪惡非正之問，則依蓍龜爲言利害。與人子言，依於孝；與人弟言，依於順；與人臣言，依於忠，各因勢導之以善。裁日閲數人，得百錢足自養，則閉肆下簾而授《老子》。博覽亡不通，依老子、嚴周之旨著書十餘萬言。揚雄少時從游學，已而仕京師顯名，數爲朝廷在位賢者稱君平德。杜陵李彊素善雄，久之爲益州牧，喜謂雄曰：“吾真得嚴君平矣。”雄曰：“君備禮以待之，彼人可見而不可得詘也。”彊心以爲不然。及至蜀，致禮與相見，卒不敢言以爲從事，乃嘆曰：“揚子雲誠知人。”《王貢龔鮑傳序》

10. 北平侯王譚不同王莽之政，子興，生五子，并避時亂，隱居西山，人名其居爲“五大夫城”。光武即位，封爲五侯，所

謂中山之五王也。二館之城，澗曲泉清，山高林茂，風烟披薄，觸可栖情，方外之士，尚憑依舊居，取暢林木。《水經注》

11. 安帝以玄纁羔幣聘周燮及南陽馮良，二郡各遣丞掾致禮。宗族更勸之曰："夫修德立行，所以爲國。自先世以來，勛寵相承，君獨何守東岡之陂乎？"燮曰："吾既不能隱處巢穴，追綺季之迹，而猶顯然不遠父母之國，斯固以滑泥揚波，同其流矣。夫修道者，度其時而動。動而不時，焉得亨乎！"

12. 桓帝嘗徵姜肱不至，乃下彭城，使畫工圖肱形狀。肱卧於幽闇，以被韜面，言感眩疾，不欲出風，工竟不得見之。

13. 靈帝踐祚，太后臨朝，陳、竇以忠見害。中常侍曹節秉國，冀寵名賢，以弭己謗，於是起聘士姜肱爲犍爲太守。肱告其人曰："吾以虛獲實，藴籍聲價。盛明之際，尚不委質，况今政在家哉！"遂乘桴浮海，莫知所之。《風俗通》

14. 陶淡好讀《易》，善卜筮，於長沙臨湘山中結廬居之。養一白鹿以自偶，親故有候之者，輒移渡澗水，莫得近之。

15. 周磐居貧，養其母儉薄不充。嘗誦《詩》至《汝墳》之卒章，慨然而嘆，乃解韋帶，就孝廉之舉。及母殁，公府三辟，皆以有道特徵。磐語友人曰："昔方回、支父嗇神養和，不以榮利滑其生。吾親已殁矣，從物何爲！"遂不應。

16. 延叔堅著作東觀，以病免歸，教授家巷。時越雟太守李文德素善叔堅，語群公曰："延叔堅有王佐之才，奈何屈千里之足？"欲令薦引之。叔堅爲書止文德曰："夫道之將廢，所謂命也。流聞乃欲相爲求還東觀，來命雖篤，所未敢當。吾昧爽櫛梳，坐於客堂。朝則誦羲文之《易》、虞夏之《書》，歷公旦之典禮，覽仲尼之《春秋》；夕則逍遥内階，咏詩南軒。百家衆氏，投間而作。洋洋乎其盈耳，焕爛兮其溢目，紛紛欣欣兮其獨樂也。當此之時，不知天之爲蓋、地之爲輿，不知世之有人、己之有軀。雖漸離擊筑，傍若無人，高鳳讀書，不知暴雨，方之於吾，未足況也。且吾自束脩以來，爲人臣不陷於不忠，爲人子不陷於不孝。上交不諂，下交不黷。從此而歿，下見先君遠祖，可不慚赧。如此而不以善止，恐如教羿射者也，慎勿迷其本、弃其生。”後遭黨事禁錮，卒於家。鄉里圖其形於屈原廟。

17. 鄭次都去吏，隱居[①]蟻陂之陽。與同郡鄧敬，折芰爲坐，以荷薦肉，瓠瓢盈酒，言談彌日。蓬廬蓽門，琴書自娱。《汝南先賢傳》

18. 梁鴻東出關，過京師，作《五噫之歌》曰：“陟彼北邙兮，噫！顧瞻帝京兮，噫！宫闕崔嵬兮，噫！民之劬勞兮，噫！遼遼未央兮，噫！”肅宗聞而悲之，求鴻不得。《三輔决録》

19. 陳留老父見張升與友人班草而坐，相抱而泣。趨而過之，植杖太息曰：“二丈夫何泣之悲也？夫龍不隱鱗，鳳不藏羽，網羅高懸，去將安所？雖泣何及乎！”《後漢·逸民傳》

20. 仲長統以爲：“凡游帝王者，欲以立身揚名耳，而名不常存。人生易滅，優游偃仰，可以自娱。”欲卜居清曠，以樂其志，論之曰：“使居有良田廣宅，背山臨流；溝池環匝，竹木周布；場圃築前，果園樹後。舟車足以代步涉之難，使令足以息四體之役。養親有兼珍之膳，妻孥無苦身之勞。良朋萃至，則陳酒肴以娱之；嘉時吉日，則烹豚羔以奉之。躕躇畦苑，游戲平林；濯清泉，追凉風；釣游鯉，弋高鴻。風於舞雩之下，咏歸高堂之上。安神閨房，思老氏之玄虚；呼吸精和，求至人之

① 居：粤雅堂本無“居”字。

彷彿。與達者數子，論道講書；俯仰二儀，錯綜人物。彈《南風》之雅操，發清商之妙曲。逍遥一世之上，睥睨天地之間；不受當時之責，永保性命之期。如是，則可以淩霄漢、出宇宙之外矣，豈羨夫入帝王之門哉！”

21. 世莫知焦先所出，或言生漢末，無父母兄弟，見漢衰，乃不言。常結草爲廬，冬夏袒露，垢污如泥。後野火燒其廬，先因露寢。遭大雪，袒卧不移。人以爲死，就視如故。皇甫謐《高士傳》〇或問焦先於皇甫士安，士安曰：“曠然以天地爲棟宇，闇然合至道之前；出群形之表，入玄寂之幽。一世之人，不足以挂其意；四海之廣，不足以回其顧。眇乎與三皇之先者同矣。結繩以來，未及其至也。豈群言之所能彷彿，常心之所能測量哉！〇陸雲《焦生頌》：“焦生卜居，在河之東。皓襟解帶，嘉卉結容。頤神太素，淑思玄冲。在彼黄堂，明道固窮。”

22. 孝然嘗食白石，以分與人，熟煮如芋①食之，日日入山伐薪以施人，或忽老忽少。魏伐吴，有竊問者，孝然不應，謬歌：“祝衄祝衄，非魚非肉，更相追逐。本爲殺牂羊，更殺羖羅。”魏軍敗，人推其意，牂羊指吴，羖羅指魏也。後與人别去，不知所適。

23. 許子伯嘗與友人談論②，因及漢無統嗣，幸臣專朝，世俗衰薄，賢者放退，慨然據地悲哭，時稱“許伯哭世”。

24. 秦子敕少有才學，屢辭辟命。同郡王商勸令仕，云：“貧賤困苦，亦何可以終身？”敕答曰：“昔堯優許由，非不弘也，洗其兩耳；楚聘莊周，非不廣也，執竿不顧。宓得曝背隴

① 芋：内閣文庫藏八册本、粵雅堂本作“羊”，誤。

② 談論：原作“言次”，不通，《太平御覽·職官部·督郵》引謝承《後漢書》作“談論”，是，據改。

畝之中，誦顔氏之簞瓢，咏原憲之蓬户。時翱翔於林澤，與沮、溺爲等儔，聽玄猿之悲吟，察鶴鳴於九皋，身安爲樂，無憂爲福。處空虚之名，居不靈之龜，知我者希，則我貴矣。斯乃宓得志之秋，何困苦之戚!”《蜀志》

25. 李弘，字仲元，蜀人。居成都之圭里，里人化之，斑白不負戴，男女不錯行。弘嘗爲縣令，鄉人共送之，元[①]無心就行，因共酣飲月餘。太守使人促之，仲元曰：“本不之官。”

26. 管寧少恬静，常笑邴原、華子魚有仕宦意。及歆爲司徒，上書讓寧，寧聞之，笑曰：“子魚本欲作老吏，故榮之耳。”《魏略》

27. 明帝徵管寧，辭不就。詔問青州刺史程喜：“寧爲守節高乎，審老疾尪頓邪?”喜上言：“寧常著皂帽、布襦褲、布裙，出入閨庭，能自拄杖，不須扶持。四時祭祀，輒自力强，加[②]衣服，着絮巾。故在遼東所有白布單衣，親薦饌饋，跪拜成禮。”《魏志》

28. 孫登者，不知何許人，無家，於汲郡北山土窨住。夏則編草爲裳，冬則被髮自覆。好讀《易》，鼓一弦琴，見者皆親樂之。性無喜怒，或没諸水，出而觀之，登復大笑。時時出入人間，所經家設衣食者，一無所辭，去皆捨去。《魏氏春秋》

29. 張廌隱居頤志，家有苦竹數十頃，在竹中爲屋居。王右軍聞而造之，廌避竹中，不與相見，一郡號爲“竹中高士”。《永嘉郡記》

30. 許邁，字叔玄，清虚接真，遐栖表志，所在往而不返，故改名“遠游”，與王右軍父子爲世外之交。《道學傳》

---

① 按，“元”前疑闕一“仲”字。

② 按，《三國志 · 魏書 · 管寧傳》“加”字前有“改”字。

31. 王右軍既去官，與東土[1]人士，營山水弋[2]釣之娛。又與道士許邁共修服食，遍采名藥，不遠千里。游東中諸郡名山，泛滄海，嘆曰："我卒當以樂死。"

32. 王逸少與人書："疾患經月，兼焦勞不可言。迎集中表，親疏略盡，實望投老，得盡田里骨肉之歡。此一條欲不謝二疏，而人理難知，患此不知小却得否？冀疾患差，末秋初冬，必思與諸君一佳集，排弃無益，快共爲樂，欲以少日補頃者之慘戚也。"

33. 逸少與謝萬書曰："比當與安石東游山海，并行田視地利，頤養閑曠。衣食之餘，欲與親知時共歡宴，雖不能興言高咏，銜杯引滿，語田里所行，故以爲撫掌之資，其爲得意，可勝言邪！嘗依陸賈、班嗣、楊王孫之處世，甚欲希風數子，老夫志願盡於此也。"

34. 逸少與人書："頃小差，欲極游目之娛，而吏卒守之，可嘆！東陽花果自小可，何日得卿諸人？"米氏《書史》

35. 張忠隱于泰山，冬則緼袍，夏則帶索，食用瓦器，鑿石爲釜，端拱若尸，不事琴史，鑿地爲窟以居。弟子皆效之，去忠六十餘步，五日一朝。其教以形不以言，弟子受業，觀形而退。苻堅徵至長安，賜衣冠，辭曰："年朽髮落，不堪衣冠，請以野服入覲。"一見而還。行達華山，嘆曰："我東岳道士，没於西岳，命也。奈何！"及關遂卒。

36. 謝玄與兄書："居家大都無所爲，正以垂綸爲事，足以永日。北固山下大有鱸魚，一出手釣得四十九枚。"

---

① 土：粵雅堂本作"士"，誤。
② 弋：粵雅堂本作"戈"，誤。

37. 索襲偉祖，虛静好學，不應州郡之命。太守陰澹嘗造焉，經日忘返。退而嘆曰："世人之所有餘者，富貴也，而目好五色，耳玩音聲。先生弃衆人之所收，收衆人之所弃，味無味於慌惚之際，兼重玄於衆妙之内，宅不彌畝而志忽九州，形居塵俗而栖心天外。雖黔婁之高遠，莊生之不顧，蔑以過也!"遂謚爲"玄居先生"。

38. 劉子驥志在栖遁，桓車騎請爲長史，劉固辭。車騎因到其家，劉於樹條桑，曰："使君既枉駕光臨，宜先詣家君。"車騎乃造其父。父命劉然後還，拂短褐與車騎言話。父使子驥於内，自持濁酒、蔬果供賓，車騎敕人代之斟酌，父辭曰："若使從者，便非野人之意。"車騎慨然嘆美，至暮乃退。

39. 庾亮臨江州，聞翟湯之風，束帶躡屐而詣焉。亮禮甚恭，湯曰："使君直敬其枯木朽株耳。"亮稱其能言，表薦之。主簿張玄曰："此君卧龍，不可動也。"終於家。《潯陽記》

40. 謝康樂與廬陵王箋："會稽既豐山水，是以江左嘉遁并多居之。王弘之拂衣歸耕，逾歷三紀；孔純之隱約窮岫，自始迄今；阮萬齡辭事就閑，纘戎先業。浙河之外，栖遲山澤，如斯而已。既遠同羲唐，亦激貪厲競。殿下愛素好古，常若布衣，每意昔聞，虛想岩穴，若遣一介，有以相存，真可謂千載盛美也。"

41. 宋纖少有遠操，沉静不與世交。居於酒泉南山，弟子受業三千餘人，不應州郡辟命。時太守楊宣畫其像於閣上，出入視之，作頌曰："爲枕何石？爲漱何流？身不可見，名不可求。"酒泉太守馬岌，具威儀、鳴鐃鼓造焉，纖拒而不見。岌嘆曰："名可聞而身不可見，德可仰而形不可睹，先生人中之龍也!"銘詩於石壁，曰："丹崖百丈，青壁萬尋。奇木蓊鬱，蔚若鄧林。其人如玉，維國之琛。室邇人遐，實勞我心。”

42. 陶元亮遺子書曰：“每以家敝，東西游走。性剛才拙，與物多忤。自量爲己，必貽俗患。僶俛辭世，使汝等幼而饑寒。余嘗感孺仲賢妻之言，敗絮自擁，何慚兒子。此既一事矣。但恨鄰靡二仲，室無萊婦，抱茲苦心，良獨内愧。少學琴書，偶愛閑静，開卷有得，便欣然忘食。見樹木交蔭，時鳥變聲，亦復歡然有喜。常言：五六月中，北窗下卧，遇凉風暫至，自謂是羲皇上人。意淺識罕，謂斯言可保；日月遂往，機巧好疏。緬求在昔，眇然如何。”

43. 淵明嘗聞田間水聲，倚杖聽之，嘆曰：“秫稻已秀，翠色染人，時剖胸襟，一洗荆棘，此水過吾師丈人矣！”《淵明别傳》

44. 孔祐至行通神，隱於四明山。嘗見山谷中有錢數百斛，視如瓦石。王僧虔與張緒書曰：“孔祐行動幽祇，德標松桂。引爲主簿，遂不可屈。此古之遺德也。”

45. 王僧達禮致褚元璩，停郡信宿。丘珍孫與王書曰：“聞褚先生出居貴館，此子滅影雲栖，抗高木食，有年載矣。自非折節好賢，何以致之！昔文舉栖冶城，安道入閶門，於茲而三焉。夫却粒之人，餐霞之士，乃可暫致，不可久羈。君當思遂其高步，成其羽化。望其還策之日，暫紆清塵，亦願助爲譬説。”王答曰：“褚先生從白雲游舊矣。古之逸人，或留慮兒孫，或使華陰成市；而此子索然，惟朋松石，介於孤峰絶頂者，積有年歲。近故要其來此，冀慰日夜。比談討芝桂，借訪薜蘿，若已窺烟液、臨滄洲矣。知君欲見之，輒當申譬。”

46. 王敬弘所居舍亭山，林澗周環，備登臨之美，時人謂之“王東山”。宋文帝嘗問爲政，答曰：“天下有道，庶人不議。”上高其言。

47. 顏延之居身清約，不營財利，布衣蔬食，獨酌郊野，當其爲適，傍若無人。

48. 何胤以會稽山多靈异，往游焉。居若耶雲門寺，後遷秦望山。山有飛泉，乃起學舍，即林成樓，因岩爲堵。别爲小閣室，寢處其中，躬自啓閉，僮僕無得至者。

49. 齊高即位，遣王杲之以手敕喻何胤，并徵謝朏。杲之先至胤所，胤恐朏不見，先示以可起，乃單衣、鹿皮巾，執經卷，下床跪受詔書。出，就席伏讀。及杲之從朏所還，問胤以出期，胤知朏已應召，答杲之曰："吾年五十七，月食四斗米不盡，何容復有宦情?"杲之失色，不能答，胤反謂曰："卿何不遣傳詔拜表，留與我同游邪?"杲之愕然，曰："古今不聞此例。"曰："《檀弓》兩卷，皆言物始，何必有例?"

50. 初，胤二兄求、點并栖遁。求先卒，至是胤又隱世，號點爲"大山"，胤爲"小山"，亦曰"東山"。兄弟雖异，克終皆隱，世謂"何氏三高"。

51. 何點或乘柴車，或躡草履，恣心所適，致醉而歸，時人謂之"通隱"。在法輪寺，竟陵王子良就見之，點角巾登席，子良欣悦無已，遺點稽叔夜酒杯、徐景山酒槍。

52. 梁武帝與何點有舊，及踐祚，手詔論舊，賜以鹿皮巾，召見點。以巾褐引入華林園，恩禮甚厚，詔徵爲侍中。點以手捋帝鬚曰："乃欲臣老子邪?"辭疾不起。

53. 陶弘景愛山水，每經澗谷，必坐卧其間，吟咏盤桓，不能已已。謂門人曰："吾見朱門廣厦，雖識其華樂，而無欲往之心；望高岩，瞰大澤，雖知此難立直①，恒欲就之。且永明中

① 直：《南史·陶弘景傳》作"止"，於文意更合。

求禄，得輒差舛，若不爾，豈得爲今日之事？豈惟身有仙相，亦緣勢使之然。”

54. 陶隱居特愛松風，庭院皆植松，每聞其響，欣然爲樂。獨游泉石，望見者以爲仙人。

55. 陶弘景止於句容句曲山，自號“華陽隱居”，人問書札即以“隱居”代名。築三層樓，自處其上，弟子居其中，賓客居其下，與物遂絶。

56. 梁武數徵弘景，弘景畫兩牛，一散放水草間，一着金籠頭，有人執繩，以杖驅之。帝笑曰：“此人欲學曳尾之龜，豈可復致！”

57. 蕭大圜是簡文子，神情俊悟。江陵平，入魏，大見知遇。深信因果，心安閑放，嘗言之曰：“拂衣褰裳，無吞舟之漏網；挂冠懸節，慮吾志之未從。儻獲展禽之免，有美慈明之進；如蒙北叟之放，實勝濟南之徵。其故何哉？夫閭閻有優游之美，朝廷多簪佩之累，蓋由來久矣！留侯追踪於赤松，陶朱成術於辛文，良有以焉。况乎智不逸群，行不高物，而欲辛苦一生，何其僻也！豈如知足知止，蕭然無累。北山之北，弃絶人間；南山之南，超逾世網。面修原而帶流水，倚郊甸而枕平皋。築蝸舍於叢林，構環堵於幽薄。近瞻烟霧，遠睇風雲。藉纖草以蔭長松，結幽蘭而援芳桂。仰翱禽於百仞，俯泳鱗於千尋。果園在後，開窗以臨花卉；蔬圃居前，坐檐而看灌畝。二頃以供饘粥，十畝以給絲麻。侍兒五三，可充紝織；家僮數四，足代耕耘。沽酪牧羊，協潘生之志；畜雞種黍，應莊叟之言。獲菽尋氾氏之書，露葵徵尹君之録。烹羔豚而介春酒，迎伏臘而候歲時。披良書，探至賾，歌纂纂，唱嗚嗚，可以娱神，可以散慮。有朋自遠，揚榷古今；田畯相過，劇談稼穡。斯亦足矣！

樂不可支，永保性命，何畏憂責！豈若蹙足入絆，申脰就羈。游帝王之門，趨宰衡之勢。不知飄塵之少選，寧覺年祀之斯須。萬物營營，靡存其意；天道昧昧，安可問哉！嗟乎，生若浮雲朝露，寧俟長繩繫量①，實不願之。執燭夜游，驚其迅邁。百年何幾，擎跽曲拳；四時如流，俯眉躡足。出處無成，語默奚當。非直丘明所恥，抑亦仲尼恥之。”

58. 梁邵陵王以書二萬卷付馬樞，樞肆志尋覽，殆將周遍，乃喟然嘆曰：“吾聞貴爵位者以巢、由爲桎梏，愛山林者以伊、吕爲管庫。束名實則芻芥柱下之言，玩清虚則糠秕席上之説。稽之篤論，亦各從其好也。比求志之士，望途而息。豈天之不惠高尚，何山林之無聞甚乎！”乃隱茅山，有終焉之志。

59. 朱百年少有高情，携妻孔氏，入會稽南山。伐樵采若爲業，以樵若置道傍，輒爲行人所取，明旦已復如此。人稍怪之，積久知是朱隱士所賣，須者隨其多少，留錢取樵若而去。或寒雪，樵若不售，輒自榜船送妻還孔氏，天晴迎之。有時出山陰，爲妻買繒采三五尺。好飲酒，遇醉或失之。頗談玄理，往往有高勝之言。

60. 謝譓不妄交接，門無雜賓。有時獨醉，曰：“入吾室者，但有清風；對吾飲者，惟有皓月。”

61. 孔珪不樂世務，門庭之内，草萊不剪，中有蛙鳴。或問曰：“欲爲陳蕃乎？”笑曰：“我以此當兩部鼓吹，何必效蕃？”王晏嘗鳴鼓吹候之，聞群蛙鳴，曰：“此殊聒人耳。”珪曰：“我聽鼓吹，殆不及此。”晏有慚色。

62. 明僧紹隱於攝山，高帝謂其弟慶符曰：“卿兄高尚其

① 量：《周書·蕭大圜傳》作“景”，當從。

事，亦堯之外臣。朕夢想幽人，固已勤矣，所謂‘徑路絶，風雲通’。”乃賜竹根如意、笋籜冠。

63. 沈驎士苦無書，因游都下，歷觀四部畢，乃嘆曰：“古人亦何人哉!”遂歸鄉，不與物通。或引之仕，答曰：“魚縣獸檻，天下一契。聖人玄悟，所以每履吉先。吾誠未能景行坐忘，何爲不希企日損!”作《玄散賦》以絶世。

64. 張永爲吴興，請沈驎士入郡。沈聞郡後堂有佳山水，乃往停數月。張欲請爲功曹，使人致意，沈曰：“明府德履冲素，留心山谷，民是以被褐負杖，忘其疲病。必欲飾混沌以蛾眉，冠越客於文冕，走雖不敏，請附高節，有蹈東海而死爾。”

65. 阮孝緒嘗與范元琰[①]同徵，不起。袁峻語之曰：“往者，天地閉，賢人隱；今世路已清，而子猶懷栖遁耶?”孝緒曰：“昔周德雖興，夷、齊不厭薇蕨；漢道方盛，黄、綺無間山林。爲仁由己，何關人世!”《高士傳》

66. 阮孝緒所居，以一鹿床爲精舍，竹樹環繞。任昉尋其兄履之，欲造而不敢，望而嘆曰：“其室則邇，其人甚遠。”

67. 阮孝緒著《高隱傳》，分爲三品：言行超逸，名氏弗傳，爲上篇；始終不耗，姓名可録，爲中篇；挂冠人世，栖心塵表，爲下篇。中篇惟載一百三十七人。劉歊、劉訏覽其書，曰：“昔嵇康所贊，缺一自擬。今四十之數，將待吾等成耶?”對曰：“所謂荀君雖幼，後事當付鍾君。若素車白馬之日，輒獲麟於二子。”歊、訏果卒，乃益二傳。及孝緒亡，訏兄潔録其遺行，次篇末，成絶筆之意云。

68. 眭夸少與崔浩爲莫逆交，浩爲司徒，逼召之。不得已

---

① 琰：原闕“琰”字，據《梁書·阮孝緒傳》補。

入京，與浩相見。經留數日，惟飲酒談叙平生，不及世利。浩每欲屈以位，竟不能發言，後遂投詔書於夸懷，亦不開口。夸曰："桃簡卿已爲司徒，何足以此勞國士也？吾便求别。"

69. 宗測少静退，不樂人間。豫章王嶷徵爲參軍，測答云："何爲謬傷海鳥，横斤山木，欲游名山。"乃挂其祖所畫向子平圖於壁上，賫《老》《莊》二書自隨。子孫拜辭悲泣，測長嘯不顧。遂往廬山，止祖舊宅。其辭侯子響贈遺曰："少有狂疾，尋山采藥，遠來至此。量腹而進松術，度形而衣薜蘿，澹然已足，豈容當[①]此横施？"又善畫，自圖阮籍遇蘇門於行障上，坐卧對之。《高士傳》

70. 宗少文好山水，西涉荆巫，南登衡岳。因結室衡山，以疾還江陵，嘆曰："老病俱至，名山恐難遍睹，惟澄懷觀道，卧以游之。"凡所游履，皆圖之於室，謂人曰："撫琴動操，欲令衆山皆響。"

71. 庾詵性托夷簡，特愛林泉，十畝之宅，山池居半。《高士傳》

72. 後魏郭瑀，字元瑜。少有超俗之操，精通經義，多才藝，善屬文，谷隱鑿石而居。張天錫以蒲輪、玄纁，備禮徵之，遺瑀書曰："先生潜光九皋，懷真獨遠，心與至境冥符，志與四時消息。豈知蒼生倒懸，四海待拯？兹遣使者虚左授綏。"使至，元瑜指翔鴻示之，曰："此鳥安可籠哉！"

73. 仲長子光，字不曜。往來河東，傭力自給，無室廬，絶妻子。開皇末，始庵河渚間以息身焉。賣藥爲業，人莫之知也。汾陰生游河渚，一見而伏，曰："東方朔、管輅不如也。"

① 當：内閣文庫藏八册本、粤雅堂本作"常"，誤。

由是顯重。守令來謁，先生辭以痞疾，未嘗交語。著《獨游頌》《河渚先生傳》以自寓，識者知其懸解人也。有請道者，劍書“老”“易”二字示之。彈琴餌藥，以終其世。王績《仲長先生傳》○[①]《文中子》：“薛收問仲長子光，子曰：“天人也。”收曰：“何謂天人？”子曰：“眇然小乎，所以屬於人；曠哉大乎，獨能成其天。”

74. 王績嗜酒不任事，有奴婢數人種黍，春秋釀酒，養鳧雁、蒔藥草自供。以《周易》《老子》《莊子》置床頭，他書罕讀也，游北山東皋，著書自號“東皋子”。

75. 元德秀愛陸渾佳山水，乃定居，不爲垣墻扃鑰。歲饑，日或不爨。嗜酒，陶然彈琴以自娱。房琯每語人曰：“見紫芝眉宇，使人名利之心都盡。”

76. 陸羽上元初隱居苕溪，自稱“桑苧[②]翁”。闔門著書，或獨行野中誦詩，不得意，或慟哭而歸。

77. 開元時，高太素隱商山，起六逍遥館：晴夏晚雲、中秋午月、冬日方出、春雪未融、暑簟清風、夜階急雨，各製一銘。《清異録》

78. 王摩詰與弟縉俱有俊才，博學多藝，閨門友悌，兄弟奉佛，居常蔬食，不茹葷血。得宋之問藍田别墅，在輞口，輞水周於舍下，竹洲花塢。與道友裴迪浮舟往來，彈琴賦詩，嘯咏終日。在京師，日飯數十名僧，以玄談爲樂。齋中無所有，唯茶[③]鐺、酒臼、經案、繩床而已。退朝之後，焚香獨坐，以禪誦爲事。妻亡，不再娶，三十年孤居一室，屏絶塵累。

---

① 按，内閣文庫藏八册本、粤雅堂本無“○”標，“傳”字後衍“百”字，誤。

② 苧：原作“宁”，蓋形近而誤。據粤雅堂本改。

③ 茶：粤雅堂本作“荼”，誤。

79. 摩詰與裴迪書曰："近臘月下，景氣和暢，故山殊可過，足下方温經，猥不敢相煩，輒便往山中，憩感配寺，與山僧飯訖而去。北涉玄灞，清月映郭，夜登華子岡，輞水淪漣，與月上下。寒山遠火，明滅林外，深巷寒犬，吠聲如豹，村墟夜舂，復與疏鍾相間。此時獨坐，僮僕静默，多思曩昔携手賦詩，步仄徑、臨清流也。當待春中，草木蔓發，春山可望，輕鯈出水，白鷗矯翼，露濕清皋，麥隴朝雊。斯之不遠，儻然從我游乎？"《摩詰集》

80. 王維輞川林下坐，用雷門四老石，燈滅則石中鑽火。《事略》

81. 李長源嘗語肅宗曰："臣絶粒，無家，禄位、第宅皆非所欲。收復京師後，得枕天子膝睡，有司奏客星犯帝座，一動天文足矣。"《李泌别傳》

82. 天隨生宅荒少墻，屋多隙地，前後皆樹杞菊，以供杯案。至夏，枝葉老硬，氣味苦澀，猶責僮兒采掇。人言："千乘之邑，非無好事之家，日欲擊鮮爲具以飽君[①]，君獨閉關不出，率空腸貯古賢遺言，何自苦如此？"天隨生笑曰："我幾年來忍饑誦經，豈不知屠沽兒有酒食邪？"《陸龜蒙别傳》

83. 張志和居江湖，自稱"烟波釣徒"。築室越州東郭，茨以生草，椽棟不施斤斧，豹席椶屩。每垂釣，不設餌，志不在魚也。陳少游表其居曰"玄真坊"，爲買地，大其閎，號"回軒巷"。先是，門阻流水，無梁，少游爲構之，號"大夫橋"。陸羽嘗問孰爲往來，曰："太虚爲室，明月爲燭，與四海諸公共處，未嘗少别。"又語顔真卿曰："願爲浮家泛宅，

① 君：粤雅堂本作"吾"，誤。

往來苕、霅間。”

84. 樂天云：“洛城内外六七十里間，凡觀寺丘墅有泉石花竹者靡不游，人家有美酒鳴琴者靡不過，有圖書歌舞者靡不觀。自居守洛川，洎布衣家以宴游召者，亦時時往。每良辰美景，或雪朝月夕，好事者相過，必爲之先拂酒罍，次開篋詩，酒酣，乃自援琴操宮聲，弄《秋思》一遍。”《白氏長慶集》

85. 樂天《廬山草堂記》云：“堂中設木榻四、素屏二、漆琴一張，儒道佛書各數卷。樂天既來爲主，仰觀山，俯聽泉，旁睨竹樹雲石，自辰及酉，應接不暇。俄而物誘氣隨，外適内和。一宿體寧，再宿心恬，三宿後頹然嗒然，不知其然而然。”

86. 醉吟先生宦游三十載，將老①，退居洛下。所居有池五六畝，竹數千竿，喬木數十株，臺榭舟船，具體而微。與嵩山僧如滿爲空門友，平泉客韋楚爲山水友，彭城劉夢得爲詩友，皇甫朗之爲酒友，每一相②遇，欣然忘歸。

87. 李建勳以司徒致仕，賜號“鍾山公”，營别墅於山中，放意水石。或謂曰：“公未老，又無疾，遽爲此舉，欲復爲九華先生邪？”答曰：“吾平生笑宋公輕出處，何至效之！自知不壽，欲求數年閑適耳。”

88. 子瞻云：“元豐六年十月十日夜，解衣欲睡，月色入户，欣然起行。念無與樂者③，遂至承天寺尋張懷民，懷民亦未寐。相與步於中庭，庭中積水空明，水中藻荇交横，蓋竹柏影也。何夜無月？何處無竹柏？但少閑人如吾兩人耳！”《東坡集》

---

① 老：原闕“老”字，據《白居易集·醉吟先生傳》補。

② 相：粤雅堂本作“朋”，誤。

③ 者：粤雅堂本闕“者”字。

89. 蘇子美答韓持國曰："比伏臘稍足，居室稍寬。無應接奔走之勞，耳目清曠，不設機關以待人，心安閑而體舒放。三商而眠，高舂而起，静院明窗，羅列圖史琴樽以自娱。有興則泛小舟，出盤、閶二門，吟嘯覽古於江山之間。渚茶、野釀足以消憂，蓴鱸、稻蟹足以適口。又多高僧隱君子，佛廟絶勝，家有林園，珍花奇石，曲池高臺，魚鳥留連，不覺日暮。"《蘇子美集》

游覽

1. 穆王肆意遠游，命駕八駿之乘，右驌騮而左騄耳，右驂赤驥而左白𣾰，主車則造父爲御，𢍰𦈢爲右；次車之乘，右服渠黄而左逾輪，左驂盗驪而右山子，桓①夭主車，參伯爲御，奔戎爲右。一日行萬里。

2. 太史公有子曰遷，遷生龍門，耕牧河山之陽。年十歲則誦古文，二十而南游江淮，上會稽，探禹穴，窺九疑。浮於沅湘，北涉汶泗，講學鄒魯之都，觀孔子之遺風，鄉射鄒嶧。厄困鄱薛彭城，過梁楚以歸。

3. 匡廬衆嶺中，第三嶺極高峻，人所罕經也。太史公東游，登其峰而遐觀，南眺五湖，北望九江，東西肆目，若涉天庭焉。遠公《廬山記》

4. 李固與弟書："固今年五十有七，鬢髮已白。所謂容身而游，滿腹而去，周觀天下，獨未見益州耳。昔嚴夫子嘗言：

① 桓：《列子集釋·周穆王篇》作"柏"。

‘經有五，涉其四；州有九，游其八。’欲類此子矣。”

5. 漢侍中習郁，於峴山南依范蠡養魚法作魚池。池邊有高堤，種竹及長楸，芙蓉緣岸，菱芡覆水，是游燕名處。山簡每臨此池，未嘗不大醉而還，曰：“此是我高陽池也。”襄陽小兒歌之。《襄陽記》

6. 焦光、仲遜共游陸渾，時春和景妍，遜謂光曰：“冥冥花樹，攪人離思。”唐詩：“飛花攪獨愁。”

7. 羊祜樂山水，每風景，必造峴山，置酒言咏，終日不倦。嘗顧謂從事中郎鄒湛等曰：“自有宇宙，便有此山。由來賢達勝士，登此遠望如我與卿者多矣，皆湮滅無聞，使人悲傷。如百歲後有知，魂魄猶應登此也。”湛曰：“公德冠四海，道嗣前哲，令聞令望，必與此山俱傳。若湛輩，乃當如公言耳。”

8. 郄詵[①]數月山行，喜聞樵語牧唱，曰：“洗盡五年塵土，腸胃欣然。”倚驂臨水，久之乃去。

9. 謝安優游山水，以敷文析理自娱。《續晉陽秋》

10. 安於土山營墅，樓館林竹甚盛，每携中外子侄往來游集，肴饌亦費百金。世頗以此譏焉，而安殊不以此屑意。

11. 安常往臨安山中，坐石室，臨濬谷，悠然嘆曰：“此亦伯夷何遠！”

12. 車胤風姿美劭，機悟敏率。桓温在荆州，取爲從事，一歲至治中。胤既博學多聞，又善於激賞，當時每有盛坐，胤必同之，皆云：“無車公不樂。”謝公游集之日，常開筵以待之。《續晉陽秋》

---

① 詵：内閣文庫藏八册本、粤雅堂本作“説”，誤。

13. 陸機在洛，忽思齋東頭竹筱之飲，謂劉寶曰："吾鄉思轉深矣。"《語林》

14. 謝靈運嘗自始寧南山伐木開徑，直至臨海，從者數百。臨海太守王琇驚駭，謂是山賊，及知靈運乃安。又要太守使進，琇不肯，靈運贈詩曰："邦君難地險，旅客易山行。"

15. 劉歊隱居求志，尤愛山水，登危履險，必盡幽遐，人莫能及，皆嘆其有濟勝之具。

16. 劉訏嘗着穀皮巾，被衲衣，每游山澤，輒留連忘返。神理閑正，姿貌甚華。在林谷之間，意氣彌遠，遇者皆謂神人。

17. 李白登華山落雁峰，曰："此山最高，呼吸之氣，想通帝座，恨不携謝朓驚人詩來，搔首問青天耳。"

18. 眉州象耳山有李白留題，云："夜來月下卧醒，花影零亂，滿人襟袖，疑如濯魄於冰壺也。"《甲秀堂帖》

19. 柳子厚云："上高山，入深林，窮迴溪，幽泉怪石，無遠不到。到則披草而坐，傾壺而醉，醉則更相枕以卧，意有所極，夢亦同趣。"

20. 羊元居山當户，山峰奇秀，每據胡床，終日笑傲。或偃卧，謂客曰："此翠屏宜晚對，爽人心目。"顔魯公名其山爲"翠屏"。《東坡集》

21. 劉伯壽，洛陽九老中一人也。築室嵩山下，每登嵩頂回，則於峻極中院投筆記歲月，捐館之年，題云："余今年若干歲，登頂凡七十四次矣，精力雖疲，心未足也。"

22. 王輔道學士，與其孫之静游嵩，至峻極中院，作一絶句云："爛紅一點出浮漚，夜坐嵩峰頂上頭。笑對松窗談祖德，當年七十四回游。"朱弁《風月堂詩話》

23. 子瞻云："元豐二年秋後一日，余自吴興道杭，東還會稽。龍井有辯才大師，以書邀余入山。比出郭，日已夕。航湖至普寧，遇道人參寥，問龍井所遣藍輿，則曰以不時至去矣。是夕天宇開霽，林間月出，可數毫髮。遂弃舟，從參寥杖策，并湖而行。出雷峰，度南屏，濯足於惠因澗。入靈石塢，得支徑，上風篁嶺，憩於龍井亭，酌泉投石而飲之。自普寧凡經佛寺十五，皆寂不聞人聲，道傍廬舍，或燈火隱顯，草木深鬱，流水激激悲鳴，殆非人間之境。行二鼓矣，始至壽聖院，謁辯才於潮音堂，明日乃還。”

24. 子瞻云：“元豐三年夏六月，過廬山，涉其山之陽，入棲賢谷。谷中多大石，岌嶪相倚，水行石間，其聲如雷霆，如千乘車行者，震掉不能自持，雖三峽之險不過也，故其橋曰‘三峽渡橋’。而東依山循水，水平如白練，横觸巨石，匯爲大車輪，流轉洶涌，窮水之變。院據其上游，右倚石壁，左俯流水，石壁之趾，僧堂在焉。狂峰怪石，翔舞於檐上，松杉竹箭，横生倒植，葱蒨相糾。忽大風雨至，堂中之人，疑將厭焉。問於習廬山者，曰：“雖玆山之勝，棲賢蓋一二數矣。”

25. 子瞻云：“今日游白水佛迹山，山上布水三十仞，雷輥電散，未易名狀，大略如項羽破章邯時也。”

26. 子瞻云：“暮夜月明，獨與邁乘小舟，至絶壁下。大石側立千仞，如猛獸奇鬼，森然欲搏人。而山上栖鶻，聞人聲亦驚起，磔磔雲霄間，又有若老人咳且笑於山谷者，或曰：‘此鸛鶴也。’余方心動，欲還，而大聲發於水上，噌吰如鐘鼓不絶，舟人大恐。徐而察之，則山下皆石穴罅，不知其淺深，微波入焉，涵澹澎湃而爲此也。舟回至兩山間，將入港口，有大石當中流，可坐百人，空中而多竅，與風水相吞吐，有窾坎鏜鞳之聲，與向之噌吰者相應，如樂作焉。”

27. 子瞻言："嶺南氣候不齊，吾嘗云'菊花開時乃重陽，涼天佳月即中秋'，不須以日月爲斷也。今歲九月，殘暑方退，既望之後，月出愈遲。予嘗夜起登合江樓，或與客游豐湖，入棲禪寺，扣羅浮道院，登逍遥堂，逮曉乃歸。杜子美云：'四更山吐月，殘夜水明樓。'此殆古今絶唱也。"

28. 張子偉少不婚宦，得刁景純廢圃，結茅齋居焉，嘯傲長松修竹之下，十有餘年。一日，聞湖湘山川之盛，杖策獨行，登廬阜，泛彭蠡，絶洞庭，南至衡山，數年而返。所過①雖兔迒鳥道，人迹所不及，必窮搜極覽，以盡其意，隨輒疏録，名之曰《山水漫游記》。

29. 天台丁仲容，寓居金陵城北，家有園亭之勝，古檜列植，左右蒼然。晚歲盤桓於冶城、龍河之間。詩必因酒而作，引觴揮毫，若不經意，而語率高，飲至半酣，詩語益奇，而先生亦頹然醉矣。

傷逝

1. 子産聞子皮卒，哭且曰："吾已無爲爲善矣，唯夫子知我！"

2. 范巨卿式，先與張元伯友，式爲郡功曹。時元伯寢疾，同郡郅君章、殷子徵晨夜省視之。元伯臨盡，嘆曰："恨不見吾死友。"子徵曰："吾與君章盡心於子，非死友而何？"元伯曰："若二子者，吾生友耳，山陽范巨卿，所謂死友也。"居頃之，

---

① 過：粤雅堂本作"遇"。

卒。式忽夢元伯玄冕垂纓，屣履而呼曰："巨卿，吾死，當以某日葬，子未我忘，豈能相及?"式寤，悲嘆泣下，具告太守，請奔喪。太守雖心不信，而重違其情，許之。式便服朋友之服，馳往赴之。未到而喪已發，柩不肯進，其母撫之曰："元伯豈有望邪?"停柩移時，見有素車白馬，號哭而來，其母望之，曰："此必范巨卿也。"巨卿至，叩喪言曰："行矣元伯，死生异路，永從此辭!"會葬者千人，咸爲揮涕，式因執紼而引，柩乃得前。

3. 孔融與蔡邕善，邕卒後，有虎賁士貌類於邕。融每酒酣，引與同坐，曰："雖無老成人，尚有典刑。"

4. 孫子荊除婦之服，詩曰："時邁[1]不停，日月電流。神爽登遐，忽已一周。禮制有叙，告除靈丘。臨祠感痛，中心若抽。"

5. 羊曇少爲謝太傅所知，太傅亡後，羊輟樂彌年，行不由西州路。嘗因石頭大醉，扶路唱樂，不覺至州門，左右白："此西州門也。"羊悲感，以馬策叩扉，咏曹子建詩曰："生存華屋處，零落歸山丘。"慟哭而去。

6. 桓玄作《王孝伯誄》曰："川岳降靈，哲人是育。既爽其靈，不貽其福。天道茫昧，孰測倚伏。犬馬反噬，豺狼翹陸。嶺摧高梧，林殘故竹。人之云亡，邦國喪牧。于以誄之，爰旌芳郁。"

7. 王規死，昭明太子與湘東王令曰："王威明風韻遒上，神峰標映，千里絶迹，百尺無枝，實俊人也。一爾過隙，永歸長夜。金刀掩芒，長淮絶涸。去歲冬中，已傷劉子；今兹寒孟，

---

① 邁：粵雅堂本作"遇"，誤。

復悼王生。俱往之悲，信非虚説。”

8. 任昉卒，武帝聞問，方食西苑緑沉瓜，投之于盤，悲不自勝。

9. 張融仲兄緒亡，融賫酒於靈前酌飲，慟哭曰：“阿兄風流頓盡。”

10. 崔浩死，眭夸爲素服，受鄉人吊唁，經時乃止，嘆曰：“崔公既死，誰能更容眭夸！”

11. 魯廣達爲陳將，被執，憤慨而卒，江總撫棺慟哭，題其前和曰：“黄泉雖抱恨，白日自留名。悲君感義死，不作負恩生。”

12. 李士廉終於家，趙州士女莫不流涕，曰：“我曹不死，而令李參軍死乎！”

13. 宗炳妻羅亦有高情，與炳協趣。羅亡後，炳哀之過甚。既而輟哭尋理，悲情頓釋，謂沙門慧堅曰：“死生之分，未易可達。三復至教，方能遣哀。”

14. 孫德璉[①]亡後，江總爲其志銘，後主又題銘後四十字，遣左民尚書蔡徵宣敕，就宅鐫之。其詞曰：“秋風動竹，烟水驚波。幾人樵徑，何處山阿。今時日月，宿昔綺羅。天長路遠，地久雲多。功臣未勒，此意如何！”時論咸以爲榮。

15. 柳弘博涉群書，辭彩雅贍，與弘農楊素友善。柳卒，素誄之曰：“山陽王弼，風流長逝。潁川荀粲，零落無時。修竹夾池，永絶梁園之賦。長楊映沼，無復洛川之文。”其爲士友痛惜如此。

16. 雷宣徽有終，頗涉道書，因讀史，廢書流涕曰：“功名

---

① 德璉：原無“德”字，粤雅堂本僅作“槤”，此據《陳書·孫瑒傳》“孫瑒，字德璉”補。

者，貪夫之鈎餌。横戈開邊，枝劍討叛，死生食息之不顧。及其死也，一棺戢身，萬事都已，悲夫！”

17. 江鄰幾云：“胡翼之凶訃至京，錢公輔學士與太學生徒百餘人，詣興國戒壇院舉哀，又自陳師喪，給二日假。近時無復此事。”

18. 子瞻云：“昔劉原父酒酣，誦陳季弼告陳元龍語，因仰天太息，此自原父舒其胸中磊塊之氣。吾嘗作詩云：‘平生我亦輕餘子，晚歲人誰念此翁。’記原父語也。原父没，尚有貢父在，每與語，差强人意，今復死矣，何時復見此偉人乎？”

卷六

術解

1. 孔子使子貢往外而未來，謂弟子占之，遇“鼎”，皆言“無下足不來”。顏子曰：“無足者，乘舟而來，賜至矣。”清朝，子貢果乘舟而至。《衝波傳》

2. 武帝嘗使諸數家射覆，置守宫盂下，射之，皆不能中。東方朔自贊曰：“臣嘗受《易》，請射之。”乃别蓍布卦而對曰：“臣以爲龍又無角，謂之爲蛇又有足，是非守宫即蜥蜴。”上曰：“善。”

3. 上林嘗獻棗，上以所持杖擊未央前殿檻，呼朔曰：“叱叱，先生來來，先生知此筐中何等物也？”朔曰：“上林獻棗四十九枚。”上曰：“何以知之？”對曰：“呼臣者，上也；以杖擊檻，兩木，兩木，林也；來來者，棗也；叱叱者，四十九也。”《曼倩别傳》

4. 詹何坐，弟子侍，有牛鳴於門外，弟子曰：“是黑牛也，而白蹄。”詹何曰：“然[①]，是黑牛也，而白其蹄。”使人視之，果黑牛，而以布裹其蹄。《論衡》

---

① 詹何曰然：各本均作“詹曰何然”，據《論衡校釋》卷二十六《實知篇》改。

5. 焦延壽，字子贛，爲郡史察舉，補小黄令。以候伺先知，奸邪盗賊不得發，愛養吏民，化行縣中。舉最，當遷，三老官屬上書願留贛，有詔許增秩留，卒於小黄。贛常曰："得我道以亡身者，京生也。"其説長於灾變，分六十四卦，更直日用事，以風雨寒温爲候，各有占驗，房用之尤精。

6. 元帝時，郎中京房知五音六十律之數，上使韋玄成等試問房，房對受學於故小黄令焦延壽。六十律相生之法，以上生下，皆三生二；以下生上，皆三生四；陽下生陰，陰上生陽，終於中吕，而十二律畢矣。中吕上生執姑，執姑下生去滅，上下相生，終於南事，六十畢矣。夫十二律之變於六十，猶八卦變至於六十四也。

7. 安定嵩真，明算術，成帝時人。真嘗算其年壽七十三，綏和元年正月二十五日晡時死，書其壁以記之。二十四日晡時死，其妻曰："見其算時，長下一算，欲以告之，慮脱有旨，今果校一日。"真又曰："北邙青隴上，孤檟之西四丈所，鑿之入七尺，吾欲葬此地。"及真死，依言往，掘得古時空椁，即以葬焉。

8. 廣漢陽翁偉，能聽鳥獸之音，乘蹇馬之野。田間有放馬者，相去數里，鳴聲相聞。翁偉謂其御曰："彼放馬目眇。"其御曰："何以知之？"曰："罵此轅中蹇馬，蹇馬亦罵之曰'眇馬'。"御者不信，往視之，馬目果眇。《論衡》

9. 張衡作地動儀，精銅以鑄其器，圓徑八尺，形似酒尊。尊中有都柱，旁行八道，施關發機，外有八龍，首銜銅丸，下設蟾蜍承之。地或動，則隨其方面，一龍吐丸，其機關巧制皆在尊中。

10. 周騰，字叔達，爲御史。桓帝欲南郊，平明將出，叔

達仰首曰：“今宮中策馬星不動，帝何出焉？”四更，皇太子卒，遂止。《豫章列士傳》

11. 楊宣爲河内太守，行縣，有群鵲鳴桑樹上，宣曰：“前有覆車粟，此鵲相隨欲往食。”行數里，果有覆車粟。《益部耆舊傳》

12. 睦固，字白菟，屯於射犬。巫戒之曰：“將軍字白菟，菟見犬必驚，不宜屯此。”固不從。司空曰：“兔入犬城，旦當取。”遂進軍擊平之。《漢獻春秋》

13. 管輅弟辰謂輅曰：“大將軍待君意厚，當富貴乎？”輅長嘆曰：“天與我才明，不與我年壽，恐四十七八間，不見女嫁兒娶婦也。若得免此，欲作洛陽令，可使路不拾遺，但恐至泰山治鬼，不得治生人耳。”辰問其故，答曰：“吾額上無主骨，目中無守精，鼻無梁柱，脚無天根，背無三甲，腹無三壬，皆不壽之驗。天有常數，不可得諱。吾前後相當死者過百人，略無差也。”

14. 安平太守王基令管輅作卦，輅曰：“當有賤婦人生一男，墮地便走入竈中死；又床上有一大蛇銜筆，須臾去之；又烏來入室中，與燕共鬥，燕死烏去。有此三怪。”基大驚，問其吉凶，輅曰：“官舍久遠，魑魅魍魎爲怪耳。兒非能自走，直宋無忌之妖將其入竈也；大蛇銜筆，直老書佐耳；烏與燕鬥，直老鈴下耳。今卦中見象而不見凶，知非咎徵。”後卒無患。

15. 安德令劉長仁聞輅曉鳥鳴，初不信之，須臾有鳴鵲來閣屋上，聲甚急，輅曰：“鵲言東北有婦昨殺夫，牽引西家人夫離婁，候不過日在虞淵之際，告者至矣。”到時果有東北同伍民來告，如輅言，長仁乃服。

16. 路中小人失妻，輅爲卜，教使明旦於東陽城門中伺擔豚人，牽與共鬥。具如其言，豚逸走，即共追之，豚入人舍，突破主人瓮，婦從瓮出。

17. 朱建平善相術，魏文帝爲五官將，坐客三十餘人，文帝問己年壽，又令遍相衆客，建平曰："將軍當壽八十，至四十時有小厄，願謹護之。"謂夏侯威曰："君四十九，位爲州牧，當有厄，若得過，可年七十致位公輔。"謂應璩曰："君六十二位爲常伯，而當有厄，先此一年，當獨見一白狗，旁人不見也。"謂曹彪曰："君據藩伯，至五十七當厄於兵，宜善防之。"後其言皆驗，惟文帝壽止四十，方病困，謂左右曰："建平言八十，謂晝夜也。"

18. 建平又善相馬，文帝將出，取馬外入，建平道遇之，語曰："此馬之相，今日死矣。"帝將乘馬，馬惡衣香，驚嚙文帝膝。帝大怒，即便殺之。

19. 王濬將征吴，問靳普："今行何如?"普對曰："客星伏南斗中，而太白歲星在西方，占曰'東方之國破'，必如志矣。"普學術不貪榮貴，卒於布衣。《華陽國志》

20. 張偉康嘗夢得大象，以問萬雅，雅曰："君當爲大郡而不善也。象，大獸也，取其音狩，故爲大郡，然象以齒喪身。"後爲吴郡，果爲沈充所殺。《晉陽秋》

21. 晉隗炤善《易》，臨終，謂妻子曰："後五年，詔使龔負吾金，以吾所書板告之。"後如其言，使者憫然，取①蓍筮之，卦成，曰："妙哉隗生，吾不負金。賢夫自藏金，以待太平。知吾善《易》，書板寄意。金五百斤，盛以青瓮，埋在堂屋，去壁一丈，入地九尺。"掘之，果得金。《廣記》

---

① 取：粵雅堂本闕"取"字。

22. 張裕曾祖澄當葬父，郭璞爲占墓地，曰：“葬某處，年過百歲，位至三司，而子孫不蕃；某處，年幾減半，位裁卿校，而累世貴顯。”澄乃葬其劣處，位光禄，年六十四，子孫遂昌。

23. 晉初渡江，王導卜其家世，郭璞云：“淮流竭，王氏滅。”及陳亡之年，淮流實竭，曩時王氏人物，掃地盡矣。

24. 晉武帝母李太后，簡文時執役宫中。簡文無子，令善相者相諸宫人，相者指后當生貴子，而有虎厄。帝幸之，生武帝及會稽王道子。既爲太后，服相者之驗而怪虎害無謂，且生未識虎，乃命工圖形，戲擊之，患手腫而崩。

25. 晉陵韋叟善相，桓玄使視宋武帝，叟曰：“當得邊州刺史。”退而私於帝曰：“君相貴不可言。”帝笑曰：“若中，當相用爲司馬。”至是，叟詣帝曰：“成王不負桐圭之約，君應不忘司馬之言。今不可希領軍司馬，願得領軍佐。”

26. 北齊神武田曹參軍信都芳，世號知音，能以管候[1]氣，仰觀雲色。嘗與人對語，忽指天曰：“孟春之氣至矣。”人往驗管，而飛灰已應。每月所候，言皆無爽。又爲輪扇二十四，埋地中，以測二十四氣。每一氣感，則一扇自動，他扇并住，與管灰相應，若合符契。

27. 齊文襄游東山，有雲起，恐雨，使筮，遇《剥》。李業興云：“艮爲山，山出雲，故知有雨。”吴遵世云：“坤爲地，土制水，故知無雨。”須臾雲散，各受賞罰。

28. 徐熙好黄老，隱秦望山，有道士過之求飲，留一瓠與之，曰：“君子孫宜以道術救世，當得二千石。”熙開之，乃扁鵲《鏡經》二卷，因精心學之，遂名震海内。子秋夫，孫道度、

① 候：粤雅堂本作“侯”。

叔嚮，曾孫文伯、嗣伯，并以醫貴顯云。張太素《齊書》

29. 梁武九錫之出，范雲忽中疾。居二日半，召徐文伯視，文伯曰："緩之一月乃復，欲速即時愈，政恐二年不可復救。"雲曰："朝聞夕死，而況二年！"乃下火而床焉，重衣以覆之，有頃流汗。既起，二年果卒。

30. 建義初，陽城太守薛令伯聞太原王誅，百官立莊帝，弃郡東走。忽夢射得雁，以問楊元慎，元慎曰："卿執羔，大夫執雁，君當得大夫之職。"俄令伯除諫議大夫。京兆許超夢盗羊入獄，曰："君當得陽城令。"其後有功，封陽城侯。雖令與侯小乖，今令百里，即古諸侯，以此論之，亦爲妙着。《洛陽伽藍記》

31. 崔浩作魏曆，示高允，允疑其金、水二星不當背日而行，浩曰："君獨不疑三星之聚，而怪二星之來。"允曰："此不可以空言争，宜更審之。"後歲餘，浩謂允曰："先所論者，本不經心，及詳考究，果如君語，以前三月聚於東井，非十月也。"又謂游雅曰："高允，陽源之術也。"①

32. 幽州刺史張亮，初有薛琡夢亮於山上挂絲，覺而告亮，且占之曰②："山上絲是'幽'字，君爲幽州乎？"未期而受。《後魏書》

33. 蕭吉經華陰，見楊素冢上白氣屬天，密言之煬帝曰："素家當有兵禍，滅門之象，改葬庶可免。"帝後從容謂玄感宜早改葬，玄感以爲吉祥，托言遼東未滅，不遑私事。未幾，以謀反族。

---

① 高允陽源之術也：《北史·高允傳》作："高允之術，陽元之射也。"是。
② 曰：粤雅堂本闕"曰"字。

34. 煬帝将[①]幸江都，王令言子於户外彈胡琵琶，作翻調《安公子曲》。令言時卧室中，聞之驚起，急呼其子曰："此曲興自早晚？"曰："頃來有之。"令言欷歔流涕曰："汝慎無從行，帝必不反。此曲宫聲，往而不返。宫，君也。"帝果死江都。

35. 萬寶常妙達鍾律，嘗與人方食。論及聲調，時無樂器，因取前食器及雜物，以箸扣之。品其高下，宫商畢備，諧於絲竹，撰《六樂譜》四十卷。寶常嘗聽太常樂，泫然而泣，曰："樂淫厲而哀，天下不久相殺。"時方全盛，聞者皆不謂然。大業末，其言卒驗。而寶常貧困，無人贍遺，飢餒將死，取所著書焚之，曰："何用此爲？"見者於火中探得數卷，見行於世。

36. 王早與客清晨立門内，遇卒風振樹，語客曰："依法，當有千里外急使。日中時，兩馬一赤一白，從西南來，至即取我，不聽與妻子别。"語訖，便入召家人鄰里辭别。乃沐浴，帶書囊出門候。日中果至，即促上馬，詣太武行宫，時涼州未剋也。

37. 趙達治九宫一算之術，能應機立成，對問若神，至計飛蝗、射隱伏，無不中。或難達："飛者固不可校，此殆妄爾！"達使其人取小豆數斗，播之席上，立處其數，驗覆果信。

38. 達嘗過知故，爲之具食，食畢，謂曰："倉卒乏酒，又無嘉肴。"達因取盤中隻箸，再三縱横之，乃言："卿東壁有美酒一斛，又有鹿肉三斤。"主人慚曰："以卿善射有無，欲相試爾。"遂出酒酣飲。

39. 李寬爲常侍，門下盧生善相，或問李公何如，曰："據其面部，所無者三，無子、無宅、無冢。"公數子皆先公卒，有

---

① 将：粵雅堂本作"初"。

宅未嘗還鄉，死乘舟歸，舟破骨沉。《金華子》

40. 張胄玄改定新曆，言前曆差一日，内史通事顔慜楚上言曰："漢洛下閎改《顓頊曆》，作《太初曆》，云後八百年差一日，當有聖者定之。計今相去七百有十年，術者舉其成數，聖者之謂，其在今乎？"由是漸見親用。胄玄曆法與古不同者三事，超古獨异者七事。

41. 浮圖泓師與張説市宅，戒無穿東北隅。他日，怪宅氣索然，視東北隅，已穿二坎，驚曰："公富貴一世而已，諸子將不終。"説欲平之，泓師曰："客土無氣，與地脉不連，譬身瘡痏補他肉，無益也。"

42. 唐高宗調露中，章懷太子賢作《寶慶曲》，閲於太清觀。柏人李嗣真謂劉概曰："宫不召商，君臣乖也；角與徵戾，父子疑也。且聲多哀，若國家無事，太子任其咎。"俄而太子廢。又嘗曰："隋樂府有《堂堂曲》，言唐再受命也。比有《側堂堂》《撓堂堂》之謡。側，不正也；撓，危也。皇帝病日侵，事皆決中宫，持權與人，收之不易，宗室雖衆，居中制外，勢且不敵，諸王殆爲后所蹂踐，難作不久矣。"

43. 李嶠昆弟皆年三十卒，母憂之，以嶠問袁天綱。袁答曰："神氣清秀，苦壽不永耳。"又請連榻而寢，視嶠睡鼻息，候其出入，在耳中，遂賀曰："是龜息也，必大貴壽。"〔唐〕《定命録》

44. 魏元忠謁張憬藏，張待之甚薄，問通塞，不答。公怒，拂衣去，張遽曰："公相在怒中，當位極人臣。"《廣異記》

45. 吴殷文圭舉進士，塗中遇一叟，目文圭久之，謂人曰："向者一人，緑眉、拳入口，神仙狀也，如學道，當冲舉，不爾，有大名於天下。"而文圭拳實入口，乾寧中擢第。《九國志》

46. 石晉趙瑩家有檽棗樹，婆娑异常，四遠俱見，有望氣者云："合有登臺輔者。"後瑩出將入相。《北夢瑣言》

47. 晉陽館中有一蠕蠕客，同館胡沙門指語綦毋懷文云："此人别有异算術。"時庭中棗樹方實，令布算，即知其數，并赤白若干，惟少一子。算者曰："必不少，但更撼之。"果落一實。

48. 王處訥通星曆之學。太宗時，贊寧撰《僧史》十卷，充史館編修，壽八十四。處訥推其命孤薄，三命禽略，六壬遁甲，俱無重貴處，謂寧曰："師生時，正得天貴星臨門，必有列土侯王在户否？"寧曰："母謂某生時，方卧草，錢文穆王詣臨安，至門雨作，避於茅檐者久之，浣浴襁藉，徘徊方去。"《野録》

49. 景德中，司天史序奏："今年丁未六月二十五日，五星當聚周分，臣尋推得五星自閏五月二十五日近太陽行度。《甘氏星經》曰：'五星近太陽而輒見者，如君臣齊明，下侵上之道也；若伏而不見，即臣讓明於君。'此百千載未有也，恐今夜五星皆伏。"真宗親御禁臺以候之，果達旦不見，大赦天下，進序一官。《湘山野録》

50. 帝問紇石烈良弼："每旦暮，日色皆赤，何也？"良弼曰："旦而赤色，應在東高麗當之；暮而赤色，應在西夏國當之。願陛下修德以應天，則灾變自弭矣。"既而夏國有任德敬之亂，高麗有趙位寵之難，其言皆驗。《金史》

書 法

1. 神農因嘉禾八穗，乃作《穗書》，頒時令。《雞跖集》

2. 濕水徑大翮、小翮山南，高巒截雲，層陵斷霧，雙阜共秀，競舉群峰之上。郡人王次仲，少有异志，弱冠變蒼頡舊文爲今隸書。始皇時，官務煩多，以次仲所易文簡，便於事要，奇而召之，三徵而輒不至。次仲履真懷道，窮數術之美，始皇怒其不恭，令檻車送之。次仲首發于邁，化爲大鳥，出在車外，翻飛而去，落三翮於斯山，故其峰巒有大翮、小翮之名矣。《水經注》

3. 尚①書徵召用虎爪書，告下用偃波書②以防矯詐。摯虞《决疑》

4. 敬王睦善史書，當世以爲楷則。及寢病，明帝使驛馬令作草書尺牘十首。范曄《漢書》

5. 漢靈帝時，師宜官隸書爲最，大則一字徑丈，小則方寸千言，或時不持錢詣酒家，因書其壁，顧觀者以讎酒討錢，足以③滅之。

6. 崔瑗子玉，文章蓋世，善章草書，師於杜度，點畫之間，莫不調陰陽。袁昂評其書："如危峰阻日，孤松一枝。"王隱謂之"草賢"。張懷瓘《書斷》

7. 張芝，字伯英，高尚不仕，善草書，精勁絶倫。家之衣

---

① 尚：粵雅堂本作"何"，誤。

② 偃波書：粵雅堂本作"燕波書"，據《初學記》卷二十一《文部》引摯虞《决疑要注》，應爲"偃波書"。

③ 以：《晉書·衛恒傳》作"而"。

帛，必先書而後練。臨池學書，池水盡墨。每書云“匆匆不暇草書”，人謂爲“草聖”。芝弟昶，漢黄門侍郎，亦能草，今世云“芝草”者，多是昶作。

8. 杜度妙於章草，崔瑗、崔寔父子繼能，羅暉、趙襲亦法此藝。襲與張芝相善，芝自云上比崔、杜不足，下方羅、趙有餘。《書斷》

9. 劉德升，字君嗣，桓、靈之世以造行書擅名，既以草創，亦甚妍美，風流婉約，獨步當時。胡昭、鍾繇并師其法，而胡書體肥，鍾書體瘦，亦各有君嗣之美。《書斷》

10. 鍾繇少隨劉勝往抱犢山學書三年，比還，見蔡邕筆法於韋誕坐上，苦求不與。及誕死，陰令人盜開其墓得之。嘗曰：“用筆者天也，流美者地也，非凡庸所知。”臨終，探囊以授子會，曰：“吾精思學書，學其用筆，若與人居，畫地廣數步，卧畫被穿過表，如厠至於忘歸，見萬類皆畫像之。”鍾繇《書法》

11. 鍾繇弟子宋翼，每畫，一波三折筆：作一戈如百鈞弩，作一點如高峰墮石，作一牽如百歲枯藤，作一放縱如驚蛇入草。此三折書法。

12. 索靖作《草書狀》曰：“蓋草書之爲狀也，婉若銀鈎，飄若驚鸞，舒翼未發，若舉復安，蟲蛇虬蟉，或往或還。類阿那以羸形，欻奮亹而桓桓。及其逸游盼嚮，乍正乍邪，騏驥暴怒逼其轡，海水窊隆揚其波，玄熊對踞於山岳，飛燕相追而差池。舉而察之，又似乎和風吹林，偃草扇樹，枝條順氣，轉相比附，窈嬈廉苦，隨體散布。玄螭狡獸嬉其間，騰猨飛鼺相奔趣。陵魚奮尾，蛟龍反據，投空自竄，張設牙踞。或若登高望其類，或若既往而中顧，或若俶儻而不群，或若自檢於常度。垂百世之殊觀，著絶勢於紈素。”《索靖傳》

13. 歐陽率更行見古碑，是索靖所書，駐馬觀之，良久而去。數百步復還，下馬佇立，疲倦則下馬坐觀，因宿其下，三日乃去。

14. 衛夫人曰："學者書字，先執筆，真書一寸二分，行草書去筆頭三寸一分。執之下筆，點畫、波撇、屈曲，皆須盡一身之力而送之。初學先大書，不得從小。善鑒者不寫，善寫者不鑒。意前書後者勝，意後書前者敗。善筆力者多骨，不善筆力者多肉。多骨微肉者謂之筋書，多肉微骨者謂之墨猪。多力豐筋者勝，無力無筋者病。一一從其消息而用之。"《筆陣圖》

15. 右軍書不同，往往以變格難儔。其書《樂毅論》《太史箴》，其體正直，有忠臣烈士之象；《告誓文》《曹娥碑》，其容憔悴，有孝子順孫之象；《逍遥篇》《孤鶴賦》，迹遠趣高，有抱素拔俗之象；《畫象贊》《洛神賦》，姿儀雅麗，有矜莊嚴肅之象。皆見義以成字，非得意以獨妍。〔唐〕李嗣真《論》

16. 寫《樂毅》則情多齬佛，《畫畫讚》則意涉瓌奇，《黄庭經》則怡懌虚無，《太師箴》又縱横争折。暨乎《蘭亭》興集，思逸神超，私門戒誓，情拘意慘。所謂涉樂方笑，言哀已嘆。豈惟駐想流波，將貽嘽咺之奏；馳神睢涣，方思藻繪之文。孫過庭《書譜》

17. 王羲之云："吾書比之鍾、張，鍾當抗行，或謂過之；張草猶當雁行，然張精熟，池水盡墨，假令寡人耽之若此，未必謝之。"孫過庭《書譜》

18. 右軍嘗詣門生家，見棐几滑净，因書之，真草相半。後爲其父誤刮去之，門生驚懊者累日。

19. 庾翼與右軍書曰："吾昔有伯英章草十紙，過江亡失，常嘆妙迹永絶，忽見足下答家兄書，焕若神明，頓還舊觀。"

20. 袁裒曰："右軍用筆，内擫而收斂，故森嚴而有法；大令用筆，外拓而開廓，故散朗而多姿。"

21. 王子敬好書，觸遇造玄，嘗日戲北館，取掃帚沾泥汁中以書壁，作方丈一字，晻曖斐亹，極有好勢。右軍見而嘆其美，作書與所知，云子敬飛白大有直。《書苑》

22. 獻之嘗白父云："古之章草，未能宏逸，頓异真體。合窮僞略之理，極草縱之致，不若藁行之間，於往法固殊也，大人宜改體。"觀其騰烟煬火則回禄喪精，覆海傾河則玄冥失馭。天假其魄，非學之功。若逸氣縱横，則羲謝於獻；若簪裾禮樂，則獻不繼羲。二家之法雖殊，而子敬最爲遒拔矣。張懷瓘《書斷》

23. 羊欣父不疑爲烏程縣令，欣時年十二，王獻之爲吴興守，甚知愛之。嘗夏日入縣，欣著新練裙晝寢，獻之書數幅而去。欣本攻書，因之彌善。沈約云："羊敬元尤長隸書，子敬之後，可以獨步。時人語曰：'買王得羊，不失所望。'"○會稽王世子元顯，每使書扇，不奉命，元顯怒，乃以爲其後軍府舍人。此職本用寒人，欣意貌恬然，不以卑高見色①。

24. 吴之善書者有皇象、劉纂、岑伯然、朱季平，中州則有鍾元常、胡孔明、張芝、索靖，并用古體，俱足周事，飄乎若起鴻之乘勁風，騰鱗之躡驚雲。《抱朴子》

25. 齊高素善書，篤好不已，與王僧虔賭畢，謂曰："誰爲第一？"對曰："臣書第一，陛下亦第一。"帝笑曰："卿可謂善自爲謀。"或云："帝問'我書何如卿'？"對曰："臣正書第一，草書第二，陛下草書第二，正書第三，臣無第三，陛下無第

---

① 色：粵雅堂本作"識"。

一。”帝大笑，曰：“卿善爲辭。”

26. 周顒得衛恒散隸書法，學之甚工，文惠太子使顒書玄圃茅齋壁，祭酒何胤以倒薤書换之，顒笑曰：“天下有道，丘不與易也。”

27. 梁江夏王鋒年四歲，好學書，家無紙札，乃倚井欄爲書，書滿則洗之，已復更書，如此累月。又晨興不肯拂窗塵，而先於塵上學爲字。五歲，高帝使學鳳尾書，一學即工，高帝大悦，以玉麒麟賜之，曰：“麒麟償鳳尾矣。”

28. 蕭子雲書迹雅爲武帝所重，帝嘗曰：“筆力駿勁，心手相應，巧逾杜度，美過崔寔，當與元常并驅争先。”

29. 子雲出爲東陽太守，百濟國使人至建業求書。逢子雲維舟將發，使人于渚次候之，望船三十餘步，拜行而前。子雲問之，答曰：“侍中尺牘之美，遠流海外，今日所求，唯在名迹。”子雲乃爲停船三日，書三十紙與之，獲金貨數百萬。

30. 陳蕭引爲金部侍郎，善書，宣帝指引署名曰：“此字翩翩似鳥之欲飛。”引謝曰：“此乃陛下假其羽毛耳。”

31. 丁覘與智永同時，善隸書，世稱“丁真永草”。《法書要録》

32. 褚遂良一日問虞世南：“某書何如永師？”虞曰：“聞彼一字直錢五萬，官豈得若此？”又問：“何如歐陽詢？”虞曰：“聞詢不擇紙筆，皆能如志，官豈得若此？”褚恚曰：“若爾，某何得更留意於此？”虞曰：“若手和筆調，遇合作者，亦深可貴尚。”褚喜而退。

33. 趙彦深善草隸，雖與弟書，書字楷正，云：“草不可解，若施之於人，即似相輕易。”

34. 米元章臨智永千文，字形絶不類。岳珂跋其後云：

“摹臨兩法本不同，摹帖如梓人作室，梁櫨榱桷，雖具準繩，而締創既成，自有工拙；臨帖如雙鵠并翔，青天浮雲，浩蕩萬里，各隨所至而息，竇晉蓋進乎此者也。”又爲之贊曰：“永之法妍以婉，芾之體峭以健。馬牛其風，神合志通。彼妍我峭，惟妙惟肖。故曰袒裼不浼，夜户不啓。善學柳下惠，莫如魯男子。”

35. 陳寺丞，伯修之子也。好學書，嘗於枕屏效米元章筆迹書杜陵詩。一日，元章過之，見而驚焉。伯修命出拜元章，即使之書，喜甚，因授以作字提筆之法，曰：“以腕着紙，則筆端有指力無臂力也。”曰：“提筆亦可作小楷乎？”元章笑顧小史索紙，書其所作《進黼扆贊表》，筆畫端謹，字如蠅頭，而位置規模皆若大字。父子相顧嘆服，因請其法。元章曰：“此無他，惟自今以往，每作字時，不可一字不提筆，久久當自熟矣。”《漫志》

36. 胡汲仲謂趙子昂書：“上下五百年，從横一萬里，舉無此書。”

37. 趙子固目姜堯章爲書家申韓。

38. 郝陵川論書云：“太嚴則傷意，大放則傷法。”又云：“心正則氣定，氣定則腕活，腕活則筆端，筆端則墨注，墨注則神凝，神凝則象滋，無意而皆意，不法而皆法。”

39. 神怡務閑，一合也；感物循知，二合也；時和氣潤，三合也；紙墨[①]相發，四合也；偶然欲書，五合也。心遽體留，一乖也；意違勢屈，二乖也；風燥日炎，三乖也；紙墨不稱，四乖也；情怠手闌，五乖也。孫過庭《書譜》

① 墨：粤雅堂本作“筆”。

巧 藝

1. 帝羿有窮氏與吴賀北游，賀使羿射雀，曰："生之乎？殺之乎？"賀曰："射其左目。"羿引弓射之，誤中右目，抑首而愧，終身不忘。《帝王世紀》

2. 公輸般欲以高雲梯攻宋，墨子聞之，自魯往，裂裳裹足，日夜不休，十日十夜而至於郢。見楚王曰："聞大王將攻宋，有之乎？"王曰："然。"墨子曰："請令公輸般設攻宋之具，臣請試守之。"於是公輸設攻宋之計，墨子縈帶守之。輸九攻之而墨子九却之，不能入，遂輟兵。《墨子》

3. 楚王有白猿，王自射之，則搏矢而熙；使養由基射之，始調弓矯矢，未發而猿擁柱號矣。《説山訓》

4. 漢明帝東巡，有烏飛鳴乘輿上，亭長祝曰："烏烏啞啞，引弓射，洞右腋，陛下壽萬年，臣爲二千石。"射中之，帝賜錢百萬，令天下亭壁悉畫烏。《漢明起居注》

5. 魏舒爲鍾毓長史，工射而毓不知。毓與參佐射戲，舒常爲坐畫籌。後值朋人少，以舒充數，於是發無不中，加搏措閑雅，殆盡其妙。毓嘆，謝之曰："吾之不足盡卿，如此射矣。"王隱《晉書》

6. 賈堅彎弓三石餘，烈祖以堅善射，親試之。乃取一牛，置百步上，召堅曰："能中之乎？"堅曰："少壯之時，能令不中，今已年老，正可中之。"恪大笑。射發一矢，拂脊，再矢，摩腹，皆附膚落毛，上下如一。恪曰："復能中乎？"曰："所貴

者以不中爲奇，中之何難？”一發而中，觀者咸服其妙，堅時年六十餘矣。《燕書》

7. 斛律金嘗命子孫射而觀之，泣曰：“明月、豐樂用弓不及我，諸孫又不及明月、豐樂，世衰矣。”每令出田，還效所獲。光獲少，必麗龜達腋，羨獲多，非要害之處。光恒蒙賞，羨或被捶。人問之，曰：“明月必背上着箭，豐樂隨處即下手，數雖多，去兄遠甚矣。”

8. 蕭摩訶與北齊戰，有西域胡妙於弓矢，弦無虚發。摩訶遥擲銑鋧，正中其額，應手而斃。鋧音“簡”。

9. 范蔚宗曰：“吾於音樂，聽功不及自揮，但所精非雅聲爲可恨。然至於一絶處，亦復何异邪？其中體趣，言之不可盡，弦外之意，虚響之音，不知所從而來。亦嘗以授人，士庶中未有一毫似者，此永不傳矣。”

10. 世稱柳士隆雙鎖爲士品第一，自云馬矟第一，清談第二，彈琴第三。又善卜，别龜甲，價至一萬。

11. 武帝謂周捨曰：“君子不可求備，至如柳惲，可謂具美，分其才藝，足了十人。”

12. 樂工廉郊嘗池上彈蕤賓調，忽聞芰荷間有物，跳躍出岸，乃方響一片，識者知其蕤賓鐵也。指撥精妙，致律吕相應，物類相感耳。《琵琶録》

13. 漢桓帝時，劉褒畫《雲漢圖》，見者覺熱，又畫《北風圖》，見者覺寒。《博物志》

14. 孫權使曹再興畫屏風，誤落筆點素，因就成蠅，權疑其真，以手彈之。《名畫記》○王右丞詩：“屏風誤點惑孫郎，團扇草書輕内史。”

15. 魏明帝游洛水，水中有白獺數頭，美静可憐，見人輒去，帝欲見之，終莫能遂。侍中徐景山曰：“獺嗜鯔魚，乃不避死。”畫板作兩生鯔魚，懸置岸上，於是群獺競逐，一時執得，帝甚嘉之。顔公《廷誥》曰：“徐景山之畫獺是也。”〔梁〕吴均《齊諧記》

16. 劉瑱妹爲齊鄱陽王妃，王誅，妃追傷，遂成痼疾。殷蒨善畫人面，與真不别。瑱令蒨畫王像，并圖王寵姬，共執鏡，如欲偶寢。瑱乃密使乳媪示妃，妃唾之，因罵云：“固宜其早死。”病亦徐差。

17. 愷之丹青妙絶於時，曾以一厨畫寄桓玄，皆其絶者，深所珍惜，悉糊題其前。桓乃發厨後取之，好加理復。愷之見封題如初，而畫并不存，直云妙畫通靈，變化而去，如人之登仙矣。《續晉陽秋》

18. 將軍裴旻嘗請吴道玄畫天宫寺壁，道玄曰：“聞將軍善舞劍，願作氣以助揮毫。”旻欣然爲舞一曲，道玄看畢，奮筆立成，若有神助。

19. 張僧繇金陵安樂寺畫四龍，不點眼睛，云點之即飛去。人以爲妄，因請點之。須臾，雷電破壁，二龍乘雲騰上天，未點睛者見在。《名畫記》

20. 蜀張南本與孫位并學畫水，皆得其法。南本以爲同能不如獨勝，去而畫火，獨得其妙。嘗畫辟支佛於火中結跏趺，烟飛電掣，烈烈有焚林燎原之勢，而佛以定慧力安然不動。李廌爲偈曰：“大士坐禪，心若水月。火周其身，熾焰炎烈。静觀無始，火本不熱。與火相忘，何生何滅。”《畫品》

21. 張乖崖鎮蜀，雅聞孫知微，欲一見之，終不可致。一日，聞在僧舍飲，亟損車騎詣之，即投閣遁去。乖崖還朝，出劍閣，逢一村童，持知微書，負一篋，迎道左，曰：“公所喜者畫也，今以二圖爲獻。”問知微所在，曰：“適一山人以書授我，信去已遠矣。”張公益嘆其高。後馬知節守成都，與知微游處，得其畫甚多，馬解所服金帶贈之，即繫於苧袍上，人見其標韻蕭散，白衣金帶，皆以爲孫思邈、李太白也。《畫品》

22. 郭恕先仕於朝，跅弛不羈，放浪玩世，卒以傲恣流竄海島，中道仆地，蜕形仙去。其爲《樓居仙圖》，蕭散簡遠，無塵埃氣，子瞻爲之贊：“長松參天，蒼壁插水。縹緲飛觀，憑欄誰子。空蒙寂歷，烟雨滅没。恕先在焉，呼之或出。”《畫品》

23. 子瞻作《文與可畫篔簹谷偃竹記》云：“畫竹必先得成竹於胸中，執筆熟視，乃見其所欲畫者。急起從之，振筆直遂，以追其所見，如兔起鶻落，少縱則逝矣。與可之教余如此，然不惟竹也。”嘗記[1]蜀人孫知微，欲於大慈寺院壁作湖灘水石，四堵營度，經歲終不肯下筆。一日，倉皇入寺，索筆墨甚急，奮袂如風，須臾而成，作舒瀉跳蹙之勢，洶洶欲崩屋也。

24. 吴廷紹爲太醫令，先主因食飴，喉中噎，醫莫能爲，廷紹獨謂當用楮實湯，一服疾良已。馮延巳苦腦中痛，廷紹密詰厨人曰：“相公平日嗜何等？”曰：“多食山雞、鷓鴣。”廷紹曰：“吾得之矣。”投以甘豆湯，亦愈。或叩之，答曰：“噎因甘起，故以楮實湯治之；山雞、鷓鴣，皆食烏頭、半夏，故以甘豆湯解其毒耳。”聞者大服。《江表志》

25. 于法開善醫術，嘗行，暮投主人，妻産，而兒積日不墮。法開曰：“此易治耳。”殺一肥羊，食十餘臠而針之，須臾，羊膋裹兒出，精妙如此。

26. 褚澄善醫，李道念有冷疾五年，澄曰：“汝病是食白瀹

---

① 記：粤雅堂本作“見”。

雞子過多。”取蘇一升，令煮服之，吐一物如升，涎裹之，乃是雞雛，羽翅爪距皆見，凡十三頭而愈。

27. 徐秋夫能醫，嘗夜中有鬼呻吟，聲甚凄愴。秋夫問何須，答言：“某家在東陽，患腰痛死，雖爲鬼，痛猶難忍，請療之。”秋夫問云：“何厝法？”鬼請爲芻人，按孔穴針之。秋夫如言，爲灸四處，又針肩井三處，設祭埋之。明日，見一人來謝，忽然不見。

28. 徐之才醫藥可稱神解，嘗有一人患脚跟腫痛，諸醫莫能識，之才曰：“此蛤精疾也，由乘船入海，垂脚水中。”病者言實曾如此，之才爲割得蛤子二枚，大如榆莢。

29. 梁武發熱，服大黄，姚僧垣曰：“大黄快藥，至尊年高，不宜輕用。”帝弗從，遂至危篤。及梁元有心腹病，諸醫請用平藥，僧垣曰：“脉洪實，宜用大黄。”帝從之，果下宿食而疾愈。

30. 許胤宗仕陳，爲新蔡王外兵參軍。王太后病風不能言，醫家告術窮。胤宗曰：“餌液不可進。”即以黄芪、防風煮湯數十斛，置床下，氣如霧，重薄之，是夕語。

31. 秦王俊有疾，上馳召許智藏治之。王夢其亡妃崔氏泣曰：“本來相迎，許智藏將至，當必[①]相苦，爲之奈何！”明夜，俊又夢曰：“妾得計矣，當入靈府中避之。”及智藏至，爲俊診脉曰：“疾已入心，當即發癇，不可救也。”俊果數日薨。《隋書》

32. 太上皇居長安深宫，凄愴不樂。高祖竊因左右問其故，以平生所好，皆屠販少年，酤酒賣餅，鬥雞蹴鞠，今皆無此，故不樂。高祖乃作新豐，移諸故人實之，太上皇乃悦。高祖少時，嘗祭枌榆之社，及移新豐，亦還立焉。衢巷棟宇，物色惟

① 當必：粵雅堂本作“必當”。

舊，士女老幼，相携路首，各知其室，放犬羊雞鴨於通塗，亦競識其家。匠人胡寬所營也，移者皆悦其似而德之，競加賞贈，月餘累百金。《西京雜記》

33. 祖冲之以諸葛亮有木牛流馬，乃作一器，不因風水，施機自運，不勞人力。又造千里船，於新亭江試之，日行百餘里。子晅之亦有巧思，當其詣微之時，雷霆不能入，嘗行遇徐勉，以頭觸之，勉呼乃覺。

34. 宋河中府浮梁用鐵牛八維之，一牛且數萬斤。治平中，水暴漲，絶梁，牽牛没於河。募能出之者，真定僧懷丙，以二大舟實土，夾牛維之，用大木爲權衡狀鈎牛，徐去其土，舟浮牛出。轉運使張燾以聞，賜之紫衣。《漫志》

兵　策

1. 武王伐殷，丁侯不朝，尚父畫丁侯，三旬射之。丁侯病，遣使請臣。尚父乃以甲乙拔頭箭，丙丁拔目箭，戊己拔腹箭，庚辛拔足箭，丁侯病乃愈。四夷聞，皆懼，越裳獻白雉。《太公金匱》

2. 晉人伐邢，齊桓公將救之，鮑叔曰："太蚤。邢不亡，晉不敝，晉不敝，齊不重。且夫持危之功，不如存亡之德大。君不如晚救之以敝晉，齊實利。待邢亡而復存之，其名實美。"桓公乃不救。《韓非子》

3. 秦康公築臺三年，荆人起兵，將欲以兵攻齊。任妄曰："饑召兵，疾召兵，勞召兵，亂召兵。君築臺三年，荆人起兵將攻齊，臣恐其攻齊爲聲，而以襲秦爲實也，不如備之。"戍東

邊，荆人輟行。《韓非子》

4. 齊興師伐楚，子發帥師當之，師三却。楚賢良大夫皆盡其計，齊師愈强。於是市偷進，請曰："臣有薄技，願爲君行之。"子發曰："諾。"不問而遣之。偷夜解其將軍之幬帳而獻之，子發因使人歸之，曰："卒有出薪者，得將軍之帷，使歸之於執事。"明又復往，取其枕，子發又使人歸之。明日又復往，取其簪，子發又復歸之。齊將軍大駭，與軍吏謀曰："今日不去，楚軍恐取吾頭。"則還師而去。《淮南子》

5. 中行穆伯攻鼓，弗能下。餽聞倫曰："鼓之嗇夫，聞倫知之，請無罷武大夫，而鼓可得也。"穆伯弗應，左右曰："不折一戟，不傷一卒，而鼓可得也，君奚爲弗使？"穆伯曰："聞倫爲人，佞而不仁。若使聞倫下之，吾可以勿賞乎？若賞之，是賞佞人。佞人得志，是使晉國之武捨仁而爲佞。雖得鼓，將何所用之？"《淮南子》

6. 趙簡子死，未葬，中牟入齊。已葬五日，襄子起兵攻圍之，未合而城自壞者十丈，襄子擊金而退之。軍吏諫曰："君誅中牟之罪而城自壞，是天助我，何故去之？"襄子曰："吾聞之叔向曰：'君子不乘人於利，不迫人於險。'使人治城，城治而後攻之。"中牟聞其義，乃請降。《淮南子》

7. 馬援上書曰："擊潯陽山賊，除其竹木，譬如嬰兒頭多蟣虱而剃之，蕩蕩然蟣虱無所復依。"上悦，因出小黄門頭有虱者，皆剃之。《東觀記》

8. 廉范遷雲中太守，會匈奴入塞，虜衆盛而范兵不敵。會日暮，令軍士各交縛兩炬，二頭爇火，營中星列。虜望火多，謂漢兵救至，待旦將退。范令軍中蓐食，晨往赴之，斬首數百級，虜由此不敢復向雲中。

9. 黄巾群起，青州刺史焦和恐賊乘冰渡河，多作陷冰丸投河中，賊衆遂潰。

10. 楊璇遷零陵太守，時蒼梧、桂陽猾賊攻郡縣。賊衆多而璇力弱，乃特制馬車數十乘，以排囊盛石灰於車上，繫布索於馬尾。又爲兵車，專載[①]弓弩，剋共會戰。乃令馬車居前，順風鼓灰。賊不得視，因以火燒布，馬驚，奔突賊陣，因使後車弓弩亂發，鉦[②]鼓鳴震。群盜波駭破散，追逐傷斬無數[③]，梟其渠帥[④]，郡境以清。

11. 吕布詣袁紹，紹患之，布求還洛陽，紹遣壯士送之，陰令殺之。布乃使人鼓筝於帳中，潛自遁出，夜中兵起，而布已亡。《英雄記》

12. 曹操攻吕布，軍敗，布騎得操而不識，問曰："曹操何在?"曰："乘黄馬走者是也。"布騎乃釋操而追黄馬者，操突出引還。《漢記》

13. 魏武帝自宛征吕布，至下邳，布退固守，攻之不拔。武帝欲還，荀攸與郭嘉説曰："吕布勇而無謀，今三戰皆北，鋭氣衰矣。三軍以將爲主，主衰則軍無奮意。夫陳宫有智而遲，今及布氣之未復，宫謀之未定，急進攻之。"乃引沂、泗灌城，城潰，生擒布。

14. 孫策將襲許，衆懼。郭嘉料之曰："策新得江東，所誅者英髦雄杰，輕而無備，雖有百萬，無异獨行中原。若刺客伏起，一人之敵耳。"果爲刺客所殺。《魏志》

---

① 載：《後漢書·楊璇傳》作"轂"。
② 鉦：原作"征"，據《後漢書·楊璇傳》改。
③ 傷斬無數：原無此四字，據《後漢書·楊璇傳》補。
④ 帥：作"師"，據《後漢書·楊璇傳》改。

15. 諸葛亮屯陽平，遣魏延諸人并兵東下，亮惟留萬人守城。司馬懿率二十萬衆拒亮，而與延軍錯道，徑前當亮六十里。亮聞懿垂至，欲前赴延軍，相去又遠。亮意氣自若，令軍中仆[①]旗息鼓，不得妄出庵幔，大開四城門，掃地却灑。懿嘗謂亮持重，而猥見勢弱，疑其暗伏，引軍趨北山。亮拊手大笑曰："懿必謂吾怯，將有强伏，循山走矣。"候還白，如亮言。懿後知，深以爲恨。《郭冲三事》

16. 魯肅上代周瑜，吕蒙謂之曰："兄代公瑾，既難爲繼，且與關羽對。斯人長而好學，讀《左傳》略皆上口，梗亮有膽氣[②]，頗自負，好淩人，今宜有以待之。"密爲肅陳三策，秘而不宣。《江表傳》

17. 樊伷誘諸夷，圖以武陵附漢中劉備。孫權召問潘濬，濬答以五千兵往足以擒伷，權曰："卿何以知之？"曰："伷是南陽舊姓，頗弄唇吻，而實無才略。臣所以知之者，伷昔爲州設饌，比至日中，食不可得，而十餘自起，此亦侏儒觀一節之驗也。"《吴志》

18. 吴朱然無事，每朝夕嚴鼓，兵在營者，咸行裝就隊，以此玩敵，使不知所備，故出輒有功。《魏書》

19. 吴遣將軍賀齊討山越，越中有善禁者，每當交戰，官軍刀劍不得拔，弓弩射矢皆還自向，輒致不利。賀將軍長情自思[③]，乃曰："吾聞兵有刃者可禁，彼必是能禁吾兵者也，必不能禁吾無刃物矣。"乃多作勁木白棓，選有力精卒[④]五千人爲先

---

① 仆：粤雅堂本作"偃"。
② 氣：粤雅堂本作"色"。
③ 長情自思：《抱朴子内篇校釋》卷五《至理篇》作"長智有才思"。
④ 卒：原作"帥"，於意有所不合，據《抱朴子内篇校釋》卷五《至理篇》改。

登，盡持棓。彼山越恃其善禁者，了不嚴備，于是官軍以白棓擊之，彼禁者果不復行，所擊殺者萬計。《抱朴子》

20. 劉琨爲胡騎所圍數重，城中窘迫無計。劉始夕乘月登樓清嘯，胡賊聞之，皆凄然長嘆。中夜吹奏胡笳，賊皆流涕，人有懷土之切。向曉又吹，賊并起圍奔去。或云是劉王喬。

21. 孝武入討，至新亭，柳元景令軍中曰："鼓繁氣易衰，叫數力易竭，乃銜枚疾戰，一聽吾營鼓音。"遂破元凶。

22. 侯景與宇文泰合戰，泰墜地，東魏兵追及之，左右皆散。都督李穆下馬，以策杖泰背，駡曰："隴東軍士，爾曹主何在，而獨留此?"追者不疑其貴人，捨之而過，穆以馬授泰，與之俱逸。

23. 宗慤討林邑，林邑王以具裝被象，前後無際。慤以外國有獅子，威服百獸，乃製其形，與象相禦。象果奔，衆因此潰。

24. 郎基，字世業，嘗征西，爲賊所圍，糧仗皆盡，乃削木爲箭，剪紙爲羽，得圍散還朝。僕射楊愔勞之曰："卿本文吏，遂有武略，木箭紙羽，皆無故事，班墨之思，何以過之!"

25. 周文遣達奚武覘齊軍，三騎皆衣敵衣。至暮，下馬潛聽其軍號，歷營若警夜者，不如法則撻之，具知敵情以告，遂破之。

26. 檀袛于廣陵被賊傷股，語左右曰："賊乘暗入，欲掩我不備，但打五鼓懼之，曉必走矣。"

27. 司馬楚之從征蠕蠕，有覘楚之軍，截驢耳而去。有告失驢耳者，楚之曰："必覘賊截之爲驗，賊將至矣。"

28. 殷孝祖每戰，常以鼓蓋自隨。赭圻之戰，軍人相謂曰："殷統軍可謂死將矣。今與賊交鋒，而以羽儀自標顯，若射者十手攢射，欲無斃，得乎?”是日中矢死。

29. 宇文欣追尉遲迥於鄴，不利，時鄴城士庶觀者數萬人，忻謂左右曰：“事急矣！吾當以權道破之。”於是射走觀者，轉相騰藉，聲如雷霆。忻乃傳呼曰：“賊敗矣。”衆復振，齊力擊之，迥大敗。

30. 韋孝寬至相州，伺尉遲迥，審其反狀，乃馳還。所經橋道，悉令毁撤，擁驛馬自隨。又敕驛將曰：“蜀公將至，可多備肴酒芻粟。”迥遣梁子康將騎追孝寬，驛司供帳豐厚，停留，故不及。

31. 吐谷渾與党項寇邊，時柴紹討之，虜據高射紹軍，矢下如雨，士衆失色。紹安坐，遣人彈胡琵琶，使二女子對舞，虜异之，休射縱觀。紹伺其懈，以精騎從後掩擊，虜衆大潰。

32. 張巡守雍丘，令狐潮引兵圍之，城中矢盡。巡縛藁爲人千餘，被黑衣，夜縋城下，潮兵争射之，久乃知藁人。還，得數千萬矢。其後復夜縋人，賊笑，不設備，乃以死士五百斫潮營，軍大亂。

33. 涇州王童之謀作亂，期以辛酉旦，警嚴而發。前夕，有告之者，段秀實陽召掌漏者怒之，以其失節，令每更來白，輒延之數刻，遂四更而曙，童之不果發。

34. 李克用入魏博，覘城上有旗幟來往。晉王曰：“劉鄩一步一計。”更令審探，果縛芻爲人，縛旗於上，以驢負之，循城而行，鄩軍遁已二日。《北夢瑣言》

35. 周世宗征濠，夜遣兵持炬、乘駱駝絶淮，濠兵驚，以爲鬼乘龍也。今名乘龍洲，在鳳陽。《寰宇記》

36. 狄青宣撫廣西時，儂知高守崑崙關。青至賓州，值上元節，令大張燈燭。首夜晏將佐，次夜晏從軍，三夜饗軍校；

首夜樂飲徹曉，次夜二鼓，青忽稱疾，暫起如内。久之，使人喻孫元規，令暫主席行酒，少服藥乃出。數使勸勞，坐客至曉未得退，忽有持報者云："是夜三鼓，青已奪崑崙。"

37. 張浚次秀州，嘗夜坐，警備甚嚴。忽有客至前，出一紙懷中，曰："此苗、劉募賊公賞格也。"浚問欲何如，客曰："僕讀書，知逆順，豈以身爲賊用？特見爲備不嚴，恐有後來者耳。"浚下執其手，問姓名，不告而去。浚翼日斬死囚徇衆，曰："此苗、劉刺客也。"《玉露》

38. 种世衡所至青澗城逼近虜境，守備單弱，芻糧俱乏。世衡以官錢貸商旅使致之，不問所出入，未幾，倉廪皆實。又教吏民習射，雖僧道婦人亦習之。以銀爲射的，中者輒與之。既而中者益多，其銀重輕如故，而的漸厚且小矣。或争徭役優重，亦使之射，射中者得優處；或有過失，亦使之射，射中則釋之，由是人人皆能射。比數年，青澗城遂成富强，于延州諸寨中，獨不求益兵運芻糧。

39. 嘉熙間，峒丁反吉州，萬安宰黄炳鳩兵守備。一日五更，探報寇且至，遣巡尉領兵迎敵，皆曰："空腹奈何？"炳曰："第速行，飯即至矣！"炳乃率吏輩携竹蘿、木桶，沿市民之門曰："知縣買飯。"時人家晨炊方熟，皆有熱飯熟水，厚酬其直，負之以行。於是士卒皆飽餐，一戰破寇，由此論功，擢守臨川。

40. 開禧中，敵常以水櫃敗我軍。畢再遇夜縛藁人數千，衣以甲胄，持戈矛，儼立成行。昧爽鳴鼓，敵驚視，亟放水櫃，旋知其非真也。甚沮，乃出師攻之，敵大敗。又嘗引敵戰，且前且却，至數四。視日已晚，乃以香料煮黑豆布地上，復前搏戰，佯敗走，敵乘勝追之。其馬已饑，聞豆香皆就食，鞭之不前。我師反攻之，賊又大敗。《玉露》

41. 紹興中，劉光世在淮西，軍無紀律。張魏公爲都督，奏罷之，命參謀吕祉往廬州節制。光世頗得軍心，祉儒者，不知變，繩束頓嚴，諸軍忿怨。統制酈瓊率衆縛祉，渡淮歸劉豫。魏公方晏僚佐，報忽至，滿坐失色，公色不變。徐曰：“此有説，第恐虜覺耳。”因樂飲至夜分，乃爲蠟書，遣死士持遺瓊，言：“事可成，成之；不可成，速全軍以歸。”虜得書，疑瓊，分隸其衆，困苦之，邊賴以安。《鶴林玉露》

容 止

1. 孔子長十尺，大九圍，坐如蹲龍，立如牽牛，就之如昴如斗。《演孔圖》〇曹植《相論》云：“孔子面如蒙倛，周公形如斷菑。”〇菑音思

2. 暴勝之素聞雋不疑賢，至渤海，遣吏請與相見。不疑冠進賢冠，帶櫑具劍，珮環玦，褒衣博帶，盛服至門上謁。門下欲使解劍，不疑曰：“劍者，君子之武備，所以衛身，不可解，請退。”吏白，勝之開閣延請，望見不疑容貌尊嚴，衣冠甚偉，勝之躧履起迎。

3. 王商爲人有威重，長八尺餘，身體鴻大，容貌甚過絶人。河平四年，單于來朝，引見白虎殿。丞相商坐未央廷中，單于前拜謁商，商起離席與言，單于仰視商，大畏之，遷延却退。天子聞而嘆曰：“此真漢相矣。”

4. 馮偃長不滿七尺，常自耻短陋，恐子孫之似也，乃爲子伉娶長妻，伉生勤，長八尺三①寸。

---

① 三：粤雅堂本、内閣文庫藏八册本、《續修四庫全書》本作“二”。

5. 周燮生而欽頤折額，醜狀駭人，其母欲弃之，其父不聽，曰："吾聞聖賢多有异貌，興我宗者，乃此兒也。"

6. 陸閎，字子春，姿容如玉，威儀秀异。光武嘗登臺，見而偉之，嘆曰："南方故多佳人。"

7. 魏陽元身長八尺二寸，不修常人近事。爲相國參軍，晉王每朝罷，目送之，曰："魏舒堂堂，人之領袖。"

8. 嵇叔夜長七尺八寸，偉容色，土木形骸，不加飾厲，而龍章鳳姿，天質自然，正在群形之中，自知非常之器。

9. 石苞，字仲容，雅曠有知局，容儀偉麗，不修小節。時人爲之語曰："石仲容，美無雙。"

10. 衛叔寶在群伍中，有异人之望。齠齔時，乘白羊車於洛陽市，咸曰："誰家璧人！"於是家門州黨號爲"璧人"。

11. 王武子，叔寶之舅，嘗與叔寶同游，語人曰："昨日與外甥共坐，若明珠之在側，朗然來照人。"

12. 王濛美姿容，嘗覽鏡自照，稱其父字曰："王文開生如馨兒邪？"居貧帽敗，自入市買[①]之，嫗悦其美，遺以新帽。

13. 孟覬與兄昶并美風姿，時人謂之"雙珠"。

14. 伯仁儀容弘偉，善於俯仰應答，精神足以蔭映數人。鄧粲《晉紀》

15. 陶隱居身長七尺四寸，神儀明秀，朗目疏眉，細形長耳，雖在朱門，閉影不交外物。

16. 謝景滌年二十，爲太子舍人，意氣閑雅，瞻視聰明。梁武帝嘗目送之，謂徐勉曰："覺此生芳蘭竟體。"

17. 王儉儀容甚盛，作解散幘，斜插簪，朝野慕之，相與

---

① 買：原作"賣"，文意不通，據文意應作"買"，今改之。

放效。嘗謂人曰：“江左風流宰相，惟有謝安。”蓋自况也。

18. 王景文美風姿，袁粲嘆曰：“景文非惟風流可悦，乃哺歠亦復可觀。”有一客及見謝混，答曰：“方謝叔源則爲野父矣。”粲惆悵久之，曰：“恨眼中不見此人。”

19. 宋孝武選侍中四人，并以風貌，王彧、謝莊爲一雙，阮韜、何偃爲一雙。唐人詩：“雲仍王謝并，風貌阮何雙。”

20. 袁愍孫峻於儀範，廢帝裸之，迫使步，愍孫雅步如常，顧而言曰：“風雨如晦，雞鳴不已。”

21. 褚彦回美儀貌，俯仰進退，咸有風則，每朝會，百僚、遠國使莫不延目送之。宋明帝嘆曰：“褚彦回能遲行緩步，便得宰相矣。”時以方何平叔。

22. 彦回與王彧、謝莊等嘗聚袁粲宅，初秋凉夕，風月甚美，彦回援琴奏《别鵠》之曲，宫商既調，風神諧暢。謝莊撫節嘆曰：“以無累之神，合有道之器，宫商暫離，不可得已。”

23. 何炯白皙，美容貌，從兄求、點每曰：“叔寶神清，杜乂膚清，今觀此子，復見衛、杜在目。”

24. 張敷善持音儀，盡詳緩之致，與人别，執手曰：“念相聞。”餘響久之不絶。張氏後進皆慕之，其源起自敷。

25. 張氏自敷以來，并以理音節、修儀範爲事。至融，風止詭越，坐常危膝，行則曳步、翹身、仰首，意制甚多，聚觀成市。融了無慚色，隨例同行，常稽留不進。齊高帝素愛融，見常笑曰：“此人不可無一，不可有二。”

26. 柳世隆謂神武曰：“庾杲之爲蟬冕所映，彌有華采。”

27. 龔祈風姿端雅，范述見之，嘆曰：“此荆楚仙人。”

28. 伏曼容風采韶秀，宋明帝以方嵇叔夜，命吴人陸探微畫叔夜象賜之。

29. 都水使者季珪之常[①]曰："見王思遠終日匡坐，不妄言笑，簪帽衣領，無不整潔，便憶丘明士；見明士篷頭散帶，終日酣醉，吐論縱横，唐突卿宰，便復憶見王[②]思遠。"言其兩反也。

30. 李諧形貌短小，兼是六指，因瘻而舉頣，因跛而緩步，因謇而徐言，人謂李諧善用三短。

31. 裴粲謁高陽王，王以舊怨，含怒待之。粲神情閑遠，舉止抑揚，雍目之，不覺内解。坐定，謂曰："可更爲一行。"粲即下席，從容而出。

32. 温子昇詣梁客館，自以不修容止，謂人曰："詩章易作，逋峭難爲。"

33. 長孫儉爲荆州，蕭督遣使内附。儉於廳事前列軍儀，具戎服，以賓主禮見客，容貌魁偉，聲音如鐘，大爲鮮卑語，遣人傳譯以答問，客皇恐不敢仰視。日晚，儉乃著裙襦紗帽，引客晏别齋，因叙梁國喪亂，朝廷招携之意，發言可觀，使人大悦，出曰："吾所不能測也。"

簡　傲

1. 張飛嘗就劉巴宿，巴不與語，謂諸葛亮[③]曰："大丈夫處世，當交四海英雄，何至與兵子語？"《零陵先[④]賢傳》

2. 管輅嘗謂人曰："吾與劉穎川兄弟語，使人神思清發，

---

① 常：粵雅堂本闕"常"字。
② 王：粵雅堂本闕"王"字。
③ 亮：據粵雅堂本補。
④ 先：粵雅堂本作"光"，誤。

昏不假寐，自此之外，殆白日欲寢矣。”《劉智傳》

3. 謝朓輕江祏爲人，祏嘗詣朓，朓因言有一詩，呼左右取，既而便停，祏問其故，曰：“定復不急。”

4. 張纘與何敬容意趣不協，敬容居權軸，賓客輻輳，有退詣纘者，纘輒拒不前，曰：“吾不能對何敬容殘客。”

5. 劉孝綽仗氣負才，多所凌忽，每朝集會同，處公卿間，無所與語，反呼騶卒訪道途間事。

6. 謝藹嘗與劉悛飲，推讓者久之，悛曰：“謝莊兒不可云不能飲。”藹曰：“苟得其人，自可流湎千日。”悛慚，不能言。

7. 孫子荆爲驃騎參軍，時石苞在驃騎府，孫負其才氣，又心易苞，初至不拜，但長揖，語苞曰：“天子命我參卿軍事。”

8. 中書舍人狄當、周赳并管要務，以張敷同省名家，欲省之。赳曰：“彼若不相容接，不如勿往。”當曰：“吾等并已員外郎，何憂不得共坐。”敷先旁[①]設二床，去壁三四尺，二客就坐，敷呼左右曰：“移我床遠客。”赳等失色去。

9. 孔休源寄宗人少府孔登宅，范雲命駕到少府，登謂當詣己，備水陸之品。雲駐箸命休源，及至，命取其常膳，止有赤蒼米、蒸鮑魚。雲食休源食，不舉主人之饌，高談盡日，同載還家。登深以爲愧。

10. 許敬宗性輕傲，見人多忘之，或謂其不聰，曰：“卿自難記，若遇曹、劉、沈、謝，暗中摹索着亦可識。”《國史纂異》

11. 崔信明簡亢，自矜其文，謂過李百藥，時人弗許也。一日，鄭世翼遇之江中，謂曰：“聞公有‘楓落吴江冷’，願見

---

① 旁：原作“方”，誤。《南史·張敷傳》作“旁”，今據改。

其餘。”信明欣然多出衆篇，世翼覽數詩，曰：“所見不逮所聞。”投諸水，引舟而去。

汰　侈

1. 吴王闔廬①秋冬治城中，春夏治城外，旦食魁山，晝游蘇臺，射於鷗陂，馳於游臺，興樂石城，走犬長洲。《吴越春秋》

2. 武帝起招仙閣於甘泉宫西，編翠羽麟毫爲簾，青琉璃爲扇，懸黎火齊爲床，其上懸浮金輕玉之磬；有霞光繡、藻龍繡、連煙繡，有走龍錦、雲鳳錦、翻鴻錦；閣上燒荃蘼香屑，燒粟許，其氣三月不絶。郭憲《洞冥記》

3. 梁孝王好營宫室苑囿之樂，作曜華之宫。築兔園，園中有百靈山，山有膚寸石、落猿巖、棲龍岫，又有雁池，池間有鶴洲、鳧渚。其諸宫觀相連，延亘數十里，奇果异樹、瑰禽怪獸畢備，王日與宫人賓客弋釣其中。《西京雜記》

4. 哀帝爲董賢起大第於北闕下，重五殿，洞六門，柱壁皆畫雲氣華花、山靈水怪，或衣以綈錦，或飾以金玉。南門三重，署曰南中門、南上門、南更門。東西各三門，隨方面，題署亦如之。樓閣臺榭，轉相連注，山池玩好，窮盡雕麗。《西京雜記》

5. 郭況，光武皇后弟也，累金數億，錯拾寶以飾臺榭，懸明珠於四垂，晝視之如星，夜望之如日。里語曰：“洛陽多錢郭

① 闔廬：粵雅堂本、内閣文庫藏八册本、《續修四庫全書》本作“闔閭”。

氏室，夜日晝星富無匹。”《拾遺記》

6. 馬融善鼓琴，好吹篴，達生任性，不拘儒者之節，居宇器服，多存侈飾。嘗坐高堂，施絳紗帳，前授生徒，後列女樂，弟子次以相傳，鮮有入其室者。

7. 梁冀大起第舍，而妻壽亦對街爲宅，殫極土木，互相誇競。堂寢皆有陰陽奧室，連房洞户，柱壁雕鏤，加以銅漆。窗牖皆有綺疏青瑣[①]，圖以雲氣仙靈。臺閣周通，更相臨望，飛梁石磴，陵跨水道，金玉珠璣，异方珍怪，充積藏室，遠致汗血名馬。又廣開園囿，采土築山，十里九坂，以象二崤，深林絶澗，有若自然，奇禽馴獸，飛走其間。冀、壽共乘輦車，張羽蓋，飾以金銀，游觀第内，多從倡伎，鳴鐘吹管，酣謳竟路，或連繼日夜，以騁娛恣。

8. 靈帝起裸游館千間，渠水繞砌，蓮大如蓋，長一丈，夜舒書卷，名“夜舒荷”。宫人靚妝，解上衣，着内服，或共裸浴。西域貢茵墀香，煮湯，餘汁入渠，號“流香渠”。

9. 靈帝裸游館，采緑苔而被階，引渠水以繞砌，周流澄徹，乘船游漾。選玉色宫人，執篙楫，奏《招商》之曲，以來涼風，曰：“涼風起兮日照渠，青荷晝偃葉夜舒，惟日不足樂有餘。清絲流管歌玉鳧，千秋萬歲嘉難逾。”《拾遺記》

10. 魏文帝美人薛靈芸，年十五，容貌絶世，常山太守習谷以千金寶賂聘之以獻。至京師，帝以文車十乘迎之，道側燒石葉之香，未至數十里，膏燭之光，相續不滅，車徒咽路，塵起蔽於星月。又築土爲臺，基高三十丈，列燭於臺下，遠望如列星之墜地。道傍一里一銅表，高五尺，以志里數。故行者歌

---

① 瑣：粤雅堂本作“鎖”，誤。

曰："青槐夾道多塵埃，龍樓鳳閣望崔嵬。清風細雨雜香來，土上出金火照臺。"《拾遺記》

11. 甘寧以錦維舟，或割弃以示奢侈。《吴志》

12. 羊琇性豪侈，費用無復齊限，而屑炭和作獸形以温酒，洛下豪貴，咸兢效之。

13. 王劭，字敬祖。永康初，遷司徒，驕奢有父風。一日之供，以錢二萬爲限，時論以爲太官御膳，無以加之。

14. 石虎冬月施熟綿流蘇斗帳，四角安純金龍頭，銜五色流蘇。或用蜀地博①山文錦，或用紫綈小明光錦。《鄴中記》

15. 石崇伎妾千餘人，擇十數人裝飾一處，使忽視之，不相分别。刻玉爲倒龍佩，鎣金爲鳳凰釵，有所召者，不呼姓名，悉聽佩聲、視釵色，玉聲輕者居前，釵色艷者居後，以爲行次而進。

16. 外國進火浣布，帝服之以幸季倫，季倫身敝服候帝，從奴五十人，悉衣火浣衫。

17. 阮佃夫，明帝時論功封建城侯，宅舍園池，諸王邸第莫及。女伎數十，藝貌冠絶當時。金玉錦繡之飾，宫掖不逮也。每製一衣、造一物，都下莫不效焉。嘗中路遇劉休，相要同反，就席，便命施設，珍羞畢備。諸火劑并皆始熟，如此者數十種。佃夫常作數十人饌以待客，故造次便辦。如此，晉世王、石不能過也。

18. 河間王琛造文柏堂，形如徽音殿，置玉井金罐，以金五色續爲繩。伎女三百人皆國色。遣使求名馬，遠至波斯國，得千里馬，號曰"追風赤"。次有七百里馬十餘匹，皆有名字，

---

① 博：内閣文庫藏八册本、粤雅堂本作"傅"。

以銀爲槽，金爲鎖環。造迎風館於後園，玉鳳銜鈴，金龍吐佩，素奈朱李，枝條入檐，伎女樓上，坐而摘食。嘗會宗室，陳寶器，有水晶鉢、瑪瑙琉璃碗、赤玉卮數十枚①，作工奇妙，中土所無，皆自西域而來，金瓶銀瓮百餘口，甌檠盤合稱是。復引諸王按行府庫，錦罽珠璣，冰紈霧縠，不可勝數。琛謂章武王融曰："不恨我不見石崇，恨石崇不見我。"融曰："嘗謂高陽寶貨多於融，誰知河間瞻之在前。"江陽繼笑曰："卿欲作袁術之在淮南，不知世間復有劉備也。"《伽藍記》

19. 劉穆之性豪侈，旦輒爲十人饌，未嘗獨餐。每至食時，客止十人以還，帳下依常下食。嘗白武帝曰："穆之家本貧賤，贍生多闕，叨忝以來，雖存約損，而朝夕所須，微爲過豐，此外無一毫負公。"

20. 劉琰在蜀，車服飲食號爲侈靡，侍妾數十，能爲聲樂，悉教誦《魯靈光殿賦》。

21. 魚弘常語人曰："我爲郡有四盡：水中魚鱉盡，山中獐鹿盡，田中米穀盡，村中人庶盡。大丈夫生世，如輕塵栖弱草，白駒過隙，貴富②在何時！"部曲數百，悉衣錦袍，赫奕滿道。

22. 徐湛之産業甚厚，室宇園池，伎樂之妙，冠於一時。門生千餘，皆三吴富人子，姿質端美，衣服鮮麗。每行游塗巷，盈滿兩目，悉以後車載之。文帝每嫌其侈縱。時安成公何勗，無忌之子，臨汝公孟靈休，是昶之子，并名奢豪，與湛之以肴膳器服車馬相尚。都下語曰："安成食，臨汝飾。"湛之特兼何、孟之美。

① 枚：粤雅堂本、内閣文庫藏八册本、《續修四庫全書》本作"枝"。
② 貴富：粤雅堂本作"富貴"。

23. 羊高[①]昌侃初赴衡州，於兩艖艏起三間通梁水齋，飾以珠玉，加之錦績，盛設帷屏，陳列女樂，乘潮解纜，臨波置酒，緣塘傍水，觀者填咽。

24. 侃嘗燕北使陽斐，賓客三百餘人，食器皆金玉雜寶，奏三部女樂；及夕，侍婢百餘人，俱執金花燭。

25. 孫德璉[②]頻立武功，居家富侈。家庭穿築，極林泉之致，歌童舞女，當世罕儔，賓客填門，軒蓋不絶。出鎮郢州，乃合十餘船爲大舫，於中立亭池，植荷芰。良辰美景，賓僚并集，泛長江而置酒，一時稱爲勝賞。

26. 蕭臨川宏奢侈過度，居第擬於帝宫，後房數百人，皆極天下之選。所幸江無畏，服玩侔於東昏潘妃，寶屧直千萬。

27. 徐君蒨爲湘東王諮議，文冠一府，新聲艷語，人多諷習，尤長部書，問無不對。善弦歌，好聲色，侍妾數十，皆佩金翠，曳羅綺，服玩悉以金銀，閉門盡日酣飲。有時載伎肆意游行，荆楚山川，靡不游踐[③]。時魚弘亦稱豪侈，于是府中謡曰："北路魚，南路徐。"

28. 爾朱文略嘗邀平秦、武興、汝南諸王至宅，供設奢麗，各有贈賄。諸王乃共假寶物以邀之，文略弊衣而往，從奴五十[④]人，皆駿馬侯服。

29. 隋煬帝時，雲定興盛修儀仗，課州縣送羽毛，百姓求捕，網羅被水陸，禽獸有堪氅毦之用者，殆無遺類。

30. 煬帝於景華宫徵求螢火，得數斛，夜出游山而放之，

---

① 高：粵雅堂本作"亨"，誤。

② 璉：粵雅堂本作"槤"。

③ 踐：内閣文庫藏八册本、粵雅堂本作"政"，誤。

④ 十：原作"千"，據《北史·尒朱文略傳》改。

光遍岩谷。

31. 裴矩以蠻夷朝貢者多，諷煬帝，令東都大戲，徵四方奇伎异藝，陳於端門街，衣錦綺、珥金翠者以十萬數，敕百官及百姓列坐棚閣而縱觀焉，終月而罷。又令交市店肆皆設帷帳，盛酒食，延邀蠻夷就坐醉飽，莫不嗟嘆，謂中國爲神仙。

32. 煬帝築西苑，周二百里，其内爲海，海中爲方丈、蓬萊、瀛洲諸山，高出水百餘尺，臺觀宫殿，向背如神。海北有龍鱗渠，縈紆注海内。緣渠作十六院，門皆臨渠，每院以四品夫人主之。堂殿樓觀，窮極華麗。宫樹凋落，則剪彩爲花葉，綴於枝條，色渝，易以新者，常如陽春。沼内亦剪彩爲荷芰菱芡，乘輿游幸，則去冰而布之。十六院競以肴膳相高，求市恩寵。上好以月夜從宫女數千騎游西苑，作《清夜游曲》，於馬上奏之。

33. 煬帝觀書處，窗户玲瓏相望，金鋪玉觀，輝映溢目，號爲“閃電窗”。《南部烟花記》

34. 隋文帝子秦王俊，盛修宫室，窮極侈麗。爲妃作七寶罩籬，車不可載，以馬負之而行。又爲水殿，香粉塗壁，玉砌金階，梁柱榱棟之間，周以明鏡，間以寶珠，極瑩飾之美，每與賓客、伎女弦歌於上。

35. 李德裕在中書，不飲京城水，悉用惠山泉，時謂之“水遞”。有僧曰：“水遞有損盛德。”京師昊天觀後一泉，與惠山水脉相通，因取稱量，與惠山等，乃罷水遞。《芝田録》

36. 李昌夔在荆山打獵，大修裝具，夫人獨孤氏亦出女騎千人，皆着紅繡襖，錦鞍韉，鳳靴銀鐙。

37. 魚朝恩有洞房，四壁夾安琉璃板，中貯江水及萍藻、諸色魚蝦，號“魚藻洞”。《南康記》

38. 韋陟窮治饌羞，擇膏腴地藝穀苗，以鳥羽擇米，每庖中所弃，其直不減萬錢。宴公侯家，雖極水陸，曾不下箸。

39. 元載造芸輝堂。芸，香草也，白如玉，入土不朽，爲屑以塗壁。設紫綃帳，凝冬風不入，盛夏自清涼。〔唐〕蘇鶚《演義》

40. 張功甫，是張循王諸孫，園池、聲伎、服玩甲天下。嘗於南湖園作駕霄亭於四古松間，以巨鐵絙縣之空半，當風月清夜，與客梯登之，飄摇雲表。王簡卿侍郎嘗赴其牡丹會，云："衆賓既集，一堂寂無所有，俄問左右云：'香發未?'答云：'已發。'命捲簾，則异香自内出，郁然滿座。群伎以酒肴、絲竹次第而至，别有名姬十輩，皆衣白，凡首飾衣領皆牡丹，首帶照殿紅。一伎執板奏歌侑觴，歌罷樂作，乃退，復垂簾談論自如。良久香起，捲簾如前，别十姬易服，與花而出，大抵簪白花則衣紫，紫花則衣鵝黄，黄花則衣紅。如是十杯，衣與花凡十易，所謳者[1]皆前輩牡丹名詞[2]。酒竟，歌樂無慮百數十人，列行送客。燭光香霧，歌吹雜作，客皆恍然如仙游。"

矜 率

1. 東方朔初來，上書曰："臣年十三學書，三冬文史足用。十五學擊劍。十六學《詩》《書》，誦二十二萬言。十九學孫、吴《兵法》，戰陣之具，鍾鼓之教，亦誦二十二萬言。凡臣朔已

① 者：粤雅堂本闕"者"字。

② 詞：粤雅堂本衍一"詞"字，作"詞詞"。

誦四十四萬言，又長服子路之言。年二十二，長九尺三寸，目若懸珠，齒若編貝，勇若孟賁，捷若慶忌，廉若鮑叔，信若尾生。若①此，可以爲天子大臣矣。”

2. 田延年爲河東太守，行縣至平陽，悉召故吏五十六人。延年親臨見，令有文者東，有武者西。閱數十人，次到尹翁歸，獨伏不肯起，對曰：“翁歸文武兼備，惟所施設。”功曹以爲此吏倨傲不遜，延年曰：“何傷！”遂召上辭問，甚奇其對。從歸府，案事發奸，窮竟事情，延年大重之，自以能不及翁歸。

3. 戴叔鸞論議高奇，多駭流俗，同郡謝季孝問曰：“子自視天下孰與爲比？”答曰：“我若仲尼長東魯，大禹出西羌，獨步天下，誰與爲偶！”

4. 韓遂請與曹操相見，時秦胡觀者，前後重沓，操笑謂之曰：“爾欲觀曹公邪？亦猶人也，非有四目兩口，但多智耳。”《魏志》

5. 伏玄度在桓公府，有文名。孝武嘗②大會，伏與坐。還，下車呼子系之曰：“百人高會，天子先問伏滔在否，爲人作父，定何如？”

6. 張賓謂昆弟曰：“吾智策識鑒，不後張子房，但不遇高帝耳。”崔鴻《後趙録》

7. 燕主垂議伐西燕，曰：“吾比老，叩囊底智，足以取之，終不復留此賊以累子孫。”

8. 王僧虔《戒子書》曰：“王氏門中，優者龍鳳，劣猶虎豹。”

9. 王融謂劉孝綽：“天下文章，若無我，當歸阿士。”

---

① 若：粤雅堂本作“如”。

② 嘗：原作“當”，據《晉書·伏滔傳》改作“嘗”。

10. 王融詣王僧祐，因遇沈昭略，未相識。昭略顧眄，謂主人曰："是何年少？"融殊不平，謂曰："僕出於扶桑，入於暘谷，照耀天下，誰云不知？而卿此問。"昭略曰："不知許事，且食蛤蜊。"融曰："物以群分，方以類聚，君生長東隅，居然應嗜此族。"

11. 崔浩纖妍白皙，如美婦人，性敏達，長於謀計，自比張良，謂己稽古過之。

12. 王敬則、王儉俱即本號，開府儀同。徐孝嗣候儉，因嘲之曰①："今日可謂連璧。"儉曰："不意老子，遂與韓非同傳。"

13. 張融還鄉，詣王儉别。儉立地舉袂不前，融亦舉手呼儉，曰："王前前。"儉不得已，趨就之，融曰："使融不爲慕勢，而君趨士，豈不善乎！"

14. 張融善草書，帝謂曰："卿書殊有骨力，但恨無二王法。"答曰："非恨臣無二王法，亦恨二王無臣法。"

15. 張融嘗嘆曰："不恨我不見古人，恨古人不見我。"

16. 文帝問顔延之以其諸子才能，曰："竣得臣筆，測得臣文，㚟得臣義，躍得臣酒。"何尚之嘲曰："誰得卿狂？"曰："其狂不可及。"《姓氏英賢録》

17. 沈深見王儉詩，曰："王令文章大進。"邱靈鞠曰："何如我未進時？"

18. 吴邁遠好自誇而蚩鄙他人，每作詩得稱意語，輒擲地呼曰："曹子建何足數哉？"檀超聞而笑曰："昔劉季緒才不逮於作者，而好詆訶文章。季緒瑣瑣，焉足道哉！至於邁遠，何爲

① 曰：粤雅堂本闕"曰"字。

者乎？”

19. 袁淑見謝莊《赤鸚鵡賦》，嘆曰：“江東無我，卿當獨秀；我若無卿，亦一時之杰。”

20. 齊席毗，清幹之士，嗤鄙文學，嘲劉逖云：“君輩辭藻，譬若榮華，須臾之玩耳！豈比吾徒千丈松，常有風霜，不可凋悴。”劉曰：“既有寒木，又發春華，何如？”席笑曰：“可矣。”《顔氏家訓》

21. 游雅，字伯度，小名廣頭，好自矜誇，凌獵[1]人物。高允重雅文學，而雅素輕允，允不以爲恨。允將婚於邢氏，雅勸允娶其族，允不從，雅曰：“人貴河間邢，不勝廣平游。人自弃伯度，我自敬廣頭。”

22. 袁粲清整有風操，自遇甚高，嘗謂周旋曰：“昔有一國，國中一水，號曰‘狂泉’，國人飲此水無不狂，惟國君穿井而汲，獨得無恙。國人既并狂，反謂國主之不狂爲狂，於是聚謀共執國主，療其狂疾，火艾針藥畢具。國主不任其苦，於是到泉所，酌水飲之，飲畢便狂，君臣大小，其狂若[2]一，衆乃歡然。我既不狂，難以獨立，比亦試飲此水矣。”

23. 孫搴學淺行薄，邢卲嘗謂曰：“須更讀書。”搴曰：“我精騎三千，足敵君羸卒一萬。”

24. 北齊崔儦[3]自恃才高，大署其廬曰：“不讀五千卷書，無入此堂。”

25. 劉晝自謂博物奇才，言好矜大，每曰：“使我數十卷書行於後世，不易齊景之千駟也。”

---

① 獵：粤雅堂本作“躐”。

② 若：粤雅堂本衍一“若”字，作“若若”。

③ 儦：原作“儷”，粤雅堂本及《隋書·崔儦傳》作“崔儦”，據改“儦”。

26. 魏收從叔季景有才學，名位在收前，頓丘李庶謂曰："霸朝便有二魏。"收對曰："以從叔見比，便是耶輸之比卿。"耶輸，庶之痴叔也。

27. 魏收云："我視沈約，正如奴。"《關東風俗傳》

28. 袁嘏詩平平耳，多自謂能，嘗語徐太尉云："我詩有生氣，須人捉着，不爾便飛去。"《詩品》

29. 鄭仁表豪爽有文，以門閥文章自高，嘗曰："天瑞有五色雲，人瑞有鄭仁表。"

30. 皮日休傲誕，自號"间氣布衣"。《北夢瑣言》

31. 東坡云："爛蒸同州羊，灌以杏酪，食之以匕不以箸。南都撥心麵，作槐葉温淘，糁以襄邑抹猪，炊共城香稻，薦以蒸子鵝。吴興庖人鮓松江鱸鱠，既飽，以廬山康王谷水，烹曾坑門品。少焉，解衣仰卧，使人誦東坡赤壁前後賦，亦一大快。"《志林》①

詆毀

1. 劉荊州自作書，欲與孫伯符，以示禰正平，正平言："如是爲欲使孫策帳下兒讀之耶？將使張子布見乎？"

2. 明帝時謗書謂："臺中三狗睚眦不可當，一狗憑點作蛆囊。"三狗，謂何晏、鄧颺、丁謐也。點，曹爽小字，謐尤阿爽。

① 按，此條不見於《東坡志林》，而見於北宋趙令時《侯鯖録》，前作"黄魯直云"，文亦小异，存疑備考。

3. 孫綽嘗鄙山濤，謂人曰："山濤，吾所不解，吏非吏，隱非隱，若以元禮爲龍津，則當點額暴鱗矣。"

4. 孫盛與桓温箋："州遣從事觀采風聲，進無威鳳來儀之美，退無鷹鸇搏擊之用，徘徊湘川，將爲怪鳥。"

5. 庾信至北，唯愛温子昇《寒山寺碑》。後還南，人問北方何如，信曰："唯寒山寺一片石堪共語，餘若驢鳴犬吠耳。"

6. 孟顗事佛精懇，爲謝靈運所輕，嘗謂顗曰："得道應須慧業文人，公生天當在靈運前，成佛必在靈運後。"

7. 劉瑀出爲益州，甚不得意。至江陵，與顔峻書曰："朱修之三世叛①兵，一旦②居荆州，清油幕下，作謝宣明面見向，使齋帥以長力引吾下席。於吾何有，正恐匈奴輕漢耳。"

8. 劉秀之爲丹陽，族子瑀與親故書曰："吾家黑面阿秀，遂居劉安衆處，朝廷不爲多士。"

9. 王奂爲僕射，劉祥與奂子融同載，行至中塗，路人驅驢，祥曰："驢，汝好爲之，如汝人才，皆已令僕。"

10. 丘靈鞠嘗詣褚彦回，彦回不起，曰："比脚疾，不復能起。"靈鞠曰："脚疾亦是大事，公爲一代鼎臣，不可復爲覆餗。"

11. 何尚之致仕方山，著《退居賦》以明所守，而議者咸謂尚之不能固志。袁淑乃録古來隱士有迹無名者，爲《真隱傳》以嗤焉。

12. 卞彬好飲，仕不遂，乃著《蚤虱蝸蟲賦》，皆大有指斥。又爲《禽獸决録》，目禽獸云："羊性淫而狠③，猪性卑而

① 叛：粤雅堂本作"判"，誤。

② 一旦：原作"一日"，粤雅堂本闕文，今從《宋書·劉瑀傳》改。

③ 狠：粤雅堂本作"很"。

率，鵝性頑而傲，狗性險而出。”皆指斥貴要，羊謂吕文顯，猪謂朱隆之，鵝謂潘敞，狗謂吕文度。《蝦蟇賦》云：“紆青拖紫，名爲蛤魚。”世謂比令僕也。又云：“科斗唯唯，群浮闇水。維朝繼夕，律役如鬼。”比令史諮事也。

13. 武儒衡爲中書舍人，時膳部郎中元稹知制誥，因宦官魏弘簡進，不由宰相而得掌誥，時論鄙之。儒衡因會公堂，有青蠅集於瓜①，忽怒擊去之，曰：“適從何處來集於此！”一座愕然。

14. 王及善才行庸猥，爲内史，號“鳩集鳳池”。《朝野僉載》

排　調

1. 伏日詔賜從官肉，大官日晏不來，東方朔拔劍割肉，謂同官曰：“伏日當早歸，請受賜。”即懷肉去。大官奏之，朔入，上曰：“昨賜肉，不待詔，以劍割肉而去，何也？”朔免冠謝，上曰：“先生起，自責。”朔再拜曰：“朔來受賜，不待詔，何無禮也！拔劍割肉，壹何壯也！割之不多，又何廉也！歸遺細君，又何仁也！”上笑曰：“使先生自責，乃反自譽。”復賜酒一石，肉百斤。

2. 先主時，天旱，禁私釀，有吏於人家索得釀具，論者欲罰之。簡雍與先主游，見一男女行道，謂先主曰：“彼人欲行淫，何以不縛？”先主曰：“何以知之？”對曰：“彼有其具，與

---

① 瓜：原作“爪”，誤，據粵雅堂本改。

私釀者同。”先主大笑而原私釀者。

3. 西使張奉於孫權前列尚書闞澤姓名嘲澤，澤不能答，薛綜下行酒，因曰：“蜀者何也？有犬爲獨，無犬爲蜀，横目勾身，蟲入其腹。”奉曰：“不當復列君吴邪？”綜應聲曰：“無口爲天，有口爲吴，君臨萬邦，天子之都。”奉無以對。

4. 張裔爲留府長史，謂所親曰：“近者涉道，晝夜接賓，不得休息。人自敬丞相長史，男子張君嗣附之，疲倦欲死。”

5. 顧愷之矜伐過實，諸年少因相稱譽，以爲戲弄。爲散騎常侍，與謝瞻連省，夜於月下長咏，自云得先賢風致，瞻每遥贊之，愷之得此，彌自力忘倦。瞻將眠，語槌脚人令代，愷之不覺有异，遂幾申旦而後止。《晉陽秋》

6. 苻堅與諸征鎮書曰：“晉士平吴，利在二彦，今克襄陽，僅得一人半耳。”謂釋道安、習鑿齒二人，齒跛一足，故戲之。

7. 殷淳與何勗共食，淳羹盡，勗曰：“益殷蒓羹。”勗，司空無忌子也，淳徐輟箸曰：“何無忌憚。”

8. 盧詢祖初襲爵大夏男，朝謂“大夏初成”，詢祖應聲曰：“且得燕雀相賀。”

9. 沈昭略嘗醉，日晚，負杖至婁湖苑，遇王約，張目視之，曰：“汝是王約邪？何乃肥而痴！”約曰：“汝沈昭略邪？何乃瘦而狂！”昭略撫掌大笑，曰：“瘦已勝肥，狂又勝痴。奈何王約，奈汝痴何！”

10. 人或勸柳津聚書，津曰：“吾嘗請道士上章驅鬼，安用此鬼名邪？”

11. 高爽經途謁晉陵令劉蒨之，蒨之了不相接。俄爽代爲晉陵令，蒨之迎贈甚厚，爽受餉，答書曰：“高晉陵自答。”人問所以，曰：“劉蒨之自餉晉陵令耳，何關爽事？”

12. 湘東王嘗游江濱，嘆秋望之美，劉諒對曰："今日可謂'帝子降於北渚'。"王有目疾，應曰："卿言'目眇眇而愁予'邪？"

13. 朱异年二十出都詣沈約，約面試之，因戲曰："卿年少，何乃不廉？"异逡巡未達其旨，約乃曰："天下惟有文義棋書，卿一時將去！"

14. 楊素與牛弘退朝，候白曰："日之夕矣。"素大笑曰："以我輩爲'牛羊下來'邪？"

15. 范曄撰《和香方》，其《序》曰："麝本多忌，過分必害。沈實易和，盈斤無傷。零藿虚燥，詹唐黏濕。甘松蘇合、安息鬱金、奈多和羅之屬，并被珍於外國，無取於中土。又棗膏昏鈍，甲煎淺俗[1]，非惟無助於馨烈，乃當彌增於尤疾。"所言悉以比朝士，麝比庾仲文，零藿比何尚之，詹唐比沈演之，棗膏比羊玄保，甲煎比徐湛之，甘松蘇合比慧琳，沈實易和以自況也。

16. 裴子雨爲下邳令，張晴爲丞，二人善言語，曾論事移時。人吏竊曰："縣官甚不和。"或問之，曰："長官稱雨，贊府道晴，如此終日不和也。"《南部新書》

17. 李繪使梁，與梁人争言氏族，袁狎曰："未若我出自黄帝，在十四姓之限。"繪曰："兄所出雖遠，當共車千秋分一字耳。"一座皆笑。

18. 何敬[2]容署名，"敬"字則大作"苟"，小作"文"，"容"字大爲"父"，小爲"口"。陸倕戲之曰："公家'苟'既奇大，'父'亦不小。"

---

① 俗：粵雅堂本作"浴"。
② 敬：粵雅堂本作"文"。

19. 劉夢得守連州，替高霞寓，高後入爲羽林將軍，有殊眷，附書夢得，欲請自代。劉答云："昔嫗行山中遇虎，虎舉足示嫗，見有芒刺，爲拔之，虎感奮而去。及歸，擲麋鹿狐兔於嫗家，無虚日。一旦忽擲死人入，村人執嫗爲殺人，嫗説前事得釋。乃登垣語虎曰：'感則感矣，叩首大王，莫更抛人來也。'"

20. 唐有士人姓方，好矜門地，凡方姓貴人，輒認爲親。或戲之曰："豐邑方相何親？"遽曰："再從伯氏。"戲者笑曰："既是方相侄，祇堪嚇鬼。"

21. 武后時，裹行御史聚立門内，有令史不下驢，衝過其間。諸御史大怒，將杖之，令史云："今日之過，實在此驢，乞數之然後受罰。"謂驢曰："汝伎藝可知，精神極鈍，何物驢畜，敢於御史裹行！"於是衆羞赧而止。《國朝載記》

22. 陳亞性滑稽，知潤州，幕中有上官弼，爲亞所親，任滿將去，亞曰："何以教我？"弼曰："郎中才行無玷，但調謔過差。"亞曰："君乃上官弼也，如下官口何？"弼笑而去。

23. 蔡君謨戲陳亞曰："陳亞有心，終是惡。"陳應聲曰："蔡襄無口，便成衰。"張師正《倦游録》

24. 盧肇就江西解試，未送，以啓謁試官曰："巨鼇屓贔，首冠蓬山。"試官曰："昨恨以人數擠排，焉得首冠蓬山邪？"肇曰："頑石在上，巨鼇戴之，豈非首冠。"一坐大笑。《摭言》

假譎

1. 子圉見孔子於商太宰。孔子出，子圉入，請問客，太宰曰："吾已見孔子，則視子猶蚤虱之細者也，吾今見之於君。"子圉恐孔子貴於君也，因謂太宰曰："君已見孔子，孔子亦將視子猶蚤虱也。"太宰因弗復見也。《韓非子》

2. 宣王好射，説人之謂己能用强也，其實所用不過三石。以示左右，左右試引之，中闕而止，皆曰："不下九石，非大王孰能用是！"宣王悦之，故宣王用不過三石，而終身自以爲九石。

3. 齊中大夫有夷射者，御飲於王，醉甚而出，倚於郎門。門者刖跪請曰："足下無意賜之餘瀝乎？"夷射曰："叱！去！刑餘之人，何事乃敢乞飲長者！"刖跪走退。及夷射去，刖跪因捐水郎門溜下，類溺者之狀。明日，王出而呵之，曰："誰溺於是？"刖跪對曰："臣不見也，雖然，昨日中大夫夷射立於此。"王因誅夷射。《韓非子》

4. 甘茂相秦惠王，惠王愛公孫衍，與之間有所言，曰："寡人將相子。"甘茂之吏道穴聞之，以告甘茂。甘茂入見王，曰："王得賢相，臣敢再拜賀！"王曰："寡人托國於子，安更得賢相？"對曰："將相犀首。"王曰："子安聞之？"對曰："犀首告臣。"王怒犀首之泄，乃逐之。《韓非子》

5. 清河胡常與翟方進同經，常爲先進，名譽出方進下，心害其能，議論不右方進。方進知之，候伺常大都授時，遣門下諸生至常所，問大義疑難，因記其説，如是者久之。常知方進之尊讓己，其後居士大夫之間，未嘗不稱述方進，遂相親友。

6. 翟酺遷侍中，時尚書有缺，詔大夫六百石以上試對，以高第者補之。酺自恃能高，而忌故太史令孫懿，乃往候懿。既坐，言無所及，惟涕泣流連。懿怪而問之，答曰："圖書有漢賊孫登，將以才智爲中官所害，觀君表相，似當應之，僕受恩接，凄愴君之禍耳。”懿移病不試，由是酬對第一，拜尚書。

7. 太史慈在郡，會郡與州有隙，曲直未分，以先聞者爲善。時州章已去，郡恐後之，求可使者，慈以選行。晨夜取道到洛陽，詣公車門，見州吏，始用求通，慈曰：“章題署得無誤乎，取來視之。”吏因爲取章，慈便敗之。吏大呼，慈與語曰：“君不以相與，吾亦無因得敗，吉凶禍福等耳，吾不獨受此罪，豈若默然俱去。”慈既與出城，因遁還，通郡章，州受其短。

8. 司隸馮方女有國色，避亂揚州。袁術登城，見而悦之，遂取焉。諸婦教以將軍貴人，重志節，宜數涕泣以示憂愁也，若如此加重。馮氏后見術，每垂泣，術果以爲有心，益寵之。諸婦乃共絞殺，陷之于厠，言其哀怨自殺。術以其不得志而死，厚加殯殮。《典論》

9. 宋孝武嘗與顔師伯樗蒲，帝擲得雉，大悦。師伯後擲得盧，帝失色，師伯遽斂子，曰：“幾作盧。”師伯爾日一輸百萬。

10. 宋文帝遣到彦之經略河南，大敗，悉委弃兵甲，武庫爲之空虚。帝晏，會有歸化人在坐，帝問庫部郎顧琛：“庫中仗有幾許？”琛詭辭答：“有十萬人仗。”舊庫仗秘不言多少，帝既發問，追悔失言，得琛此對，甚喜。

11. 王瑩代謝超宗爲義興，超宗去郡，與瑩交惡。還都，就瑩父懋求書，屬瑩覓一吏，曰：“丈人一旨，如湯澆雪耳。”及至，瑩答旨以公吏不可。超宗往懋處，對賓客謂懋曰：“湯定不可澆雪。”懋面洞赤。懋後往超宗處，設精白鯗[①]、美鮓、獐肶，懋問：“那得佳味？”超宗詭言義興始見餉，陽驚曰：“丈人豈應不得邪？”懋大忿，言瑩供養不足，坐廢。

---

① 鯗：《南史·王瑩傳》作“鮑”。

12. 高平郗紹作《晉中興書》，以示何法盛。法盛有意圖之，謂曰："卿名位貴達，我寒士，賴有著述流聲於後，宜以爲惠。"紹不與。至書成，在齋内厨中，法盛詣紹，紹不在，直入竊書。紹還，失之，無復兼本，遂行何書。

13. 張率年十六作賦頌二千餘首，虞訥見而詆之。率乃一旦焚毁，更爲詩示焉，托云沈約，訥便句句嗟稱，無事不善。率曰："此吾作也。"訥慚而退。

14. 劉仁之外示長者，内多矯詐。其對賓客，破床弊席，粗飲冷漿，衣服過惡。每於稠人廣衆，或撾一奸吏，或縱一孤貧，淺陋者皆稱其美。

15. 牛弘奏求遺書，劉炫僞造書百餘卷，題爲《連山易》《魯史記》等，録上送官，取賞而去。下獄，經赦免。

16. 魏寧以善推禄命，徵爲館客。武成以己生年月托爲异人問之，寧曰："極富貴，今年入墓。"武成驚曰："是我。"寧變辭曰："若帝王，自有法。"

17. 周武於雲陽寢疾，召姚僧垣赴行在所，柳昂私問曰："至尊脉何如？"曰："天子上應天心，當非愚臣所及，若凡庶如此，萬無一全。"

18. 姚崇天資權譎，始爲同州，張説以①素憾，諷趙彦昭劾之。及崇當國，説懼，潜詣岐王申款。他日朝退，衆皆趨出，崇曳踵爲有疾狀，帝詔問之，對曰："臣心有憂，痛不在足。"問其故，曰："岐王，陛下愛弟，張説輔臣，而密車出入王家，恐爲所誤，故憂之。"於是説出相州。

19. 李適之與李林甫争權不協，林甫陰賊好諛，謂適之曰：

---

① 以：原無"以"字，文意不通，據《新唐書·姚崇傳》補。

“華山上金，采之可以富國，顧上未之知。”適之性疏，信其言。他日，從容爲帝道之。帝喜，以問林甫，林甫對曰：“臣知之舊矣，顧華山陛下本命，王氣之舍，不可穿治，故不敢以聞。”帝以林甫爲愛己，而薄適之。

20．慕容彦超爲泰寧節度使，好聚斂。在鎮，嘗置庫質錢，有奸民爲僞銀以質者，主吏久之乃覺。彦超陰教主吏夜穴庫垣，盡徙金帛於他所，而以盗告。彦超即榜於市，使民自占所質以償之。民争以所質物自言，已而得質僞銀者。置之深室，使教十餘人爲之，皆鐵爲質而包以銀，號“鐵胎銀”。

紕　漏

1．宋有澄子者，亡緇衣，求之塗，見婦人緇者，援而入舍，欲取其衣，曰：“今者我亡緇衣。”婦人曰：“君雖亡緇衣，此實吾所自爲也。”澄子曰：“子不如速與我，昔吾所亡者紡緇也，今子之衣，禪緇也。以禪緇當紡緇，子豈不得哉？”《吕氏春秋》

2．涓石梁好畏，見己之影，以爲鬼而驚死。

3．桓帝侍中乃存，年老口臭，上出雞舌香與含之。雞舌頗小，辛螫，不敢咀咽。嫌有過賜毒藥，歸舍辭决，家人哀泣，莫知其故。僚友求眂其藥，出在口香，咸嗤笑之。應劭《漢官儀》

4．桓帝時，人有辟公府掾者，倩人作奏記文，人不能爲作，因語曰：“梁國葛龔者先善爲記文，自可爲用，不煩更作。”遂從人言，寫記文，不去龔名姓。府公大驚，不答而罷歸。時人語曰：“作奏雖工，宜去葛龔。”邯鄲氏《笑林》

5．宛陵大姓羊元群罷北海郡，臧罪狼籍，郡舍溷軒有奇巧，載之以歸。

6. 張角作亂，向栩上便宜，不欲國家興兵，但遣將於河上，北向讀《孝經》，賊自當消滅。

7. 丁儀、丁廙有盛名於魏，陳壽謂其子曰："可覓千斛米見與，當爲尊公作佳傳。"丁不與之，竟不爲立傳。

8. 王思性急，嘗把筆，而蠅在筆端，彈去復來，思怒，起逐蠅，不能得去，取筆壞而弃之。《魏略》

9. 晉王與蜀後主禪宴，作故蜀伎，傍人皆爲感泣，禪喜笑自若。王問禪曰："頗思蜀否？"曰："此間樂，不思蜀也。"郤正聞之，謂禪曰："若王後問，宜泣對曰：'先人墳墓在蜀，乃心西悲，無日不思。'因閉其目。"會王復問禪，對云云，王曰："何乃似郤正語邪？"禪驚曰："誠如尊命。"

10. 王凝之事五斗米道，孫恩之攻會稽，凝之謂民吏曰："不須備防，吾已請大道許遣鬼兵相助，賊自破矣。"既不設備，遂爲恩所害。

11. 齊主問南陽王綽："在州何事最樂？"對曰："多聚蝎於皿器，置狙其中，觀之極樂。"帝即命夜索蝎一斗，比曉，得二三升，置浴斛，使人裸卧斛中，號叫宛轉。帝與綽臨觀，喜噱不已，因讓綽曰："如此樂事，何不馳驛奏聞？"

12. 東昏於苑中立店肆，以潘妃爲市令，自爲市吏録事，將鬥者就潘妃罰之。帝小有得失，潘則與杖。乃敕虎賁，不得進大荆子。

13. 北齊源師攝祠部，嘗白高阿那肱龍見當雩，阿那肱驚曰："何處龍見，其色何如？"師曰："龍星初見，禮當雩祭，非真龍也。"阿那肱怒曰："漢兒多事，强知星宿。"

14. 王昕好清言，在東萊時，獲殺其同行侶者，詰之未服。

昕謂曰："彼物故不歸，卿無恙而反，何以自明？"邢邵見文襄，説此以爲笑樂。昕聞之，詣邵曰："卿不識造化。"還謂人曰："子才應死，我罵之極深。"

15. 有客姓吉，詣何敬容，問："卿與邴吉遠近？"答曰："如明公之與蕭何。"

16. 袁淑嘗詣義康，義康問其年，答曰："鄧仲華拜袞之歲。"義康曰："身不識也。"又曰："陸機入洛之年。"義康曰："身不讀書，君無爲作才語見向。"

17. 張融與尚書何戢善，往詣戢，誤通尚書劉澄。下車入門，乃曰非是，至户望澄，又曰非是，既造席，視澄曰："都自非是。"乃去。

18. 陸餘慶爲洛州長史，善論事而繆於决判，時嘲之曰："説事即喙長三尺，判事則手重五斤。"《朝野僉載》

19. 游雅與陳奇争論，惡而黜之。高允微勸雅曰："君朝望具瞻，何爲與野儒辨簡牘章句？"雅謂允私奇，曰："君寧黨小人也？"取奇注《論語》《孝經》燒於廷，奇曰："公貴人，不乏樵薪，何乃然奇《論語》？"雅後陷之於法。

20. 王起改太子少師，起治生無檢，所得禄賜爲童婢盜有，貧不能自存。帝詔益仙韶院錢，議者謂與玩臣分給，可耻也。起賴其人，不克遜。《百官志》

21. 郭祚領太子少師，從世宗幸東宫。明帝幼弱，持一黄䫉出，祚奉之，時號祚[1]"黄䫉少師"。《後魏書》

22. 庫狄伏連居室患蠅，杖門者曰："何故聽入。"

23. 并州一士族好爲可笑詩賦，詋撇邢、魏諸公。衆共嘲

---

① 祚：粤雅堂本無"祚"字。

弄，虚相贊説，便擊牛釃酒，招延聲譽。其妻，明鑒婦人也，泣而諫之。此人嘆曰："才華不爲妻子所容，何况行路！"《顔氏家訓》

24. 劉道綦封營道侯，凡鄙無識。始興王濬嘗謂曰："陸士衡詩云'營道無烈心'，何意？"道綦曰："下官初不識士衡，何忽見苦？"

25. 陽俊之多作五[①]言歌，詞蕩而拙，世俗流傳，名爲《陽五伴侣》，寫賣不絶。俊之遇於市，言其字誤，取而改之，賣者曰："陽五，古之賢人，君何所知，輕敢議論？"俊之大喜，自言："有集十卷，雖家兄亦不知吾是才士。"

26. 雍州刺史劉韞，人才凡鄙，使畫者圖其出行鹵簿羽儀，常自披玩。以圖示蔡興宗，興宗戲之，指韞形問曰："此何人在輿中？"韞曰："正是我。"

27. 郭弘霸爲右臺御史，時大夫魏元忠病，僚屬省候。弘霸獨後入，憂形於色，請視便液，即染指嘗之，因賀曰："凡甘者，病不瘳，今味苦，當愈。"元忠惡其媚，暴語於朝。

28. 皇甫湜卞急，嘗爲蜂螫指，購小兒斂蜂，擣取其液。一日，命其子録詩，一字誤，詬躍呼杖，未至，嚙其背[②]血流。《唐書》

29. 東丹國長子突欲奔唐，賜姓李，名贊華，工畫人物鞍馬，習舉子，能爲詩。每通名刺，云鄉貢進士黄居難，字樂地，以擬白樂天。

30. 令狐綯爲相，時以姓氏少，族人有投者，不吝其族，由是遠近争赴，至有姓胡人亦冒之。温庭筠戲爲詩曰："自從元

---

① 五：《北史·陽俊之傳》作"六"。
② 背：《新唐書·皇甫湜傳》作"臂"。

老登庸後，天下諸胡悉帶名①。”

31. 元豐命楊傑定樂，傑欲銷王朴舊鐘，意新樂成，雖不善，無舊鐘可校，詔不許。後輔臣至太常，按試前一夕，傑乃擇朴敝鐘陳之，一樂工不平，夜潛易去。明日輔臣至，傑厲聲曰：“朴鐘甚不諧。”使樂工叩之，韻更佳，乃大沮。

32. 張觀知開封日，巡者得犯夜人，捕致之，觀據案訊曰：“有證見乎？”巡者曰：“若有證見，亦是犯夜。”左右無不大笑。梅聖俞《碧雲騢》

惑　溺

1. 桀伐岷山氏，岷山氏女於桀二人焉，曰琬，曰琰。桀愛二女，斫其名於苕華之玉，於傾宮飾瑶臺居之。《竹書紀年》

2. 越謀滅吴，有美女二人，一夷光，一修明，以貢於吴。吴處以椒華之房，貫細珠爲簾幌，吴王目若雙鸞之在輕霧。《拾遺記》〇夷光、修明，即西施、鄭旦。

3. 上起明光宫，發燕趙美女三千人充之，建章、未央、長樂，輦道相續。使三婦知書者爲僕射，大者領四百人，少者領一二百人，皆自然美麗，不施粉黛。《漢武帝故事》

4. 武帝宫人麗娟，年十四，玉膚柔軟，吹氣勝蘭。每歌，李延年和之，於芝生殿唱《迴風》之曲，花皆翻落。置麗娟於明離之帳，恐塵垢涴其體也。帝嘗以衣帶繫其袂，閉重幕之中，恐其隨風而去也。麗娟以琥珀爲珮，置衣裾裏，不使人知，云

① 名：粵雅堂本作“令”，《全唐詩》作“鈴”。

骨節自鳴，相與爲神怪。《洞冥記》

5. 文君姣好，眉色如望遠山，臉際常若芙蓉，肌膚柔滑如脂。十七而寡，爲人放誕風流，故悦長卿之才而越禮焉。長卿素有消渴疾，及還成都，悦文君之色，遂發痼疾，乃作《美人賦》以自刺，而終不能改，卒以此疾至死。文君爲誄，傳於世。《西京雜記》

6. 趙后體輕腰弱，善行步進退，女弟昭儀不能及也；但昭儀弱骨豐肌，尤工笑語。二人并色如紅玉，爲當時第一，擅寵後宫。《西京雜記》

7. 成帝於太液池作千人舟，池中起爲瀛洲榭，高四十尺。帝御流波文縠無縫衫，后衣南越所貢雲英紫裙，碧瓊輕綃。廣榭上后歌舞《歸風送遠》之曲，帝以文犀簪擊玉甌，令侍郎馮無方吹笙以倚后歌。中流歌酣，風大起，后順風揚音，曰："仙乎，仙乎。去故而就新，寧忘懷乎！"帝曰："無方爲我持后。"無方捨吹持后履。久之風霽，后泣曰："帝恩我，使我仙去不得。"他日，宫姝幸者，或襞裙爲縐，號曰"留仙裙"。《飛燕外傳》

8. 后進合德，帝大悦，以輔屬體，無所不靡，謂爲"温柔鄉"，曰："吾老是鄉矣，不能效武皇帝求'白雲鄉'也。"《飛燕外傳》

9. 荀奉倩娶曹洪女，容服帷帳甚麗，專房燕婉。後婦病亡，傅嘏往吊，問曰："婦人才色并茂爲難，子之聘也，遺才存色，非難遇也，何哀之甚？"奉倩曰："佳人難再得！"痛悼不能已已，歲餘亦亡。

10. 和士開説武成曰："自古帝王盡爲灰土，堯、舜、桀、紂竟復何异！陛下宜及少壯，恣意作樂，從横行之，即是一日快活敵千年。國事分付大臣，何慮不辦？無爲自勤約也。”

11. 後主令狎客賦詩，采其尤艷麗者爲曲調，略云：“璧月夜夜滿，瓊樹朝朝新。”大抵皆美孔、張顔色。張貴妃髮長七尺，鬒黑如漆，其光可鑒。聰慧有神彩，每瞻視盼睞，光彩溢目，映照左右。常於閣上靚妝，臨軒檻，宫中望之，飄飄若神仙。

12. 王思遠立身簡潔，諸客詣己者，覘知衣服垢穢，即便不前，形儀新楚，乃與促膝。及去後，猶令二人交帚拂其坐處。

13. 何佟之一日之中洗滌者十餘遍，猶恨不足，人稱爲“水淫”。於時又有遂安令劉澄，爲性彌潔，在縣掃拂郭邑，路無横草，水剪蟲穢，百姓不堪命，坐免官。

14. 元載寵姬薛瑶英幼啖香，肌肉皆香，載處以金絲却塵褥。

15. 李後主寵小周后，嘗於群花間作亭，幕以紅羅，押以玳牙，雕繪華侈，而制極迫小，僅容二人。每與后酣飲其中，他寵嬖莫與也。《南唐書》

16. 李納性卞急，酷嗜奕棋，每下子安詳，極於寬緩。有時躁怒，家人輩密以棋具陳於前，納覩便欣然改容，取子布算，都忘其恚。

17. 孫何性落魄而酷好古文，爲轉運使，政苛急。州縣患之，乃求古碑文字磨滅者數本，釘於館中。孫至，讀其碑，辨識文字，以爪搔髮垢嗅之，往往至暮，不復省録文案。

卷七

象緯

1. 古人言，形者有三：一曰渾天，二曰蓋天，三曰宣夜。宣夜之説，未嘗見也，後有虞昺作《穹天論》，虞喜作《安天論》，姚信作《昕天論》。《天文録》

2. 二儀氣分，伏者爲天，偃者爲地。《河圖括地象》

3. 《物理論》云："水土之氣升爲天。"

4. 日出於暘谷，浴於咸池。拂於扶桑，是謂晨明。登於扶桑，是謂朏明。出於曲阿，是謂朝明。臨於曾泉，是謂早食。次於桑野，是謂晏食。臻於衡陽，是謂禺中。對於昆吾，是謂正中。靡於鳥次，是謂小遷。至於悲谷，是謂晡時。回於女紀，是謂大遷。經於泉隅，是謂高舂。頓於連石，是謂下舂。爰息六螭，是謂懸車。薄於虞泉，是謂黄昏。淪於蒙谷，是謂定昏。日入崦嵫，經細柳，入虞泉之地、蒙谷之浦，垂影在樹端，謂之桑榆。《淮南子》

5. 計然曰："日者，寸也，紀刻而成晷也；月者，尺也，紀度而成數也。"《范子》

6. 鬱華赤文，與日同居，結鄰黄文，與月同居，皆日月之神名。《七聖記》

7. 《瑜珈論》："大海中有魚鱉等影，現於月輪，故其内有黑相現。"

8. 軒轅時，赤方氣與青方氣相連。赤方中有兩星，青方中有一星，凡三星，皆黄色，以天清明時見於攝提，名曰景星。《竹書紀年》

9. 景星者，天精也。狀如半月，生於晦朔，助月爲明，王者不私人則現。孫氏《瑞應圖》

10. 《晉天文志》："金雞星見，必有大赦，自後京師肆赦，必立雞竿。"

11. 微子感牽牛星，顔淵感中台星，張良感弧星，樊噲感狼星，老子感火星。劉晝《新論》

12. 雷電在室南，霹靂在雷電南，雲在霹靂南，土工吏在壁西南，蓋雷公、電姥、雲將、雨師與霹靂宿吏，皆北方水宿之精，而娵訾爲人①門，故其神栖焉。《甘氏星經》

13. 董仲舒曰："陰陽之氣，上薄爲雨，下薄爲霧。風，其噫也；雲，其氣也；雷，其相摶之聲也；電，其相擊之光也。雨垂空而墜，風多則合速，故雨大而疏；風少則合遲，故雨細而密。太平之世，風不鳴條，雨不破塊，雷不驚人，電不眩目，雪不封條。"《西京雜記》

14. 《淮南子》曰："天地之氣，怒者爲風，和者爲雨，陰陽相摶而爲雷，激而爲霆，亂而爲霧，陽氣勝則散而爲雨露，陰氣勝則凝而爲雪霜。"

15. 調暢祥和，天之喜氣也；折傷奔厲，天之怒氣也。《黄帝風經》

---

① 人：《文獻通考·象緯考》引《宋中興天文志》，作"天"。

16. 冬至，廣莫風至，誅有罪，斷大刑；立春，條風至，赦小罪，出稽留；春分，明庶風至，正封疆，修田疇；立夏，清明風至，出幣帛，禮諸侯；夏至，景風至，辨大將，封有功；立秋，涼風至，報土功，祀四鄉；秋分，閶闔風至，解懸垂，琴瑟不張；立冬，不周風至，修宮室，完邊城。八風以時至，則陰陽變化道成，萬物得以育生，王者當順八風、行八政、當八卦也。《易通卦驗》

17. 宜都佷山縣，山有風穴，口大數尺，名曰“風井”。夏則風出，冬則風入，出入之時，吹拂左右嘗净，暑月經之，凜然有衣裘想。盛弘之《荆州記》

18. 《述征記》：“長安宮南靈臺上有相風烏，或云此烏遇千里風乃動。”《梁書》云：“長沙王懿孫儼獻相風烏。”又劉禹錫詩：“蔟蔟淮陰市，竹樓緣岸上。好日起檣竿，烏飛驚五兩。”

19. 甘露降，耆老得敬，則松柏受之；尊賢容衆，則竹葦受之。《晉中興書》

20. 冬至初陽，雲出箕，如樹；立春少陽，雲出房，如積水；春分正陽，雲出軫，如白鵠；穀雨太陽，雲出張，如車蓋；立夏初陰，雲出觜，如赤珠；夏至少陰，雲出參，如水波；寒露正陰，雲出井，如冠纓；霜降太陰，雲出鬼，上如羊，下如蟠石。《易通卦驗》

21. 四方常有大雲，五色具而不雨，下有賢人隱。《京房易傳》

22. 楚有蒼雲如霓，圍軫七蟠，中荷斧之人，向軫而蹲，於是楚唐史畫遺灰而雲滅。宋均注曰：“軫，楚分也；雲，水氣；灰，火氣。畫遺灰，故雲滅也。”《春秋文耀鈎》

23. 雲狀有若犬、若馬、若白鵠、若衆車；有其狀若懸釜

而赤，其名曰雲旍。《吕氏春秋》

24. 韓雲如布，趙雲如牛，楚雲如日，宋雲如車，魯雲如馬，衛雲如犬，周雲如輪，秦雲如行人，魏雲如鼠，齊雲如絳，越雲如龍，蜀雲如囷。《兵書》

25. 四方有濯魚雲，疾者立雨，遲者雨少難至，江漢雲疾者即日雨。黄子發《相雨書》

26. 觸石而出，膚寸而合，不崇朝而遍雨乎天下者，其泰山之雲乎。《公羊春秋》

27. 春曰榆莢雨，夏至前曰梅雨，六月曰濯枝雨，八月曰豆花雨。《荆楚歲時記》〇魏知古詩："濯枝林杏發，潤葉渚蒲生。"

28. 三月三日曰留客雨。陸機《要覽》

29. 佷山縣有一山，獨立峻絶。西北有石穴，以燭行百步許，二大石其間相去一丈許，俗名其一爲"陽石"，一爲"陰石"。水旱爲灾，鞭陰石則雨，鞭陽石則晴。盛弘之《荆州記》

30. 雷於天地爲長子，以其首長萬物，與其出入也。雷出地百八十三日而後入，入則萬物入；入地百八十三日而復出，出則萬物亦出，此其常經也。《書洪範緯》

31. 天冬雷，地必震，教令撓，則冬雷、民饑。《古易占》

32. 子路感雷精而生，尚剛好勇。《論衡》

33. 霜者，陰精，冬令也。四時代謝，以霜收殺，霜之爲言亡也，物以終也。《春秋考異郵》

34. 群公對雪，尚隆之曰："麵堆金井，誰調湯餅？"吴永素曰："玉滿天山，難刻佩環。"坐间服其韻精。《姑臧記》

35. 河南張楷，字公超，好道術，居華陰，能作五里霧。時關西人裴優，亦能作三里霧。謝承《後漢書》

36. 闞澤年十三，夢見名字炳然在月中。《會稽先賢傳》

形　勝

1. 地有四游，常動而不止，譬如人在大舟中，閉牖而坐，舟行不覺也。《尚書考靈曜》

2. 禹傷父功不成，登衡山，血白馬而祭之。夢赤繡文衣男子，稱玄夷蒼水使者，謂禹曰："欲得我《山書》者，齋於黄帝之岳。"禹乃退，齋三日，登宛委，發石，得金簡玉字之書，言治水之要。《吴越春秋》

3. 子夏曰："商聞《山書》曰：'地東西爲緯，南北爲經。山爲積德，川爲積刑。高者爲生，下者爲死。丘陵爲牡，川谷爲牝。'"

4. 禹導河之際，沈秘景符，以鎮五千之水患，後人賴焉。《禹功記》

5. 孟門始經禹鑿，河中漱廣，夾岸崇深，傾崖返捍，巨石臨危，若墜復倚。古之人有言，水非石鑿而能入石，信哉！其中水流交衝，素氣雲浮，往來遥觀者，常若霧露沾人，窺深悸魂。其水尚崩浪萬尋，縣流千丈，渾洪贔怒，鼓若山騰，浚波顔[①]疊，迄於下口。方知慎子，下龍門、流浮竹，非駟馬之追也。《水經注》

6. 河津一名"龍門"，巨靈迹猶存，去長安九百里，懸水下注，黿魚之屬莫能上。江海大魚集門下數千，不得上，上即

① 顔：《水經注校證》卷四《河水》作"頽"。

爲龍，故云“暴腮龍門，垂耳轅下”。《三秦記》

7. 龍門之險，懸船而行，蜀江謂之“釣灘”。《三秦記》

8. 武功太白，去天三百。孤雲兩角，去天一握。山水險阻，黄金子午。蛇盤烏櫳，勢與天通。《三秦記》

9. 唐高宗問許敬宗曰：“天下洪流巨谷，不載祀典，濟甚細而在四瀆，何哉？”對曰：“瀆之言獨也，不因餘水，獨能赴海者也。濟雖細，獨而尊。”《唐書》

10. 湘水至清，雖深五六丈，見底了了。石子如樗蒲，五色鮮明，白沙如霜雪，赤岸如朝霞。《湘中記》

11. 《番禺記》：“晨潮下，晚潮上，兩水相合，謂之‘沓潮’。”唐詩云：“屯門積日無回飆，滄波不歸成沓潮。”

12. 庭州灞水，金鐵皆漏；鄜延之川，日夜脂流；弱水弱毛，黑溪玄髓；悉唐制角，畔怯腐手，水性之别也。《丹鉛録》

13. 衡山有二峰極秀，一峰名“芙蓉峰”，最爲竦特，自非晴霽之朝，不可望見。峰上有泉飛派，如一幅絹，分映清林，直注山下。盛弘之《荆州記》

14. 朱陵之靈臺，太虚之寶洞，赤帝館其嶺，祝融宅其陽，自湘川至長沙，九向九背，然後不見。《湘中記》

15. 緑蘿山側岩，垂水懸蘿百里許，得明月池。碧潭鏡澈，百尺見底，素岩若雪，松如插翠，流風叩阿，有絲桐之韻。土人爲之歌曰：“仰兹山兮迢迢，層石構兮嵯峨。朝日麗兮陽岩，落景凉兮陰阿。障壑兮生音，吟籟兮相和。敷芳兮緑林，恬澹兮潤波。樂兹潭兮安流，緩爾櫂兮咏歌。”黄閣[①]《武陵記》

16. 華岳本一山當河，河水過而曲行。河神巨靈，手盪脚

---

① 閣：《太平御覽·樂部·歌》載《武陵記》作者爲黄閑。

踴，開而爲兩，今掌足之迹仍存。

17. 華岳之勝，不惟峰巒聳削，上干青冥，而泉水縱横，迅澓飛薄。懸瀑驚濤，澄潭急澗，觸風烟寫，日月迸流霞嶂，戛擊亂石間者，前後接響，東岳不逮也。水下流經岳殿前，至後爲大池，冬夏不乾。《西遷注》

18. 西山内接太行，外屬諸邊，磅礴數千里。林麓蒼黝，溪澗鏤錯，故其中物産甚饒，古稱“神皋隩區”也。蘆溝、琉璃、胡良三橋，山水所泄，多歸其中，其水皆藻緑异常。風日蕩漾，水葉遞映，倚闌流覽，令人欣然有欲賦京都之意。《西遷注》

19. 洗藥池在贛州興國縣，葛洪過境，見山靈水秀，遂結廬築壇，鑿池洗藥，留詩曰：“陰洞泠泠[①]，風佩清清。仙居永劫，花木長榮。”

20. 匡廬大嶺，凡有七重，圓基周迴，垂[②]五百里，風雲之所攄，江山之所帶。高岩仄宇，峭壁萬尋，幽岫穹嵌，人獸兩絶。天將雨則有白氣先搏[③]，而纓絡於山嶺下。及至觸石吐雲，則倏忽而集。或大風振岩，逸響動谷，群籟競奏，其聲駭人。遠公《廬山記》

21. 廬山者，雖林石异勢，而雲霞共色，長風暴作則萬流俱響，晨鼯曉吟則百嶺齊應。東瞻洪井，識曳帛之在兹；西望石梁，見指寶之可拾。梁元帝《游廬山碑序》

---

① 泠泠：原作“泠泠”，《大明一統志》卷五十八《贛州府》、《焦氏筆乘》續集卷七載葛洪詩作“泠泠”。作“泠泠”是，據改。

② 垂：原作“乘”，誤。據《全上古三代秦漢三國六朝文·全晉文》引《廬山記》改。

③ 搏：原作“摶”，《全上古三代秦漢三國六朝文·全晉文》引《廬山記》作“搏”，今從。

22. 廬山天將雨，則有白雲，或冠峰岩，或亘中嶺，謂之“山帶”，不出三日必雨。唐詩：“風吹山帶遥知雨。”〇張野《廬山記》

23. 遠公《游廬山記》曰：“自托此山二十三載，再踐石門，四游南嶺，東望香壚峰，北眺九江。傳聞有石井方湖，中有赤鱗踴出，野人不能叙，直嘆其奇而已。”

24. 陶淵明所居栗里，兩山間有大石，仰視玄瀑，可坐十人，號“醉石”。《廬山記》

25. 蜀中山水，如峨眉山，夏含霜雹，碑板之所聞，崑崙之伯仲也。王右軍《與謝安石書》

26. 武當山一名“參嶺”，輕霄蓋其上，白雲帶其前。

27. 太和山形特秀，异於衆岳，峰首狀博山香壚，亭亭遠出，藥石延年者萃焉。晉咸和中，歷陽謝允舍羅邑宰，隱遁斯山，故亦曰“謝羅山”。《荆山圖副記》

28. 劉禹錫《咏九華詩序》：“昔予仰太華，以爲此外無奇；愛女几[①]、荆山，以爲此外無秀；今見九峰，始悼前言容易也。歌云：‘奇峰一見驚魂魄，意想鴻壚始開闢。疑是九龍夭矯欲攀天，忽逢霹靂一聲化爲石。’”

29. 金華山枝峰蔓壑，秀氣旁魄，不啻神仙登臨。《陸魯望集》

30. 君山翠麗鮮明，遠若臺榭，名曰“娲宫”。風雨之後，景氣明静，頗聞鼓吹之聲。《南康記》

31. 羅浮山，本蓬萊山一峰，有璇房瓊室七十二所。《日南志》

---

① 几：原作“及”，據《劉禹錫集箋證》卷二十六《樂府上》載《九華山（并引）》改作“几”。

32. 雷首，一名“獨頭山”，夷齊所隱也。山南有古冢，陵柏蔚然，攢茂丘阜，俗謂之“夷齊墓”。闞駰《十三州志》

33. 淳于山與白雉山相近，絶壑之半有白石雉，遠望首尾可長二丈，伸足翔翼，若虚中翻飛。《武陵記》

34. 春山淡冶而如笑，夏山蒼翠而如滴，秋山明净而如妝，冬山慘淡而如睡。

35. 海山微茫而隱見，江山嚴厲而峭卓，谿山窈窕而幽深，塞山童頳而堆阜。鞏氏《耳目志》

36. 鋭而出者爲虎牙，尖而背者爲熊耳，角而巘者爲牛首，冠而峭者爲雞頭。王涯《仙掌辨》

37. 桂林之山，玲瓏剔透；巴蜀之山，巉差窳窆；河北之山，綿衍龐魄；江南之山，俊峭巧麗。

38. 安寧州潮泉，一日三溢三蘸；連州水下流有斟谿，一日十溢十竭；貴州城外有漏汋，一日百盈百竭，應刻漏。

39. 神丘有火穴，光景照千里；崑崙有弱水，鴻毛不能起。《玄中記》

40. 金陵外連江淮，内控湖海，爲東南要會之地。《係年録》

41. 金陵，古名之爲伏龍之地。句曲山，秦時爲句金之壇，以積金山得名，山生黄金。漢靈帝詔采句曲之金，以充武庫。孫權遣宿衛人采金，屯伏龍之地，因改是名。《真誥》

42. 《圖經》云：“金陵者，洞虚之膏腴，句曲之地肺。”其地肥良，故曰“膏腴”；水至則浮，故曰“地肺”。

43. 鍾山本少林木，宋時使諸州刺史罷歸者栽松三千株，下至郡守，各有差。山之最高峰有五顧樹，樹，柞木也。元嘉中，百姓祈禱，率有驗。李太白《白下亭詩》：“驛亭三樹楊，正當白下門。吴烟暝長條，漢水嚙古根。”荆公詩：“五柳柴桑宅，三楊白下門①。往來無一事，常②得見青青。”又：“恩容衰老護松楸，復得一龔隨我游。講肆劇談兼祖謝，舞雩高蹈异求由。北尋五柞故未愁，東挽三楊仍有樛。陟巘降原從此始，但無瑶玉與君舟。”○《芥隱筆記》③

44. 建康遭蘇峻之難，宫室焚蕩。温太真議遷都豫章，三吴之豪請都會稽，時异論紛紜。王丞相曰：“建康，古之金陵，舊爲帝里，又孫仲謀、劉玄德俱言王者之宅。古之帝王，不以豐儉移都。苟弘衛文大帛之冠，則無往不可，若不績其麻，則樂土爲墟矣。且北寇游魂，伺我之隙，一旦示弱，竄於蠻越，求之望實，俱非良計。今特宜鎮之以静，群情自安。”

45. 句容吴續塘，有湖水半冷半熱，皆有魚，交入輒死。《雜俎》

46. 江乘縣有泉，半温半冷，共出一壑。《地記》

47. 顧琛爲朝請，請急還東，日晚泊方山。有一假裝問：“顧吴郡早晚至？”船人答：“無顧吴郡。”又問：“何船？”曰：“顧朝請耳。”琛心知爲吉徵，因誓曰：“得郡，當於此立廟。”後果爲吴郡，乃於方山立白馬廟。

48. 玄武湖是金陵勝處。一日，諸閣老待漏朝堂，語及林泉之事，馮謐曰：“玄宗賜賀監鏡湖，信爲勝事。余非敢望此，但賜後湖，亦足暢平生也。”徐鉉答曰：“主上尊賢待士，常若不及，豈惜一湖？所乏者知章耳。”馮有慚色。

49. 會稽境特多名山水，峰崿隆峻，吐納雲霧；松栝楓柏，

---

① 門：粤雅堂本作“亭”。
② 常：粤雅堂本作“長”。
③ 按，據《芥隱筆記》，此段正文出自《輿地志》，小注出自《芥隱筆記》。

摧幹竦條；潭壑鏡徹，清流寫注。王子敬見之，曰："山川之美，使人應接不暇。"《會稽郡記》

50. 孔曄《會稽記》曰："四明山高峰軼雲，連岫蔽日。"

51. 鑑湖，會稽太守馬[①]臻所開，東西二十里，南北數里，縈帶郊郭，白水翠岩，互相映發，有若圖畫。王逸少云："從山陰路上行，如在鏡中游。"《輿地志》

52. 許遠游玄與逸少書："自山陰至臨安，多有金堂玉室、仙人芝草，左元放之徒，漢末諸得道者皆在焉。"東坡詩："倘容逸少問金堂，更與嵇康求石髓。"

53. 盛弘之記沮水幽勝云："稠木旁生，淩空交合。危嶁傾岳，恒有落勢。風泉傳響於青林之下，岩猿流聲於白雲之上，游者常苦目不周玩，情不給賞。"《荆州記》

54. 崌居南有石室[②]，西面有兩石室，北西有二石室，皆因阿結牖，連扃接闥，所謂石室相距也。東廂石上，猶傳杵臼之迹。庭中亦有舊宇處，尚仿佛前基。北坎室上，有微涓石溜，豐周瓢飲，似是栖游隱學之所，子夏教西河疑即此。《水經注》

55. 河北有層山，山甚靈秀。山峰之上，立石數百丈，亭亭桀竪，競勢争高，遠望參參，若攢圖之托霄上。其下層岩峭舉，壁岸無階。懸崖之中多石室焉，室中若有積卷矣，而世士罕有津逮者，因謂之"積書巖"。岩内時見神人往還，蓋鴻衣羽裳之士，練精餌食之夫耳。《水經注》

56. 白鹿山東，清水所出也。上承諸陂散泉，積以成川，南流，西南曲。瀑布乘岩，縣河注壑二十餘丈。雷扑之聲，震

---

① 馬：粤雅堂本作"馮"，誤。

② 按，此句文意不通，《水經注校證》卷四《河水》作"細水東流，注於崌谷。側溪山南有石室"。

動山谷。左右石①壁層深，獸迹不交，隍中散水霧合，視不見底。南峰北嶺，多結禪栖之士；東岩西谷，又是刹靈之圖。竹柏之懷，與神心妙遠，仁智之性，共山水效深，更爲勝處也。其水謂之清水，溪曰瑶谿，又曰瑶澗。《水經注》

57. 蜀臨邛縣有火井，漢室之盛則赫熾，桓靈之際，火勢漸微，孔明一窺而更盛。至景曜元年，人以燭投而滅，其年并于魏。《異苑》

58. 永豐塢有丁公泉，發於焦泉之右。次東又得焦泉，泉發於天門之左，天井固右②。天門山石自空，狀若門焉，廣三丈，高兩匹，深丈餘，世謂之天門也。東五百餘步，中有石穴西向，裁得容人，平地③東南入，徑至天井，直上三匹有餘，扳躡而升，至上平④，東西二百步，南北七百步，四面嶮絶，無由升陟矣。上有比丘僧精舍，十有餘僧，給養難周，多出下平，有志者居之。寺左右雜樹疏挺，有一石泉，方丈餘，清水湛然，常無增減，山居者資以給飲。北有石室二口，舊是隱者念一之所，今無人矣。泉發於北阜，南流成溪⑤，世謂焦泉也。《水經注》

59. 谷口去雲陽宫八十里，流潦沸騰，飛泉灑激。兩岸峭壁，孤竪横盤，凛然凝冱。每入穴中，朱明盛暑，當晝暫暄，

---

① 石：原無“石”字，據《水經注校證》卷九《清水、沁水、淇水、蕩水、洹水》補。

② 右：原作“石”，據《水經注校證》卷九《清水、沁水、淇水、蕩水、洹水》改。

③ 地：原作“得”，據《水經注校證》卷九《清水、沁水、淇水、蕩水、洹水》校引《太平御覽》所載佚文改。

④ 按，“平”字原在“東”字後，據《水經注校證》卷九《清水、沁水、淇水、蕩水、洹水》改。

⑤ 溪：原作“漢”，據《水經注校證》卷九《清水、沁水、淇水、蕩水、洹水》改。

凉秋晚候，緼袍不暖，所謂寒門也。《雲陽記》

60. 峭以西有二石，又南五六十步，臨溪有《恬漠先生翼神碑》，蓋隱斯山也。其水北流注於河，河[①]水翼岸夾山，巍峰岐舉，群山疊秀，重嶺干霄。《水經注》

61. 隴西郡隴山，其上懸岩吐溜於中嶺泉渟，因名“萬石泉”。泉益散漫而下，溝澮皆注。故北人升此而歌曰：“隴頭流水，嗚聲幽咽。遥望秦川，肝腸斷絶。”《秦川記》

62. 濟南山水甲齊魯，泉甲天下，蓋他郡有泉一二數，此獨以百計。濤噴珠躍，金霏碧渟，韻琴筑而味肪醴，莫殫品狀。〔元〕于欽《齊乘》

63. 廣昌嶺高四十餘里，二十里中，委折五迴，方達其上，故嶺有“五迴”之名。下望層山，盛若蟻垤，實兼孤山之稱，亦峻竦也。徐水三源奇發，齊瀉一澗，東流北轉，徑東山下。水西有《御射碑》，翼對層岩，壁立霞峙。徐水屈東，北徑郎山，又屈徑其山南。衆岑競舉[②]，若豎鳥翅，立石嶄岩，亦如劍杪，極地嶮之崇峭。又東南流歷石門中，世俗謂之“龍門”也。其山上合下開，開處高六丈，飛水歷其間。南出，乘崖傾瀾，泄注七丈有餘，奔蕩之音，奇爲壯猛。觸石成井，水深不測，素波白激，濤襄四陸。闞之者驚神，臨之者駭魄矣。《水經注》

64.《西域書》：“阿羅漢諾矩羅，居震旦東南大海際雁蕩山芙蓉峰龍湫。”唐貫休爲《諾矩羅贊》云：“雁蕩經行雲漠漠，龍湫宴坐雨濛濛。”此山南有芙蓉峰，山頂有太池。相傳以爲雁蕩下二潭爲龍湫。又有經行峽、宴坐峰。《筆談》

---

① 河：原作“二”，據《水經注校證》卷四《河水》改。

② 衆岑競舉：原作“岑山岑競舉”，據《水經注校證》卷十一《易水、滱水》改。

65. 員嶠之山名環丘，有雲石，廣五百里，或四五十，或十數里，駁駱如錦川，扣之則蓊蓊然雲出，俄而遍潤天下。西有星池，周千里，水色隨四時變化，有神龜出爛石之上。此石常浮水邊，方數百里，其色多紅，質虛似肺，燒有烟，香聞數百里，烟氣升天則成香雲，遍潤則成香雨。李賀詩："依微香雨青氛氲。"盧象詩："雲氣香流水。"○《拾遺記》

66. 滱水自倒馬關南流，與大嶺水合。水出山西南大嶺下，東北流，出峽。峽右山側①有祇②洹精廬，飛陸陵山，丹盤虹梁，長津泛瀾，縈帶其下。東北流，注於滱。滱水又屈而東，合兩嶺溪水。水出恒山北阜，東北流，歷兩嶺間。其北雖層陵雲舉，猶不若南巒峭秀。自水南步遶峰，石磴逶迤，沿途九曲，歷睇諸山，咸爲劣矣，抑亦羊腸、邛來之類也。《水經注》

67. 博水東徑陽城縣，散爲澤渚，方數里，匪直蒲茼是豐，實亦偏饒菱藕。至若婉孌童丱及弱年女子，或單舟采菱，或疊舸折芰，長歌陽春，愛深淥水，掇拾者忘疲，謡咏者自得。於時行旅過矚，亦有慰於羈望矣，世謂之"陽城淀"。《水經注》

68. 有龍泉出允街谷，泉眼之中，水文成蛟龍，或試撓破之，尋平成龍，畜生將飲者皆畏辟而走，謂之"龍泉"。《水經注》

69. 謝靈運與弟書："聞惡溪道中，九十九里，有五十九灘。王右軍游此惡道，嘆其奇絶，遂書'突星瀨'於石。"李白詩："遠尋惡溪去，不憚惡溪惡。途開李北海，灘聞謝康樂。"

70. 趙德麟曰："王仲至謂余云：'吾嘗奉使過仇池，有九十九泉，萬山環之，可以避世如桃源。'"《東坡集》

---

① 側：原作"則"，據《水經注校證》卷十一《易水、滱水》改。
② 祇：原闕"祇"字，據《水經注校證》卷十一《易水、滱水》補。

71. 宋武帝登八公山劉安舊臺，曰："城郭如匹帛之繞叢花也。"《六帖》

72. 冠蓋亭在襄陽南廿里冠蓋山下。漢靈帝末，有四郡守、七都尉、二卿、兩侍中、一黃門、二侍郎、三尚書、六刺史、二十長史。劉表以其豪盛，乃即其山道口刊石，銘之曰："峨峨南岳，烈烈離明。實繁俊乂，君子以生。惟此君子，作漢之英。德爲龍光，聲比鶴鳴。"《圖經》

73. 國清寺與齊之靈巖、荆州玉泉、潤州棲霞號爲"四絶"。

74. 甘露寺有石如羊，相傳謂之"狠石"，云諸葛孔明坐其上，與孫仲謀論曹公。

75. 吴仲庶守金陵，夢三舉子求哀曰："若不垂佑，明日當爲煨燼矣！"公甚异之。詰旦，兵馬司狀，申乞燒三醜石爲灰，供修造用。公悟，敕寺僧愛護焉。《楊公筆録》

節　序

1. 萬物豐於纁夏，耗於玄冬。《太玄注》

2. 周衰無寒歲，秦滅無燠年。《五行志》

3. 洛陽人家，正旦，造絲鷄、蠟燕、粉荔枝；正月十五日，造火蛾兒、食玉梁糕；寒食，妝萬花輿、煮楊花粥；端午，術羹艾酒，以花絲樓閣插鬢，贈遺辟瘟扇；七夕，乞巧，使蜘蛛結萬字，造明星酒，裝同心膾；重九，迎涼脯、羊肝餅，佩瘦木符；冬至，煎餳彩珠，戴一陽巾；除夜，銅刀刻門，埋小兒硯，點水盆燈；臈日，造脂花餤。《玉燭寶典》〇宋人賀正啓："瑞霙餞臘，粉荔迎年。"

4. 長安風俗，元日以後，遞飲食相邀，號"傳座"。《南部新書》

5. 元日飲屠蘇酒，從少者起。宋有問董勛者，答曰："俗以小者得歲，故賀之，老者失歲，故罰之。"《時鏡新書》

6. 正旦元會，設白獸樽於殿庭，樽蓋上施白獸，若有能獻直言者，則發此樽飲酒。《晉·樂志》

7. 正月一日，取五木煎湯以浴，令人至老鬢髮黑，道家謂青木香爲五香，亦云五木。《雜修養書》

8. 正旦，縣官殺羊，懸其頭於門，又磔雞以覆之，俗説壓厲氣。裴玄以問河南伏君，曰："是月也，土氣上升，草木萌動，羊囓百草，雞啄五穀，故殺之以助生氣。"裴玄《新言》

9. 乾德五年正月甲辰詔："上元張燈，舊止三夜。今[①]朝廷無事，區宇乂安，方當年穀之豐登，宜縱士民之行樂。其令開封府更放十七、十八兩夜燈。"《詒[②]謀録》

10. 《劉向外傳》云："上元夜，人皆游賞，向獨在家讀書，太乙神以青黎照向。"王介甫《和劉貢父上元詩》："不知太乙游何處，定把青黎獨照公。"

11. 《荆楚記》："三月三日，四民踏百草，今人因有鬥百草之戲。"鄭谷詩："何如鬥百草，賭取鳳凰釵。"

12. 池陽上巳日，婦人以薺花點油，祝而灑之水中，若成龍鳳花卉之狀則吉，謂之"油花卜"。《圖經》

13. 陸翽《鄴中記》："并州俗，冬至一百五日，爲子推斷火冷食，三日作乾粥。"

---

① 今：據《燕翼詒謀録》補。

② 詒：原作"貽"，誤。據粤雅堂本改。

14. 軍中以端午走馬，謂之躤柳。躤音札〇《文昌雜録》

15. 《抱朴子》云："以五月五日作赤靈符，書[1]着心前，以辟五兵。"王禹玉《端午夫人閣帖》："欲謝君恩却無語，心前笑指赤靈符。"

16. 太宗五日謂長孫無忌、楊師道曰："五日舊俗，必用服玩相賀，今各賀君飛白扇二枚，庶動清風，以揚美德。"《唐書要録》

17. 八月一日，作五明囊，盛取百草頭露洗眼，眼明也。《述征記》

18. 趙知微有道術，中秋積陰不解，衆惜良晨。知微曰："可借酒肴，登天柱峰玩月。"既出門，天色開霽；及登岸，月色如晝；及下山歸，則凄風苦雨，陰晦如故。《三水小牘》

19. 裴度除夜嘆老，迨曉不寐，爐中商陸火凡數添也。《金門歲節》

宫　室

1. 起[2]明堂、辟雍，爲博士舍三十[3]區，爲會市，但列槐樹數百行，諸生朔望會此市，各持郡所出物及經書，相與買賣。《三輔黄圖》

2. 趙昱請處士綦母君公，楊奇於緱氏界，周盤自重合令還，張奂在扶風，俱立精舍教授。謝承《漢書》

---

① 書：《抱朴子内篇校釋》卷十五《雜應篇》無"書"字。

② 起：據《太平御覽·木部·槐》引《三輔黄圖》補。

③ 十：原作"千"，《太平御覽·木部·槐》引《三輔黄圖》作"十"，據改。

3. 荆南舊有五花館，待客之上地也。故蔣玄《上成訥詩》曰："不是上臺憐姓字，五花賓館敢從容。"《南部新書》

4. 周德隆，草木茂盛，蒿堪爲宫室，因名"蒿室"。《竹書紀年》

5. 晉孝武太元三年，僕射謝安作新宫太極殿，欠一梁。有梅木流至石頭城下，取用之，畫梅花于梁上表瑞，因名"梁殿"。《金陵覽古》

6. 苻堅時，沙門竺僧朗嘗從隱士張巨和游，巨和常穴居，而朗居琨瑞山，大起殿舍，連樓疊閣，雖素飾不同，并以静外致稱。朗少事佛圖澄，碩學淵通，尤明氣緯，人謂其所居爲"朗公谷"。○車頻《秦書》

7. 宋季雅罷南康郡，市宅居呂僧珍宅側。僧珍問宅價，曰："千一百萬。"怪其貴，季雅曰："一百萬買宅，千萬買鄰。"《梁書》[①]

8. 梁徐勉《戒子書》曰："吾清明門宅西邊既施與宣武寺，不復方幅。意謂此逆旅舍耳，何事須華？常怪時人謂是我室，古往今來，豪富繼踵，宛其死矣，知是誰室？"

9. 李德裕營平泉莊，遠方以异物奉之。或題曰："隴右諸侯供語鳥，日南太守送名花。"

10. 王維居輞川，室宇既廣，山林亦遠，而性好温潔，地不容浮塵，日有十數掃飾者，使兩童專掌縛帚，而有時不給。《洛都要記》

11. 園圃之勝，不能兼者六：務宏大者少幽邃，人力勝者少蒼古，多水泉者艱眺望。兼此六者，惟湖園而已。在唐，爲

① 按，此條不見於《梁書》，見於《南史》。

裴晉公宅園，中有湖，湖中有堂，曰百花洲，曰四并堂。其四達而當東西之蹊者，桂堂也；截然出於湖之右者，迎暉亭也；過橫池，披林莽，循曲徑而後得者，梅臺知止菴也；自竹徑望之超然，登之翛[①]然者，環翠亭也；眇眇重邃，擅花卉之盛，而前據池亭之勝者，翠樾軒也。若夫百花酣而白晝眩，青蘋動而林陰合，水静而跳魚鳴，木落而群峰出，雖四時不同而景物皆好，則又不可殫記者也。《名園記》

12. 環谿者，王開府園亭。南臨池，池左右翼而北過凉榭，復匯爲大池，周圍如環，故名。榭南有多景樓，以南望，則嵩高、少室、龍門、大谷，層峰翠巘，畢效奇於前；榭北有風月臺，以北望，則隋、唐宫闕樓殿，千門萬户，岧嶢璀璨，延亘十餘里。凡左太冲十餘年極力而賦者，可瞥目而盡也。同上

13. 安公叢春亭可望洛水，蓋洛水自西洶涌奔激而東。天津橋者，疊石爲之，直力滀其怒而納之洪下。洪下皆大石，底與水争，噴薄成霜雪，聲聞數十里。嘗窮冬月夜登此亭，聽洛水聲，久之，覺清冽侵人肌骨，不可留也。同上

冠服閨裝附

1. 聖人觀翬翟之文、榮華之色，乃染帛以效之，始作五采以爲服，凡十二章。《漢・輿服志》

2. 《漢官儀》曰："衣裳，卿大夫藻火。"又曰："綬，青

---

① 翛：内閣文庫藏八册本、粵雅堂本作"脩"，誤。按，"翛然"，自由自在、無拘無束貌，與"超然"對。

地桃花。”

3. 高祖爲亭長，乃以竹皮爲冠，令求盜之薛治，時時冠之。及貴常冠，所謂劉氏冠也。後詔曰：“爵非公乘以上不得冠劉氏冠。”

4. 貂蟬，胡服也。貂者，取其有文而不煥，外柔而易，内剛而勁也。蟬者，取其清虚而識時變也。在位者有文而不自耀，有武而不示人，清虚自牧，識時而動。《古今注》

5. 八座尚書則荷紫，以生紫[①]爲夾囊，綴之服外，加於左肩。《輿服志》

6. 漢末諸賢多委王服，以幅巾爲雅，袁紹、崔豹之徒，雖爲將帥，猶著縑巾。

7. 魏晉以來，皮弁有纓無笄導。何稠曰：“此古田[②]服也，既以入朝，宜變其制。”故弁施象牙簪，又從省之。服無佩綬，何稠曰：“此乃晦朔小朝之服，安有人臣謁帝，而除去印綬，無佩玉之節乎？”乃加獸頭小綬及佩一隻。

8. 宋景和中，討義陽王昶，六軍戒嚴，應須紫㯹[③]，左右欲營辦，王琨曰：“元嘉初征謝晦，有紫㯹在匣中，不須作。”檢取果得焉。《南齊書》〇㯹音標，以繒爲之，長四尺，廣一寸，腰有絡帶以代鞶，中官紫㯹，外官絳㯹，俗曰飄帶。

9. 梁中丞，給威儀十人，其八人，武冠絳韝，執青儀囊在前。《梁典》

10. 中丞，銅印墨綬，進賢兩梁冠，佩水蒼玉，介幘，絳

---

① 生紫：原作“坐紫”，誤。《晉書·輿服志》改。

② 田：據《北史·何稠傳》及《隋書·何稠傳》，“田”後有“獵”字。

③ 㯹：原作“摽”，《南史·王琨傳》載爲“應須紫檦”。按文意，此處當爲“㯹”，今改。

朝服。《通典》

11. 何敬容爲史部尚書，性矜莊，衣冠鮮麗。梁武帝雖衣浣衣，而左右衣必須鮮潔，嘗有侍臣衣冠捲摺，帝怒曰："卿衣帶如繩，欲何所縛?"敬容希旨，常以膠清刷鬢，衣裳不整，伏床熨之，暑月背爲之焦。

12. 劉商《鹿耳巾歌》："趙侯首帶鹿耳巾，規模出自陶弘景。"

13. 成芳隱麥林山，剥苧織布，爲短襴寬袖之衣，着以酤酒，自稱隱士衫。梁福《廬陵記》

14. 關文衍爲散騎常侍，畫九華山圖於白綾半臂，號"九華半臂"，自云："令吾此身常在雲泉之内。"《時逢青陽記》

15. 張九齡體弱有藴藉，故事，公卿皆搢笏於帶，而後乘馬，九齡獨常使人持之，因設笏囊，笏囊自九齡始。

16. 白樂天燒丹於廬山草堂，作飛雲履，玄綾爲質，四面以素綃作雲朵，染以四選香，振履則如烟霧，曰："吾足下生雲，計不久上升朱府矣。"《樵説》

17. 南方有炎火山，四月生火，十二月火滅，火滅之後，草木皆生枝條。至火然，草木葉落，如中國寒時也。取此木以爲薪，然之不盡，以其皮績之爲火浣布。《玄中記》

18. 蕭史與穆公煉飛雪丹，第一轉與弄玉塗之，今之女銀膩粉也。三代以降，塗紫草爲胭脂，周以紅花爲之。或曰出於閼氏。以下閨裝

19. 天女冠六銖，又五銖。《北里志》："玉肌無軫五銖輕。"《博異志》

20. 上元夫人降武帝宫，服青霜袍，雲色亂目。《内傳》

21. 上元夫人戴九星靈芝夜光之衣，西母戴太真晨纓之冠。

《漢武内傳》

22. 仙女天衣，有金鏤單絲、錦縠銀泥、五暈羅裾。《許老翁傳》

23. 漢武元鼎元年，起招靈閣。有一神女，留玉釵與帝，帝以賜趙婕妤。至昭帝元鳳中，宫人猶見此釵，謀欲碎之，明視其匣，惟見白燕直升天。後宫嘗作玉釵，因名"玉燕釵"，言其吉祥。《洞冥記》

24. 飛燕浴五蘊七香湯，踞通香沉水坐，燎降神百蘊香。合德浴豆蔻湯，傅露華百英粉。帝嘗私語樊嫕曰："后雖有异香，不若婕妤體自香也。"《飛燕外傳》

25. 梁冀妻孫壽，色美而善爲妖態，作愁眉啼妝、墮馬髻、折腰步、齲齒笑，以爲媚惑。冀亦改易輿服之制，作平上軿車、埤幘、狹冠、折上巾、擁身扇、狐尾單衣。《梁冀傳》

26. 魏文帝宫人莫瓊樹始製爲蟬鬢，望之縹緲，如蟬翼然。《古今注》

27. 武帝女壽陽公主，人日卧於含章殿檐下，梅花落公主額上，成五出之花，拂之不去，自後有梅花妝。《宋書》

28. 美人妝，面既傅粉，復以胭脂調匀掌中，施之兩頰，濃者爲酒暈妝，淺者爲桃花妝。薄薄施朱，以粉罩之，爲飛霞妝。梁簡文詩："分妝間淺靨，繞臉傅斜紅。"《日札》

29. 齊東昏侯宫人皆着緑絲屩。

30. 陳蕭鄰《咏複裙詩》："皛皛金沙净，離離寶縫分。纖腰非學楚，寬帶爲思君。"

31. 貴妃以假鬢爲首飾，曰義髻；僖宗内人束髮甚急，爲囚髻；唐末，婦人梳髮，以兩鬢抱面，爲拋家髻。

32. 杜甫每朋友至，引見妻子，韋侍御見而退，使其婦送

夜飛蟬以助妝飾。《放懷集》

33. 咸通中，開昌公主下嫁，有金菱、銀栗、連珠帳、却寒簾、犀簟、牙席、蠲忿犀、如意玉、九鸞釵、辟邪香。《杜陽編》

34.《七林》咏美人足飾曰：“文綦彩緤，緰襪羅縢。”緤，足衣，縢，足纏。

35. 樂府《雙行纏》云：“新羅綉行纏，足趺如春妍。他人不言好，獨我知可憐。”

36. 杜牧詩：“鈿尺裁量減四分，碧琉璃滑裹春雲。五陵年少欺他醉，笑把花前出畫裙。”

37. 温飛卿《錦鞋賦》曰：“闌裹花春，雲邊月新。耀粲織女之束足，嫵婉嫦娥之結鄰。碧繶緗鉤，鸞尾鳳頭。鞾稱雅舞，履號遠游。若乃金蓮東昏之潘妃，寶緤臨川之江姬。匍匐非壽陵之步，妖蠱實苧蘿之施。羅襪紅蕖之艷，豐趺縞錦之奇。凌波微步瞥陳王，既蹀躞而容與；花塵香迹逢石氏，倏窈窕而呈姿。擎箱回津，驚蕭郎之始見；李文明練，恨漢后之未持。重爲系曰：‘瑶池仙子董雙成，夜明簾額懸曲瓊。將上雲而垂手，顧轉盼而遺情。願綢繆於芳趾，附周旋於綺楹。莫悲更衣床前弃，側聽東晞佩玉聲。’”《漢上題襟集》

38. 唐末，宫中髻號“鬧掃妝”，形如焱①風散鬌，蓋盤雅、墮馬之類。唐詩：“還梳鬧掃學宫妝，獨立閑亭納晚凉。試把玉釵敲砌竹，清歌一曲月如霜。”《三夢集》

39. 僖、昭時，都下競事妝唇，婦女以此分妍否。其點注之工，名字差繁，其略有：燕脂暈品、石榴橋、大紅春、小紅春、

① 焱：粤雅堂本作“猋”。

嫩吴香、半邊嬌、萬金紅、聖檀心、露朱兒、内家圓、天宫巧、洛兒殷、淡紅心、腥腥暈、小朱龍、格雙、唐媚、花奴樣子。

40. 五代宫中畫眉，曰“開元御愛”、曰“小山”、曰“五岳”、曰“垂珠”、曰“月稜”、曰“分稍”、曰“涵煙”。月稜眉，又名却月。東坡詩：“成都畫手開十眉，横月却月争新奇。”

41. 瑩娘，平康伎也，玉净花明，尤善梳掠，畫眉日作一樣。唐斯立戲之曰：“西蜀有十眉圖，汝眉癖若是，可作百眉圖，更假歲年，當率同志爲修眉史矣。”

42. 周光禄諸伎掠鬢用鬱金油，傅面用龍消粉，染衣以沉香水。月終，人賞金鳳凰一隻。《傳芳略記》

43. 李後主宫嬪窅娘纖麗善舞，後主作金蓮，高六尺，飾以寶物、細帶、纓絡，蓮中作品色瑞蓮。令窅娘以帛纏脚，令纖小，屈上作新月狀，素襪舞雲中，回旋有凌雲之態。唐鎬詩：“蓮花中更好，雲裏月常新。”爲是作也。《道山新聞》

44. 宋徽宗宫人，衣裙多以麝香色爲鏤金羅[①]，見元祐之詩：“北去穹廬千萬里，畫羅休鏤麝香金。”

食 品

1. 彭祖好和滋味，善斟雉羹，以事帝堯。王逸《楚辭注》

2. 五侯不相能，賓客不得來往。婁護傳食五侯間，各得其歡心，競致奇膳，護乃合以爲鯖，世稱“五侯鯖”，以爲奇味。

① 按，此句文意不通，《太史升庵全集》卷六十九作“多以麝香色鏤金羅爲衣裙”，較通順。

《西京雜記》

3. 虞悰善爲滋味，和劑皆有方法。豫章王嶷盛饌饗賓，王問："今日肴羞寧有所遺否？"虞曰："恨無黄頷𦠆，何曾《食疏》所載也。"

4. 世祖幸芳林園，就虞侍中悰求扁米粣，虞獻粣及雜肴數十轝，大官鼎味不及也。上就虞求諸飲食方，虞秘不肯出。上醉後，體不快，虞乃獻醒酒鯖鮓一方而已。

5. 苻朗善識味，會稽王道子爲設精饌，訖，問："關中之味，孰若於此？"朗曰："皆好，唯鹽味小生。"即問宰夫，如其言。或人殺雞以食之，朗曰："此雞栖恒半露。"問之，亦驗。又食鵝炙，知白黑之處，咸試而記之，無毫厘之差。嘗著《苻子》數十篇。裴景仁《秦書》

6. 衛倫過予，言及於味，稱魏故侍中劉子陽，食餅知鹽生，精味之至也。予曰："師曠識勞薪，易牙别淄澠，子陽今之妙也，定之何難！"倫因命僕取糧糗以進，予嘗之，曰："麥也，有杏李柰味，三果之熟也不同，子焉得兼之？"倫笑而不言，退告人曰："士安之識過劉氏，吾麥杏時將發，故糅以杏汁，李柰時將發，又糅以李柰汁，故兼三味。"《玄晏春秋》

7. 李預得古人餐玉法，乃采訪藍田，躬往攻掘，得若環璧雜器形者，大小百餘，頗有粗黑者，并篋盛以還。至而觀之，皆光潤可睹。預乃椎七十枚爲屑食之，餘多惠人。及死，停尸數宿，體色不變，启齒納珠，因噓其口，都無穢氣。

8. 王琚常飲牛乳，色如處子。

9. 吴郡獻松江鱸魚，煬帝曰："所謂金虀玉膾，東南佳味也。"《南部烟花記》

10. 隋虞孝仁性奢華，伐遼之役，以駱駝負函盛水，養魚以自給。

11. 韋陟厨中飲食之香錯雜，人入其中，多飽飫而歸。語曰："人欲不飯筋骨舒，夤緣須入郇公厨。"《長安后記》

12. 李德裕奢侈，每食一杯羹，其費約錢三萬。雜珠寶、貝玉、雄黄、朱砂，煎汁爲之，三煎即弃其滓。《獨異志》

13. 段文昌丞相精饌事，第中庖所，榜曰"錬珍堂"，在塗，號"行珍館"。家有老婢，掌其法指，授女僕。四十年，凡閲百婢，獨九婢可嗣法。文昌自編《食經》五十卷，時稱《鄒平公食憲章》。《清異録》

14. 孫承祐在浙右，嘗饌客，指盤筵曰："今日坐中，南之蝤蛑，北之紅羊，東之鰕魚，西之棗栗，無不畢備，可謂富有小四海矣。"同前

15. 金陵，士大夫淵藪，家事鼎鐺，有七妙：虀可照面，餛飩湯可注研，餅可映字，飯可打擦擦臺，濕麵可穿結帶，餅可作勸盞，寒具嚼着驚動十里人。同前

16. 子瞻邀劉器之參玉版和尚①，至簾景寺，燒筍食之。器之覺筍殊勝，問何名，子瞻曰："玉版也，此老師善説法，要令君得禪悦之味。"器之乃悟其戲，爲之大笑。子瞻爲偈曰："不怕石頭路，來參玉版師。聊憑柏樹子，與問籜龍兒。"《冷齋夜話》

17. 蚺惟大蛇，既洪且長。采色駁映，其文錦章。石灰吞鹿，瘦成癢瘡。賓饗嘉食，是豆是觴。《南裔志》

18. 鮫之爲魚，其子既育，驚必歸母，還入其腹，小則如之，大則不復。楊孚《交州異物志》

---

① 尚：原作"南"，誤。據《冷齋夜話》卷七改。

19. 烏鰂八足，集足在口，縮喙在腹，形類鞋囊，其名烏鰂，噏波噀墨，迷射水匿。萬震《海物異名記》

20. 猪無筋，魚無氣，雞無髓，蟹無腹，皆物之稟氣不足者，不可多食。《頤生論》

21. 鹽，食肴之將；酒，百藥之長。《漢·食貨志》

22. 鱟魚肥，炙甚美，諺云："寧去累世宅，不去鱟魚額。"《三輔决録》

23. 《山海經》："浮玉山，北望巨區，苕水出于其陰，其中多鮆魚。"子瞻詩："知有江南風物否？桃花流水鮆魚肥。"鮆魚，狹薄而長鬚，一名刀魚，太湖中饒之。

24. 扶柳縣東北有武陽城，又北爲博廣池，池多名蟹佳蝦，歲貢王朝，以充膳府。《十三州志》

25. 石蜜之滋，甜於浮萍，非蜂之類，假石之名，實出甘柘，變而逾輕。《凉州異物志》

酒 茗

1. 酒有若下，謂烏程也；九醖，謂宜城也；千日，中山也；蒲桃，西京也；竹葉，豫北也；土窟春，滎[①]陽也；石凍春，富平也；燒春，劍南也；桑落，陝右也。烏孫國有青田核，莫知其木與實，而核如五六升瓠，空之盛水，俄而成酒。劉章曾得二焉，集賓設之，一核才盡，一核又熟，可供二十客，名"青田壺"。歷城北有使君林，魏正始中，鄭公慤三伏避暑於此，

---

① 滎：原作"榮"，誤，據粤雅堂本改。

取大蓮葉置硯格上盛酒，以簪刺葉，令酒與柄通，屈莖吸之，薌氣清冽，名曰“碧筒酒”。予詩曰：“釀憶青田酒，觴宜碧藕筒。直須千日醉，莫放一杯空。”近時以黄柑醖酒，號“洞庭春色”，以糯米藥麯作白醪，號“玉友”，皆奇絶者耳。《珊瑚鈎詩話》

2. 遜頓國有酒樹，似安石榴，采花汁停瓮中，數日成酒。瑶琨去玉門九萬里，有碧草如麥，割之以釀酒，則味如醇酎，飲三合，三旬不醒，飲甜谿水，隨飲而醒。《洞冥記》

3. 渌水出豫章康樂縣，其間烏程鄉有酒官，取水爲酒，極甘美。與湘東酃湖酒，年嘗獻之，世稱“酃渌酒”。盛弘之《荆州記》

4. 魏文侯與大夫飲，使公乘不仁爲觴政曰：“飲若不盡，浮之大白。”《説苑》

5. 蔡邕飲至一石常醉，在路上卧，人名曰“醉龍”。

6. 管輅頓仰三斗，而清辯綺粲，楊雄酒不離口，而《太玄》乃就。《抱朴子》

7. 袁紹辟鄭玄，及去，餞之城東，欲玄必醉。會者三百餘人，皆離席奉觴，自旦及暮，度玄飲三百餘杯，而温克之容，終日無怠。《高士傳》

8. 魏賈鏘有蒼頭，常令乘小艇於黄河中，接河源水以釀酒，名“崑崙觴”，芳味世中所絶。《酉陽雜俎》

9. 河東人劉白墮善釀，六月以罌貯酒，暴於日中，經一旬，其酒不動，飲之香美，醉而經月不醒。朝貴相餉，逾於千里，以其遠至，號曰“鶴觴”。永熙中，青州刺史毛鴻賓賫酒之番，路逢盗賊，飲之即醉，皆被擒，時游俠語曰：“不畏張弓拔刀，惟畏白墮春醪。”《伽藍記》

10. 劉墮宿擅工釀，采挹河流，醖成芳酎，懸食同枯枝之年，排於桑落之辰，故酒得其名矣。然香醑之色，清白若滫漿焉。别調氛氲，不與他同。蘭薰麝越，自成馨逸。自王公庶友，牽拂相招者，每云"索郎有顧，思同旅語"。索郎，反語爲桑落也。更爲籍徵之雋句，中書之英談。《水經注》

11. 孟萬年好飲，喜酣暢，愈多不亂，桓宣武嘗問："酒有何好，而卿嗜之？"孟答曰："公但未知酒中趣耳。"《嘉别傳》

12. 孔群與親友書："今年田得七百石秫米，不足了麴糵事。"

13. 羊稚舒冬月釀，常令人抱瓮，須臾復易人，酒速成而味好。

14. 陶淵明得太守送酒，多以春秫雜投之，曰："少延清歡。"《淵明别傳》

15. 魏肇稱徐君房："年隨情少，酒因境多。"

16. 汝陽王璡家有酒法，號《甘露經》，四方風俗，諸家材料，莫不畢具。

17. 汝陽王璡取雲夢石甃，泛春渠以蓄酒，作金銀龜魚，浮沉其中，爲酌酒具，自稱"釀王"，兼"麴部尚書"。《醉仙圖記》

18. 羊侃不飲酒而好賓游，終日獻酬，同其醉醒。

19. 唐玄宗置麴清潭，砌以銀磚，泥以石粉，貯三辰酒一萬車，以賜當制學士。《史諱録》

20. 种明逸至性嗜酒，嘗種秫自釀，每曰："空山清寂，聊以養和。"因號"雲豀醉侯"。

21. 唐子西在惠州，名酒之和者曰"養生主"，勁者曰"齊物論”。

22. 楊誠齋退居，名酒之和者曰“金盤露”，勁者曰“椒花雨”，嘗言：“余愛‘椒花雨’甚於‘金盤露’。”

23. 茅山元符宫有蘇養直像，自贊其上曰：“松風颼颼，瘦藤在手。惟此白叟，獨全於酒。”

24. 孟佗以菖蒲酒一斛遺張讓，即拜佗凉州刺史。子瞻詩云：“將軍百戰竟不侯，伯良一斛得凉州。”

25. 凡醉有所宜：醉花宜晝，襲其光也；醉雪宜夜，消其潔也；醉樓宜暑，資其清也；醉水宜秋，泛其爽也。《醉鄉日月》

26. 孔明《戒子書》曰：“夫酒之設，合禮致情，適體歸性，禮終而退，此和之至。主意未殫，賓有餘倦，可以至醉，無致於亂。”

27. 陶侃母湛氏，賢明有法訓。侃在武昌，與佐吏從容飲燕，常有飲限，或勸酒可少進，侃凄然良久，曰：“昔年少，曾有酒失，慈親見約，故不敢逾。”《侃别傳》

28. 毛文錫《茶譜》云：“茶樹如瓜蘆，葉如梔子，花如白薔薇，實如栟櫚，蒂如丁①香，根如胡桃。”

29. 陸鴻漸嘗爲《茶論》，説茶之功効并煎炙之法，造茶具二十四事，以都統籠貯之，遠近傾慕，好事者家藏一副。《雲谿友議》

30. 茶有九難：陰采夜焙，非造也；嚼味嗅香，非别也；膏薪庖炭，非火也；飛湍壅潦，非水也；外熟内生，非炙也；碧粉縹塵，非末也；操艱攪遽，非煮也；夏興冬廢，非飲也；

① 丁：粵雅堂本作“下”，誤。

膩鼎腥甌，非器也。陸羽《茶經》

31. 王肅初入魏，不食羊肉酪漿，常飯鯽魚羹，渴飲茗汁。京師士子，見肅一飲一斗，號爲“漏巵”。後與高祖會，食羊肉酪粥，高祖怪問之，對曰：“羊是陸產之最，魚是水族之長，所好不同，并各稱珍。羊比齊魯大邦，魚比邾莒小國，惟茗下中，與酪作奴。”高祖大笑，因此號茗飲爲“酪奴”。《洛陽伽藍記》

32. 隋文帝微時，夢神人易其腦骨，自爾腦痛。忽遇一僧，云山中有茗草，煮而飲之當愈，服之有效，由是人競采掇，贊其略曰：“窮《春秋》，演《河圖》，不如載茗一車。”《進士權紓文》

33. 樂天入關，劉禹錫正病酒，禹錫乃饋苗菊、整蘆菔鮓，換取樂天六班茶二囊以醒酒。《蠻甌志》

34. 和凝在朝，率同列遞日以茶相飲，味劣者有罰，號爲“湯社”。

35. 建人謂鬥茶爲“茗戰”。

36. 北苑焙茶之精者，名“白乳頭”“金蠟面”。

37. 僧寺茗所曰“茶寮”。

38. 覺林院志崇收①茶三等，待客以驚雷莢，自奉以萱草帶，供佛以紫茸香。蓋最上以供佛，而最下以自奉也，客赴茶者，皆以油囊盛餘瀝以歸。《蠻甌志》

39. 蔡襄善別茶，建安能仁院有茶生石縫間，僧采造得茶八餅，號“石巖白”，以四餅遺蔡，以四餅密遣人走京師，遺王內翰禹玉。歲餘，蔡被召還闕，訪禹玉，禹玉命子弟於茶筒中選精品碾以待蔡，蔡捧甌未嘗，輒曰：“此極似能仁‘石巖白’，

① 收：粵雅堂本作“牧”。

公何以得之?”禹玉未信，索貼驗之乃服。

40. 唐右補闕綦毋旻，性不飲茶，著《代茶飲序》云:“釋滯消壅，一日之利暫佳;瘠氣耗精，終身之害斯大。獲益則歸功茶力，貽患則不謂茶灾。”

器 具

1. 黄帝《巾机銘》:“予居民上，摇摇恐夕不至朝，惕惕恐朝不及夕，兢兢慄慄，日慎一日，人莫蹪於山而蹪於垤。”

2. 蚩尤爲大霧，軍士昏迷，軒轅爲指南車以示四方，逐擒蚩尤。《劉氏外紀》

3. 西域奇肱國能爲飛車，從風遠行。湯時，其國人以車乘西風至豫州，湯破其車，不以示民。後十年，東風至，乃使乘車復歸其國，在玉門之西一萬里。

4. 齊慶封獻車於季武子，美澤可以鑒，展莊叔見之，曰:“車甚澤，人必瘁，宜其亡也!”《左氏春秋》

5. 記里鼓車，一名大章車。晉安帝時，劉裕滅秦得之，有木人執槌向鼓，行一里打一槌。崔豹《古今注》

6. 馮衍《車銘》曰:“乘車必護輪，治國必愛民。車無輪安處?國無民誰與?”《古文苑》

7. 夏后開使蜚廉折金於山，而陶鑄之於昆吾，是使翁難雉乙卜於白若之龜，曰:“鼎成，三足而方，不炊而自烹，不舉而自藏，不遷而自行，以祭於昆吾之墟上。”乙又言兆之繇曰:“饗矣!逢逢白雲，一南一北，一西一東，九鼎成，遷於三國。”《墨子》

8. 元鼎中，汾陽得寶鼎，即吾丘壽王所識之鼎，高一丈二尺，受十二石，雜金銀銅錫爲之，四面蛟龍，兩耳能鳴，三足馬蹄，刻山雲奇怪之象，其文曰："壽考天地，百祥臻侍。山伏其靈，海伏其异。"〔梁〕虞荔《鼎録》

9. 蕭何爲丞相，鑄一鼎，大如三石瓮，自表己功，其文曰"紀功鼎"，亦是何自作署書體，四足。同上

10. 王允，字子師，郭林宗見而器之。允自鑄一鼎，曰"千里"，八分書。同上

11. 魏武帝鑄鼎於白鹿山，高一丈，紀征伐戰陣之能，古文篆書，四足。更作鼎與太子，名曰"孝鼎"，刻古來孝子姓名，小篆書。同上

12. 周穆王時，西胡獻昆吾割玉刀及夜光常滿杯。刀切玉如切泥，杯是白玉之精，光明夜照，冥夕出杯於中庭向天，比明而水汁已滿於杯中也，汁甘而香美，斯實靈人之器。東方朔《十洲記》

13. 管仲曰："割廬山，發而出水，金從之出，蚩尤受之，以作劍戟。"《大戴禮》

14. 楚昭王卧，寤而得吴王湛盧之劍，問風胡子曰："寡人卧，寤而得寶劍，不知其名，是何劍也?"對曰："此謂湛盧，臣聞吴王得越所獻寶劍三枚，一曰魚腸，二曰盤郢，三曰湛盧。魚腸已用殺吴王僚也，盤郢以送其死女。湛盧，五金之英，太陽之精，可以折衝拒敵。然人君有逆理之謀，其劍即出，故去無道以就有道。"《吴越春秋》

15. 肅宗嘗賜諸尚書劍，惟三人特以寶劍，自手署其名，曰：韓稜楚龍淵、郅壽蜀漢文、陳寵濟南椎成。時論者爲之説，以稜淵深有謀，故得龍淵；壽明達有文章，故得漢文；寵敦樸，

善不見外，故得椎成。《韓稜傳》

16. 劉曜隱居管涔之山，夜中忽有二童子入，跪曰：“管涔王使小臣奉謁趙皇帝，獻劍一口。”置前再拜而去。以燭視之，劍長二尺，光澤非常，背有銘曰：“神劍服御除衆毒。”曜遂服之，劍隨時變爲五色，後曜爲胡王。《水經注》

17. 沈約《爲東宫官謝敕賜孟嘗君劍啓》曰：“田文重氣徇名，四豪莫及。寶劍雄身，故能威陵秦楚。人高事遠，遺物足奇，謹加玩服，以深存古也。”

18. 典韋容貌魁杰，名冠三軍，其所持手戟長幾一尋，軍中爲之語曰：“帳下壯士有典君，手把雙戟八十斤。”《江表傳》

19. 蒲元性多奇思，於斜谷口爲諸葛武侯鑄刀三千口。刀成，言漢水鈍弱，不任淬用，蜀江爽烈，是大金之元精，命人於成都取江水。蒲以淬刀，言雜涪水，不可用，取水者捍言不雜，蒲以刀畫水，言雜八升，取水者叩頭云：“於涪津覆水，遂以涪水八升益之。”尋以竹筒納鐵珠滿中，舉刀斷之，應手虛落，名曰“神刀”。《太平御覽》

20. 文，日南西卷縣夷帥范椎奴也，嘗牧牛澗中，獲二鯉魚，化成鐵，用以爲刀。刀成，乃對大石嶂而咒之曰：“鯉魚變化，冶成雙刀，石嶂破者，是有神靈。”進斫之，石即瓦解。

21. 古人鑄刀，以五月丙午取純火精，以協其數，故王粲銘曰：“相時陰陽，制兹利兵。”虞喜《志林》

22. 阮師之作刀，七月庚午見金神於冶監之門，教以水火之齊，用陰陽之候，取剛柔之和。《物理論》

23. 高祖與項羽戰於京索，遁於薄中，羽追求之，時鳩止鳴其上，追之者以爲必無人，遂得脱。及即位，异此鳩，故作

鳩杖以扶老。《水經注》

24.《古鑒銘》:“漢有善銅出丹陽，和以銀錫清且明。左龍右虎尚三光，朱雀玄武順陰陽。尚方作鑒真大好，上有仙人不知老，渴飲玉泉飢食棗。”

25. 何都巡出古鏡，背龜紐，以蓮葉承之，左右彈琴仙人，一鳳凰對舞，蒂有銘云:“對鳳凰舞，鑄黄金蒂。陰陽各有配，日月恒相會。白玉芙蓉匣，翠羽瓊瑶帶。同心人，心相親，照心照膽保千春。”

26. 庾信詩:“盤龍明鏡餉秦嘉，辟惡生香寄韓壽。”

27. 曹公作欹案，卧視書。六朝人作隱囊，柔軟可倚，又勝欹案，王維詩:“隱囊紗帽坐彈棊。”

28. 魏武帝都鄴，燕會文昌殿，用漢儀，設百華燈。

29. 劉表有酒器三，曰伯雅、仲雅、季雅。雅一作盃，酒杯也。《典論》

30. 李適之有酒器九品：蓬萊盞、海川螺、舞仙盞、瓠子卮、幔捲荷、金蕉葉、玉蟾兒、醉劉伶、東溟樣。蓬萊盞上有三山，象三島，注酒以山没爲限；舞仙盞有關捩，酒滿則仙人出舞，瑞香球子出盞外。《逢原記》

31. 鸈鶘，水鳥，黄喙長尺餘，南人以爲酒器。即今之鶴頂也。○劉欣期《益州記》

32. 仙家三寶有碧瑶杯、紅蕤枕、紫玉函。

33. 李廣與兄弟獵於宜山，見卧虎，射之，一矢即殪。斷其頭爲枕，示服猛也；鑄銅象其形爲溲器，示辱之也。今人作虎枕，自廣始。

34. 洪崖先生欲歸河内，舍人劉守璋贈先生揚雄鐵研、四皓鹿角枕。

35. 齊卞敬家[1]《無患枕贊》云：“爰兹素樸，名爲吉始。匠人製斯，以獻君子。”無患，木名。程雅問：“櫨木曰‘無患’，何也？”曰：“昔有神巫曰泾眊，能符劾百鬼，得鬼則以此木爲棒捧殺之。世人相傳，以爲器用厭鬼，故曰‘無患’。”

36. 武帝於天泉池新製鯿魚舟，形狹而短。帝暇日常泛之，惟引劉之遴、陸雲公、到溉、朱异。

37. 隋梁睿請伐陳，文帝答詔曰：“陳國來朝，未盡藩節。若命水龍，終當相屈。”蓋謂戰艦曰“水龍”。

38. 赫連氏以百煉之鐵爲龍雀大環，號曰“大夏龍雀”，銘其背曰：“古之利器，吴楚湛盧。大夏龍雀，名冠神都。可以懷遠，可以柔逋。如風靡草，威服九區。”《水經注》

39. 陶器始舜時，三代迄秦漢，所謂甓器是也。近世不貴金玉而貴銅瓷，遂有秘色窑器，乃錢氏有國日，越州燒進，臣庶不得用，故云“秘色”。然陸龜蒙詩：“九秋風露越窑開，奪得千峰翠色來。如向中宵承沆瀣，共嵇中散鬥遺杯。”則越匋又非始錢氏。〔宋〕葉寘《筆衡》

40. 五明扇，舜所作也。既受堯禪，廣開視聽，求賢人以自輔，故作五明扇。秦、漢公卿大夫皆用之，魏、晉非乘輿不得用。《古今注》

41. 石虎作雲母五明金薄莫難扇，薄打純金如蟬翼，二面彩漆，畫列仙、奇鳥、异獸，雲母帖其中，彩色明徹。虎出時，用此扇挾乘輿。又有象牙桃枝扇，或綠沉色，或木蘭色，或紫紺色，或作薄金色。《鄴中記》

42. 子建《九華扇賦序》云：“昔吾先君常侍，得幸漢桓

---

① 家：《太平御覽·木部·無患》作“宗”。

帝，賜方扇，不方不圓，其中結成文，名曰‘九華’。”

43. 張融弱冠有名，道士陸修静以白鷺羽麈尾扇遺之，曰：“此既异物，以奉异人。”《歷代吟譜》

44. 慕容寶因燕樗蒲，危坐整容，誓之曰：“世云樗蒲有神，豈虚語哉！若富貴可期，頻得三盧。”於是三擲盡盧，故云“五木之祥”。《晉・樂志》

45. 宋武帝節儉過人，張妃房帳[①]碧紗文幬、三齊茵席，五盞盤桃花米飯。〔梁〕《崔祖思傳》

46. 長安巧工丁緩，作卧褥香爐，一名被中香，爐爲機環，轉運四周，而爐體常平，可置之被褥，故以爲名。又有九層博山香爐，縷爲奇禽怪獸，窮諸靈异，皆自然運動。《西京雜記》

47. 陶貞白有金鵲尾香爐，又《珠林》云：“吴興人費崇先，少信佛法，每聽經，常以鵲尾爐置膝前。”皮日休詩：“鵲尾金爐一世焚。”

48. 李煜長秋周氏居柔儀殿，有主香宫女，其焚香之器曰把子蓮、三雲鳳、折腰獅子、小三神、卍字金、鳳口罌、玉太古、容華鼎，凡數十種，金玉爲之。

文　具

1. 養筆以硫黄酒，舒其毫；養紙以芙蓉粉，借其色；養研以文綾蓋，貴乎隔塵；養墨以豹皮囊，貴乎遠濕。《文房寶飾》

① 帳：《南史・崔祖思傳》作“帷”。

2. 漢尚書令僕丞郎，月賜赤管大筆一雙、隃麋大墨一枚、小墨一枚。《漢官儀》

3. 張華撰《博物志》：武帝賜於闐青錢研、遼西麟角筆、南越側理紙，南人以苔爲紙，其理縱橫，故名。

4. 陶侃獻晉帝箋紙三千枚、墨二十丸，皆極精妙。《文房四譜》

5. 庾易，字幼簡，袁彖欽其風，贈鹿角書格、蚌盤、蚌研、白象牙筆，并贈詩曰："白日清明，青雲遼亮。昔聞巢許，今睹臺尚。"易以連理几、竹翹書格報之。

6. 子邑之紙，妍妙輝光；仲將之墨，一點如漆；伯英之筆，窮神盡意。妙物遠矣，邈不可追。〔齊〕蕭子良《與王僧虔書》

7. 開平[1]二年，賜宰相張文蔚、楊涉、薛貽寶相枝各二十，龍鱗、月研各一。寶相枝，斑竹筆管也。花點匀密，紋如兔毫：鱗，石紋似之；月，硯形似之，歙產也。

8. 張永善隸書，又多巧思，紙及墨皆自營造，上每得永表啓，輒執卷咨嗟，自嘆供御者不及。《宋書》

9. 太公《筆銘》云："毫毛茂茂，陷水可脱，陷文不活。"茂，房月反。○出《陰謀》

10. 崔豹曰："蒙恬以枯木爲管，以鹿毛爲柱，羊毛爲被。所謂毫，非今之竹兔也。"

11. 製筆之法，桀者居前，毳者居後，强者爲刃，軟者爲輔，參之以苘，束之以管，固以漆液，澤以海藻，濡墨而試。直中繩，勾中鈎，方圓中規矩，終日握而不敗，故曰筆妙。韋誕《筆經》

---

① 開平：原作"開元"，誤。據粵雅堂本改。

12.《筆偈》云："圓如錐，捺如鑿，衹得入，不得却。"言縛筆要緊，一毛出即不堪用。

13. 柳公權帖云："近蒙寄筆，深慰遠情，但出鋒太短，傷於勁硬。所要優柔，出鋒須長，擇毫須細，管不在大，副切須齊。副齊則波掣有憑，管小則運動省力，毛細則點畫無失，鋒長則洪潤自由。"

14. 漢末，一筆之匣，雕以黄金，飾以和玉，綴以隨珠，文以弱翠，非文犀之楨，必象齒之管、豐狐之柱、秋兔之翰。《傅子》

15. 右軍《筆經》云："諸郡毫，惟中山兔肥而毫長可用。先用人髮杪數十莖，雜青羊毛并兔毳，裁令齊平，以麻紙裹枝根令治；次取上毫，薄薄布柱上，令柱不見。"

16. 又云："昔人用琉璃、象牙爲管，重則躓矣。近有人以緑沉漆竹管及鏤管見遺，録之多年，斯可愛玩。詎必金寶雕琢，然後爲貴乎？"

17. 元帝爲湘東王時，好文學，著書常紀録忠臣義士及文章之美者。筆有三品，或金銀雕飾，或用斑竹爲管，忠孝全者用金管書之，德行精粹者用銀管書之，文章贍逸者以斑竹管書之。《梁書》

18. 司空圖隱於中條山，芟松枝爲筆管，曰："幽人筆當如是。"《汗漫録》

19. 趙光逢薄游襄漢，濯足溪上，見一方磚類碑，上題字云："髡友退鋒郎，功成鬢髮傷。冢頭封馬鬣，不敢負恩光。獨孤貞節立。"磚後積土如盎，微有苔蘚，蓋好事者瘞筆所在。《清異録》

20. 自古書契，多編以竹簡，其用縑帛者謂之爲紙。縑貴

而簡重，并不便於人。倫乃造意，用樹膚、麻頭及敝布、魚網以爲紙，故天下咸稱“蔡侯紙”。《蔡倫傳》

21. 江寧縣有紙官署，齊高帝造紙所也，嘗造凝光紙賜王僧虔，一云銀光。《丹陽記》

22. 元和之初，薛濤好製小詩，惜其幅大，不欲長剩，乃狹小之。蜀中才子既以爲便，後減諸箋亦如是，特名曰“薛濤箋”。《資暇録》

23. 元和中，元稹使蜀，營伎薛濤造十色彩箋以寄，元稹於松花紙上寄詩贈濤。蜀中松花紙、雜色流沙紙、彩霞金粉龍鳳紙近年皆廢，惟十色綾紋紙尚在。

24. 元微之聞薛濤名，因奉使見焉。微之矜持筆研，濤走筆作《四友贊》，其略曰：“磨潤色先生之腹，濡藏鋒都尉之頭，引書媒而黯黯，入文圃以休休。”微之驚服。

25. 段成式《與温庭筠詩序》云：“予在九江，造雲藍紙，輒送五十枚。詩云：‘三十六鱗充信使，數番猶得寄相思。’”

26. 陸龜蒙《魚箋詩》：“向日乍驚新蘚色，臨風時辨白萍文。好將花下承金粉，堪送天邊咏碧雲。”

27. 舒雅才韻，不在人下。一日，得海螺甚奇，宜用滑紙，以簡獻於韓熙載，云：“海中有無心斑道人，往詣門下，書材糙澀逆意，可使道人馴之，即證發光地菩薩。”

28. 以竹稍甘露和天南星漬紙一宿，裁之，刀去如飛。《文房實飾①》

29. 鄭虔爲廣文博士，學書，病無紙，知慈恩寺有柿葉數屋，遂借僧居止，取紅葉學書，歲久殆遍。《林邑記》

---

① 飾：内閣文庫藏八册本、粤雅堂本作“節”，誤。《雲仙雜記》引此條載爲“文房實飾”。

30. 陸雲與兄機書云："一日上三臺，曹公藏石墨數十萬斤，云燒此消復可用，然烟中人，不知①，今送二螺。"《陸士龍集》

31. 唐李超，易水人，與子廷珪亡至歙州。其地多松，因留居，以墨名家。《聞見録》

32. 晁叔用嘗作《李廷珪墨詩》："君不見，江南星官有諸奚，老超尚不如廷珪。後來承晏頗秀出，喧然父子名相齊。百年相傳紋破碎，彷彿尚見蛟龍背。電光燭天星斗昏，雨痕倒海風雷晦。却憶當季清暑殿，黄門侍立才人見。銀鈎灑落桃花箋，牙床磨拭紅絲硯。同時書畫三萬軸，二徐小篆徐熙竹。御題四絶海内傳，秘府毫芒惜如玉。君不見，建隆天子開國初，曹公受詔行掃除。王侯舊物人今得，更寫西天貝葉書。"

33. 李廷珪《藏墨訣》曰："贈爾烏玉玦，泉清硯須潔。避暑懸葛囊，臨風度梅月。"

34. 盧杞與馮盛遇於道，各攜一囊。杞發盛囊，有墨一枚，杞大笑，盛正色曰："天峰煤和針魚腦，入金谿子手中，録《離騷》古本，比公日提綾文刺三百，爲名利奴，顧當孰勝？"已而搜杞囊，果是三百刺。《大唐龍髓記》

35. 真松煤遠烟，自有龍麝氣，世之嗜者如滕達、蘇浩然、吕行甫，暇日晴暖，研墨水數合，弄筆之餘，乃啜飲之。《仇池筆記》

36. 延安石油，以爲烟墨，松脂不及，唐詩："二郎山下雪紛紛，石烟多於洛陽塵。"

37. 蜀人景焕，博雅士也，志尚静隱，卜築玉壘山下，茅

① 按，據《陸士龍集》卷八"不知"後尚有"兄頗見之不"五字。

堂花榭，足以自娱。嘗得墨材甚精，止造五十團，曰："以此終身。"墨印文曰"香壁"，陰篆曰"副墨子"。

38. 子瞻云："未知一生當着幾兩屐。吾有嘉墨七十枚，而猶求取不已，不近愚邪？石昌言畜李廷珪墨，不許人磨。或戲之云：'子不磨墨，墨將磨子。'今昌言墓木拱矣，而墨故無恙。李公擇見墨輒奪，卿相間抄取殆遍，近有人從渠來，云懸墨滿堂。此亦通人之一蔽也。"

39. 墨紋如履皮，磨之有油暈者，一兩可染三萬筆。《成老伯墨經》

40. 端谿硯，水中者，石色青；山半者，石色紫；山頂者，石尤潤，如猪肝色者佳。若匠者識山之脉理，鑿一窟，自然有圓石青紫色者，琢而爲硯，其直千金，謂之"子石硯"。蘇易簡《硯譜》

41. 端谿硯有三種：曰巖石①、曰西坑、曰後磨石。石色深紫，襯手而潤，叩之清遠，有青緑圓、小鴝鵒眼，乃巖石；其次色赤，呵之乃潤，鴝鵒眼，色紫，紋漫而大，乃西坑石；其下青紫色，向明側視，有碎星光點，如沙中雲母，乾而少潤，謂之後磨石。西坑硯三，當巖石之一，後磨石三，當西坑之一。魏泰《東軒筆録》

42. 端石出端谿，色理瑩潤，本以子石爲上。子石者，在大石中生，蓋精石也，而流俗傳訛，遂以紫石爲上。又以貯水不耗爲佳，有鸜鵒眼者爲貴。歐文忠公《硯譜》

43. 歙硯出龍尾谿，其石堅勁，大抵多發墨，故前世多用之。以金星爲貴，其石理微粗，以手摩之，索索有鋒芒者尤佳。

---

① 石：原作"山"，《東軒筆録》卷十五作"石"，此條後文亦作"石"，當從，據改。

余少時得金星礦石，尤堅而發墨，然世亦罕有。

44. 蔡君謨言："端石瑩潤，惟有芒者尤發墨；歙石多芒，惟膩理者特佳。蓋物之奇者，必异其類也。"

45. 研名曰龍尾研、金星研、羅紋研、娥眉研、角浪研、松文研、豆研，皆出歙州，而金星尤佳。曰紅絲研、黑角研、黄玉研、褐色研、紫金研、鵲金黑玉石研，皆出山東，紅絲爲唐彦猷作，自號天下第一。子石研、鴝鵒眼、緑絛環，出端州。他如吉州紫石研，淄州黄金研、金雀石研，青州熟鐵研、石末研，萬州磁洞石研，懸崖金星石研，相州銅雀瓦研，南劍州魯水研，宿州藥石研，洮州緑石研，絳州角石研，虢州澄泥研。歸州大陀石研，登州駝基島石研，不可勝數，然皆出歙縣、端州下矣。

46. 李賀《紫石研歌》："端州石匠巧如神，露天磨刀割紫雲。紗帷晝暖[1]墨花春，輕漚漂沫松麝薰。"

47. 丁寶臣知端州，製緑石研送王介甫，謂之"玉堂新樣"，介甫以詩報之云："玉堂新樣世争傳，况以蠻溪緑石鐫。嗟我長來無异物，愧君持贈有新篇。久埋瘴霧看猶濕，一取春波洗更鮮。還與故人袍色似，論心於此亦同堅。"

48. 端孰精？曰紫潤無聲者；歙孰精？曰芒而膩理者。然而殫極受用，莫如後山，其詩曰："書生活計亦酸寒，斷磚半瓦寧求備。"〔宋〕高似孫《研箋》

---

① 暖：原作"睡"，據《全唐詩》改。

典 籍

1. 劉向校勘以來，子歆爲《七略》，大凡萬三千二百六十九卷，王莽焚燒之；後王允收而西者，僅七十餘乘，道遠復弃其半；荀勗分經、史、子、集爲四部，大凡九千九百四十五卷；西晉李兑以勗舊部校之，在者三千一十四卷；宋謝靈運造《四部目》，凡四千五百八十二卷；王儉造《目録》，萬五千七十四卷；齊王亮造《書目》，萬八千一十卷；梁任昉文德殿所藏，二萬三千一百六卷；元帝剋平侯景，收文德殿書歸江陵，凡十餘萬卷，周師焚之；宋武所收四千卷，後周書目八千，增至萬卷；周武平齊，僅至五千卷；唐滅隋，魏鄭公盡收圖書，載以船，經砥柱，没十之七八。大凡八萬六千九百六十六卷，見在三萬六千七百八卷；開元中，四部目録凡五萬一千八百五十二卷。

2. 一曰偏記，二曰小録，三曰逸事，四名瑣言，五曰郡事，六名家史，七曰别傳，八曰雜記，九曰地理，十曰都邑簿。

3. 班斿博學有俊材，遷諫大夫、右曹中郎將，與劉向校秘書。每奏事，斿以選受詔進讀群書，上器其能，賜以秘書之副。時書不布，自東平思王以叔父求太史公、諸子書，大將軍白不許。班固《叙傳》

4. 班彪家有賜書，好古之士，自遠方至，父黨揚子雲以下，莫不造門。《叙傳》

5. 張華雅愛書籍，身死之後，家無餘財，惟有文史，溢於机篋。嘗徙居，載書三十乘。秘書監摯虞撰定官書，皆資華之

本以取正焉。天下奇秘、世所希有者，悉在華所，由是博物洽聞，世無與比。《張華傳》

6. 任昉博學，於書無所不見，家雖貧，聚書至萬餘卷，率多异本。卒後，武帝使學士賀縱共沈約勘其書目，官無者，就其家取之。

7. 小酉山上石穴中有書千卷，相傳秦人於此學，因留之，故梁湘東王云："訪酉陽之逸典。"《荆州記》

8. 孫蔚家世好學，有書七千餘卷，遠近來讀者，恒有百餘人，蔚爲辦衣食。《范平傳》

9. 常景不事産業，衣食取濟而已，耽愛經史，若遇新异之書，不問價貴賤，以必得爲期。

10. 宋次道家書皆校讎三五遍，世之藏書，以次道家爲善本。住在春明坊，昭陵時，士大夫喜讀書，多僦居其側，以便於借置故也，當時春明宅子僦直比他處常高一倍。《東都事略》

11. 曹曾積石爲倉以藏書，名"曹氏書倉"。《拾遺記》

12. 杜元凱與子晛書曰："知洪頗欲念學，令同還。車到，副書可案録受之，當別置一宅中，勿復以借人。"

13. 柳氏《序訓》云："余家升平里，西堂藏書，經、史、子、集皆有三本。一本紙墨籤束華麗者，鎮庫；一本次者，長將隨行披覽；又一本次者，後生子弟爲業。"

14. 杜暹家藏書，皆自題跋尾，以戒子孫，曰："請俸買來手自校，子孫讀之知聖教，鬻及借人爲不孝。"

15. 倪若水藏書甚多，列架不足，疊窗安置，不見天日。子弟直日看書，借書者先投束脩羊。《唐餘録》

16. 凡書册，以竹漆爲糊，逐葉微攤之，不惟可以久存字畫，兼紙不生毛，百年如新，此宫中法也。《白氏金鎖》

17. 温公獨樂園之讀書堂，文史萬餘卷，公晨夕所閲，雖累數十年，皆新若手未觸者。嘗謂其子公休曰：“賈竪藏貨貝，儒家惟此耳，然當知寶惜。吾每歲以上伏及重陽間，視天氣晴明日，即設几案於當日所，側群書其上，以暴其腦，所以年月雖深，終不損動。至啓卷，必先視几案净潔，藉以茵褥，然後端坐看之。或欲行看，即承以方版，未嘗敢空手捧之，非惟手汗漬及，亦恐觸動其腦。每至看竟一版，即側右手大指面，襯其沿而覆以次指面，撚而挾過，故得不至揉熟其紙。每見汝輩多以指爪撮起，甚非吾意，今浮圖、老氏，猶知尊敬其書，豈以吾儒反不如乎？汝當志之。”《梁谿漫志》

聲 樂

1. 晉平公鑄爲大鐘，使工聽之，皆以爲調矣。師曠曰：“不調，請更鑄之。”平公曰：“工皆以爲調矣。”師曠曰：“後世有知音者，將知鐘之不調也，臣竊爲君耻之。”至於師涓，而果知鐘之不調也。《吕紀》

2. 燕有黍谷，地美而寒，不生五穀，鄒衍吹律而温氣至。劉向《别録》○《左思賦》：“寒谷豐黍，吹律以暖之。”

3. 隋文帝取律吕，實葭灰以候氣，問於牛弘，對曰：“灰飛半出爲和氣，全出爲猛氣，不出爲衰氣。”《古今樂録》

4. 伯牙學琴於成連先生，三年不成，成連云：“吾師方子春今在東海中，能移人情。”乃與伯牙俱往，至蓬萊山，留伯牙，曰：“子居習之，吾將迎之。”刺船而去，旬時不返。伯牙延望無人，但聞海水洞涌，山林杳冥，愴然嘆曰：“先生移我情

矣。”乃援琴而歌《水仙之操》，曲終，成連回，刺船迎之而還，伯牙遂爲天下妙矣。《樂府解題》

5. 應侯與賈午子坐，聞其鼓琴之聲，應侯曰：“今日之琴，一何悲也！”賈午子曰：“夫張急調下，故使人悲耳。急張者，良材也；調下者，官卑也。取夫良材而卑之官，安能無悲乎？”《説苑》

6. 祝牧與妻偕隱，作琴歌云：“天下有道，我黻子佩；天下無道，我負子戴。”

7. 蔡邕性沉審，志好琴道。嘉平中，入清谿訪鬼谷先生故居，山五曲，曲有靈迹，邕每一曲制一弄。三年曲成，出呈馬季良、王子師輩，皆嘆异之。

8. 蔡琰，中郎將邕之女，聰惠秀异。年六歲，父夜鼓琴，絃絶，琰曰：“第二絃。”父故斷一絃，問之，琰曰：“第四絃。”父曰：“偶得之耳。”對曰：“吴札觀風，知興亡之因；師曠吹律，識南風不競。由此言之，何足不知？”《蔡琰别傳》

9. 嵇康嘗游洛西，暮宿華陽亭，引琴而彈。夜分，忽有客詣之，稱是古人，與康共談音律，辭致清辨。因索琴彈之，而爲《廣陵散》，聲調絶倫，遂以授康，仍誓不傳人，亦不言其姓字。

10. 鄭述祖能鼓琴，自造《龍吟十弄》，云嘗夢人彈琴，寤而寫得，當時以爲絶妙。

11. 宋世有嵇元榮、羊蓋，并善鼓琴，云得戴安道之法。柳吴興惲特盡其妙，齊竟陵引爲法曹參軍，特被賞狎。王嘗置酒，有謝太傅鳴琴在側，以授吴興。吴興彈爲雅弄，竟陵曰：“卿巧越嵇心，妙臻羊體，良質美手，信在今辰，豈止當世稱奇，足可追踪古烈。”

12. 王彦伯嘗至吴郵亭，維舟理琴，見一女子披帷而進，取琴調之，聲甚哀，彦伯問何曲，答曰："此曲所謂《楚明光》也，惟嵇叔夜能爲此聲，自此以外，傳者數人而已。"彦伯欲請受，女曰："此非艷俗所宜，惟岩栖谷隱，可以自娱耳。"鼓琴且歌，歌畢，止於東榻，遲明辭去。吴均《續齊諧記》

13. 段由夫携琴就松風、澗響之間，曰："三者皆自然之聲，正合類聚。"羊曇節以金縷羊[①]要之曲，終不去。《金徽變化篇》

14. 趙師，字耶利，善鼓琴。貞觀初，獨步上京，嘗云："吴聲清宛，若長江廣流，綿綿徐逝，國士之風；蜀聲躁急，若激浪奔雷，亦一時俊快。"

15. 李龜年嘗至岐王宅，聞琴曰："此秦聲。"良久，又曰："此楚聲。"主人入，問之，則前彈者隴西沈妍，後彈者揚州薛滿。

16. 洛中董氏蓄雷琴一，中題云："山虛水深，萬籟蕭蕭。古無人踪，惟石嶕嶢。"狀其聲也。其外漆下，隱有朱書云："洛水多清泚，嵩高有白雲。聖朝容隱逸，時得咏南薰。"此詩今見《宋之問集》中。

17. 車谿賨上人言，嘗與其徒月夜登閣，聽江貫道鼓琴。貫道信手忘言，曲盡其妙，於是據琴而弗彈，坐客莫不自失，超然得意於絲桐之表，隆茂宗乃畫爲《據琴圖》。

18. 馬周上言，令金吾每街隅懸鼓，夜擊以止行李、被盗竊，時人遂呼爲"鼕鼕鼓"也。有道人裴修戲爲詞曰："遮莫鼕鼕鼓，須傾滿滿杯。金吾若相問，報道玉山頹。"《雍洛靈異小

---

① 羊：内閣文庫藏八册本、粤雅堂本作"年"，誤。《雲仙雜記》卷六作"金縷羊"，按文意，當作"羊"。

録》

19. 李長吉《步虚詞》:“鳳皇三十六，碧天高太清。元君夫人蹋雲語，泠風颯颯吹鵝笙。”《太平廣記》

20. 九靈簫，仙人吹以自娱，聲聞四十里。《海録》

21. 唐天后時，李嗣真聞東夷三曲一遍，授胡琴彈之，無一聲遺忘。《職林》

22. 桓子野有故長笛，傳之耆老，云蔡邕所製也。初，邕辟難江南，宿於柯亭之館，以竹爲椽，邕仰盼之，曰:“良竹也。”取以爲笛，音聲獨絶，傳之至今。伏滔《長笛賦序》

23. 李舟好事，嘗得村舍烟竹，截以爲笛，堅如鐵石，以遺李牟。牟吹笛天下第一，嘗月夜泛江，與舟吹之，寥亮逸發。俄有客立於岸，呼船請載。既至，請笛吹之，其音清壯，山石可裂，牟平生未嘗見。及入破，呼吸盤辟，而此笛應指粉碎，客散不知所之。《國史補》

24. 燕昭王時，廣延國獻二舞女。其舞曲，一名《紫塵》，言體輕與塵霧相亂也；一曰《集羽》，言宛轉若羽毛之從風也。王子年《拾遺記》

25. 閬中有渝水，賨民多居水左右，天性勁勇。初，爲漢前鋒，陷陣，鋭氣喜舞，高帝善之，曰:“此武王伐紂之歌也。”乃令樂人習學之，今所謂《巴渝舞》也。《華陽國志》

26. 高帝戚夫人，善鼓瑟擊筑，帝常擁夫人倚瑟而弦歌，畢，每泣下流連。夫人善爲翹袖折腰之舞，歌《出塞》《入塞》《望歸》之曲，侍婦數百皆習之，後宫齊首高唱，聲入雲霄。《西京雜記》

27. 漢宫人麗娟善歌，體弱，殆不勝衣，常唱《迴風曲》，庭葉翻落如秋。《洞冥記》

28. 羊侃性善音律，自造《采蓮》《棹歌》兩曲，甚有新致，姬妾侍列，窮極奢靡。有彈箏人陸太，喜着鹿角，爪長七寸；舞人張净琬，腰圍一尺六寸，時人咸推能掌中舞。又有孫荆玉，能反腰帖地，銜得席上玉簪。敕賚歌人王娥兒，時東宫亦賚歌者屈偶之，并妙盡奇曲，一時無對。唐人《楊柳枝詞》："認得羊家净琬腰。"

29. 閭丘冲好音樂，侍婢不釋管絃，出入乘四望車。荀綽《兖州記》

30. 夏侯亶性節儉，不事華侈，晚年頗好音樂，有妓妾數十人，無被服姿容，每有客，常隔簾奏樂，時呼簾爲"夏侯妓衣"。

31. 高陽王美人徐月華，善彈箜篌，能爲《明妃出塞》之歌，哀聲入雲，聽者成市。後與衛將軍原士康爲側室，徐語士康云："王有二姬，一名修容，一名豔姿，并蛾眉皓齒，潔貌傾城。修容能爲《緑水歌》，豔姿善《幺鳳舞》，并愛傾後室，寵冠諸姬。"士康聞此，遂常令徐鼓《緑水》《幺鳳》之曲焉。《伽藍記》

32. 河間王琛有婢朝雲，善吹篪，能爲《團扇歌》《壟上聲》。琛爲秦州刺史，諸羌外叛，屢討之不下，琛令朝雲假爲貧嫗，吹篪而乞。諸羌聞之，悉皆流涕，迭相謂曰："何爲弃墳井，在山谷爲寇也?"即相率降，秦民語曰："快馬健兒，不如老嫗吹篪。"同上。

33. 李新聲，邯鄲人，李嚴女也。太和中，張谷納之，長大妍麗豐足。又能傳故都聲，以牽課人摧①沮，有時凉曉，哀轉

① 摧：原作"擢"，《唐文粹》所收羅隱《拾甲子年事》，作"摧"，是，今據改。

歷歷。見趙家之遺臺老樹，雖驚離吊往之懷，不能多也。雅爲谷所愛，目曰新聲。

熏　燎

1. 武帝元封中，起方山館，招諸靈异，乃燒天下异香，有沉光香，有精祇香、明庭香、金磾香、塗魂香。《洞冥記》

2. 吴孫亮寵姬有异香，歷年彌盛，百浣不歇，名曰“百濯香”。

3. 劉季和性愛香，嘗如厠還，輒過香爐上。主簿張坦曰：“人名公作俗人，不虚也。”季和曰：“荀令君至人家，坐席三日香。”坦曰：“醜婦效顰，見者必走，公欲坦遁去耶？”季和大笑。《襄陽記》

4. 南陽宗少文，嘉遁江湖之間，援琴作金石弄，遠山皆與之同聲，其文獻足以追配古人。孫茂深亦有祖風，當時貴人欲與之游，不得，乃使陸探微畫像挂壁觀之。聞茂深閉閤焚香，作香饋之，時謂少文大宗，茂深小宗，故傳“小宗香”云。

5. 中宗朝，韋、武間爲雅會，各携名香，比試優劣，名曰“鬥香”。韋温挾椒塗所賜，常獲魁。

6. 昭宗嘗賜崔胤香一黄綾角，約二兩，酷烈清妙，焚豆大許，亦終日旖旎，御題曰“刀圭第一香”。《清異録》

7. 李璟保大七年，召大臣宗室赴内香燕，凡中國外夷所出，以至和合煎飲、佩帶粉囊，共九十二種，江南素所無也。

8. 後唐龍輝殿安假山水一鋪，沉香爲山阜，薔薇水、蘇合油爲江池，苓、藿、丁香爲林樹，薰陸爲城郭，黄紫檀爲屋宇，白檀爲人物，方圍一丈三尺，城門小牌曰“靈芳國”。

9. 徐鉉遇月夜，露坐中庭，爇佳香一炷，所親私號“伴月香”。

10. 沈、香、腦、麝四合，加以棋楠、羅合、榧子、滴乳、蠡甲，九味相合，分兩停勻，煉蔗漿合之，其香絶塵境而助清興。《洞天清録》

11. 山林窮四和香，以荔支殼、甘蔗滓、乾柏葉、黄連龢焚，又加松球、棗核、梨核，皆妙。

12. 虞伯生與朱萬初帖云：“深山高居，爐香不可缺，退休之久，佳品乏絶。人爲取老松柏之根枝葉實，共擣治之，斫風昉羼和之，每焚一丸，亦足助清苦。今年大雨時行，土潤溽暑特甚，萬初致石鼎清晝香，空齋蕭寒，遂爲一日之供①。良可喜也。”

13. 釋知足嘗云：“吾身，爐也；吾心，火也；五戒十善，香也。安用沈檀箋乳作夢中戲？”

攝 養

1. 孔子曰：“人有三死，而非其命也，己自取也。夫寢處不時、飲食不節、逸勞過度者，疾共殺之。”《家語》

2. 莊子曰：“夫畏途者，十殺一人，則父子兄弟相戒也，必盛卒徒而後敢出焉，不亦智乎？故人之所畏者，衽席之上，

① 供：原作“借”，不通。據《涉園墨萃》，作“供”，據改。

飲食之間。而不知戒者，過也!”

3.《吕覽》曰：“尊酌者衆則速盡，萬物之酌大貴之生者衆矣，故大貴之生常速盡，非徒萬物酌之也。又損其生以資天下之人，而終不自知。功雖成乎外，而生虧乎内。耳不可聽，目不可視，口不可食。”

4.《吕覽》曰：“年壽得長者，非短而續之也，畢其數也。畢數之務，在乎去害。何謂去害？大甘、大酸、大苦、大辛、大鹹，五者充形，則生害矣；大喜、大怒、大憂、大恐、大哀，五者接神，則生害矣；大寒、大熱、大燥、大濕、大風、大霖、大霧，七者動精，則生害矣。”

5. 仲長統《昌言》曰：“夫屈者以夫伸，蓄者以夫虚，内者以夫外也。氣宜宣而遏之，體宜調而矯之，神宜平而抑之，必有失[1]和者矣。夫善養性者，得其和。鄰臍二寸，謂之關，關者，所以關藏呼吸之氣，禀授四體也。故氣長者以關息，氣短者其氣稍升，其脉稍促，其神稍越。至于以肩息而舒，其神稍專，至于以關息而氣衍矣。故道者常致氣于關，是謂要術。”

6. 崔寔《箴》曰：“動不肆勤，静不宴逸。有疾歸天，醫無能恤。太上防疾，其次萌芽。腠理不蠲，骨髓奈何!”

7.《劉子》云：“目愛彩色，命曰伐性之斤；耳樂淫聲，命曰攻心之鼓；口貪滋味，命曰腐腸之藥；鼻悦芳馨，命曰薰喉之烟；身安輿駟，命曰召蹶之機。”

8. 有饑即食，食勿令飽。百味未成熟勿食，五味太多勿食，腐敗閉氣之物勿食。手常摩擦，皮膚温熱，熨去冷氣。久坐、久立、久勞、久役，皆宜戒也。此是調理形骸之法，形堅

---

① 失：内閣文庫藏八册本、粵雅堂本作“次”，誤。

則氣全。《天隱子》

9. 《亢倉子》云："導筋骨則形全，剪情欲則神全，靖言語則福全。"

10. 唐隱士絡耕道嘗言："修養之士，當書《月令》置於座右。"

11. 《唐書》有云："多記損心，多語耗氣。心氣内損，形神外耗。初雖無覺，久且爲弊。"

12. 天清地寧，人物營營。名利奔迫，喜怒交争。思永厥壽，彌喪其生。何不寡欲，端守爾精！《搜神記》

13. 眼者，身之鏡；耳者，體之牖。視多則鏡昏，聽衆則牖閉。面者，神之庭；髮者，腦之華。心悲則面焦，腦減則髮素。精者，體之神；明者，身之寶。勞多則精散，營竟則明消。《續博物志》

14. 應璩詩："昔有行道人，陌上見三叟。年各百餘歲，相與鋤禾莠。往拜問三叟，何以得此壽？上叟前致詞，室内姬粗醜。二叟前致詞，量腹節所受。下叟前致詞，暮卧不覆首。要哉三叟言，所以能長久。"

15. 《抱朴子》云："槐子，服之補腦，令人髮不白而長[1]生。"

16. 庾肩吾常服槐實，年九十餘，目看細書，鬢髮皆黑。《梁書》

17. 柳公度年八十九，或問之，曰："吾不以脾胃暖冷物、熟生物，不以元氣佐喜怒，氣海常温耳。"《唐書》

18. 明宗不豫，馮道入問疾，道言寢膳之間，尤宜調謹，

① 長：内閣文庫藏八册本、粤雅堂本作"張"，誤。

因指御前果實曰：“如食桃不康，他日見李思戒。”

19. 江南李昪問道士王棲霞：“何道可致太平？”棲霞對曰：“王者治心、治身，乃治國家，今陛下尚未能去飢、嗔、飽、喜，何論太平？”宋后自簾中稱嘆，以爲至言。

20. 郭尚賢嘗云：“服餌導引之餘，有二事乃養生大要，梳頭、浴脚是也。”尚賢每夜先髮後脚方寢，自曰：“梳頭浴脚長生事，臨卧之時小太平。”

21. 周天祐嘗言：“冬至夜子時，梳頭一千二百，以贊陽出滯，使五臟之氣終歲流通，名‘神仙洗頭法’。”

22. 益眼者無如磁石，以爲盆枕，可老而不昏，寧王宮中多用之。《豊寧傳》

草　木

1. 文命咸得，俊乂在官，則朱草生郊。《尚書中候》

2. 《孝經援神契》曰：“王者德至於地，則華苹感。”按《祥瑞圖》，雙蓮爲苹。

3. 成王之時，有三苗貫桑而生，同爲一秀，大幾滿車，長幾充箱。成王問周公曰：“此何物也？”周公曰：“三苗同一秀，意者天下殆同一也。”比幾三年，越裳氏重九譯而至，獻白雉於周。《韓詩外傳》

4. 漢武帝幸雍，得奇木，枝旁出復合，上异之，終軍曰：“衆枝内附，示無外也，殆將有削左衽而蒙化者。”《漢書》

5. 湛方生《連理木頌》曰：“相彼神奇，遠見徵祥。同根連柯，本枝俱昌。皇基增構，靈祚維長。運隆周室，道均三王。

丕顯奕世，休風載揚。”

6. 南荒有地日草，日中三足烏欲下食此草，羲和馭之，以手掩烏目。《西壑傳》

7. 南海有草，叢生如藤蔓。土人視其節以占一歲之風，每一節則一風，無節則無風，名曰“知風草”。《廣志》

8. 太初二年，東方朔從西那國還漢，得風聲木十枚，實如柚實，風吹枝如玉聲，因以爲名。有武事則如金革之響，有文事則如琴瑟之響。上以枝賜人，有疾者枝汗出，死者枝則折。昔老聃在周世，七百年枝未汗，偓佺生於堯時，三千年枝未折。上以枝賜朔，朔曰：“臣見枝三過枯死而復生，里語曰：‘年未半，枝不汗。’此木乃五千年一濕，萬歲一枯，縉雲之世，生於阿閣間也。”《洞冥記》

9. 鍾火山有草，武帝思李夫人，東方朔獻一枝，帝懷之，即夢見夫人，號“懷夢草”。同前

10. 《懷夢草贊》：“帝之季女，名曰瑶姬。精魂化草，實爲靈芝。媚而服之，則與夢期。”《襄陽耆舊傳》

11. 《物類志》曰：“護門草出常山，取置户下，或有過其門者，草必叱之，一名‘百靈草’。”王筠《寓直詩》：“霜被守宫槐，風驚護門草。”

12. 《莊子》：“槐生五日而兔目，十日而鼠耳。”

13. 百益一損者棗，一益百損者梨。

14. 木子之大者，有積石山之桃實焉，大如十斛籠。《玄中記》

15. 漢武帝園，一名“樊川”，一名“禦宿”，有大梨如升，落地則破，取者以布囊盛之，名“含消梨”。《三秦記》

16. 胡桃本生西羌，外剛樸，内柔甘，質如古賢，欲以奉

貢。鈕滔母《答吴國書》

17. 黄金山有楠樹，一年東邊榮西邊枯，一年西邊榮東邊枯，年年如此，張華所云“交讓樹”者，此是也。《潯陽記》

18. 陸機與弟書：“張騫爲漢使外國十八年，得塗林。”塗林，安石榴也。

19. 范堅《石榴賦》：“紅鬚内艶，赬牙外標。似華燈之映翠幕，若丹瓊之厠碧瑶。”

20. 宋武帝《戲馬臺梨花讚》曰：“嘉樹之生，於彼山基。開榮布彩，不雜塵緇。”

21. 桐知日月正閏，生十二葉，邊有六葉，從下數，一葉爲一月，閏則十三葉，小者即知閏何月也，不生則九州异君。《遁甲》〇宋人四六：“梧桐之葉十三，黄楊之厄一寸。”

22. 王宴爲員外郎，父普曜齋前柏樹忽成梧桐，論者以爲梧桐雖有栖鳳之美，而失後凋之節，宴後果不能終。《齊書》

23. 李衡，字叔平，爲丹陽太守，每欲治家，妻輒不聽。後密遣十人於武陵龍陽洲上作宅，種柑千樹。臨死，敕兒曰：“汝母惡吾治家，故窮如是，吾州里有千頭木奴，不責汝衣食，歲上一匹絹，亦足用矣。”及樹成，得絹數千匹。《襄陽記》

24. 王甲從北來詣謝公，公問：“北方何果最勝？”答云：“桑椹最佳。”公問：“可比江東何果？”甲云：“是黄柑之流。”公曰：“君乃爾妄語。”甲不欲受妄語之名，乃買駿馬，候熟時，馳取數十枚奉公。公食之，以爲美，語甲曰：“此味乃江東所無，君何近比黄柑？”

25. 劉孝標《送橘啓》云：“南中橙甘，青鳥所食。始霜之旦采之，風味照座，擘之，香霧噀人。皮薄而味珍，脉不粘膚，食不留滓，甘逾萍實，冷亞冰壺。可以熏神，可以芼鮮，可以漬蜜。”東坡詩：“香霧霏霏欲噀人。”

26. 檳榔樹，皮似青桐，節如桂竹；下本不大，上枝不小；調直亭亭，千萬若一；森秀無柯，端頂有葉。仰望渺渺，如插叢蕉於木杪；風至獨動，似舉羽扇之掃天。嵇含《南方草木狀》

27. 檳榔，實南游之奇觀。子既非常，木亦特奇，大者三圍，高者九丈。葉聚樹端，房栖葉下，華秀房中，子結房外。其擢穗似黍，其綴實似槲，其皮似桐而厚，其節似竹而概。其中空，其外勁，其屈如覆虹，其伸如縋繩。本不大，末不小，上不傾，下不斜，稠直亭亭，千百若一。步其林則寥朗，庇其蔭則蕭條，可以長吟，可以遠想。俞益期《與韓康伯箋》

28. 何遜作揚州法曹，廨舍有梅花一株，遜吟咏其下。後居洛思之，再請其任，抵揚州，花方盛開，遜對花彷徨，終日不能去。《梁書》

29. 袁豐居宅後有六株梅，嘆曰：“烟姿玉骨，世外佳人，恨無傾城笑耳。”張洞林《桂林志》

30. 新羅國多海紅，即淺紅山茶而差小，自十二月開至二月，與梅同時，一名茶梅。劉仕亨詩：“小院猶寒未暖時，海紅花發晝遲遲。半深半淺東風裏，好似徐熙帶雪枝。”

31. 梁使徐君房與魏使陳昭各言方物，昭問君房葡萄味何如橘柚，答曰：“津液奇勝，芬芳减之。”君房曰：“金衣素裹，見包作貢，向齒自消，良應不及。”

32. 蒲桃藤蔭地，幅員十丈，仰視若帷蓋焉。其房實磊落，紫瑩如綴，號爲“草龍珠帳”。

33. 吴興山中有一樹類竹，而有實似莢狀，鄉人見之，以問陸澄，澄曰：“名‘洛如花’，郡有文士則生。”張寶《就印録》

34. 竹根曰鞭，以鞭行時，八月爲春，二三月爲秋。凡百

穀，皆以始生爲春，成熟爲秋。贊寧《竹譜》

35. 蓬山有浮雲之幹，葉青莖紫，子如大珠，有青鸞集其上，風吹竹折，聲如鐘磬之音。《拾遺記》

36. 江寧縣慈姥山生竹，作簫笛，有妙聲，自伶倫采竹[①]嶰谷，其後惟見於此，俗呼曰“鼓吹山”，王褒《洞簫賦》所稱即此。《丹陽記》

37. 梁簡文《修竹賦》：“玉潤桃枝之麗，魚腸金母之名。”

38. 羅浮山第三十一嶺，半是巨竹，皆七八圍，長一二丈，葉若芭蕉，謂之“龍鍾竹”。《南越志》

39. 天門山角上各生一竹，倒垂拂拭，謂之天帚。盛弘之《荆州記》

40. 方鎔隱天門山，以椶櫚葉拂書，號曰“無塵子”。《高士春秋》

41. 蕭瑀、陳叔達於龍昌寺看李花，相與嘆李有九標，曰：“香、雅、細、淡、潔、密、宜月夜、宜綠鬢、宜白酒。”《承平舊纂》

42. 天寶初，安西道進娑羅枝，狀云：“此樹不庇凡草，不止惡禽。如得托根長樂，擢穎建章。布葉垂陰，比月中之丹桂；連枝接影，對天上之白榆。”

43. 張九齡《荔枝賦》：“柿何稱於梁侯，梨何幸於張公。”

44. 白樂天《荔枝圖》曰：“荔枝生巴陜間，形狀團團如帷蓋；葉如桂，冬青；華如橘，春榮；實如丹，夏熟；朵如蒲桃，核如琴軫，殼如紅繒[②]，膜如紫綃；瓤肉瑩白，如冰雪；漿液

① 竹：粵雅堂本作“行”。

② 繒：原作“繒”，《續修四庫全書》本亦作“繒”，内閣文庫藏八册本、粵雅堂本作“繒”。按，“繒”指包裹、覆蓋東西的織物，於意更勝。今據内閣文庫藏八册本、粵雅堂本改。

甘，如醴酪；大略如彼，其實過之。如離本枝，一日色變，二日香變，三日味變，四五日外，香色味盡去矣。”

45. 石門巖，即松林也，南臨石門澗，澗中仰視之，離離如駢麈尾，號“麈尾松”。西嶺松如馬鬣，又葉五粒者，名“五粒松”，服之長生。《廬山記》

46. 《名山記》：“松有兩鬣、三鬣、五鬣者，言如馬鬣形。”又李賀有《五粒小松歌》：“新香幾粒洪崖飯。”

47. 鮮于伯機嘗於廢圃中得怪松一株，移置所居齋前，呼爲“支離叟”，朝夕撫玩以爲適。《硯莊雜記》

48. 天街兩畔槐木，俗號“槐衙”；曲江池畔多柳，亦號“柳衙”。《中朝故事》

49. 李固言，未第前，行古柳下，聞有彈指聲，固言問之，曰：“吾柳神，九烈君已用柳汁染子衣矣，果得藍袍，當以棗餻祠我。”未幾，狀元及第。《三峰集》

50. 杏多實不蟲者，來年秋禾善。五木者，五穀之先，欲知五穀，先視五木，擇其本盛者，來年多種之，萬不失一也。《師曠占術》

51. 師曠云：“歲欲豐，甘草先生，謂薺；歲欲苦，苦草先生，謂藶；歲欲惡，惡草先生，謂水藻；歲欲旱，旱草先生，謂蒺藜；歲欲雨，雨草先生，謂藕；歲欲病，病草先生，謂艾；歲[1]欲流，流草先生，謂蓬。”

52. 《吕氏春秋》：“苗其弱也欲孤，其長也欲相與俱，其熟也欲相扶。”

53. 葶藶死於盛夏，款冬花於嚴寒，水極陰而有温泉，火

① 歲：據粵雅堂本補。

至陽而有凉焰。《春秋繁露》

54. 鬲城東南有蒲臺，秦始皇東游海上，於臺下蟠蒲繫馬。至今蒲歲生，縈委若有繫，狀似水楊，可以爲箭。《三齊略記》

55. 鄭玄教學處，有草如薤而細，俗謂“康成書帶”。《三齊記》

56. 將離贈芍藥，芍藥一名“可離”；相招贈文無，文無一名“當歸”；欲忘人之憂，贈丹棘，丹棘一名“忘憂”；欲蠲人之忿，贈青裳，青裳一名“合歡”。又有折柳贈行，折梅寄遠見《古今注》《董子》，屈軼指佞見《論衡》，帝休不愁見《山海經》，芍藥養性見《博物志》，皋蘇釋忿見王粲《書》，甘棗不惑見束晳《發蒙記》，樹有長生見《鄴中記》，木[1]有無患見《纂異文》。

57. 菊，一名“更生”，一名“日精”，一名“女華”。

58. 《埤雅》曰：“蘜如聚金，鞠而不落，故字從‘鞠’。花大氣香，莖紫者爲甘蘜花，此日精也。其葉可羹，其花可釀，其囊可枕，其實可仙。”

59. 魏文帝《與鍾繇書》：“九月律中無射，言群木庶草無有射地而生。惟芳菊紛然獨菲，非夫含乾坤之純和，體芬芳之淑氣，孰能如此？故屈平悲冉冉之將老，餐秋菊之落英，輔體延年，莫斯之貴。謹奉一束，以助彭祖之術。”

60. 子建《宜男花頌》：“草號宜男，既曄且貞。其貞伊何？惟乾之嘉。其曄伊何？緑葉丹花。光采晃曜，配彼朝日。君子耽樂，好和琴瑟。固作《螽斯》，惟立孔臧。福齊太姒，永世克昌。”《曹子建集》

---

① 木：原作“本”，誤。本卷“器具類”有“無患枕”，後注“無患，木名”，今改之。

61. 那悉茗、茉莉花，皆胡人自西國移植於南海，南人憐其芳香，競植之。陸賈《南越行紀》云：“南越之境，五穀無味，百花不香。此二花特芳香者，緣自胡國移至，不隨水土而變，與夫橘化爲枳异矣。彼之女子，以彩絲穿花心，以爲首飾。”嵇含《南方草木狀》○那悉茗，即素馨。〔梁〕張隱《素馨詩》：“細花穿弱縷，盤向緑雲鬟①。”

62. 廣東劉王女素馨冢上生白花，因其名，亦名“素馨”。宋傅伯成詩：“昔日雲鬟鎖翠屏，衹今烟冢伴荒城。香魂斷續無人問，空有幽花獨擅名。”

63. 宋艮嶽八芳草，曰“金蛾”，曰“玉蟬”，曰“虎耳”，曰“鳳尾”，曰“素馨”，曰“渠那”，曰“茉莉”，曰“含笑”。茉莉，《佛書翻譯集》云：“末利，曰‘鬘華’，堪以飾鬘。”《洛陽名園記》作“抹厲”，王十朋作“抹利”，洪景盧作“末麗”，皆以己意名之。

64. 王維以黄磁斗貯蘭蕙，養以綺石，累年彌盛。《汗漫録》

65. 杜荀鶴舍前椿樹生芝草，明年及第，以漆彩飾之，安几硯間，號“科名草”。

66. 懷素居零陵庵，東郊治芭蕉，亘帶幾數萬，取葉代紙而書，號其所曰“緑天”，庵曰“種紙”，厥後道州刺史追作《緑天銘》。

67. 瓜之所出，以遼東、廬江、燉煌之種爲美。有烏瓜，有魚瓜，有龍蹄，有羊髓，大如斛，出凉州陽城。御瓜有青登之名，大如三升魁。《廣志》

---

① 雲鬟：内閣文庫藏八册本、粤雅堂本闕此二字。

68.《洞冥記》:“有龍肝瓜，長一尺，花紅葉素，生於冰谷，所謂‘冰谷素葉之瓜’。”

69. 靺鞨國西瓜，一枚用二人舉之。《瀛涯勝覽》

70. 隱侯《竹園詩》:“寒瓜方卧壟，秋菰正滿陂。紫茄紛爛熳，緑芋鬱參差。”

71. 諸葛出師，令軍中所至種蔓菁，云有六利。一曰蔓菁，一曰須，一曰蕘蕪，一曰葑葰，見《爾雅》。春食苗，夏食心，秋食莖，冬食根。在宋時，三蜀江陵人猶呼“諸葛菜”。

72. 樹木有直根，有蔓根。直根曰根，蔓根曰柢，固其柢則生長，深其根則視久。《韓非子》

73.《淮南子》:“槐榆與橘柚合爲兄弟，有苗與三危同爲一家。”

74. 季直方嘗第果實名如貢士者，以緑李爲首，楞梨爲副，櫻桃爲三，甘子爲四，葡萄爲五。或薦荔支，曰:“寄舉之首。”范曄以諸香品時輩，侯朱虚撰《百官本草》，皆此類也。《國史補》①

75. 唐永徽中，魏郡人王方言於河灘上拾得一小樹，栽之，及長，乃林檎也。實大如小黄瓠，色白如玉，間以硃點，味非常美。進高宗，種于苑中，以爲朱柰，又名“五色林檎”。上賜方言階文林郎，又名“文林果”。《洽聞記》

76. 譙周《異物志》:“《文章草贊》曰:‘文章作酒，能成其味。以金買草，不言其貴。’”即五加皮。王屋山人王常云:“寧得一把五加，不用金玉滿車。”又東華真人以五加爲金玉之香草，見《煮石經》。

---

① 國史補:内閣文庫藏八册本、粵雅堂本作“國史傳”，誤。按，“季直第果實名”事見載於《唐國史補》。

77. 宋王微《茯苓讚》曰："皓苓下居，彤紛上薈。中狀雞鳧，具客龜蔡。神侔少司，保延幼艾。終志不移，柔紅可佩。"

鳥　獸

1. 軒轅時，有鳳皇集，不食生蟲，不履生草，或止帝之東園，或巢於阿閣，或鳴於庭，其雄自歌，其雌自舞。《竹書紀年》〇天老曰："國安，其主好文，則鳳皇居之；國亂，其主好武，則去之。今鳳皇翔於東郊而樂之，其鳴音中夷則，與天相副。"

2. 鯀服牛，相士乘馬，臘作駕，三人皆帝堯臣。《世本》

3. 周公歸政於成王，天下太平，制禮作樂，鳳凰翔庭，成王援琴歌曰："鳳凰翔兮于紫庭，予何德兮以感靈。賴先王兮恩澤臻，于胥樂兮民以寧。"《尚書中候》

4. 孔子夢芻兒捶麟，傷左足，兒曰："吾爲赤松子，見一禽如麇，羊頭，一角，其末有肉。"孔子束薪覆之，麟向孔子蒙其耳，吐書三卷，孔子精而讀之。《孝經古契》

5. 麟，牡鳴曰"游聖"，牝鳴曰"歸和"；夏鳴曰"扶幼"，秋鳴曰"養綏"。何法聖《徵祥記》

6. 羽山之北有鳥曰"青翟"，聲如鐘磬，《世語》曰："青翟鳴，時太平。"《拾遺記》

7. 齊景公渡，沈之河，黿銜左驂没之，衆皆惕。古冶子於是拔劍從之，邪行五里，逆行三里，至於砥柱之下，乃黿也。左手持黿頭，右手挾左驂，燕躍鵠涌而出，仰天大呼，水爲逆流三百步，觀者皆以爲河伯也。《搜神記》

8. 燕太子丹質於秦，秦王遇之無禮，不得意，欲歸，秦王不聽，謬爲令："烏頭白、馬生角乃可。"丹仰天嘆息，烏即頭白，馬即生角，秦不得已而遣之。《燕丹子》

9. 秦始皇有七名馬：一追風，二白兔，三躡影，四追電，五飛翮，六銅雀，七晨凫。《古今注》

10. 漢文自代還，有良馬九匹，皆天下之駿馬也：一浮雲，二赤電，三絶群，四逸驃，五紫燕騮，六緑螭驄，七龍子，八驎駒，九絶塵，號"九逸"。《西京雜記》

11. 初，天子發書《易》，曰"神馬當從西北來"。得烏孫馬好，名曰"天馬"。及得宛汗血馬益壯，更名烏孫馬曰"西極馬"，宛馬曰"天馬"。《張騫傳》

12. 馬援好騎，善别名馬，於交趾得駱越銅鼓，乃鑄爲馬式，還上之，表曰："夫行天莫如龍，行地莫如馬。馬者，國之大用，安寧則以别尊卑之序，有變則以濟遠近之難。近世西河子輿明相馬法，子輿傳儀長孺，長孺傳丁君都，君都傳楊子阿。臣嘗師事子阿，受相馬骨法，輒有驗效。臣愚以爲，傳聞不如親見，視景不如察形，今欲形之於生馬，則骨法難備具，又不可傳之於後。孝武皇帝時，善相馬者東門京鑄作銅馬法獻之，有詔立馬於魯班門，更名曰'金馬門'。臣謹依儀氏羈中、帛氏口齒、謝氏唇鬐、王氏身中，備此數家骨相以爲法。"馬高三尺五寸，圍四尺五寸，有詔置於宣德殿下，以爲名馬式焉。

13.《襄陽記》："匡廬山一地穴，漢時嘗有數百匹馬出，因名'馬穴'。"吴陸遜亦知此穴出馬，得數十匹。梁元帝《答齊國雙馬書》曰："名重桂條，形圖柳谷。襄陽地穴，近求未易。滇池水裏，遠訪尤難。"

14. 曹洪與魏武帝所乘之馬名曰"白鶴"，時人諺曰："憑

空虛躍，曹家白鶴。”《拾遺記》

15. 孫堅於西華失利，被槍墜馬，卧草中，軍衆分散，不知堅所在。堅所騎驄馳還營，踣地鳴呼，將士隨驄，於草中得堅。《吴書》

16. 苻堅爲慕容冲所襲，堅馳馬墮澗，追兵幾及，計無由出。馬踟蹰臨澗，垂鞚與堅，堅不能及，馬又跪而授焉，堅攀之得登岸，西走廬江。《異苑》

17. 王湛兄子濟性好馬，而所乘馬駿駛，意甚愛之。湛曰："此雖小駛，然力薄不堪苦，近見督郵馬，當勝此，但養不至耳。”濟取督郵馬，穀食十數日，與湛試之。湛未嘗乘馬，卒然便馳騁，步驟不异於濟，而馬不相勝，湛曰："今直行車路，何以別馬勝否？唯當就蟻封耳。”於是就蟻封盤馬，果倒踣。其俊識乃爾。鄧粲《晉紀》

18. 王武子好馬，非馬不行。正旦則柳葉金障泥，上元則滿月韉，清明則剪水鞭，重午則籠嬌韂，中秋則玉櫳總絡頭，重陽則蟬兒鐙，春秋社則塗金韂，冬至則嘶風鐙，除日則藥王鞍。每節，則飼馬以明紗豆、薔薇草。《馬癖記》

19. 貞觀中，骨利幹遣使獻良馬十匹，太宗號爲“十驥”：一勝霜白，二皎雪驄，三凝露驄，四懸光驄，五決波騟，六飛霞驃，七發電赤，八流金騆，九翔麟紫，十奔虹赤。又爲文以叙其事。《唐書》

20. 天寶中，大宛進汗血馬六匹，一曰“紅叱撥”，二曰“紫叱撥”，三曰“青叱撥”，四曰“黄叱撥”，五曰“丁香叱撥”，六曰“桃花叱撥”。上乃製名，曰“紅[1]輦”，曰“紫玉輦”，曰“平

---

① 按，據《類説》卷十二載《紀異録》，“紅”後當有“玉”字。

山輦”，曰“淩雲輦”，曰“飛香輦”，曰“百花輦”。

21. 代宗時，范陽貢馬，額高九寸，身被五花紋，號“九花虬”，後以賜郭子儀。《杜陽雜編》

22. 馬生下墮地無毛，行千里；尿舉一脚，行五百里；闌筋竪者千里，膝如團麯千里，三軍莫逐，但知所發，不知所宿。一云“蹄團如麯”。伯樂《相馬經》

23. 薛公者，長安善相馬者也。於邊郡求得駿馬，騎以入市，去來人不見也。後勞問之，因請觀馬，翁曰：“諸卿無目，不足示也。”桓譚《新論》

24. 武帝時，有殺上林鹿者，下有司收殺之，朔時在旁，曰：“是固當死者三：使陛下以鹿殺人，一當死；天下聞陛下重鹿賤人，二當死；匈奴有急，以鹿觸之，三當死。”帝默然，赦之。東方曼倩《别録》

25. 郭舍人曰：“客從東方，且歌且行。不從門入，踰我園墻。游戲中庭，上入殿堂。擊之拍之，死者穰穰。格鬥而死，主人不傷。是何物？”東方朔曰：“利喙細身，晝匿出昏。嗜肉惡烟，指掌所捫。臣朔愚戆，名之曰蚊。”舍人詞窮，不免脱褌。

26. 孝武坐未央前殿，東方朔執戟階旁，屈指獨語，上從殿上見，呼問之，對曰：“殿後柏樹上有鵲，立枯枝上，東向而鳴。”使視之，果然，問：“何以知之？”對曰：“風從東方來，鵲尾長，傍風則傾，背風則蹶，必當順風而立，是以知之。”《曼倩别傳》

27. 董仲舒下帷講誦，有客來詣，舒知其非常客，又云欲雨，舒戲之曰：“巢居知風，穴居知雨，卿非狐狸，則是鼷鼠。”客遂化爲老狸。《幽冥録》

28. 揚雄《方言》:“物無偶曰特,獸無偶曰介。《傳》曰:‘澤有介麋。’”

29. 有鳥九尾,孔子與子夏見之,人以問孔子,曰:“鶬也。”子夏曰:“何以知之?”孔子曰:“《河上之歌》云:‘鶬兮鴰兮,逆毛衰兮,一身九尾長兮。’”《衡波傳》

30. 章山張顥爲梁相,天新雨後,有鳥如山鵲,稍下墜地,争取之,化爲一圓石,椎破之,得一金印,文曰:“忠孝侯印”。顥以上聞,藏之秘府,顥後官至太尉。《搜神記》

31. 長安有張氏者,晝獨處,室有鳩自入,止於對床。張惡之,披懷祝曰:“鳩,爾來爲我禍邪?止承塵;爲我福邪?入我懷。”鳩飛入懷,以手探之,不知所在,而得金帶鈎焉,遂寶之,自是子孫盛昌。《幽冥録》

32. 孔愉,字敬康,少時得一龜,放於餘不溪中,龜中路左顧者數過。及後以功封餘不亭侯,鑄印而龜左顧,更鑄猶如此,印師以聞,愉悟,取而佩焉,累遷尚書左僕射,贈車騎將軍。《愉别傳》

33. 《異苑》曰:“任城魏肇之初①,有雀飛入其手,占者以爲封爵之祥。”

34. 大中中,孔温裕因直諫貶郴州。有鵲喜於庭,兒孫拜之,飛去,墜下方寸紙,上有“補闕”字,未幾徵還,果有此拜。《因話録》

35. 都區寶者,後漢人,居父喪。鄰人格虎,虎走趣其廬中,即以蓑衣覆藏之。鄰人尋迹,問寶,寶曰:“虎豈有可念而藏之乎?”此虎後送禽獸以助寶祭,由是知名。王孚

① 按,據《太平御覽·羽族部·雀》引《異苑》,“初”後尚有“生”字。

《安成記》

36. 漢宣城郡守封邵，忽化虎食郡民，民呼曰“封使君”，因去不復來。時人語曰：“無作封使君，生不治民，死食民。”《述異記》

37. 虎行以爪拆地卜食，觀奇偶而行，今人畫地卜者，曰“虎卜”。《虎苑》

38. 周永昌中，涪州多虎，有獸似虎而絶大，逐一虎噬殺之。録奏，檢《瑞應圖》，曰：“酋耳也，不食生物，遇虎則殺之。”同前

39. 宋丞相范文穆公好談虎，構軒曰“説虎”。

40. 曰：州留者，其實火牛，蒼毛豕身，角①若擔矛②，衛護其犢，與虎爲仇。《鬱林異物志》

41. 桂陽太守李叔堅爲從事，家有犬人行，家人言當殺之，叔堅曰：“犬馬喻君子，犬見人行，效之何傷？”頃之，狗戴叔堅冠走，家大驚，叔堅曰：“誤觸冠纓，挂之耳。”狗又於竈前畜火，家益怔營，叔堅復云：“兒婢皆在田中，狗助畜火，幸可不煩鄰里，此有何惡？”數日，狗自暴死，家卒無纖芥之异。《風俗通》

42. 齊廣寧王孝珩嘗畜一犬守，外人不得趣近。孝珩每射，令其取箭，亦解呼召左右，牽衣而進。《三國典略》

43. 鄭氏《婚物贊》曰：“羊者，祥也。然則婚之有羊，自漢末始。”

44. 鈕滔母與從弟書曰：“省爾譏我以養鵠，乃戒以衛懿之禍，斯言惑矣，吾未之取。衛懿之子民，無後車之載，鵠有乘

① 角：原作“用”，據《太平御覽·獸部·牛下》引《鬱林異物志》改。
② 矛：原作“毛”，據《太平御覽·獸部·牛下》引《鬱林異物志》改。

軒之飾。禍敗之由，由乎失所。乃若開圃匹於靈囿，沃池矩乎神沼，文魚躍於白水，素鳥翔乎神州，豈非周文之德，《大雅》所修哉？夫嘉肴旨酒，非不美也，夏禹盛以陶豆，殷紂貯以玉杯，而此聖以興，彼愚以滅。蓋置之失所，如其無失，來難何施乎？”鵠、鶴字，古通用。

45. 衛濟川養六鶴，日以粥飯啖之，三年識字，濟川檢書，皆使鶴銜，取之無差。《金城記》

46. 鶴，陽鳥也，稟金火之氣以生。三年，頂赤；七年，善飛；又七年，十二時鳴；六十年，藂毛生，泥不能污；一百六十年，雌雄相視而孕；一千六百年，不食而胎生。仙人之騏驥也。其相，以長頸修竦則善鳴，龜背鱉腹則善舞。《鶴經》

47. 袁藏機有三鳥，大類黄鶴，每翔空中，呼之即至，能令授人語，謂之“傳言鳥”。

48. 苻堅建元十二年，高陵縣民穿井，得大龜，三尺六寸，背文負八卦古字，堅如石，作池養之。車頻《秦書》

49. 龜千歲，具五色，額上兩骨起如角，解人言，浮出蓮葉之上，或在叢蓍之下。《抱朴子》

50. 徐鉉博通今古，時象斃，取膽不獲，鉉曰：“於前左足。”求之果得，召問鉉，對曰：“象膽隨四時在足，今方二月，故知之。”

51. 峽中猿鳴至①清，山谷傳②其響，泠泠不絶，行者歌之曰：“巴東三峽猿鳴悲，猿鳴三聲淚沾衣。”《宜都山川記》

52. 謝靈運《游名山記》云：“觀挂猿下飲，百臂相連。”

---

① 至：原無“至”字，據《太平御覽·獸部·猿》引《宜都山川記》補。
② 傳：原無“傳”字，據《太平御覽·獸部·猿》引《宜都山川記》補。

53. 孫恪妻袁氏到端州峽山寺，持碧玉環獻僧，曰："此是院中舊物。"齋罷，有猿數十，聯臂下高松。袁氏惻然，題壁曰："無端變化幾湮沈，剛被恩情役此心。不如逐伴歸山去，長嘯一聲烟霧深。"詩畢，化老猿而去。《續世説》

54. 唐昭宗播遷，隨駕有弄猴者，猴頗馴，能隨班起居。昭宗賜以緋袍，號"供奉"，羅隱詩"何如學取孫供奉，一笑君王便着緋"是也。朱梁篡位，取此猴，令殿下起居，猴望見全忠，徑趨其所，跳躍奮擊，全忠殺之。《幕府燕閒録》

55. 程伯淳游山，山僧云："晏元獻南來，獼猴滿野。"戲爲一絶云："聞説獼猴性頗靈，相車來便滿山迎。鞭羸到此何曾見，始覺毛蟲亦世情。"《二程遺書》

56. 戴顒春携雙柑斗酒，人問何之，曰："往聽黄鸝聲，此俗耳針[①]砭，詩腸鼓吹，汝知之乎？"《高隱外書》

57. 釋道賁聞蟋蟀曰："時聞此聲，足代簫管[②]。"

58. 荆州玉泉寺近青谿諸山，山洞往往有乳窟，玉泉交流，中有白蝙蝠，千歲之後，體如白雪，蓋飲乳水而長生也。《李太白集》

59. 山雞自愛其色，終日映水，目眩則溺死。

60. 山都形如崑崙奴，通身生毛，見人輒閉目，張口如笑。好在深澗中，翻石覓蟹啖之。鄧德明《南康記》

61. 海陽巨蟹，其殼專車。《汲冢書》

62. 吕亢守台州，命工作蟹圖，凡十二種：一曰"蝤蛑"，二曰"撥棹"，三曰"擁劍"，四曰"彭蜞"，五曰"竭朴"，六

---

① 針：原作"碱"，蓋"針"之异體字"鍼"與"碱"形近致誤。《雲仙雜記》卷一作"針"，據改。

② 簫管：内閣文庫藏八册本、粤雅堂本無"簫管"二字。

曰“沙狗”，七曰“望潮”，八曰“倚望”，九曰“石蜠”，十曰“虾江”，十一曰“蘆虎”，十二曰“彭蜞”。又有黄甲鳚鼊蟳蠘，在海中鳚鼊島之東。

63. 江東云：“蟹稻之登也，率執一穗以朝其魁，然後任其所之，蚤夜曹沸，指江而奔，漁者緯簫，承其流而障之，名曰‘蟹斷’。”陸龜蒙《蟹志》

64. 蟹，鶻眼，鱟足，蛭腦，蜩腹，其介類拳丁，其螯類執鉞。生於濟鄆者其色紺紫，産於江南者其色青白。傅肱《蟹譜》

65. 蔡山人隱鍾山，養鼠數千頭，呼來即來，遣去即去，言語狂易，時謂之“謫仙”。

66. 劉向《雁賦》云：“順風而飛，以助氣力；銜蘆而翔，以避矰繳。”

67. 雁銜蘆而捍網，牛結陣以却虎。《尸子》

68. 鸛雀群繞旋飛，謂之鸛井，必有風雨。《酉陽雜俎》

69. 獬廌見鬥不直者觸之，窮奇見不直者煦之。均是獸也，其好惡不同，故君子以獬廌爲冠，小人以窮奇爲名。

70. 影鵝池北有鳴琴之苑，伺夜鷄隨鼓節而鳴，從夜至曉，一更爲一聲，五更爲五聲，亦曰“五時雞”。

71. 田饒言，雞有五德：文、武、勇、仁、信是也；陸機言，蟬有五德：文、清、廉、儉、信是也。

72. 《鹽鐵論》：“以所不睹而不信，若蟬不知雪也。”

73. 天用莫如龍，地用莫如馬，人用莫如龜。《史記》

74. 李筌注《陰符經》，至“禽之制在氣”，懵然不解，忽夢烏衣人教之，云：“玄龜食蟒，飛鼠斷猿，狼虱嚙鶴，青要食虎，皆以小制大，在氣不在形。”《雲谿友議》

75. 鵲巢知風之所起，獺穴知水之高下，暉目知宴，陰諧知雨。《淮南子》

76. 鸂鶒能敕水，故宿水而物不害；鳩能巫步禁蛇；啄木遇蠹，以嘴畫字成符而蠹自出；鵲有隱巢木，鷙鳥不能見；燕銜泥避戊巳日，則巢固而不傾；鸛有長水石，故能於巢中養魚而水不涸；燕惡艾，雀欲奪之，則銜其中。《續博物志》

77. 雉善聽，狼善視，狐善疑，駱駝善知泉，象善知地虛實；浣布以灰，濯錦以魚，洗金以鹽。《草木子》

78. 龍珠在頷，鮫珠在皮，蛇珠在口，鱉珠在足，魚珠在眼，蚌珠在腹。《埤雅》

79. 龍易骨，蛇易皮，麋鹿易角，蟹易螯。《造化權輿》

80. 象退齒，犀退角，麝退臍，皆輒藏覆，自珍也。《埤雅》

81. 五雀六燕，飛集於衡，衡適平；一雀一燕而异處，則雀重而燕輕。《九章算術》

82. 蛇無足而行，魚無耳而聽，蟬無口而鳴。《淮南子》

83. 鸇鸇之信不如鷹，周周之智不如鴻。

84. 北魏崔劼曰："鵲巢避風，雉去惡政，乃是鳥之一長；狐性多疑，猶性多豫，可謂獸之一短。"

85. 《變化論》云："鷺目成而受胎，鶴影接而懷卵，鴛鴦交頸，野鵲傳枝。"

86. 《禽經》云："鶴以怨望，鴟以貪顧，雞以嗔睨，鴨以怒瞠[1]，雀以猜瞿，燕以狂盻，鶯以喜囀，烏以悲啼，鳶以饑鳴，鶴以潔唳，梟以凶叫，鴟以愁嘯。"盻，視也。

---

① 瞠：原無"瞠"字，據《埤雅·釋鳥》補。

87.《抱朴子》："雞有專栖之雄，蟻有兼弱之智，蜂有攻寡之計。"

88. 虎善卜，狸善搏，鸛善符，鶴善舞，雞善鬥，鸞善歌，鸚鵡、鸜鵒善言，鳩善步，罡鴽善畫印，瀛鶒善敕，蜾蠃善祝。蛇蟠向王，鵲巢避歲，燕伏戊巳，虎奮衝破，乾鵲知來，猩猩知往。《日札》

89. 千歲之雉，入海爲蜃；百年之雀，入江爲蛤；千歲黿鼉，能與人語；千歲之狐，起爲美女；千歲之蛇，斷而復續；千歲[1]之鼠，而能相卜。《搜神記序》[2]

90. 春分之日，鷹變爲鳩，秋分之日，鳩變爲鷹，時之化也。故腐草之爲螢也，朽葦之爲蛬也，稻之爲蛩也，麥之爲蛺蝶也，自無知化爲有知而氣易也。鶴之爲獐也，蛇之爲鱉也，蛬之爲蝦也，不失其血氣而形性變也。應變而動，是謂順常，苟錯其方，則爲妖眚。《搜神記序》

91. 黄魚化爲鸚鵡，泡魚[3]大者如斗，身有刺，化爲豪猪，沙魚之班者化爲虎[4]。《倦游雜記》

92. 烏反哺，仁也；隼憫胎，義也；蜂有君，禮也；羊跪乳，智也；雉不再接，信也。譚子《化書》

93. 鳥飛反[5]鄉，兔走歸窟，狐死首丘，寒螿翔水，各哀其所生。《淮南子》

94. 蠶食而不飲，二十二日而化；蟬飲而不食，三十日而

---

① 千歲：《搜神記》作"百年"。

② 按，據《搜神記》，此條及第 90 條并非出自《搜神記序》，而是同出自《搜神記》卷十二。

③ 魚：原作"者"，據《倦游雜記》改。

④ 虎：《倦游雜記》載作"鹿"。

⑤ 反：粤雅堂本、内閣文庫藏八册本、《續修四庫全書》本作"及"。

蜕；蜉蝣不食不飲，三日而死；人食礜石而死，蠶食而不飢；魚食巴菽而死，鼠食之而肥。類不可必推。《淮南子》

95. 重耳奔齊，見蜘蛛布網，曳蠅執豸而食之，謂舅犯曰："此蟲也，智之薄者矣。人之有智，而不能廓垂天之綸、布絡地之網，以供方丈之御，是曾不如蜘蛛之智也。"《管子》

96. 馬，聾蟲也，而可以通氣志，猶待教而成，況人乎？《淮南子》○聾蟲，喻無知也。

97. 驥服鹽車上太行，漉汁灑地，白汗交流，中坂遷延，負轅不能上。伯樂遭之，下車攀而哭之，解紵衣而冪之。驥於是俯而噴，仰而鳴，聲造於天，忻伯樂之知己也。《國策》

98. 梟逢鳩，鳩曰："子將安之？"梟曰："我將東徙。"鳩曰："何故？"梟曰："鄉人皆惡我鳴，以故東徙。"鳩曰："子能更鳴，可矣；不能更鳴，東徙猶惡子之聲。"《説苑》

99. 《國策》："人有置係蹄者而得虎，虎怒，决蹯而去。虎之情，非不愛其蹯也，然而不以環寸之蹯而害七尺之軀者，權也。"陳琳《檄》："係蹄在足，則猛虎絶其蹯；蝮蛇在手，則壯士斷其節。"

100. 馬仙琕曰："小人如失主犬，後主飼之，則復爲用矣。"《齊和帝紀》

101. 張乖崖《蠅賦》曰："觸頻冉冉，朋飛薨薨。竊膻而聚，芳筵豫登。當是之際，無不我憎。疑奸人之魂，佞人之魄，湮鬱不散，托蠅寄迹。不然者，何以變白爲黑，變黑爲白，所以恣其點染，所以遂其讒慝。"

102. 《雜阿含經》："有龜被野干所包，藏六而不出，野干怒而捨去。佛告諸比丘，當如龜藏六，自藏六根，魔不得便。"

103. 東都有人養鸜鵒，以其慧甚，施於僧。僧教之，能誦

經，往往架上不言不動，問其故，對曰："身心俱不動，爲求無上道。"及其死，焚之有舍利。〔唐〕刺史李繁《玄聖蘧廬》

104. 誌公《斑鳩偈》曰："人言斑鳩拙，我道斑鳩巧。一根兩根[1]柴，便是家緣了。"

---

① 根：粵雅堂本作"枝"。

卷八

仙宗

1. 《黄帝書》:“形動不生形而生影，聲動不生聲而生響，無動不生無而生有。”《冲虚子》

2. 《真誥》曰:“富貴淫麗，是破骨之斧鋸，載罪之舟車。”

3. 歷觀百家之中，以相檢驗，得仙者百四十六人，其七十四人已在佛經，故撰得七十，可以多聞博識者遐觀焉。劉子政《列仙傳》

4. 赤松子，神農時爲雨師，服水玉，能入火自燒，至崑山上西王母石室，隨風雨上下，炎帝少女追之，亦得仙去。又，黄初平亦號“赤松子”。顔師古《漢書注》

5. 周宣王時，郊聞采薪者行歌云:“巾金巾，入天門。呼長精，吸玄泉。鳴天鼓，養泥丸。”時人莫能知之，老君曰:“此活國中人，其語秘矣，斯皆修習無上正真之道也。”《列仙傳》

6. 漢初，有四五小兒戲於路中，一兒歌曰:“著青裙，入天門。揖金母，拜木公。”時人莫知，唯張子房知之，乃往拜焉，曰:“此乃東王公之玉童也，仙人得道升天，當揖金母而拜木公也。自非冲虚登真之子，莫知其津矣。”《西王母傳》

7. 漢武帝閑居未央殿，有人乘白雲車、駕白鹿、冠芙蓉冠，曰："我中山衛叔卿也。"《神仙服食經》

8. 李克[1]，馮翊人，自言三百歲，荷草畚，負五岳真圖而至，武帝禮待之，號"負圖先生"。《洞冥記》

9. 漢張芒女名麗英，面有奇光，不照鏡，但對白紈扇，如鑒焉。長沙王吴芮聞其异質，來聘。女時年十五，聞芮來，登金精山，仰卧被髮，覆石鼓下，人謂之死。芮使人往視之，忽紫雲鬱起，遂失女所在，石上留歌一首："石鼓石鼓，悲哉下土。自我來觀，民生實苦。哀哉世事，悠悠我意。我意不可辱兮，王威不可奪余志。有鸞有鳳，自舞自歌。凌雲歷漢，遠絶塵羅。世人之子，其如我何。暫來期會，運往即乖。父兮母兮，無傷我懷。"

10. 茅盈，咸陽人，得道隱句曲，邦人稱茅君山。盈二弟，衷爲五官大夫、西河太守，固爲執金吾，各弃官渡江，求兄於東山，後咸得仙道。太上命固治丹陽句曲山，衷治常良山，盈爲司命真君、東岳上卿。内法既融，外教坦平，爾乃風雨以時，疾厲不起。父老歌曰："茅山連金陵，江湖據下流。三神乘白鶴，各在一山頭。佳雨灌畦稻，陸田亦復周。妻子保堂室，使我無百憂。白鶴翔青天，何時復來游？"《茅君内傳》

11. 元封元年七月七日，王母乘紫雲輦、駕五色斑麟，降漢宫，東向坐。遣侍女迎上元夫人，云："比不相見，四千餘年，劉徹好道，適來觀之，夫人可暫來否？"帝問："上元，何真也？"曰："是三天真皇之母，上元之官。"俄而夫人至，可年二十餘，頭作三角髻，餘髮散垂至腰。帝拜，夫人曰："汝好道

① 克：《洞冥記》卷二作"充"。

乎？汝胎性暴、胎性淫、胎性奢、胎性酷、胎性賊，五者常舍于榮衛之中，雖慕長生，亦自勞耳。”

12. 王母設膳于漢武，命王子登彈八音之璈，董雙成吹雲和之笙，石公子擊昆庭之鐘，許飛瓊鼓震靈之簧，阮靈華拊五雲之石，范成君擊洞陰之磬，段安香作九天之鈞。

13. 漢黄門郎程偉好黄白術，娶妻方氏。偉常從駕，無時衣，妻請致兩縑，縑無故至前。偉按枕中鴻寶，作金不成，妻即因爐中水銀，出囊中藥少許，投之即成金。偉大驚，曰："道在汝處，而不早告我，何也?"妻曰："得之須由命。"偉乃日夜説誘之，賣田宅以供美食、衣服，猶不肯告偉。偉乃與其侣謀欲杖方氏，方氏輒知之，曰："傳道必當得人，如其人，雖道路相遇，當傳之；非其人，雖寸斷而支解，終不傳也。"偉逼之不止，妻乃發狂，裸而走，以泥自塗，卒乃尸解去。

14. 琴高浮游冀州二百餘年，後入碭水中，乘赤鯉魚來，出留一月，復入水去。《列女傳》〇郭璞《江賦》："海童之所游巡，琴高之所靈矯。"

15. 漢匡俗，字子希，少以孝弟著，委心學道。游諸名山，至覆笥山頂，有湖周數里，多靈草异物。有石燕，春秋時能群飛，湖旁有石井及小石笥，笥藏玉牒，記名山福地及得道人姓名。《真仙通鑒》

16. 王烈入河東抱犢山，得一石室，室中有兩卷素書，讀之，不知其字，不敢取，頗諳十數字形體。歸書之，以示嵇叔夜，叔夜盡知其字。於是將叔夜往識，其徑分明了了，往至，失石室所在。烈竊語弟子曰："叔夜不應得道故也。"

17. 康又遇王烈，共入山，烈嘗得石髓如飴，即自服半，餘半與康，皆凝而爲石，乃嘆曰："叔夜志趣非常，而輒不遇，命也。"

18. 葛稚川束髮從師，老而忘倦。紬奇册府，總百代之遺編；紀化仙都，窮九丹之秘術。謝浮榮而損雜藝，賤尺寶而惜分陰。游德栖真，超然方外。全生之道，其最優乎！唐子西嘗贊之云："江左日陋，無復德輝。翔而不集，翩然南飛。鄧嶽細兒，處仲餘黨。豈有識知，亦復瞻仰。吾緣内丹，遂居羅浮。豈以嶽故，而議去留。所就者大，寧恤其小。吾與嶽游，如狎鷗鳥。"

19. 葛仙公嘗于西峰石壁上石臼中搗藥，因遺一粟許，有飛禽遇而食之，遂得不死，至今夜静月白風清之時，其禽猶作丁當杵臼之聲，名之曰"搗藥鳥"。有仙人琴高聞仙公得道，自東海跨①雙鯉來訪。仙公與之酣飲，既醉，高卧白雲間，酒醒，雙鯉化爲石矣。仙公乃以雙鶴贈之，跨之而還，石至今存。

20. 稚川居羅浮時，鮑靚爲南海太守，以道術見稱。嘗行部入海，遇風，飢甚，取白石煮食之。與稚川善，常往來，山中或遇，論至達旦乃夫②。人見其來，門無車馬，獨雙燕來，或怪而問之，則雙履也。《羅浮圖志》

21. 鮑靚以女妻葛洪，靚後還丹陽，卒，葬于石子岡。後遇蘇峻發棺，無尸，但有大刀而已。賊欲取刀，聞冢左右有兵馬聲，顧之驚駭，棺中刀訇然有聲，若雷震之者③，衆賊奔走。賊平之後，收刀别葬之。《墉城集仙録》

22. 陶貞白幼有异操，年十歲，得葛洪《神仙傳》，晝夜研尋，便有養生之志，謂人曰："仰青雲，睹白日，不覺爲遠矣。"

23. 陶貞白曰："仙障有九，名居其一，使吾不白日升天，蓋三朝有浮名乎？"

---

① 跨：粤雅堂本作"誇"，誤。

② 夫：不通，疑"去"之誤。

③ 者：疑"音"之誤。

24. 貞白《答朝士書》云："至哉嘉訊，豈蒙生所辨，試言之：質像所結，不過形神。形神合時，則是人是物；形神若離，則是靈是鬼。非離非合，佛法所攝；亦離亦合，仙道所依。今問以何能而致此仙，是鑄煉之事極，感變之理通也。當埏埴爲器之時，是土而异於土；雖燥未燒，遇濕猶壞；燒而未熟，不久尚毁；火力既足，表裏堅固，河山可盡，此形無滅。假令爲仙者，以藥石煉其形，以精靈瑩其神，以和氣濯其質，以善德解其纏，衆法共通，無礙無滯。欲合則乘雲駕龍，欲離則尸解質化，不離不合，則或存或亡。于是各隨所業，修道進學，漸階無窮，教功令滿，亦畢寂滅矣。"

25. 扈謙精《易》卦，嘗在建康筮，一卦百錢，日限錢五百，以三百供母，二百飲酒，并施貧乏。五百足，一卦千錢，不爲也。晉海西公旦出，見赤蛇蟠御床，俄爾失蛇。詔謙筮卦，謙曰："晉室有磐石之固，陛下有出言之象。"海西曰："可消伏否？"曰："後年有大將北征失利，應損三萬人，此灾可消。"後桓温北征敗績，還石頭城，乃廢海西，立簡文。桓温妾産桓玄時，至艱，謙筮曰："公第六間馬埒壞。"竟便産，當是男兒，聲氣雄烈，震動四海。温贈錢三十萬，夫人亦贈三十萬，謙辭無容錢處，温不聽。後仍筮卦養母，温錢日以醉客，不問識與不識。一日，母亡，謙辭酒家許氏云："因緣盡矣。"安葬而去，不知所之。數日，許氏家人於落星路邊見謙卧地，始謂其醉，捉手引牽，惟空衣無尸云。謙居金陵攝山，今寺碑"北望荒村，扈謙卜筮之宅"是也。

26. 孫真人著《大風惡疾論》曰："《神仙傳》有數十人，皆因惡疾得仙道，何者？割弃塵累，懷潁陽之風，所以因禍而取福也。"

27. 孫思邈四言詩曰："取金之精，合石之液。列爲夫婦，結爲魂魄。一體混沌，兩精感激。河車覆載，鼎候無忒。洪爐烈火，烘焰翕赫。烟未及黠，烟不假碧。如畜扶桑，若藏霹靂。姹女氣索，嬰兒聲寂。透出兩儀，麗於四極。壁立幾多，馬馳一驛。宛其死矣，適然從革。惡黜善遷，情回性易。紫色内達，赤芒外射。熠若火生，乍疑血滴。號曰中還，退藏於密。霧散五内，川流百脉。骨變金植，顔駐玉澤。陽德乃敷，陰功乃積。南宫度名，北斗落籍。"

28. 蜀道觀中鑿井得一碑，有隱士言是漢時陰真人煉丹法，後雜著於子玉碑，其文曰："有物有物，可大可久。采乎蠶食之前，用乎火化之後。成湯自上而臨下，夸父處中而見受。氣應朝光，功參夜漏。白英聚而雪慚，黄酥凝而金醜。轉制不已，神趣鬼驟。金歟玉歟，天年上壽。無著於文，訣之在口。"

29. 忠州豐都山仙都觀朝金殿西壁，有天成四年人書《陰長生真君詩》三章，其一曰："維予之先，佐命唐虞。爰逮漢世，紫艾重紆。予獨好道，而爲匹夫。高尚素志，不事王侯。貪生得生，亦又何求？超迹蒼霄，乘飛駕浮。青要乘翼，與我爲仇。入火不灼，蹈水不濡。逍遥太極，何憂何慮？游戲仙都，顧閔群愚。年命之逝，如彼波流。奄忽未幾，泥土爲儔。馳走索死，不肯暫休。"其二曰："予之聖師，體道知真。升騰變化，松喬爲鄰。維予同學，一十二人。寒苦求道，歷歷十年。中多怠惰，志行不堅。痛乎諸子，命也自天。天不妄授，道必歸賢。身投幽壤，何時可還。嗟爾流俗，富貴所牽。神丹一成，升彼九天。壽同三光，何但億千。"其三曰："維予垂髪，少好《道德》。弃家隨師，東西南北。委放五經，避世自匿。二十餘年，名山之側。寒不遑衣，飢不遑食。思不敢歸，勞不敢息。奉事聖師，承悦顔色。面垢足胝，乃見哀識。遂傳要訣，恩深難測。妻子延年，咸享無極。黄白既成，貨財千億。役使鬼神，玉女侍側。予得度世，神丹之力。”

30. 子晉鸞飛古洛川，金桃再就賀郎仙。三清樂奏嵩丘下，五色雲屯御苑前。朱頂舞迎低絳節，青鬟歌對駐香駢①。誰能白晝相悲哭，太極光陰一百年。賀郎名自真，飛升而去。

31. 開元中，文靖天師與司馬承禎赴千秋節齋，中夜行道畢，隔雲屏各就枕。斯須忽聞小兒誦經聲，玲玲如金玉響，天師躡步窺之，見承禎額上有小日如錢，光耀一席，逼而聽之，乃承禎腦中聲也。天師嘆曰：“《黄庭》云：‘泥丸九真皆有房，方圓一寸處此中。’又云：‘左神公子發神語。’其此之謂乎！”

32. 女真焦静貞，泛海詣篷萊求師，至一山，見道者，指曰：“天台司馬承禎，名在丹臺，身居赤城，真良師也。”静貞還，詣承禎求度，未幾上升。嘗降謂薛季昌曰：“先生得道高於陶都水，當爲東華上清真人。”

33. 許宣平，唐睿宗景雲中隱城陽山南塢，結庵以居。顔若四十許人，輕健，行疾奔馬。時負薪賣于市，擔上常挂一瓢及曲竹杖，每醉行騰騰以歸，吟曰：“負薪朝出賣，沽酒日西歸。借問家何處？穿雲入翠微。”邇來三十餘年，或施人危急，或救人疾苦。城市中人多訪之不見，但覽庵壁題詩曰：“隱居三十載，築室南山巔。静夜玩明月，閑歌飲碧泉。樵人歌隴上，谷鳥戲岩前。樂矣不知老，都忘甲子年。”其詩甚多，常于驛路

① 駢：粵雅堂本作“輧”。

傳舍，所到處輒題之。天寶中，李白東游，經傳舍，覽詩嘆曰："此仙人詩也。"詰之，得宣平之實。白于是游新安，屢訪之，不得見，乃題詩庵壁曰："我吟傳舍①詩，來訪仙人居。烟嶺迷高迹，雲林隔太虛。窺庭但蕭索，倚杖空躊躇。應化遼天鶴，歸當千歲餘。"宣平歸庵，見壁詩，又吟曰："一池荷葉衣無盡，兩畝黄精食有餘。又被人來尋討着，移庵不免更深居。"其庵後爲野火燒之，莫知宣平踪迹。

34. 洞賓因隨雲房同憩一肆中，雲房自起執炊，洞賓忽欲昏睡，枕案遑假，夢以舉子赴京，狀元及第。始自州縣小官擢朝署，由是臺諫、給舍、翰院、秘閣、郎曹、從橐諸清要無不備歷，升而復黜，黜而復升。前後兩娶富家女，婚嫁蚤畢，孫甥振振，簪笏滿門。如此幾四十年，最後獨相十年，權勢熏炙。忽被重罪，籍没家資，分散妻孥，流於嶺表，一身孑然，窮苦憔悴，立馬風雪中。方此浩嘆，恍然夢覺。雲房在傍，炊尚未熟，笑曰："黄粱猶未熟，一夢到華胥。"洞賓驚曰："君知我夢邪？"雲房曰："子適來之夢，升沉萬態，榮悴多端，五十年間一頃耳，得不足喜，喪何足憂？且有大覺而後知，此人間世其大夢也。"洞賓感悟，知宦途不足戀，因求度世術。

35. 宿州天慶觀有神仙，題詩二絶于五星門扉之上，俗傳云吕先生神篆，其詩曰："秋景蕭條葉亂飛，庭松影裹坐移時。雲迷鶴駕何方去，仙洞朝元失我期。"又曰："肘傳丹篆千年術，口誦《黄庭》兩卷經。鶴觀古壇槐影裹，悄無人迹户長扃。"後爲人刮去，墨迹猶存，乃知非常人書也。

---

① 舍：粤雅堂本作"驛"。

36. 譚峭每行歌曰："綫作長江扇作天，靸鞋抛向海東邊。蓬萊信道無多路，衹在譚生拄①杖前。"

37. 藍采和常衣破藍衫，六銙黑木腰帶，一脚着靴，一脚跣。夏則衫内加絮，冬則卧雪中，氣出如蒸。每行歌城市乞索，持大拍板，常醉踏歌，老少皆隨看之。善諧謔，人問，應聲答之，笑皆絶倒，似狂非狂，踏歌云："踏踏歌，藍采和，世界能幾何？紅顔一春樹，流光一擲梭。古人混混去不返，今人紛紛雍更多。朝騎鸞鳳到碧落，暮見桑田生白波。長景明輝在空際，金銀宫闕高嵯峨。"詞多率爾而作，人莫之測。以錢與之，繩穿拖行，或散失，亦不迴顧，或見貧人，即與之，或與酒家。後踏歌濠梁酒樓，有雲鶴笙簫聲，忽然輕舉，于雲中擲下靴衫、腰帶、拍板，冉冉而去，其靴衫等旋亦亡。

38. 許碏醉吟曰："閬苑花前是醉鄉，踏翻王母九霞觴。群仙拍手嫌輕薄，謫向人間作酒狂。"

39. 馬自然貌醜，齇鼻、秃鬢、大口，飲酒石餘，醉卧即以拳入口。人有疾病告之，折薪草，呵而與食，無不差者。嘗吟曰："昔日曾隨魏伯陽，無端醉卧紫金床。東君謂我多情賴，罰向人間作酒狂。"後往梓州上升。《葆光録》

40. 婺州有僧入山，見一人，古貌、巾褐、騎牛、手執鞭，光鑠日色，扣角而歌曰："静居青障裏，高嘯紫烟中。塵世連仙界，瓊田前路通。"僧揖之，不應，馳步趨之，不及，望赤松而去。同上

41. 襄漢隱者，躬耕數畝，因古冢爲亭，往來題詩甚富。一日柱間得一絶，相傳吕公作也："冢上爲亭鬼莫嗔，冢頭

---

① 拄：粤雅堂本作"掛"。

人即冢中人。憑欄莫起存亡意，除却虚空總是塵。"《西谿叢語》

42. 張公咏布衣時，希夷先生一見奇之，公曰："願分華山一半席，可乎?"先生曰："於公固可。"及别去，贈以毫楮，公解其意，曰："是將嬰我以世務。"後果登第，名動天下。將赴劍南，有詩寄先生云："性愚不肯林泉住，剛有清流擬致君。今日星馳劍南去，回頭慚愧華山雲。"及還，又寄詩云："兒童不慣錦衣榮，見我東歸夾路迎。不免隔溪高士笑，天真喪盡得虚名。"

43. 熙寧間，江寧縣句容簿，失其姓名，至茅山，遇道人，高坦披髮跣足，與簿劇談，飲酒終日，書一詩留别而去，莫知所之："岩下相逢不忍還，狂歌醉酒且盤桓。仇香莫問神仙事，天上人間總一般。"

44. 雍孝聞，蜀人，崇寧間，廷對力詆時政闕失，尋授右列，卒不仕。浪迹山林，遇异人，得道。政和末，變姓名爲道士，入内説法。徽宗謂其得林靈素之半，因賜姓木，更名廣莫，竟不知其爲孝聞也。孝聞嘗自咏云："百萬人中隱一身，深如勺水在滄溟。獨醒自負賢人酒，天闊難尋處士星。照影自憐湖水碧，高吟贏得蜀山青。城南老樹如相問，不枉翻空過洞庭。"《梁谿謾志》

45. 徐節孝《游仙詩》："匆匆朝罷九重天，便接蓬萊御紫烟。趨得蓬萊花下去①，鼓簫諸部約三千。鳳節霓旌擁萬神，五雲車騎駕龍鱗。腰間獨佩黄金籙，元是瑶宫第一人。琳琅宫殿本無塵，猶跨青鸞踏紫雲。怪得曉來天色淡，海霞都在玉妃裙。

① 趨得蓬萊花下去：《續修四庫全書》本作"趁得蟠桃花下宴"。

洞中一覺春風夢，落盡桃源萬樹花。竈上丹砂尋不見，騎鸞誤入阿誰家。”

釋部

1. 漢明帝夜夢神人，身有日光。明日博問群臣通人，傅毅對曰：“臣聞天竺有道者，號曰‘佛’，輕舉能飛，身有日光，殆將其神也。”於是遣羽林將軍秦景、博士弟子王遵等十二人之大月氏國，寫取佛經四十二部，在蘭臺石室。《牟子》

2. 佛國五精舍：一給孤園，二靈鷲山，三獮猴江，四庵羅樹，五竹林園。韋應物詩：“萬木叢雲出香閣，西連碧澗竹林園。”

3. 支道林曰：“間與何驃騎期，當爲合八關齋，以十月廿二日集同意者，在吴縣土山墓下。三日清晨爲齋始，道士白衣凡二十四人，清和肅穆，莫不静暢。至四日朝衆賢各去，余既樂野室之寂，又有掘藥之懷，遂便獨住。於是乃揮手送歸，有望路之想。静拱虚房，悟外身之真；登山采藥，集岩水之娱。遂援筆染翰，以慰二三之情。”《支公集》

4. 謝安石《與支遁書》：“人生如寄耳，頃風流得意之事，殆爲都盡。終日戚戚，觸事惆悵。惟遲君來，以晤言消之，一日當千載耳。”

5. 支遁每標舉會宗，而不留心象喻，解釋章句，或有所漏，文字之徒，多以爲疑。謝安石聞而善之，曰：“此九方臯之相馬也，略其玄黄，取其俊逸。”《支遁傳》

6. 習鑿齒《與謝安書》云：“來此見釋道安，故是遠勝，非常道士。師徒數百，齋講不倦。無變化技術，可以感常人之耳目；無重威大勢，可以整群小之參差。而師徒肅肅，自相尊敬。其人理懷簡衷，多所博涉，内外群書，略皆遍覩，陰陽算數，亦皆能通，佛經故最是所長。作義乃似法蘭、法祖輩，統以大無，不肯稍齊物等智，在方中馳騁也，恨不使足下見之。”

7. 法汰高亮開達，孫綽爲贊曰：“凄風拂林，明泉映壑。爽爽法汰，校德無怍。事外蕭灑，神内恢廓。實從前起，名隨後躍。”《名德沙門題目》

8. 王坦之與沙門竺法師甚厚，每共論幽明報應，便要先死者當報其事。後經年，師忽來云：“貧道已死，罪福皆不虚，惟當勤修道德，以升濟神明耳。”言訖不見，坦之尋亦卒。《王坦之傳》

9. 竺道生既潛思日久，徹悟言外，乃喟然嘆曰：“夫象以盡意，得意則象忘；言以詮理，入理則言息。自有經典東流，譯人重阻，多守滯文，鮮見玄義，若忘筌取魚，始可以言道矣。”於是校閲真俗，研思因果，乃言善不受報，頓悟成佛，著《二諦論》行於世。《高僧傳》

10. 竺僧度少孤，獨與母居，求同郡陽氏女苕華，未及成禮，苕父母繼亡，度母亦卒。度睹世代無常，乃捨俗出家。苕華服畢，自惟三從之義，無獨立之道，乃與度詩曰：“大道自無窮，天地長且久。巨石固叵消，芥子亦難數。人生一世間，飄若風過牖。榮華豈不茂，日夕就凋朽。川上有餘吟，日斜思鼓缶。清音可娱耳，滋味可適口。羅紈可適軀，華冠可耀首。安事自剪削，耽空以害有。不道妾區區，但令君恤後。”度報詩云：“機運無停住，倏忽歲時過。巨石會當竭，芥子豈云①多。良由去不息，故令川上嗟。不聞檠啓期，皓首發清歌。布衣可暖身，誰論飾綾羅。今世雖云樂，當奈後生何。罪福良由已，寧云己恤他。”於是專精佛法，後不知所終。《高僧傳》

11. 王司徒謐與遠公書曰：“身年始四十，而衰同耳順。”遠公答曰：“古人不愛尺璧而重寸陰，觀其所存，似不在長年耳。檀越既履順而游性，乘佛理以御心，因此而推，復何羡於遐齡耶？聊想斯理，久已得之，爲復酬來信耳。”人皆稱公善誘。

12. 廬山遠法師命盡之日，山中峰澗寺落，皆見千眼仙人成隊，執幡幢香花，赴東林寺，法師死乃止。《十三賢共注廬山記》

13. 鳩摩羅什雅好大乘，志在敷演，常嘆曰：“吾若著筆作《大乘阿毗曇》，非迦旃子比也。今深識既寡，將何所論？”惟爲姚興著《實相論》二卷。

14. 雷次宗書示子侄云：“吾童稚之年已懷遠略，弱冠托廬山，事釋和尚，游道餐風，二十餘載。淵匠既傾，復與汝曹歸耕先壟，山居谷飲，忽復十年。及今未老，尚可厲志，成西歸之津梁。自今以往，家務大小，一勿見聞。”

15. 宋明帝問慧觀：“頓悟之義，誰復習之？”答曰：“有生公弟子道猷。”即敕臨川郡發遣到京，既至，延入宫内，大集義僧，命猷申述。時兢辯之徒，關責互起，猷既積思參玄，又宗源有本，乘機挫鋭，往必摧鋒。帝撫几稱快，曰：“生公孤情絶照，猷公直轡獨上，可謂克明師匠，無忝徽音。”

---

① 云：粵雅堂本作“非”。

16. 釋曇延嘗自顧其影，言曰："余與爾沉淪日久，飄泊何歸，今可挾道潛形，精思出要。"遂隱於太行山百梯寺。《傳燈録》

17. 志公欲堅武帝心，請出囚持杯水驗之。帝如其言，召囚應死者二十輩，各置水滿器，令戴之，周行於庭，曰："水不溢，貸爾死。"於是作樂喧之，久之，杯水如故。問之曰："若聞樂作乎？"皆曰："不聞也。"志公曰："彼畏死，故惟知水，不知樂也。求道亦當爾，莫待急時。"

18. 梁劉歊隱居，忽有异人來告曰："君心力堅猛，必破死生。"彈指而去，莫知其所。《梁書》

19. 庾詵晚年尤遵佛教，宅内立道場，環繞禮懺，六時不輟，誦《法華經》，日一遍。夜中忽見一道人，自稱願公，容止甚异，呼詵爲"上行先生"，授香而去。後數年，忽夢覺，曰："願公復來，不可久住。"言終而逝，舉室咸聞空中唱"上行先生生彌陀净域矣。"同前

20. 張融作《門律論》云："道之與佛，逗極無二。吾見道士與道人戰儒墨，道人與道士辨是非。昔有鴻飛天首，越人以爲鳧，楚人以爲乙，人自楚越，鴻常一耳。"周顒難之言："足下所宗之本一物，爲鴻乙耳，驅馳佛道，未免二乖。"

21. 周顒長於佛理，著《三宗論》，言空假義。智林道人遺顒書，言："捉麈尾來，四十餘載，頗見宗録，惟此塗白黑，無一人得者，爲之發病。非意此音，猥來入耳。"

22. 何胤侈於味，食必方丈，後稍欲去其甚者，猶食白魚、䱉脯、糖蟹。嘗食蚶蠣，使門人議之，學生鍾岏曰："䱉之就脯，驟於屈伸；蟹之將糖，躁擾彌甚。仁人用意，深懷如怛。

至於車螯蚶蠣，眉目内闕，慚混沌之奇；獷殼外緘，非金人之慎。不悴不榮，曾草木之不若；無馨無臭，與瓦礫其何算。故宜長充庖厨，永爲口實。”竟陵王見岏議大怒，汝南周顒因與胤書曰：“變之大者，莫過死生；死生之所重，無逾性命；性命之於彼極切，滋味之在我可賒。若云三世理誣，則幸矣良快。如使此道果然，而受形未息。一往一來，生死常事，則傷心之慘，行亦自及。丈人於血氣之類，雖不身踐，至於晨鳧夜鯉，不能不取備屠門。財貝之經盜手，猶爲廉士所弃；生性之一啓鸞刀，寧復慈心所忍。騶虞雖飢，非自死之草不食，聞其風者，豈不使人多愧？丈人得此有素，聊復片言發起耳。”胤末年遂絶血味。

23. 戴顒見降龍道者曰：“生死外人，願陳三拜。”獻護經簾、青銅磬。《芳賢傳》

24. 杜輔玄義學精深，兼綜佛老。魏時，嘗引見於九龍殿，帝問：“經中佛性、法性，爲一爲异？”輔玄對曰：“佛性、法性，止是一理。”詔問：“佛性既非法性，何得爲一？”對曰：“性無不在，故不説二。”詔問：“説者皆言法性寬，佛性狹，寬狹既別，非二如何？”輔玄曰：“在寬成寬，在狹成狹；若論性體，非寬非狹。”詔問：“既言成寬成狹，何得非寬非狹？若定是狹，亦不能成寬。”對曰：“若定是寬，則不能爲狹；若定是狹，亦不能爲寬。以非寬狹，故能成寬狹，寬狹所成雖异，能成恒一。”上悦，稱善。《魏書》

25. 比丘曇謨最善義學，講《涅槃》《華嚴》，僧徒千人。天竺沙門菩提流支見而禮之，號爲“菩薩”。流支解佛義，知名西土，曉魏言及隸書，翻《十地楞伽》及諸經論二十三部，雖石室之寫金言，草堂之傳真教，不是過也。流支讀曇謨最義，

每彈指贊嘆，爲胡書寫之，傳於西域。西域沙門常東向遥禮之，號“東方聖人”。《伽藍記》

26. 李士謙善談玄理，有一客不信佛家報應之理，士謙諭之曰：“積善餘慶，積惡餘殃。高門待封，掃墓望喪，豈非休咎之應耶？佛經云：‘轉輪五道，無復窮已。’此則賈誼所言‘千變萬化，未始有極，忽然爲人’之謂也。佛道未東，賢者已知其然矣。若鯀爲黄熊、杜宇爲鶗鴂、褒君爲龍、牛哀爲獸、君子爲鵠、小人爲猿、彭生爲豕、如意爲犬、黄母爲黿、宣武爲鱉、鄧艾爲牛、徐伯爲魚、鈴下爲鳥、書生爲蛇、羊祜前身李氏之子，此非佛家變受异形之謂耶？”客曰：“邢子才云：‘豈有松柏後身，化爲樗櫟？’”士謙曰：“此不類之談也，變化皆由心作，木豈有心乎？”客不能難。

27. 南朝棲霞寺大朗法師，每談論，手執松枝，以爲談柄。

28. 子劉子云：“讀書三十年，百慮而無一得，然後知世所謂無非畏塗，惟出世間法可盡心耳。繇是置几案者皆旁行四句之書；備將迎者，多赤髭白足之侶。深入知地，净通還源。客塵觀盡，妙氣來宅。”《劉禹錫集》

29. 沙門愛英，住池陽村，示人語曰：“萬論千經，不如無念無營。”《清異録》

30. 僧晝對陸羽曰：“使有宣尼之博識，胥臣之多聞，終日目前，矜道侈義，適足以伐其性。豈若松岩雲月，禪坐相偶，無言而道合，志静而性同，吾將入杼山矣！”遂束所著毁之。

31. 蘇尚書八十猶參禪，大潙訪之，以手拍碎金面棋盤，尚書尋有悟解。《舊相禪學録》

32. 李泌在衡山，事明瓚禪師，師云："欲學者，先將筆硯碎却。"明瓚，北宇大照之門人，性懶。群僧令看鹽，雨至流於池，群僧抶之，不怒。冬月卧於竈前，不起，以粥灑其頭，因就頭取粒，號"懶瓚"，作《明心論》。

33. 馬祖曰："真如有變易，豈不聞善知識能迴三毒爲三昧净戒，能迴六賊爲六神。迴煩惱作菩提，迴無明爲大智。"

34. 牛頭融師曰："色聲爲無生之鴆毒，受想是至人之坑阱。"

35. 僧智藏宿靈曜寺，夜暫用心，見有金光照燿，一室洞明，問其故，答曰："此中奇妙，未可得言。夫宴寂之門，固有妙喜吉祥。"《續高僧傳》

36. 薛簡問曹谿六祖曰："願指示心要，令得明道。"祖曰："道無明暗。"簡曰："明喻智慧，暗况煩惱。倘不以智慧照破煩惱生死，憑何出離?"祖曰："若以智慧照破煩惱者，此是二乘小機。明與無明，其性無二，無二之性，即是實性。實性在凡不減，在聖不增，住煩惱而不亂，居禪定而不寂。性相如如，名之爲道。"

37. 沙門圓澤寓洛陽慧林寺，與隱士李源善。一日，相率游峨眉，源欲自荆州溯峡往，澤欲由長安斜谷。源以久絶人事，不欲復入京師，澤不能强，遂發荆州。舟次南浦，見婦人，錦襠負罌而汲，澤望而泣曰："所不欲由此者，爲是也。"源驚問故，僧曰："婦人孕三稔矣，遲吾爲子，今見之，無可逃者。三日浴兒，願公臨顧，以一笑爲信。後十三年，杭州天竺寺當與公相見。"至暮，僧果亡，婦乳三日，源往視之，兒見客即軒渠而笑。李後如期自洛之吴，赴其約也。於天竺寺葛洪井畔[1]，聞牧童扣牛角而歌曰："三生[2]石上舊精魂，賞月吟風莫要論。慚愧情人遠相訪，此身雖异性常存。"李曰："澤公健否？"答曰："李君信士，然世緣未盡，且勿相見，唯勤修不惰，乃復相見。"又歌曰："身前身後事茫茫，欲話因緣恐斷腸。吴越江山尋已遍，好回烟棹上瞿塘。"遂隱不見。源至穆宗長慶初，年八十猶存。《唐書》

38. 憲宗召大義禪師，與諸大德論道於麟德殿，帝臨聽之。有法師問："欲界無禪，禪居色界，此土憑何而立？"義曰："汝知欲界無禪，不知禪界無欲。"曰："如何是禪？"義以指點空，法師無語。帝曰："法師講無窮經論，衹這一點，尚不奈何。"義却問衆師曰："何者爲道？"有對："知者是道。"義曰："不可以智知，不可以識識，安得知者是道？"有對："無分別是道。"義曰："善能分别諸法相于第一義而不動，安得無分别是道？"有對："四禪八定是道。"義曰："佛身無爲，不墮諸數，安得四禪八定是道？"帝曰："畢竟以何爲是？"義曰："不離陛下所問。"帝默契，由是益重禪宗。《唐書》

39. 會昌選汰僧人，慧忠作偈云："明月分形處處新，白衣寧墜解空人。誰言在俗妨修道，金粟曾爲長者身。忍仙林下坐禪時，曾被歌王割截肢。况我聖朝無此事，衹令休道亦何悲。形容雖變道常存，混俗心源亦不昏。試讀善財巡禮偈，當年豈例是沙門。"

40. 樞密吴居厚擁節歸鍾陵，謁圓通旻師，曰："某頃過趙州關，因問訥老：'透關底事如何？'訥曰：'且去做官。'

① 畔：粤雅堂本作"耕"。

② 生：粤雅堂本作"山"。

今不覺五十餘年。”旻曰：“曾明得透關事否？”公曰：“八次經過，常存此念，然未脱灑在。”旻度扇與之，曰：“請使扇。”公即揮之，旻曰：“有甚不脱灑？”公忽有省，曰：“更請末後句。”旻亦揮扇兩下，公曰：“親切，親切。”師曰：“吉獠[①]舌頭三千[②]里。”

41. 中丞盧航與圓通擁爐次，公問：“諸家因緣，不勞拈出直截一句，請師指示。”通厲聲曰：“看火！”公急撥衣，忽大悟，謝曰：“灼然佛法無多子。”通大喝曰：“放下著。”

42. 有問國清静上座曰：“心念紛飛，未明攝伏。”静曰：“却將紛飛之心，以究紛飛之處。究之無處，則紛飛之念何存？返究究心，則能究之心安在？”《國清寺碑刻》

43. 净慧禪師住金陵清凉寺，大闡法化。唐主邀觀牡丹，請師賦詩，應聲曰：“擁毳對芳叢，由來趣不同。髮從今日白，花是去年紅。艷冶隨朝露，馨香逐晚風。何須待零落，然後始知空。”

44. 莫尚書少虚，因官西蜀，謁南堂静師，咨决心要。堂使其向好處提撕。適如厠，俄聞穢氣，以手掩鼻，遂有省，即呈以偈曰：“從來姿韻愛風流，幾笑時人向外求。萬别千差無覓處，得來元在鼻尖頭。”南堂答曰：“一法纔通法法周，縱横妙用更何求。青蛇出匣魔軍伏，碧眼胡僧笑點頭。”

45. 龍圖王觀復留昭覺日，聞開静板聲有省，問南堂曰：“某有個見處，纔被人問，却開口不得，過在甚處？”南堂曰：

---

① 獠：原作“繚”，《五燈會元》卷十八“樞密吴居厚居士”條作“獠”，今據《五燈會元》改。

② 千：原作“十”，《五燈會元》卷十八“樞密吴居厚居士”條作“千”，今據《五燈會元》改。

“過在有個見處。”因問朝旆幾時到任，公曰：“去年八月四日。”曰：“自按察，幾時離衙？”公曰：“前月二十日。”曰：“爲何道開口不得？”公乃契悟。

46. 張文定公奉佛甚謹，杜祁公獨不信佛法，每對客嘲笑。有一醫姓朱，出入二公之門，嘗欲方便勸導祁公，久而未獲。一日公病，召朱，朱以讀《楞嚴》未了，不即往。既至，公怒曰：“《楞嚴》何等書而讀之？”朱出袖中首軸呈之，公覽竟，索餘軸，不覺遽盡十卷，乃絶嘆，以爲奇書。因與朱同謁文定，責其不早以告，文定曰：“譬如失物，既已得之，不必詰其得之之晚。”公自此即若有得，大加崇信。

47. 富文忠公深達性理，嘗與吴處厚書，托訪荷澤諸禪師。處厚以偈戲公云：“是身如幻泡，盡非真實相。况兹紙上影，妄外更生妄。到岸不須船，無風休起浪。唯當清凈觀，妙法了無象。”公答偈曰：“執相誠非，破相亦妄。不執不破，是名實相。”人皆服公精詣。吴處厚《清箱雜記》

48. 法遠住浮山，歐陽文忠公聞遠奇逸，造其室，未有以异之。與客棋，遠坐其旁，公遽收局，請因棋説法。遠即令擂鼓升座，曰：“若論此事，如兩家着棋相似。何謂也？敵手知音，當機不讓。若是綴五饒三，又通一路始得。有一般底，衹解閉門作活，不能奪角衝關，硬節與虎口齊彰；局破後，徒勞逴斡。所以道：‘肥邊易得，瘦肚難求。’思行則往往失粘，心粗而時時頭撞。休誇國手，謾説神仙。贏局輸籌即不問，且道黑白未分時，一着落在甚麽處。”良久曰：“從來十九路，迷悟幾多人！”文忠公嘉嘆久之。《僧寶傳》

49. 慶曆中，士大夫多修佛學，往往爲偈頌以發明禪理。司馬温公爲《解禪偈》六篇，云：“文中子以佛爲西方聖人，信如文中子之言，則佛之心可知矣。今之言禪者，好爲隱語以相迷，大言以相勝，使學之者悵悵然，益入於迷妄，故予廣文中子之言而解之，作《解禪偈》六首。若其果然，雖中國可行，何必西方？若其不然，則非予之所知也。偈曰：‘忿怒如烈火，利欲如銛鋒。終朝長戚戚，是名阿鼻獄。’‘顏回甘陋巷，孟軻安自然。富貴如浮雲，是名極樂國。’‘孝悌通神明，忠信行蠻貊。積善來[①]百祥，是名作因果。’‘仁人之安宅，義人之正路。行之誠且久，是名不壞身。’‘道德修一身，功德被萬物。爲賢爲大聖，是名菩薩佛。’‘言爲百世師，行爲天下法。久久不可掩，是名光明藏。’”當時稱其精理。

50. 范蜀公素不飲酒，又詆佛教。在許下，與韓持國兄弟往還，諸韓皆崇此二事。每燕集，未嘗不極飲盡歡，少間則以禪悦相勉，蜀公頗病之。蘇子瞻時在黄州，公以書問救之當以何術，曰：“麯蘖有毒，平地生出醉鄉；土偶作祟[②]，眼前妄見佛國。”子瞻報之曰：“請公試觀，能惑之性，何自而生？欲救之心，作何形相？此猶不立，彼復何依。正恐黄面瞿曇，亦須斂衽，況學之者邪？”意亦將以曉蜀公，公終不領。

51. 王荆公嘗問張文定：“孔子去世百年，生孟子亞聖，自後絶無人，何也？”文定言：“豈無？祗有過孔子上者。”公問是誰，文定言：“江西馬太師、汾陽無業禪師、雪峰巖頭、丹霞雲門是也。”公問何謂，文定曰：“儒門淡薄，收拾不住，皆歸釋氏耳。”荆公欣然嘆服。後舉似張天覺，天覺撫几嘆以爲佳。

---

① 來：粵雅堂本作“求”。

② 祟：粵雅堂本作“崇”。

52. 濟南監鎮宋保國出觀荆公《華嚴解》，東坡曰："《華嚴》有八十一卷，今獨其一，何也？"保國云："公言此佛語至深妙，他皆菩薩語耳。"東坡曰："予於藏經中取佛語數句，雜菩薩語中，取菩薩語數句，雜佛語中，子能識其非是乎？"曰："不能也。"東坡曰："予昔在岐下，聞河陽猪肉甚美，使人往市之，使者醉，猪夜逸去，貿他猪以償，客皆大詫，以爲非他産所及。既而事敗，客皆大慚。今荆公之猪未敗耳，若一念清浄，墻壁瓦礫皆説無上妙法，而云佛語深妙，菩薩不及，豈非夢中語邪？"

53. 王介甫嘗見舉燭，因言："佛書有日月燈光明佛，燈光豈得以配日月？"吕吉甫曰："日昱乎晝，月昱乎夜，燈光昱乎晝夜，日月所不及，其用無差别。"介甫大以爲然。

54. 馮當世晚年好佛，知并州日，以書寄王平甫曰："并門歌舞妙麗，閉目不窺，日以談禪爲上。"平甫答曰："若如所論，未達禪理。閉目不窺，已是一重公案。"

55. 二王是韓持國婿，一日訪蘇端明，端明因問訊持國，王曰："公自致政來，尤好爲歡，嘗謂身已癃老，且以聲樂自娱，不爾，無以度日。"東坡曰："殘年正不應爾，願爲某傳一語於持國：頃有一老人，未嘗參禪，而雅合禪理，死生之際，極爲了然。一日，置酒大會，酒闌，語衆曰：'老人即今且去。'因攝衣正坐，奄奄欲逝，諸子惶遽，呼號曰：'大人今日乃與世訣，願留一言爲教。'老人曰：'本欲無言，今爲汝懇且。第一，五更起。'諸子未諭，老人曰：'惟五更可以幹當自家事。'諸子曰：'家中幸豐，何用早起？舉家諸事，皆是自家，豈有分别？'老人曰：'所謂自家事，是死時將得去者。吾平時治生，今日就化，可將何者去？'諸子頗悟。今持國自謂殘年，二君但言某請持國幹當自家事，與其勞心聲酒，不若爲可以死時將去者計也。”

56. 浄因繼成赴太尉陳良弼齋會，有善《華嚴》者，賢首宗之雄[①]也，問諸禪曰：“吾佛設教，自小乘至圓頓，掃除空有，獨證真常，然後萬德莊嚴，方名爲佛。而禪宗以一喝轉凡成聖，似違經旨。今一喝若能入五教，是爲正説，若不能入，是爲邪説。”成曰：“法師所謂五教者，如愚法小乘教，乃有義也；如大乘始教，乃空義也；如大乘終教，乃不有不空義也；大乘頓教，乃即有即空義也；一乘圓教，乃不有而有不空而空義也。如我一喝，非惟能入五教，世間工巧技藝、諸子百家，悉能相入。”即震聲一喝，問曰：“還聞否？”曰：“聞。”曰：“汝既聞此一喝是有，是能入小乘教。”須臾又問曰：“汝今還聞否？”曰：“不聞。”曰：“汝既不聞，則適來一喝是無，是能入始教；我初一喝，汝既道有，喝久聲消，汝復道無，道無則元初實有，道有則即今實無，不有不無，是能入終教；我有喝之時，有非是有，因無故有，無喝之時，無非是無，因有故無，即有即無，是能入頓教；我此一喝，不作一喝用，有無不及，情解俱忘，道有之時，纖毫不立，道無之時，横遍虚空，即此一喝，入百千萬億喝，百千萬億喝，入此一喝，是能入圓教。故《華嚴經》云：‘法性遍在一切處。’有相無相，一聲一色，全在一塵。中含四義，無邊事理，周遍無餘，參而不雜，混而不一，於此一喝中，皆悉具足。猶是建化門庭，隨機方便，未至寶所，吾祖師猶有千聖不傳底向上一路在。”善問曰：“如何是向上一路？”曰：“汝且向下會取。”曰：“如何

---

① 雄：《五燈會元》卷十二“浄因繼成禪師”條載作“義虎”。

是寶所?”曰:“任從滄海變,終不爲君通。”善於是愀然,俯首而退。《羅湖文集》

57. 趙清獻既謝政歸,唯居高齋,不復與家人相接,子弟晨昏一至,以二净人、一老兵爲役。早不茹葷,以一净人治膳於外。日輪一僧伴食,玉泉師三五日一過之。晚乃略取鮓脯於家,老兵掃除事已即去,唯一净人執事其傍。暮以風爐置大鐵湯瓶,可貯斗水,及列盥漱之具,則净人亦去。公燕坐,至初夜就寢。雞鳴,净人治佛室香火,三擊磬,公乃起,自以瓶水頮面,趨佛室。暮年尚能日禮百拜,誦經至辰時。

58. 清獻公年四十餘,擯去聲色,系心宗教。會佛慧來居衢之南禪,公日親之,慧未嘗容措一詞。後典青州,公餘宴坐,忽大雷震,心即開悟,作偈曰:“默坐公堂虛隱几,心源不動湛如水。一聲霹靂頂門開,喚起從前自家底。”後致政,作高齋以居,題偈見意,曰:“腰佩黄金已退藏,個中消息也尋常。世人欲識高齋老,衹是柯村趙四郎。”

59. 米元章晚年學禪有得,卒於淮陽軍。先一月,區處家事,作親友別書,盡焚其所好書畫奇物。預置一棺,坐卧飲食其中。前七日不茹葷,更衣沐浴,焚香清坐而已。及期,遍請群寮,舉拂示衆,曰:“衆香國中來,衆香國中去。”擲拂合掌而逝。

60. 晁文元公云:“學世間法,致人倫欽服者,其道淺,人倫不知者,其道深;學出世間法,致鬼神欽服者,其道淺,鬼神不知者,其道深。”《昭德新編》

61. 胡康侯久依上封,得言外之旨。崇寧中,過藥山,有禪人舉南泉斬猫話問公,公以偈答曰:“手握乾坤殺活機,縱横施設在臨時。玉堂兔馬非龍象,大用堂堂總不知。”又寄上封有曰："祝融峰似杜城天，萬古江山在目前。須信死心元不死，夜來秋月又同圓。"

62. 左丞范致虚由翰苑守豫章，過圓通，謁旻禪師，茶罷，曰："某將老矣，墮在金紫行中，去此事稍遠。"旻呼内翰，公應諾，旻曰："何遠之有？"公躍然曰："乞師再垂指誨。"旻曰："此去洪都有四程。"公伫思，曰："見即便見，擬思即差。"公豁然有省。

63. 孫莘老以書問懷璉[①]宗教，璉答曰："妙道之意，聖人嘗寓之於《易》。至周衰，先王之法壞，禮義亡，然後奇言异説間出而亂俗。迨我釋迦入中土，醇以第一義示人，而始末設爲慈悲以化衆生，亦所以趨時也。自生民以來，醇樸未散，則三王[②]之教簡而素，春也；及情竇日鑿，則五帝之教詳而文，夏也；時與世异，情隨日遷，故三王之教密而嚴，秋也；及其弊而爲秦漢也，則無所不至，而天下有不忍聞者，於是如來一推之以性命之理，教之以慈悲之行，冬也。天有四時，循環以生成萬物，聖人之教，迭相扶持，以化成天下，一也。至其極，皆不能無弊。弊，迹也，道則一耳，要當有聖人者起而救之。自秦漢至今，千有餘歲，風俗靡靡，愈薄聖人之教，裂而鼎立，互相詆訾，大道寥寥莫知返，良可嘆也。"《僧寶傳》○王文公《非韓子》意與此合，曰："人有樂孟子之距楊、墨也者，而以闢佛、老爲己功。嗚呼！莊生所謂夏蟲，其斯人之謂乎！道，歲也；聖人，時也。執一時而疑歲者，終不聞道矣！夫聖人之言，應時而設。昔常是者，今蓋非也。士知其常是也，因以爲不可變，不知所變者言，而所同者道也。然則孰正？夫春起于

① 璉：本條諸"璉"字，粵雅堂本均作"槤"。
② 王：原作"皇"，粵雅堂本作"王"。按文意，從粵雅堂本改。

冬，而以冬爲終，終天下之道術者，其釋氏乎！不至於是者，皆所謂夏蟲也！”

64. 黄龍寺晦堂老子嘗問山谷以“吾無隱乎爾”之義，山谷詮釋再三，晦堂終不然其説。時暑退凉生，秋香滿院，晦堂因問曰：“聞木犀香乎？”山谷曰：“聞。”晦堂曰：“吾無隱乎爾。”山谷乃服。

65. 韓侍郎宗古，以書問晦堂曰：“昔聞和尚開悟，曠然無疑，但無始以來，煩惱習氣，未能頓盡。”晦堂答曰：“心外無剩法，不知煩惱習氣是何物而欲盡之。從上以來，但有言説，乃是隨病設藥。若定有習氣可治，譬如靈龜曳尾于塗，拂迹迹生，可謂將心用心，轉見病深。苟明達心外無法，法外無心。心法既無，更欲教誰頓盡耶？”《林間録》

66. 山谷以茅季偉事親，引梵志“翻襪”之句，人喜道之，今并其數頌記於此。一：“欺誑得錢君莫羨，得了却是輸他便。來往報答甚分明，衹是换頭不識面。”又：“多置莊田廣修宅，四鄰買盡猶嫌窄。雕墻峻宇無歇時，幾日能爲宅中客？”又：“造作莊田猶未已，堂上哭聲身已死。哭人盡是分錢人，口哭元來心裏喜。”又：“衆生心兀兀，常住無明窟。心裏爲欺謾，口中佯念佛。”又：“世無百年人，枉作千年調。打鐵作門限，鬼見拍手笑。”又：“勸君休殺命，背面復生嗔。吃他他吃汝，循環作主人。”又：“他人騎大馬，我獨跨驢子。回顧擔柴漢，心下較些子。”又：“家有梵志詩，生死免入獄。不論有益事，且得耳根熟。白紙書屏風，客來且與讀。空飯手捻鹽，亦勝設酒肉。”

67. 雲門偃禪師嘗作《北邙行》，曰：“前山後山高峨峨，喪車轔轔日日過。哀歌幽怨滿岩谷，聞者潜悲《薤露》

歌。哀歌一聲千載别，孝子順孫徒泣血。世間何物得堅牢，大海須彌竟磨滅。人生還如露易晞，從來有會終别離。苦海哀傷不暫輟，况復百年驚夢馳。去人悠悠不復至，今人不會古人意。栽松起石駐墓門，欲爲死者長年計。魂魄悠揚形化土，五趣茫茫并輪度。今人還葬古人墳，今墳古墳無定主。洛陽城裏千萬人，終爲北邙山下塵。沉迷不計歸時路，爲君孤坐長悲辛。昔日送人哭長道，今爲孤墳卧芳草。妖狐穿穴藏子孫，耕夫撥骨尋珠寶。老木蕭蕭生野風，東西壞冢連晴空。寒食已過誰享祀，冢畔餘花寂寞紅。日月相催若流矢，貧富賢愚盡如此。安得同游常樂鄉，縱經劫火無生死。"

68. 饒節，字德操，臨川人，以文章著名。曾子宣、魏了翁皆與之游，往來襄鄧間，始亦有婚宦意。嘗令其僕守舍，歸見其占對异常，怪而問之，僕曰："守舍無所用心，聞鄰寺長老有道價，往請一轉語，忽爾覺悟，身心泰然，無他也。"德操慨然，曰："汝能是，我乃不能，何哉？"徑往白崖問道，八日而悟，盡發囊橐與其僕，祝髮爲浮屠。德操名如璧，僕名如琳，遍參諸方。至浙，樂靈隱山川，因挂錫焉。琳有疾，德操躬進藥餌，既卒，盡送終之義。夏均父爲其疏云："無復挾書，更逐康成之後；何憂成佛，不居靈運之先。"時稱其精當。德操號"倚松道人"，詩文皆高邁，名《倚松集》。《謏志》

69. 吕紫薇云："饒德操爲僧後，詩更高妙，嘗勸予專意學道。詩云：'向來相許濟時功，大似頻伽餉遠空。我已定交木上座，君猶求舊管城公。文章不療百年老，世事能排兩頰紅。好貸夜窗三十刻，胡床趺坐究幡風。'"

70. 宋孝宗召雪竇寺禪師寶印入對選德殿，問曰："三教聖人，本同一理，但所立門户不同，孔子以中庸設教耳。”印曰：“非中庸，何以安立世間？故《法華》曰：‘治世語言，資生業等，皆與實相不相違背。’《華嚴》曰：‘不壞世間相，而成出世間法。’”帝曰：“今士大夫學孔子者，多衹工文字語言，不見夫子之道，不識夫子之心。惟釋氏不立文字，直指心源，頓令悟入，不亂于死生，此爲①殊勝。”印曰：“非獨今世學者不見夫子之心，當時顔子，號爲具體，盡平生力量，衹②道得個‘瞻之在前，忽焉在後，如有所立，卓爾’，竟捉摸未着。而聖人分明八字打開，向諸弟子曰：‘二三子以我爲隱乎？吾無隱乎爾，吾無行而不與二三子者，是丘也。’以此觀之，聖人未嘗迴避諸弟子，諸弟子自錯過了。昔張商英曰：‘吾學佛，然後知儒。’此言實爲至當。”帝曰：“莊、老何如人？”印曰：“是佛法中小乘，聲聞以下人。蓋小乘厭身如桎梏，弃智如雜毒，化火焚身，入無爲界，即莊子所謂‘形固可使如槁木，心固可使如死灰’。若大乘人則不然，度衆生盡，方證菩提，正伊尹所謂‘予，天民之先覺者也。予將以斯道覺斯民也，一夫不被其澤，若己推而内之溝中也’。”帝大悦。《五燈會元》

71. 張子韶攝心六度，不爲子孫計，因取華嚴善知識，日供其二回食，以飯緇流。又嘗供十六大天，而諸位茶杯，悉變爲乳。書偈曰：“稽首十方佛法僧，稽首一切護法天。我今供養三寶天，如海一滴牛一毛。有何妙術能感格，試借意識爲汝説。我心與佛天無异，一塵纔起大地陷。儻或塵銷覺圓净，是故佛天來降臨。我欲供佛佛即現，我欲供天天即現。子若或生狐疑，

---

① 爲：粤雅堂本作“惟”。

② 衹：粤雅堂本作“是”。

想問此乳何處來[①]。狐疑即塵塵即疑，終與佛天不相似。我今爲汝掃狐疑，如湯沃雪火銷冰。汝今微有疑與惑，鷂子便到新羅國。”

72. 蕭蒲离不謝絶人事，卜居抹古山，屏遠葷茹，潛心佛書，延有道者談論彌日。人問所得何如，但曰：“有深樂，惟覺六鑿不相攘，餘無知者。”《遼史》

73. 劉經臣著《明道諭儒篇》曰：“明道在乎見性，余之所悟，見性而已。孟子曰：‘口之於味也，目之於色也，耳之於聲也，鼻之於臭也，四肢之於安佚也，性也。’楊子曰：‘視聽言貌思，性所有也，有見于此，則能明道矣。’當知道不遠人，人之于道，猶魚之于水，未嘗須臾離也。唯其迷以逐物，故終身由之而不知。佛曰‘大覺’，儒曰‘先覺’，蓋覺此耳。昔人有言曰：‘今古應無墜，分明在目前。’又曰：‘大道秖在目前，要且目前難睹。欲識大道真體，不離聲色言語。’又曰：‘夜夜抱佛眠，朝朝還共起。起倒鎮相隨，語默同居止。欲識佛去處，秖這語聲是。’此佛者之語道最親者。‘立則見其參于前也，在輿則見其倚于衡也’‘瞻之在前，忽焉[②]在後’‘取之左右逢其源’，此儒者之語道最親者。奈何此道唯可心傳，不立文字。故世尊拈花而妙心傳于迦葉，達磨面壁而宗旨付于神光。六葉既敷，千花競秀，分宗別派，各有門庭。故或瞬目揚眉，擎拳舉指；或行棒行喝，竪拂拈槌；或持叉張弓，輥球舞笏；或拽石般土，打鼓吹毛；或一點一言，一呼一笑。乃至種種方便，皆是親切爲人。然秖爲太親，故人多

① 按，“子若或生狐疑，想問此乳何處來”二句，《五燈會元》卷二十“侍郎張九成居士”條作“佛子若或生狐疑，試問此乳何處來”。

② 焉：粵雅堂本作“然”。

罔措。瞥然見者，不隔絲毫。其或沉吟，迢迢萬里。余之有得，實在此門。反思吾儒，自有其道。良哉！孔子之言。默而識之，一以貫之。故目擊而道存，指掌而意喻。凡若此者，皆合宗門之妙旨，得教外之真機。然而孔子傳之子思，子思傳之孟子，孟子既没，不得其傳，所傳于世，特文字耳。故余之學，必求自得而後已。幸余一夕開悟，凡目之所見，耳之所聞，心之所思，口之所談，手足之所運動，無非妙義。得之既久，日益見前，每以語人，人不能受，然後知妙道果不可以文字傳也。”

參考文獻

1. 程俊英、蔣見元著:《詩經注析》,中華書局 2017 年版。

2. 何寧撰:《淮南子集釋》,中華書局 1998 年版。

3. 許維遹撰,梁運華整理:《吕氏春秋集釋》,中華書局 2009 年版。

4. 黄暉撰:《論衡校釋》,中華書局 1990 年版。

5. 王明著:《抱朴子内篇校釋》,中華書局 1986 年版。

6. 楊伯峻撰:《列子集釋》,中華書局 2013 年版。

7. [漢] 班固撰:《漢書》,中華書局 1962 年版。

8. [漢] 劉向撰,向宗魯校證:《説苑校證》,中華書局 1987 年版。

9. [漢] 應劭撰,王利器校注:《風俗通義校注》,中華書局 1981 年版。

10. [東漢] 郭憲撰,王根林校點:《洞冥記》,上海古籍出版社 1999 年版。

11. [北魏] 酈道元著,陳橋驛校證:《水經註校證》,中華書局 2007 年版。

12. [晉] 陳壽撰,陳乃乾校點:《三國志》,中華書局 1959 年版。

13. ［晉］干寶撰，汪紹楹校注：《搜神記》，中華書局1979年版。

14. ［晉］陸雲撰：《陸士龍集》，《文淵閣四庫全書》本。

15. ［南朝宋］范曄撰，［唐］李賢等注：《後漢書》，中華書局1965年版。

16. ［南朝宋］劉義慶著，［南朝梁］劉孝標注，余嘉錫箋疏，周祖謨、余淑宜、周士琦整理：《世説新語箋疏》，中華書局2007年版。

17. ［南朝梁］沈約撰：《宋書》，中華書局2019年版。

18. ［南朝梁］蕭子顯撰：《南齊書》，中華書局2019年版。

19. ［唐］白居易著，顧學頡校點：《白居易集》，中華書局1999年版。

20. ［唐］房玄齡等撰：《晉書》，中華書局1974年版。

21. ［唐］馮贄撰：《雲仙雜記》，《四部叢刊》續編景明隆慶本。

22. ［唐］李百藥撰：《北齊書》，中華書局1972年版。

23. ［唐］李延壽撰：《北史》，中華書局1974年版。

24. ［唐］李延壽撰：《南史》，中華書局1975年版。

25. ［唐］令狐德棻等撰：《周書》，中華書局2022年版。

26. ［唐］劉禹錫著，瞿蜕園箋證：《劉禹錫集箋證》，上海古籍出版社1989年版。

27. ［唐］歐陽詢撰：《宋本藝文類聚》，上海古籍出版社2013年版。

28. ［唐］王維撰，陳鐵民校注：《王維集校注》，中華書局1997年版。

29. ［唐］魏徵、令狐德棻撰：《隋書》，中華書局2020

年版。

30. ［唐］徐堅等著：《初學記》，中華書局2004年版。

31. ［唐］姚思廉撰：《陳書》，中華書局2021年版。

32. ［唐］姚思廉撰：《梁書》，中華書局2022年版。

33. ［唐］張鷟撰：《朝野僉載》，中華書局1979年版。

34. ［宋］曾慥撰：《類説》，《文淵閣四庫全書》本。

35. ［宋］惠洪撰：《冷齋夜話》，上海古籍出版社2012年版。

36. ［宋］李昉撰：《太平御覽》，《四部叢刊》三編景宋本。

37. ［宋］陸佃撰：《埤雅》，明成化十五年（1479）刻嘉靖重修本。

38. ［宋］馬令撰：《南唐書》，清嘉慶墨海金壺本。

39. ［宋］歐陽修、宋祁撰：《新唐書》，中華書局1975年版。

40. ［宋］普濟著，蘇淵雷點校：《五燈會元》，中華書局1984年版。

41. ［宋］司馬光編著，［元］胡三省音注，"標點資治通鑑小組"校點：《資治通鑑》，中華書局1956年版。

42. ［宋］王林撰：《燕翼詒謀録》，《文淵閣四庫全書》本。

43. ［宋］魏泰撰，李裕民點校：《東軒筆録》，中華書局1983年版。

44. ［宋］姚鉉撰：《唐文粹》，《四部叢刊集部》景明嘉靖刻本，上海商務印書館1919年版。

45. ［宋］張師正撰，李裕民輯校：《倦遊雜記》，上海古籍出版社 2001 年版。

46. ［宋］龔頤正撰：《芥隱筆記》，明正德嘉靖間顧氏文房小説本。

47. ［元］馬端臨撰：《文獻通考》，中華書局 1986 年版。

48. ［明］董康輯：《涉園墨萃》，中國書店 1991 年版。

49. ［明］焦竑撰、李劍雄點校：《焦氏筆乘》，中華書局 2008 年版。

50. ［明］李賢等撰：《大明一統志》，三秦出版社 1990 年版。

51. ［明］陶宗儀纂：《説郛》，中國書店 1986 年影印涵芬樓本。

52. ［明］楊慎撰，［明］楊有仁輯：《太史升庵全集》，明陳大科刻本。

53. ［清］陳夢雷、蔣廷錫編：《欽定古今圖書集成》，中華書局 1934 年影印清銅活字本。

54. ［清］彭定求等編，陳尚君補輯，中華書局編輯部點校：《全唐詩》，中華書局 1999 年版。

55. ［清］王先慎撰，鍾哲點校：《韓非子》，中華書局 2003 年版。

56. ［清］嚴可均校輯：《全上古三代秦漢三國六朝文》，中華書局 1958 年版。